# 国际体育仲裁中的法律冲突问题研究：
## 以职业足球劳动合同争议为重心

A Study on the Issues of Conflict of Laws in International Sports Arbitration: Focusing on the Dispute of Professional Football Labor Contract

董金鑫 著

中国社会科学出版社

# 图书在版编目（CIP）数据

国际体育仲裁中的法律冲突问题研究：以职业足球劳动合同争议为重心 / 董金鑫著. —北京：中国社会科学出版社，2022.12
ISBN 978-7-5227-1242-0

Ⅰ. ①国⋯ Ⅱ. ①董⋯ Ⅲ. ①体育—争议—国际仲裁—研究 Ⅳ. ①D912.160.4

中国国家版本馆 CIP 数据核字（2023）第 022238 号

| 出 版 人 | 赵剑英 |
|---|---|
| 责任编辑 | 许　琳　郭如玥 |
| 责任校对 | 谈龙亮 |
| 责任印制 | 李寡寡 |

| 出　　版 | 中国社会科学出版社 |
|---|---|
| 社　　址 | 北京鼓楼西大街甲 158 号 |
| 邮　　编 | 100720 |
| 网　　址 | http://www.csspw.cn |
| 发 行 部 | 010-84083685 |
| 门 市 部 | 010-84029450 |
| 经　　销 | 新华书店及其他书店 |
| 印　　刷 | 北京君升印刷有限公司 |
| 装　　订 | 廊坊市广阳区广增装订厂 |
| 版　　次 | 2022 年 12 月第 1 版 |
| 印　　次 | 2022 年 12 月第 1 次印刷 |
| 开　　本 | 710×1000　1/16 |
| 印　　张 | 18.75 |
| 字　　数 | 336 千字 |
| 定　　价 | 98.00 元 |

凡购买中国社会科学出版社图书，如有质量问题请与本社营销中心联系调换
电话：010-84083683
**版权所有　侵权必究**

# 国家社科基金后期资助项目
## 出版说明

  后期资助项目是国家社科基金设立的一类重要项目，旨在鼓励广大社科研究者潜心治学，支持基础研究多出优秀成果。它是经过严格评审，从接近完成的科研成果中遴选立项的。为扩大后期资助项目的影响，更好地推动学术发展，促进成果转化，全国哲学社会科学工作办公室按照"统一设计、统一标识、统一版式、形成系列"的总体要求，组织出版国家社科基金后期资助项目成果。

全国哲学社会科学工作办公室

# 目 录

导 论 ……………………………………………………………（1）

## 上编　宏观理论

**第一章　国际体育仲裁的管辖机制问题**……………………（17）
　　第一节　国际体育仲裁管辖机制的发展过程 ……………（17）
　　第二节　国际体育仲裁管辖机制的特殊性 ………………（20）
　　第三节　法院对国际体育仲裁管辖机制的态度 …………（31）
　　第四节　国际体育仲裁管辖机制对我国的影响 …………（34）
　　本章小结 ………………………………………………………（36）

**第二章　国际体育仲裁的实体法律适用问题** ………………（38）
　　第一节　国际体育仲裁普通程序案件的实体法律适用 …（38）
　　第二节　国际体育仲裁上诉程序案件的实体法律适用 …（50）
　　第三节　国际体育仲裁的实体法律适用之评价 …………（62）
　　本章小结 ………………………………………………………（65）

**第三章　国际体育仲裁独立性对裁决承认与执行的影响问题** ………（67）
　　第一节　国际体育仲裁独立性问题的历史回顾 …………（67）
　　第二节　拒绝承认与执行国际体育仲裁裁决的 Pechstein 案的
　　　　　　由来 …………………………………………………（69）
　　第三节　Pechstein 案与国际体育仲裁独立性的发展 ……（75）
　　第四节　Pechstein 案对我国体育仲裁独立性的启示 ……（79）
　　本章小结 ………………………………………………………（81）

## 2 目 录

**第四章 瑞士法在国际体育仲裁中的作用** …………………………（82）
 第一节 瑞士法在国际体育仲裁程序事项的作用问题 …………（82）
 第二节 瑞士法在国际体育仲裁实体法律适用事项的
    作用问题 ………………………………………………（88）
 第三节 瑞士法在国际体育仲裁裁决司法审查事项的
    作用问题 ………………………………………………（91）
 第四节 瑞士法在国际体育仲裁发挥作用的机理及启示 ………（94）
 本章小结 ………………………………………………………（97）

**第五章 直接适用的法在国际体育仲裁中的表现** …………………（99）
 第一节 国际体育仲裁管辖权确立阶段的直接适用的法 ………（99）
 第二节 国际体育仲裁实体法律适用阶段的直接适用的法 ……（102）
 第三节 国际体育仲裁裁决司法审查阶段的直接适用的法 ……（107）
 第四节 国际体育仲裁中的直接适用的法的特殊性及启示 ……（109）
 本章小结 ………………………………………………………（116）

### 中编　微观实证

**第六章 职业足球劳动合同争议中法律适用冲突的一般问题** ………（119）
 第一节 职业足球劳动合同争议中的法律适用冲突的缘起 ……（119）
 第二节 职业足球劳动合同争议中的法律适用冲突的种类 ……（123）
 第三节 职业足球劳动合同争议中的法律适用冲突的表现 ……（128）
 第四节 职业足球劳动合同争议中的法律适用冲突的解决 ……（139）
 本章小结 ………………………………………………………（143）

**第七章 涉外职业足球劳动合同争议中法律适用冲突问题的
   特殊性** …………………………………………………（144）
 第一节 涉外职业足球劳动合同争议中涉外因素的特殊性 ……（144）
 第二节 涉外职业足球劳动合同争议中管辖权确立的
    特殊性 …………………………………………………（149）
 第三节 涉外职业足球劳动合同争议中实体法律适用的
    特殊性 …………………………………………………（153）

## 目　录

第四节　涉外职业足球劳动合同裁决的承认与执行的
　　　　特殊性 ……………………………………………………（158）
第五节　涉外职业足球劳动合同争议中法律适用冲突问题
　　　　特殊性的评价 ………………………………………………（161）
本章小结 ……………………………………………………………（164）

### 第八章　职业足球劳动合同解除争议中的法律适用冲突问题 ………（165）

第一节　职业足球劳动合同协议解除争议中的法律适用
　　　　冲突 …………………………………………………………（165）
第二节　职业足球劳动合同单方解除争议中的法律适用
　　　　冲突 …………………………………………………………（176）
第三节　职业足球劳动合同解除争议中的法律适用冲突的
　　　　原因及启示 …………………………………………………（190）
本章小结 ……………………………………………………………（193）

### 第九章　职业足球单方延期选择权争议中的法律适用冲突问题 ……（194）

第一节　职业足球单方延期选择权争议的由来 …………………（194）
第二节　职业足球单方延期选择权争议的管辖权确立问题 ……（196）
第三节　职业足球单方延期选择权争议的实体法律适用
　　　　问题 …………………………………………………………（197）
第四节　职业足球单方延期选择权争议的事实认定问题 ………（202）
第五节　对职业足球单方延期选择权争议中法律适用冲突的
　　　　认识 …………………………………………………………（205）
本章小结 ……………………………………………………………（209）

### 第十章　足球转会规则与竞争法之间的法律适用冲突问题 …………（210）

第一节　足球转会规则的竞争法介入 ……………………………（210）
第二节　球员违约损害赔偿计算的竞争法考量问题 ……………（215）
第三节　训练补偿制度的竞争法考量问题 ………………………（222）
第四节　第三方所有权规制的竞争法考量问题 …………………（227）
第五节　足球转会规则与我国竞争法的法律适用冲突 …………（230）
本章小结 ……………………………………………………………（236）

## 下编　中国应对

**第十一章　我国体育仲裁法制定时面临的法律冲突问题** …………（239）
  第一节　当前体育行业对体育仲裁法治之需求 ……………（239）
  第二节　现行仲裁立法适用于体育仲裁之不足 ……………（244）
  第三节　未来我国体育仲裁法制定之关键法律问题 ………（248）
  本章小结 ………………………………………………………（252）

**第十二章　我国职业足球劳动合同争议中的法律适用冲突问题** …（254）
  第一节　我国职业足球劳动合同争议解决的背景 …………（255）
  第二节　我国法院对职业足球劳动合同争议的管辖权 ……（256）
  第三节　我国法院解决职业足球劳动合同争议的不足 ……（262）
  第四节　未来我国职业足球劳动合同争议的解决之道 ……（266）
  本章小结 ………………………………………………………（272）

**结束语** ……………………………………………………………………（273）

**主要参考文献** ……………………………………………………………（280）

**后　　记** …………………………………………………………………（290）

# 导　　论

## 一　研究背景

在经济全球化深入发展的时代，体育贸易占据世界贸易总额的比重超过3%。如在欧盟，体育产业的国民生产总值已达到联盟经济总量的2%[①]，超过5%即1500万左右的劳动者直接或间接受雇于体育行业。[②] 然伴随着竞技体育的职业化和商业化，随之而来的法律纠纷也大量增加。位于瑞士洛桑的国际体育仲裁院（Court of Arbitration for Sport，CAS）[③] 在当今体育争端解决中占据着主导地位。作为世界上最为权威的体育仲裁机构，它不仅通过普通程序审理平等主体间关于赛事主办、许可以及媒体广播等类型的商事纠纷，还设置上诉程序专门处理体育组织和运动员等成员之间因竞技体育而产生的管理纠纷，如违反兴奋剂规则引发的处罚争议。[④] 随着该院影响力的逐步扩大，来自我国的当事人也广泛参与其中，使得国际体育仲裁成为解决竞技体育法律争议的重要方式。

然而国际体育仲裁在实际运行的过程中遭遇了大量不同于传统国际私法

---

[①] Alexander Wild, *CAS and Football: Landmark Cases*, Hague: T. M. C. Asser Press, 2012, p. 5.
[②] Markus Breuer & David Forrest, *The Palgrave Handbook on the Economics of Manipulation in Sport*, Cham: Palgrave, 2018, p. 223.
[③] 虽然直译为"体育仲裁院"，但由于其在解决国际体育争议中能起到主导作用，国际体育仲裁院的称呼在中文文献中被广泛采用。另外，在同为该院官方语言的法语表述是 Tribunal Arbitral du Sport，缩写为 TAS。
[④] Louise Reilly, "An Introduction to the Court of Arbitration for Sport (CAS) & the Role of National Courts in International Sports Disputes", *Journal of Dispute Resolution*, 2012 (1): 64 – 65. 在上述一般程序之外，国际体育仲裁院还专设临时仲裁院、反兴奋剂分院用以处理在奥运会等特定国际赛事期间或开幕式前10日发生的争议以及因赛会引发的反兴奋剂纠纷。考虑到他们与本书主题的相关性不大，而且与上诉程序的一般规则有类似之处，以下不作过多阐述。在2012年版《体育仲裁法典》修订之前，其第S12条第3款还规定了仲裁庭应国际奥委会、国际体育联合会、国家奥委会、世界反兴奋剂机构等组织的要求，可以就某些问题提出不具有法律约束力的咨询意见的咨询程序。

的法律冲突，亟须在法理层面上加以回应。对于竞技体育而言，随着跨国性因素的增加，高度统一的行业属人性全球规则与在一国领土内普遍适用的国家法①在管辖事项上存在竞合，由此所引发的法律冲突日益明显。而在行业内部，以职业足球②劳动合同领域为例，由于球员跨国转会的频繁发生，国际足球联合会（Fédération Internationale de Football Association，FIFA，以下简称国际足联）制定的一般规则与各国足协的个别规则也存在冲突的可能。上述法律冲突的严重性在于，一方面，如果对竞技体育纠纷不设置专门的仲裁管辖机制、实体法律适用规则以及裁决承认和执行的途径，则难以满足体育行业的特殊需要，容易造成国家法和行业规则之间的对立；另一方面，当通过国际体育仲裁确立了行业自治的运行体系，又因与国家强行法以及国际商事仲裁的差异而引发新的复杂的法律冲突。

该问题对我国而言亦尤为重要。伴随着社会主义市场经济的繁荣发展，以作为中超联赛前身的甲A足球联赛为代表的中国职业体育运动自1994年开展，迄今已有近三十年的历程。2015年《中国足球改革发展总体方案》以及2019年《体育强国建设纲要》的相继出台标志着体育事业被摆在国家战略的高度。作为去行政化的结果，我国体育行业的健康发展需要适应市场机制的运行管理体制，而其中重要的一环在于确立妥善解决行业争议的体育仲裁制度。出于支持国际体育仲裁的目的，瑞士联邦最高法院会宽泛的解释《瑞士国际私法》。与这一贯做法不同，我国法院几乎不存在变通适用《中华人民共和国仲裁法》（以下简称《仲裁法》）的可能，故在确立体育仲裁制度时会遭遇与现行法的冲突。目前根据职业足球劳动合同争议解决的司法实践，无论《中华人民共和国体育法》（以下简称《体育法》）、《国际足联章程》（FIFA Statutes）③、《中国足球协会章程》（以下简称《中国足协章程》）的规定，还是当事人提交中国足协仲裁委员会解决的约定，都不妨碍我国法院行使管辖权，继而引发国家法和行业规则尖锐的法律冲突。凡此种种，都说明此问题存在深入研究的必要。

## 二 研究意义

探讨国际体育仲裁中的法律冲突不仅事关传统选法理论的重要变革，而

---

① 在法理学上，国家法多与民间法之类的非国家法相对应，包括一国制定的国内法与国际法。
② 关于职业足球和业余足球的区别，可参见第七章第一节的内容。
③ 《国际足联章程》经多次修订条文序号有所变化。如未作特别说明，书中引用的条文均来自2021年版。

且与包括职业足球劳动合同争议在内的竞技体育争议的妥善解决密切相关。故无论出于学科门类的建构还是实际纠纷的解决,其都具有重要的理论和实践意义。

(一)理论意义

该选题在理论层面有助于促进跨国体育法学的发展,完善现有选法理论。竞技体育的现实需要导致建构民间行业秩序的全球体育自治法(lex sportiva)[①]的勃兴,但这无法从根本上脱离国家法的监管,故应当明确体育自治的边界。本书主要从国际体育仲裁院审理的职业足球劳动合同争议出发,对其中存在的法律冲突问题进行技术性剖析,分析国家法与体育自治规则之间的关系。这不仅能够实现国家管制和体育自治的有机统一,也有助于跨国体育法学这一新兴学科门类的发展。

另外,无论国内与涉外界限标准的模糊,还是全球体育行业规则在各国的不断渗透,都超出了传统国际私法的学科体系以及争端冲突解决方式的范畴。以职业足球劳动合同为例,与普通涉外民事关系的法律适用不同,由于竞技体育活动的高度组织化以及行业规则的属人法(lex personalis)性质,该领域会发生特别的法律冲突问题。此处的属人法并非作为当事人本国法、住所地法以及惯常居所地法集合的传统国际私法层面的系属公式[②],而是以成员身份为基础,约束特定团体、调整团体成员社会关系的规则体系。[③] 反映在实体和程序上,通过组织章程以及行业准入环节中的契约性安排,国际足联关于行业内争议解决的规则大多需要在会员足协的管辖范围内实施,构成不同于以往的法律冲突解决方法,这对选法理论的丰富完善极有帮助。

(二)实践意义

该选题在实践层面有益于争议的解决,助力我国体育事业改革。推动职业足球等竞技体育的发展能够提升国家的文化软实力。自《中国足球改革发

---

[①] 区别于赛场运动规则(Lex Ludica),狭义的"lex sportiva"是指在国际体育仲裁实践中汇总形成的判例规则,广义的"lex sportiva"则包括体育组织章程、规则等内容。参见向会英等《法律多元视角下的体育法概念》,《武汉体育学院学报》2015 年第 4 期;Leonardo V. P. de Oliveira, "Lex Sportiva as the Contractual Governing Law", International Sports Law Journal, 2017 (1-2): 101. 本书采用广义的理解。

[②] 由于国家法本质上乃是属地法,故其仅仅构成解决某些类型涉外民事关系中的地域法律冲突的联结点。

[③] 参见孙吉《人际法律冲突问题研究》,《中国国际私法与比较法年刊》2010 年第 13 卷,第 174 页。由此可能会引发人际法律冲突,即适用于不同种族、民族、部落、宗教以及阶级的人的法律之间的冲突。参见肖永平《法理学视野下的冲突法》,高等教育出版社 2008 年版,第 4 页;杜涛《国际私法原理》,复旦大学出版社 2018 年版,第 30 页。

展总体方案》出台以来，如何妥善解决竞技体育法律争议方面的问题获得越来越多的关注。由于竞技体育具有天然的国际性与高度的组织性，无论是否涉外，都会因其特殊性引发复杂的法律冲突。

在这一大背景下，基于国际体育仲裁视野探讨其中的法律冲突正当其时，不仅有助于当事方通过恰当的方式维护自身权益，而且能为竞技体育中的其他争议的解决提供参考。同时，还能促进中国足协等单项体育协会合理定位自身的社团服务角色，淡化行政色彩，克服举国体制带来的弊端，进而维护中国职业体育的国际形象，最终实现体育改革的既定目标。这也是习近平总书记在党的十九大报告中关于"加快推进体育强国建设"的题中之义。

## 三 研究现状及述评

### （一）国内研究现状

在国际体育仲裁的一般领域，自郭树理（2004）[1] 和黄世席（2007）[2] 对国际体育仲裁院的纠纷解决机制作了全面介绍从而开创研究的先河以来，国内已有多本著作探讨其中存在的法律问题。[3] 新近的成果不限于对其基本运行情况的简单描述，而且包含遍及国际体育仲裁的管辖机制[4]、实体法律适用[5]、裁决的撤销以及承认与执行[6]等具体方面。随着一系列的全球体育自治法文献的翻译[7]，有的还试图在理论层面提炼总结全球体育自治法的概念[8]以及

---

[1] 郭树理：《体育纠纷的多元化救济机制探讨——比较法与国际法的视野》，法律出版社2004年版。

[2] 黄世席：《国际体育争议解决机制研究》，武汉大学出版社2007年版。

[3] 黄晖、张春良：《国际体育仲裁专题研究》，中国社会科学出版社2017年版；肖永平主编：《体育争端解决模式研究》，高等教育出版社2015年版；李智主编：《体育争端解决法律与仲裁实务》，对外经济贸易大学出版社2012年版；刘想树主编：《国际体育仲裁研究》，法律出版社2010年版。

[4] 董金鑫：《论国际体育仲裁院上诉管辖机制的特殊性》，《天津体育学院学报》2015年第4期。

[5] 周青山：《现代冲突法视野下国际体育仲裁院实体法律适用》，《北京体育大学学报》2018年第5期；杨磊：《论国际体育仲裁院实体法律适用机制的特殊性》，《天津体育学院学报》2014年第4期。

[6] 熊瑛子：《论国际体育仲裁司法审查中的实体性公共秩序》，《体育科学》2014年第12期；黄世席：《国际体育仲裁裁决的撤销与公共政策抗辩》，《法学评论》2013年第1期；黄世席：《国际体育仲裁裁决的承认与执行》，《当代法学》2012年第6期；石现明：《承认与执行国际体育仲裁裁决相关法律问题研究》，《体育科学》2008年第6期。

[7] 郭树理、周青山：《什么是体育法》，湘潭大学出版社2015年版。

[8] 唐勇：《全球体育法的概念及其对传统法哲学的挑战》，《天津体育学院学报》2015年第1期。

在国际体育仲裁中的生成机理。[1]

在职业足球劳动合同争议这一特殊领域，自从韩新君（2006）[2] 以及侯玲玲、王全兴（2006）[3] 专门探讨我国职业球员的劳动者地位以及劳动保护以来，国内的研究集中于对此类合同的性质加以明确。基于足球行业规则区别于劳动法的表现，朱文英（2014）[4] 认为此种关系因其特殊性应构成由合同法调整的雇佣关系，杨天红（2015）[5] 则针锋相对，主张球员和俱乐部从本质上仍属于劳动合同关系。就争议解决的具体途径，黄世席（2008）[6] 介绍了解决国际足球劳动争议的仲裁运作机制，吴炜（2012）[7] 从实务的角度系统比较中国足协仲裁委员会、劳动争议仲裁委员会、法院、商事仲裁机构、国际足联以及国际体育仲裁院在处理足球劳动合同争议上的优劣，向会英等（2014）[8] 则聚焦于效力我国足球俱乐部的外国球员违约纠纷的解决方式。此外研究还涉及职业足球劳动合同的实体法律适用，韩勇（2013）[9] 分析足球劳动合同解除的特殊理由，强调对球员通过劳动法单方解除合同的请求进行限制，席志文（2016）[10] 考察了职业足球中的单边续约选择条款的效力争议，罗小霜（2012）[11] 则探讨国际足联对职业足球劳动合同违约施加体育制裁的条件和例外。

---

[1] 向会英：《国际体育仲裁院与"Lex Sportiva"的发展研究》，《体育与科学》2016年第6期；姜熙、龚正伟：《"Lex Sportiva"基于与"Lex Mercatoria"类比的"全球法"属性探析》，《首都体育学院学报》2015年第6期；吴义华：《全球法视野下的体育法："全球体育法"的生成》，《天津体育学院学报》2016年第5期。
[2] 韩新君：《职业运动员工作合同法律问题的探讨》，《天津体育学院学报》2006年第3期。
[3] 侯玲玲、王全兴：《我国职业足球运动员的劳动者地位和劳动法保护》，《当代法学》2006年第4期。
[4] 朱文英：《职业足球运动员转会的法律适用》，《体育科学》2014年第1期。
[5] 杨天红：《论职业运动员与俱乐部间法律关系的定位——与朱文英教授商榷》，《中国体育科技》2015年第3期。
[6] 黄世席：《国际足球争议仲裁的管辖权和法律适用问题》，《武汉大学学报》（哲学社会科学版）2008年第4期。
[7] 具体从管辖权、专业性、终局性以及执行力等方面比较展开。吴炜：《FIFA及CAS规则在中国足球职业联赛球员合同纠纷中的实务应用——以球员合同争议管辖为视角》，《体育科研》2012年第6期。
[8] 向会英等：《我国国际职业足球运动员合同违约纠纷解决关涉的主要法律问题——以巴里奥斯案为例》，《天津体育学院学报》2014年第5期。
[9] 韩勇：《职业球员劳动合同解除研究》，《河北师范大学学报》（哲学社会科学版）2013年第6期。
[10] 席志文：《职业足球联赛中单边续约选择条款问题研究》，《中国体育科技》2016年第4期。
[11] 罗小霜：《论职业足球合同违约的体育制裁》，《西安体育学院学报》2012年第6期。

## （二）国外研究现状

在国际体育仲裁的一般领域，国外的文献同样注重介绍国际体育仲裁院的基本情况[1]，特别是替代性的竞技体育争端解决方式的作用。[2] 作为其中的集大成者，Mavromati 和 Reeb（2015）[3] 结合国际体育仲裁实践对 Code of Sports-related Arbitration，*Code de l'arbitrage en matière de sport*，《与体育有关的仲裁法典》（以下简称《体育仲裁法典》）的条文逐一进行解释与分析。除关注实际运用外，亦不乏学理上的探讨。这不仅包括各国法院对国际体育仲裁裁决的挑战[4]以及由此引发的仲裁独立性质疑[5]、法律选择上存在的问题[6]，有的还从实现国际体育正义的角度论证国际体育仲裁院所应发挥的作用[7]以及和谐的国际体育法律秩序的实现路径。[8]

具体就职业足球劳动合同争议问题，基于欧盟法院审理 Bosman 案[9]产生重大影响，国外相关的成果比较丰富。以往的研究多集中于因国际转会引发的职业足球劳动合同争议，尤其侧重对国际足联争端解决委员会、国际体育仲裁院审理的典型案例进行述评，如 Frans de Weger（2016）[10]、Alexander

---

[1] Ian Blackshaw, "The Court of Arbitration for Sport: An International Forum for Settling Disputes Effectively 'Within the Family of Sport'", *The Entertainment and Sports Law Journal*, 2003 (2); Louise Reilly, "An Introduction to the Court of Arbitration for Sport (CAS) & the Role of National Courts in International Sports Disputes", *Journal of Dispute Resolution*, 2012 (1).

[2] Burger C. J., "Taking Sports out of the Courts: Alternative Dispute Resolution and the International Court of Arbitration for Sport", *Journal of Legal Aspects of Sport*, 2000 (2).

[3] Despina Mavromati & Matthieu Reeb, *The Code of the Court of Arbitration for Sport: Commentary, Cases and Materials*, Hague: Kluwer Law International, 2015.

[4] Massimo Coccia, "The Jurisprudence of the Swiss Federal Tribunal on Challenges against CAS Awards", *CAS Bulletin*, 2013 (2); Ulrich Haas, "The Court of Arbitration for Sport in the Case Law of the German Courts", *Sweet & Maxwell International Sports Law Review*, 2015 (4).

[5] Antoine Duval, "Questioning the (In)dependence of the Court of Arbitration for Sport", *The International Sports Law Journal*, 2016 (3-4).

[6] Corina Louise Haemmerle, "Choice of Law in the Court of Arbitration for Sport: Overview, Critical Analysis and Potential Improvements", *The International Sports Law Journal*, 2013 (3-4).

[7] Massimo Coccia, "International Sports Justice: The Court of Arbitration for Sport", *European Sports Law and Policy Bulletin*, 2013 (1).

[8] Pieter Schleiter, *Globalisierung im Sport: Realisierungswege einer harmonisierten internationalen Sportrechtsordnung*, Hague: Schulthess Verlag, 2009.

[9] ECJ Case C-415/93, Union royale belge des sociétés de football association ASBL v. Jean-Marc Bosman, Royal club liégeois SA v. Jean-Marc Bosman and others and UEFA v. Jean-Marc Bosman, 15 December 1995.

[10] Frans de Weger, *The Jurisprudence of the FIFA Dispute Resolution Chamber*, Hague: T. M. C. Asser Press, 2016.

Wild（2012）[1]。在比较法层面，Colucci 与 Hendrickx（2014）[2] 对欧美以及亚洲国家的职业足球劳动合同监管作了全面阐释。目前的研究多针对职业足球劳动合同履行中出现的具体法律冲突问题。如 Giancaspro（2016）[3] 着眼于业内常见的球员买断条款的合法性及合理性，Drabik（2016）[4] 结合德国法院审理的 Müller 案[5]分析了固定期职业足球劳动合同与《欧盟理事会第1999/70 号指令》的相称性。

（三）对研究现状的评价

已有的成果为后续研究奠定了良好基础，但存在一定的不足。无论是国际体育仲裁的整体状态还是职业足球劳动合同争议这一特别领域，都没有从系统探讨此类法律冲突特殊性的角度进行分析。由于国内研究者多具有国际私法的学术背景，即使隐约注意到该问题，往往也不自觉地将国际体育仲裁或国际体育法学作为国际私法学的分支[6]，即完全以此审视国际体育仲裁当中的法律冲突，并准用针对地域法律冲突的传统国际私法的冲突解决方法，这在视野上存在局限性。现有对全球体育自治法成果的介绍也仅仅旨在便利争议的解决，而缺乏从理论层面完善学科门类的思考。国外的研究虽然更加具有原创性，但多针对国际体育仲裁法律冲突类别的某一方面，尚缺乏体系性的安排。更何况虽然国际体育仲裁具有行业特色，但其不能充分反映中国的立场和现实需要，故只能作为借鉴与参考，不宜照搬。

目前的成果虽然种类繁多，已经对该问题进行有益的探索，但只能作为进一步研究的素材。未来的研究不应仅仅停留在纯粹的学理探讨或对国外研究的单纯介绍，而应注重从现实存在的竞技体育争议出发，着眼于其中的跨国法律冲突，从理论的高度阐述体育自治与国家管制的内在逻辑关系。以此明确全球体育自治法的生成机制与治理模式，对当下行业规则的主导地位、国际体育仲裁的造法原理、国家强行法的适度监管以及法院的司法审查作必

---

[1] Alexander Wild, *CAS and Football: Landmark Cases*, Hague: T. M. C. Asser Press, 2012.
[2] Michele Colucci & Frank Hendrickx, "Employment Relationships in Football: A Comparative Analysis", *European Sports Law and Policy Bulletin*, 2014（1）.
[3] Mark Giancaspro, "Buy-out Clauses in Professional Football Player Contracts: Questions of Legality and Integrity", *The International Sports Law Journal*, 2016（1-2）.
[4] Piotr Drabik, "Compatibility of Fixed-term Contracts in Football with Directive 1999/70/EC on Fixed-term Work", *The International Sports Law Journal*, 2016（3）.
[5] ArbG Mainz, AZ: 3 CA 1197/14, 13.03.2015.
[6] 参见何其生《中国国际私法学的危机与变革》，《政法论坛》2018 年第 5 期。

要整合，从而全面系统地认识并解决国际体育仲裁领域的法律冲突问题。

## 四 研究对象

根据国际体育仲裁发生法律冲突的整体状况以及个人的研究偏好，本书以职业足球劳动合同争议中的法律适用冲突为主要对象。首先，作为一项风靡全球的竞技体育运动，职业足球不仅发育程度和关注热度最高，还产生了大量的法律纠纷。特别是伴随着频繁的球员国际流动，竞技足球已经成为重要的跨国产业，各民族国家的法律在面对由此引发的复杂的全球性问题时往往力不从心。① 又何况与其他国际单项体育联合会相比，作为启动国际体育仲裁前置程序②的国际足联的行业规则最为发达，其内部争端解决机制也最为完善。

其次，进一步选取职业足球当中的劳动合同争议的原因在于，目前由国际足联和国际体育仲裁院所主导的业内争端解决模式以及全球体育自治法，使之成为国际体育仲裁当中法律适用冲突最为集中的领域。一方面，区别于反兴奋剂处罚等较纯粹的纪律性争议，球员的劳动合同毫无疑问构成传统民商事法律关系的一部分，③ 各国法院根据民事诉讼法等规定完全可以受理由此发生的争议，有的甚至还明文限制甚至排除仲裁；另一方面，与各国劳动法偏重保护劳动者的公益性目的不同，调整足球劳动关系的业内规则与裁判法理更多的是出于行业性的特别需要。这不仅表现在其尤为强调合同的稳定

---

① Antoine Duval & Ben Van Rompuy, eds., "The Legacy of Bosman: Revisiting the Relationship Between EU Law and Sport", Hague: T. M. C. Asser Press, 2016, p. 83.

② 这在作为全球第二大体育运动的篮球领域即有不同，表现为国际篮联对国际体育仲裁的接受十分有限。通过设立的篮球仲裁庭（BAT），该领域的劳动合同争议目前实行一裁终局，无须上诉至国际体育仲裁院。篮球仲裁庭运行的概况，参见 Erika Hasler, "The Basketball Arbitral Tribunal: An Overview of Its Process and Decisions", Yearbook of International Sports Arbitration, 2015 (1). 但实践中还是有一些篮球劳动合同争议基于当事人的特别约定提交国际体育仲裁。在新疆广汇篮球俱乐部джи某体能教练案中，独任仲裁员认为，虽然篮球仲裁庭的裁决根据《国际篮联总章程》（FIBA General Statutes）第32条具有终局效力，但当事人在仲裁协议中明确约定任何一方都可将篮球仲裁庭的裁决上诉至国际体育仲裁院，该协议优于《国际篮联总章程》的规定。See CAS 2013/A/3126, Xinjiang Guanghui Basketball Club Ltd. v. C., award of December 2013; Also see CAS 2017/A/5072, Shanxi Fenjiu Basketball Club v. Jeffrey Curtis Ayres, award of 28 November 2017.

③ 有些国家为此制定专门的劳动合同立法，甚至设置了单独的劳动法院。在我国，调整此类关系的法律是否是民法的一部分曾存在争议，如有将之归入社会法或经济法的范畴。在现行民法体系下，劳动立法中有关劳动合同的部分显然属于《中华人民共和国民法典》第11条"其他法律对民事关系有特别规定的依照其规定"的情形，从而构成民事特别法。

性，而且在违约救济方式上，于传统的金钱损害赔偿之外对当事方施加体育制裁。

还要说明的是，国际体育仲裁中的职业足球劳动合同的范围常作扩大理解，从而增加了法律适用冲突发生的几率。在2015/A/3923案①中，大连阿尔滨足球俱乐部和巴西球员罗申巴克的争议焦点在于，球员形象权②使用纠纷是否属于国际足联的受案范围，从而能否上诉至国际体育仲裁院。仲裁庭认为，劳动争议的概念宽泛，根据《国际足联球员身份和转会规则》第22条，国际足联争端解决委员会既有权受理狭义上球员和俱乐部因合同产生的劳动争议，又可以处理他们之间与劳动有关的争议。是否与劳动有关应根据争议的性质以及劳动关系的整体情况判定。考虑到仲裁庭拥有全面审理的权限，其可以就形象权之类的单独协议事实上是否构成实际劳动关系进而被视为争端解决委员会明显有权处理的劳动合同补充协议作出判断。涉案俱乐部不仅作为形象权使用协议的当事人，而且承诺如涉案的阿尔滨香港投资公司不能及时全额支付使用费其应负全责。基于以上的牵连情形，该协议构成球员和俱乐部劳动关系的一部分。③

## 五　结构体系

除导论、结语外，本书的主体内容分为有机联系的三大部分。首先，上编主要从理论层面探讨引发国际体育仲裁中的法律冲突的基本问题，全面阐述国际体育仲裁在管辖权等程序方面、实体法律适用方面，以及承认和执行等司法审查方面所遭遇的法律冲突；其次，中编从实证分析的法律适用角度进一步聚焦职业足球劳动合同领域，结合国际足联相应的实体规则以及争端解决程序，分析归纳该领域法律适用冲突的具体表现；最后，下编为我国目前面临的体育仲裁法制定中存在的法律冲突，以及对职业足球劳动合同争议

---

① CAS 2015/A/3923, Fábio Rochemback v. Dalian Aerbin FC, award of 30 October 2015.
② 虽然"image"通常译为肖像，但事实上可以商品化的球员形象涵盖的范围更广。
③ 而在另一起案件中，形象权使用协议下的主体除了俱乐部和球员外，还有一家名为阿尔滨香港投资公司的关系人。该公司并非提交国际足联或国际体育仲裁院审理的仲裁协议当事人，也不构成劳动合同的主体，故而仲裁庭认同国际足联争端解决委员会和被上诉人关于形象权使用协议乃单独协议的看法，其对球员请求形象权使用报酬的争议并无管辖权。参见 CAS 2015/A/4039, Nashat Akram v. Dalian Aerbin Football Club, award of 3 February 2016. 在孙吉与上海申花足球俱乐部劳动合同纠纷上诉案中，对于球员与俱乐部实际投资人控制的香港公司签订关于训练津贴和出场费以及个人形象商业开发的合作合同的做法，虽然球员主张合同所涉款项实际由俱乐部支付，但法院认为球员根据合同的相对性只能向香港公司主张权利。参见（2012）沪一中民三（民）终字第1759号判决书。

解决中面临的法律适用冲突问题提出应对之策。结构上层层递进、逐步深入。

具体而言，由第一至五章组成的上编为宏观理论编。为了彰显以体育自治为支持的行业属人法特质，前三章重点描述国际体育仲裁特有的管辖机制、实体法律适用规则以及自身的独立性对裁决承认和执行的影响，侧重于特殊性的分析以及与现行法的冲突，为后续论述的展开提供铺垫。第一章首先梳理国际体育仲裁管辖机制确立的过程，然后分析管辖的依据、条件及范围，进而阐述法院对此种管辖的态度，最终为我国体育仲裁管辖机制的设计提供参考。第二章结合国际体育仲裁实践中存在的法律适用争议，集中探讨普通程序和上诉程序的实体法律适用规则的含义，并对该规则的特点进行评价。在回顾国际体育仲裁独立性的历史演进的基础上，第三章结合德国慕尼黑高等法院拒绝承认与执行国际体育仲裁裁决所发生的争议，主要从国际体育仲裁员名册确立的独立性以及首席仲裁员指定的独立性两方面探讨其面临的质疑及对策，对我国体育仲裁的独立性建构提出建议。

为反映具有属地性质的国家法对待国际体育仲裁的宽严不同的态度，第四、五两章分别从国际体育仲裁院所在地的瑞士法和反映一国重大公益的直接适用的法（lois d'application immédiate）在国际体育仲裁中适用的角度，进一步说明该领域法律冲突的复杂性。第四章主要从仲裁程序事项、实体法律适用以及裁决司法审查等三方面探讨瑞士法在国际体育仲裁中发挥作用的方式以及背后的原因，为我国体育仲裁制度构建时中国法角色的合理定位提供指引。第五章结合国际体育仲裁实践以及有关国家法院对待国际体育仲裁裁决的晚近做法，从管辖权确立、实体法律适用以及裁决的司法审查阶段探讨直接适用的法在国际体育仲裁的具体表现，分析该领域直接适用的法的特殊性及其产生的原因，以此明确与传统国际私法中的直接适用法的差异。

由第六至十章组成的中编[①]为微观实证编，聚焦于职业足球劳动合同中存在的法律适用冲突。第六章旨在明确该领域法律适用冲突的一般问题。首先从分析造成职业足球劳动合同争议中法律适用冲突的原因入手，确立冲突的种类即国家法与足球行业规则的冲突、国际规则与国内规则的冲突以及国家法之间的冲突，然后通过固定期职业足球劳动合同的转化、解除合同的正当理由、违约损害赔偿的结果，具体阐述以上类型法律适用冲突的表现，并最终立足于中国的视角对冲突的解决提出对策性方案。由于只有具有涉外因

---

[①] 中编虽然重点探讨实体法律适用问题，但多处涉及管辖权与裁决承认执行问题，从而与上编存在对应关系。

素的民商事争议才需要国际私法的介入,而管辖权的确立、实体法律适用以及判决或裁决的承认与执行构成处理法律适用冲突问题的三个主要阶段。第七章以此为序,分析涉外职业足球劳动合同争议中发生的法律适用冲突较传统国际私法的特殊性,以彰显全球体育自治法在解决竞技体育领域的法律冲突的地位。由于职业足球劳动合同解除争议构成国际体育仲裁中的重要案件类型,第八章重点从协议解除和单方解除两方面对足球劳动合同解除中的法律适用冲突问题进行分析,借此展现国际足联规则与国家法发生的积极冲突。第九章从管辖权的确立、实体法律适用以及案件事实认定等三方面探讨国际体育仲裁院在解决单方延期选择权条款效力争议时面临的法律适用上的消极冲突,以此展示国际体育仲裁构建足球行业内部法理的实践。第十章关注国际体育仲裁中的法律冲突问题的前沿领域。为反映目前国家法干预的途径,本章从竞争法的角度进一步展现国际体育仲裁当中法律适用冲突的多元性,即主要结合国际体育仲裁以及欧盟和相关国家的司法实践,集中探讨目前足球转会规则与竞争法之间存在的法律适用冲突,以探求其对职业足球劳动合同争议解决所产生的深刻影响。

作为前两编的集中回应,由第十一、十二章组成的下编——中国应对编,旨在通过明确我国体育仲裁制度设置中的法律冲突以解决职业足球劳动合同等竞技体育领域的法律适用冲突。第十一章从我国竞技体育行业对体育仲裁法治的需求出发,分析现行仲裁法在竞技体育领域适用的冲突与困境,进而结合国际体育仲裁的先进经验,为解决我国体育仲裁法制定中的关键法律冲突问题提供对策建议。第十二章首先描述当前我国职业足球劳动合同争议解决的背景,其次探讨我国法院对此类争议是否具有管辖权以及处理的不足,最后寻求我国职业足球劳动合同争议中法律适用冲突的化解之道。

## 六 研究方法

除重点采用比较分析、历史分析等传统社科研究方法外,本书在搜集、整理资料时还采用如下方法:

(一)文献资料法

中文文献主要以国际体育仲裁、运动员工作合同、球员劳动合同、体育法为关键词,在中国知网、百度学术检索 2000 年以来于核心期刊上发表的专业学术论文,侧重于职业足球劳动合同争议通过国际体育仲裁解决的实际需要、法律适用困境以及应对方法;就域外经验,则主要通过 Heinonline、Westlaw、Springer 等数据库查找以 International Sports Arbitration、Court of Arbitration for Sport、Football Contracts、Player Contracts 等为关键词的外文文献。

## （二）规范分析法

重点关注《中国足协章程》《中国足球协会仲裁委员会工作规则》（以下简称《中国足协仲裁委员会工作规则》）及《中国足球协会球员身份与转会管理规定》（以下简称《中国足协球员身份与转会管理规定》），并于国际体育仲裁院、国际足联的官网下载最新版本的《体育仲裁法典》《国际足联章程》以及《国际足联球员身份和转会规则》，尤其对涉及职业足球劳动合同争议解决的部分进行归纳，注重比较与瑞士法以及中国法规定的异同。

## （三）实证研究法

除密切关注国际体育仲裁院、国际足联争端解决委员会以及国内外法院裁判公开的典型案件外，还尽可能地获取中国足协仲裁委员会作出的非公开足球劳动合同纠纷的处理结果，特别注重比较同一类型的案件在不同的争端解决机构审理时出现的法律适用结果的差异。

## 七 主要观点

体育赛事组织环节的金字塔状结构不仅服务于竞赛尤其是职业联赛的现实需要，而且也使得国际体育仲裁中发生的法律冲突问题独树一帜，呈现浓厚的属人法特征。故无论在案件的管辖、实体法律适用还是裁决的承认与执行上，目前都主要由各类体育治理组织（Sports Governing Bodies，SGBs）[①]以及国际体育仲裁院所主宰的全球体育自治法支配。

国际体育仲裁中的法律冲突发生的原因不仅在于以《国际足联球员身份和转会规则》为代表的行业法盛行，还与自治的争端解决机制不无关系。在通过体育仲裁解决职业足球劳动合同争议的同时，应适当关注国家强行法的监管。一旦超出国家法允许的范围，即体育自治和国家管制发生正面冲突时，仍有必要为那些出于维护一国重大公益的目的而必须适用的直接适用的法保留并设计最终的救济方案。

国际足联在争议处理上采用"双轨制"的做法，赋予负责解决国内职业足球劳动合同争议的各国足协一定的自主权。就完善的我国足球行业规范体系的构建，中国足协既不宜全盘直接照搬《国际足联球员身份和转会规则》的内容，又不能一概受制于我国劳动立法当中的强制规范，而应基于体育的特殊性具体考虑它们在中国足坛的适用，从而在不损害合同稳定性的前提下尽量减少适用法层面的法律冲突发生的可能。

---

[①] See Ian S. Blackshaw, *International Sports Law: An Introductory Guide*, T. M. C. Asser Press, 2017, p. 21.

## 八 创新之处

从研究视角上，本书从系统解决行业内法律冲突的角度审视国际体育仲裁实践，打破了现有的学科体系对学术问题分割的格局，为交叉融合的跨国体育法学的深入研究提供了契机。

从立意上，本书全面揭示当前国际体育仲裁中存在的多层次、多领域的法律冲突。尤其主要结合法律冲突现象的普遍性与竞技体育纠纷的特殊性，将研究的重心放在因竞技体育活动的开展而出现的法律冲突，横跨行业法与国家法、私法与公法、实体与程序、国内与国际、属人与属地等多个领域。

## 九 使用去向及社会效益

（一）使用去向

本书的观点不仅可以为我国体育法学教材的编纂所援用，还可以为《体育法》中争端解决条款的改进乃至未来单独的体育仲裁立法的出台、中国足协等单项体育协会的行业规则的完善，以及职业体育集体工作合同范本的制定提供有力的参考。

（二）社会效益

本书亦有助于我国法院和行业内争端解决机构妥善应对并解决职业足球劳动合同争议等竞技体育领域发生的纠纷，增加包括俱乐部和球员在内的当事人对此类争议的解决路径与最终结果的认知与预期。在这一过程中，实现保护个体合法利益、满足行业特殊需要与维护国家重大公益三者的有机统一。

上　编

# 宏观理论

# 第一章　国际体育仲裁的管辖机制问题

管辖权是法律争议妥善解决的首要前提。由于竞技体育自身的特殊性，国际体育仲裁的管辖不能一概准用国际商事仲裁实践的做法。反映在规范层面，完全适用一国仲裁法的规定会引发严重的法律冲突。放眼当今世界，国际体育仲裁院针对体育联合会、协会或其他体育组织所作决定的管辖机制能充分体现竞技体育行业纠纷解决的特点。本章首先梳理国际体育仲裁管辖机制发展的过程，然后具体分析管辖的依据、条件以及范围中存在的特殊性，进而阐述各国法院对此的态度，最终为我国体育仲裁管辖机制的设计提供参考。

## 第一节　国际体育仲裁管辖机制的发展过程

要说明的是，国际体育仲裁院不仅通过上诉程序专门解决体育组织和运动员之间的管理性纠纷[1]，还设置了主要审理行业内商事性纠纷的普通程序。与国际商事仲裁相比，该普通程序在处理竞技体育领域的商业纠纷时更加快捷，从而具有包括在仲裁员选择以及仲裁语言使用上的当事人自由的有限性[2]、程序的快速性、法律适用的确定性[3]及费用的低廉性等特征。[4] 然作为较为传统的仲裁模式，基于当事人特别达成的仲裁合意的普通程序管辖与国

---

[1] 包括成员因对体育组织处理成员之间合同争议的决定不服而产生的纠纷。
[2] 不同的是，作为替代性争端解决办法的国际商事仲裁的当事人拥有相当大的抉择权。通过他们的授权，仲裁庭能充分行使自由裁量权，这得到了各国法律的认可以及法院的尊重。
[3] 这将在第二章第一节当中详细分析。
[4] Me William Sternheimer, "Arbitrages ordinaires pouvant être soumis au Tribunal Arbitral du Sport", *CAS Bulletin*, 2012 (1): 51.

际商事仲裁并无实质差异。① 反之，上诉程序的管辖更能够反映竞技体育这一特殊行业纠纷解决的实际需要，故以下将主要从上诉仲裁程序的角度分析国际体育仲裁独特的管辖机制。由于它的发展不是一蹴而就的，而是不断改革的结果，对它的发展过程进行回顾不仅有助于明确其在当今国际体育仲裁中的重要地位，也为系统分析该领域的法律冲突奠定基础。

## 一 国际体育仲裁管辖机制的形成伊始

即使在职业化与商业化的大趋势下，竞技体育仍是高度自治的社会性行业。该领域的纠纷如由各国法院管辖，不免因法律适用的差异而扰乱统一的竞赛秩序，妨碍全球体育法治的形成。② 在时任国际奥委会主席的胡安·萨马兰奇（Juan Samaranch）的倡导下，全球性的体育争端解决中心——国际体育仲裁院于1984年6月正式成立。③ 起初该院的管辖权同样建立在当事人具体达成的仲裁协议的基础之上。④ 与商事仲裁不同的是，国际体育仲裁所解决的体育行业纠纷多涉及运动员的参赛资格、体育治理组织的处罚决定等管理性争议。无论争议发生前后，双方特别达成仲裁意愿的可能性不大，这影响了国际体育仲裁院对体育行业纠纷的受理。故此阶段该院主要处理那些与奥运会相关的争议⑤，各单项体育联合会内部的纠纷仍交由自身的争端解

---

① 此外，受制于仲裁保密性原则，通过普通程序作出的国际体育仲裁裁决极少公开，从而远离人们的视野。目前只有少数单项体育联合会章程明确对国际体育仲裁普通程序的地位加以规定，如《欧足联章程》第61条、《亚足联章程》第64条。上述条文同时指出只有在争议不属于该洲际足联各机构职权范围内的情况下，国际体育仲裁院才可以普通仲裁院的身份行事。关于此种普通仲裁管辖权在实践中的表现，参见熊瑛子《体育领域瑕疵仲裁协议审查原则之探讨——以瑞士联邦最高法院的实践为视角》，《北京体育大学学报》2020年第1期。
② 随着中国重返联合国，中国奥委会的合法地位在20世纪70年代末获得国际奥委会的承认。然而在1980年美国普莱西德湖冬奥会开幕的前夕，我国台湾地区的运动员向美国纽约地方法院起诉该届冬奥会的组委会，要求取消中国奥委会的代表资格，相应地给予中华台北队以禁令救济。虽然法院没有推翻国际奥委会的决定，但仍造成很大的影响，成为国际体育仲裁院产生的直接动因。Liang Ren-Guey v. Lake Placid 1980 Olympic Games, Inc., 403 N. W. 2d 178 (N. Y. 1980); See Shuli Guo, "China and CAS (Court of Arbitration for Sport)", *Marquette Sports Law Review*, 2014 (1): 301-302.
③ Louise Reilly, "An Introduction to the Court of Arbitration for Sport (CAS) & the Role of National Courts in International Sports Disputes", *Journal of Dispute Resolution*, 2012 (1): 63.
④ Paul J. Hayes, "Current Problems in the Resolution of Sporting Disputes in Australia", *Sweet & Maxwell International Sports Law Review*, 2004 (2): 24.
⑤ 《奥林匹克宪章》第61条第2款规定，在奥运会期间发生的或与奥运会有关的任何争议都应当提请国际体育仲裁院根据仲裁规则行使专属管辖权。

决程序处理。①

1991年发布的《国际体育仲裁院仲裁指南》首次提供作为当事人参考的仲裁范本。其中之一便是在单项体育联合会的章程当中设置交由国际体育仲裁院仲裁的条款②，即"不能通过友好方式解决的源自本联合会的章程或规章的争议将最终提交依据国际体育仲裁院章程和规章组建的仲裁庭审理，而不得求助于普通法院。当事人有义务遵守此类章程和规章，并善意接受由此作出的裁决，且不得以任何的方式妨碍其执行"。作为上诉程序管辖模式的雏形，该示范条款具有双重功能：一是作为业内的属人要求排除各国法院对体育行业纠纷的受理；二是在维护单项体育联合会内部争端解决机制的同时，将案件的终审权统一交由国际体育仲裁院。不难看出，此举既维护了体育自治的理念，避免国家司法机构的不恰当干预，一定程度上减少管辖冲突的发生，又为体育行业的当事人提供了相对中立的救济方式，防止个体的权利遭受体育治理组织内部决定的不法侵害。

## 二 国际体育仲裁管辖机制的最终确立

提交国际体育仲裁的示范条款在行业实践中受到广泛的认可，表现为国际马术联合会等众多单项体育联合会相继于组织章程③当中予以接受。然而该条款的法律效力却一度面临质疑。此种交由国际体育仲裁院审理从而排除法院管辖的规定能否约束体育组织的相对人，特别是那些遭受处罚的运动员。

在1992年的Gundel案④，因所使用马匹的尿样在赛后药检中查出含有禁用物质，德国马术运动员埃尔玛·甘德尔（Elmar Gundel）被国际马术联合会法律委员会处罚，其向国际体育仲裁院提请仲裁。虽然仲裁庭减少了禁赛期限及罚款数额，但其仍十分不满，将国际马术联合会以及国际体育仲裁

---

① Jennifer R. Bondulich, "Rescuing the Supreme Court of Sports: Reforming the Court of Arbitration for Sport Arbitration Member Selection Procedures", *Brooklyn Journal of International Law*, 2016 (1): 289.

② Ian Blackshaw, "The Court of Arbitration for Sport: An International Forum for Settling Disputes Effectively 'Within the Family of Sport'", *The Entertainment and Sports Law Journal*, 2003 (2): 64.

③ 1991年版《国际马术联合会章程》规定，由国际奥委会组建的国际体育仲裁院有权就根据该会规章设置的机构作出的任何决定提起的上诉进行裁决。

④ TAS 92/63, G. / Fédération Equestre Internationale (FEI), sentence du 10 septembre 1992. BGE 119 II 271. 案情可参见郭树理《国际体育仲裁的理论和实践》，武汉大学出版社2009年版，第473—483页。

院一并诉至瑞士联邦最高法院第一民事审判庭。基于仲裁管辖模式的缺陷，甘德尔称国际体育仲裁院不构成合法有效的仲裁机构，从而无权作出具有终局性效力的裁决。法院认为，在瑞士建立的国际组织作出的决定可以经由组织章程中提交仲裁的条款作为仲裁的对象。由于国际体育仲裁院不接受国际马术联合会的任何指示，原则上属于瑞士法下的仲裁，故法院驳回了甘德尔的请求。

包括国际马术联合会在内的总部位于瑞士的单项体育联合会乃是《瑞士民法典》第60条至第79条下的社团法人。根据《瑞士民法典》第75条的规定，成员对社团违反法律或章程作出的决议不服的，可以向法院起诉。此种能够撤销相关组织决议[①]的司法审查包括体育组织的直接或间接成员不满组织决定的情形。但为了推动国际体育仲裁对纠纷的解决，瑞士联邦最高法院大致认可体育组织章程中的提交国际体育仲裁的条款具有约束接受该章程相对人的效力，这激励了国际体育仲裁院通过此类方式受理案件。上诉仲裁程序的管辖机制最终反映在1994年首次颁布的《体育仲裁法典》第R47条当中。

## 第二节　国际体育仲裁管辖机制的特殊性

与国际商事仲裁乃至国际体育仲裁普通程序的案件管辖情形不同，适用于国际体育仲裁上诉程序的管辖机制更加具有特色。此种特殊性集中在管辖的依据、条件以及范围等三方面。

### 一　管辖依据的特殊性

区别于诉讼管辖，作为仲裁的基石，当事人的合意构成确定仲裁庭行使管辖权的唯一依据。[②] 国际体育仲裁院这一全球性体育仲裁机构的管辖确立同样离不开争议双方的选择。然而与国际商事仲裁依据特别达成的仲裁协议不同的是，通过组织章程与契约安排的交互运用，国际体育仲裁的管辖机制更多建立在当事人拟制的合意，以此发生管辖层面的属人法。具体而言，此种管辖的依据包括根据体育组织章程规定以及当事人订立的仲裁协议等两种

---

[①]　国际体育仲裁上诉程序的权限明显大于法院，表现在其不仅能撤销体育组织的决定，还能作出一项替代原有决定的新裁决，参见《体育仲裁法典》第R57条"全面审查"的规定。

[②]　See Alex Mills, "Party Autonomy in Private International Law", Cambridge: Cambridge University Press, 2018, p.273.

情形。

(一) 以体育组织章程为管辖依据的特殊性

以体育组织章程为管辖依据乃是国际体育仲裁特殊管辖机制的主要表现。由于上诉程序的管辖必须存在组织的决定[1]，故问题的起点在于谁拥有管理的权限，从而能够作出决定。虽然国际体育仲裁实践的多数情况是针对国际体育组织所作决定的上诉，但也不排除于国内体育组织的某些决定发生国际体育仲裁上诉管辖的情形，以下分别分析其中所包含的合意。

1. 国际体育组织章程提交国际体育仲裁上诉管辖的合意分析

根据合同法原理，要构成合意，双方当事人应达成意思表示的合致，即要约和承诺的内容一致。国际体育组织在自身章程中规定将与之有关的纠纷交由国际体育仲裁的条款可以视为其接受管辖的一般性允诺（promise），即单方面同意仲裁的不可撤销的要约。如果出现组织管辖范围内的相对人通过上诉程序起诉作出决定的国际体育组织的情形，则完全可以将提出仲裁的请求视为对上述要约的接受，从而形成一项拟制的仲裁合意。

此种拟制的仲裁合意在国际投资仲裁当中得以采用，并取得了良好的效果。根据1965年在华盛顿缔结的《解决一国与他国国民之间的投资争端公约》，国际投资争端解决中心只有在缔约国和另一缔约国国民认可的情况下才能对他们的投资争议具有管辖权。早先双方会在投资特许协议中约定将争议提交国际投资争端解决中心仲裁，然这种同意仲裁的方式作用有限，这也是该中心成立初期案件不多的主要原因。拟制仲裁合意的出现改变了国际投资仲裁的受案情形。一国可以通过国内立法或与外国投资者来源国签订的双边投资协定对投资仲裁作出概括性的认可，投资者启动仲裁程序即表示他接受了东道国发出的仲裁要约。[2] 这意味着只要东道国已经在国际协定中表示同意接受国际投资争端解决中心的管辖，该协定下的外国投资者即有资格提起国际投资仲裁。

---

[1] 在确定此处决定的含义时，国际体育仲裁实践依赖于瑞士行政法的有关原则。See A. Manuel Arroyo, "Arbitration in Switzerland – The Practitioner's Guide", Hague: Wolters Kluwer, 2013, p. 990. 能够上诉至国际体育仲裁院的决定必须是向一个或多个相对人作出的意图产生法律效果的单方行为。国际足联的信函明显满足一项决定的所有形式和实质要件，尽管信中并未提及决定的依据。CAS 2008/A/1705, Grasshopper v. Alianza Lima, award of 18 June 2009. 同理，是否具有决定的资格取决于它的内容而非通信方式，故采用信函的形式并不排斥其构成可上诉的决定。CAS 2015/A/4162, Liga Deportiva Alajuelense v. FIFA, award of 3 February 2016.

[2] Mathias, "Is the Erecting of Barriers against Foreign Sovereign Wealth Funds Compatible with International Investment Law", US – China Law Review, 2008 (6): 7.

对于一国足协等全国性的单项体育协会，以直接成员的身份加入特定的国际单项体育联合会即应视为对包括争端解决条款在内的全部章程的接受；而对于单项体育协会下属的协会、俱乐部、球员等国际体育组织的间接成员①，包括"提交国际体育仲裁"条款在内的单项体育联合会的章程规定并无直接的法律效力，而必须通过作为组织直接成员的单项体育协会在其章程中实施，进而考虑通过援用的方式发挥作用。以竞技足球为例，所谓实施不仅仅是一国足协在其章程中笼统地表明遵守《国际足联章程》的规定，而必须明确到具体提交国际体育仲裁院进行争端解决的事项。在2004/A/676案②中，仲裁庭认为，只有当会员联合会、协会在各自的章程当中明确了包含提交国际体育仲裁院解决争议条款的《国际足联章程》，国际体育仲裁院才能被认为具有管辖权。否则，新版《国际足联章程》生效的事实本身只是一项要求各会员在章程中规定将纠纷提交国际体育仲裁院审理的行政指令，并不构成上诉管辖权确立的基础。

2. 国内体育组织章程明确包含提交上诉管辖条款的合意分析

作为争议解决双轨制的体现，区别于单项体育联合会等国际体育组织多包含提交国际体育仲裁院管辖的情形，有权解决业内争议的国内体育协会极少有此种规定。③ 仍以竞技足球为例，《国际足联章程》要求会员"承认"国际体育仲裁院在业内纠纷解决领域的法律地位不足以使得该院对各国足协所作决定的上诉产生管辖权。如希望《国际足联章程》将争议提交国际体育仲裁院的抽象条款对一国足协发生直接效力，则该条款必须完全照搬移植到该国足协的章程当中，从而以并入的形式发挥作用。

对此，《乌克兰足协章程》第51条规定，国际体育仲裁院对作为终审机构的乌克兰足协上诉委员会作出的决定具有排他性管辖权。④ 此种做法往往发生在国内专门的体育仲裁机构未建立的情况下，不失为一种权宜之计。故只要国内单项体育协会的章程有此规定，即构成确立国际体育仲裁院行使管辖权的充分依据。⑤ 毕竟通过组织成员对行业准入规则的一揽子接受，同样

---

① Rosmarijn van Kleef, "The Legal Status of Disciplinary Regulation in Sport", *International Sports Law Journal*, 2014 (1): 44.
② CAS 2004/A/676, Ismailia Sporting Club v. Confédération Africaine de Football, award of 15 December 2004.
③ 为了防止发生歧义，《土耳其足协章程》规定只有具有涉外因素的案件才可以提交国际体育仲裁院，以此维护土耳其足协对国内争议案件的最终管辖权。
④ CAS 2011/A/2653, FC Shakhtar Donetsk v. CPF Karpaty, award of 27 April 2012.
⑤ CAS 2017/A/5065, Jacksen Ferreira Tiago v. Football Association of Penang & Football Association of Malaysia (FAM), award of 25 October 2017.

满足提交国际体育仲裁院管辖所需要的拟制仲裁合意。只是此种将国内争议的终审权交由国际体育仲裁的情况并不多见。

3. 对包含上诉管辖条款的国际体育组织章程的援用

例外的是，当涉诉即作出决定的国内体育组织章程未明确包含提交国际体育仲裁院管辖的条款时，能否基于法律关系的牵连援用国际体育组织章程中的此类规定值得探究。特别在国际体育组织对国内体育组织的兴奋剂处罚决定不满的情况下，其希望成为启动国际体育仲裁上诉程序的当事人，进而实现处罚层面的国际统一。此时即需要对仲裁合意作特别解释，以达到通过有效的援用方式使之适用于国内事项的目的。虽然从国际商事仲裁实践看，相互援用包含在关联合同文本的仲裁条款司空见惯，但援用的广度仍无法与国际体育仲裁院相提并论。毫无疑问的是，当作出决定的国内体育组织章程具体援用（specific reference）国际体育组织章程中的提交国际体育仲裁院管辖的条款时，如争端解决方面准用某国际体育组织章程交由国际体育仲裁的规定，可以认为该仲裁条款被并入（incorporated）作出决定的体育组织章程中；当不存在此类明确的条文援引，而只是某一国内体育组织章程总体援用（global reference）包含提交国际体育仲裁条款的国际体育组织章程时，则不免存在疑问。

对此，根据瑞士法用以解释合同条款的信赖原则（principle of trust, de la confiance, Vertrauensprinzip）[1]，如果当事人在缔约时能够意识到经由总体援用的仲裁条款的存在，此时不仅没有提出异议，而是认为该条款有约束力，则仲裁协议应认定有效。[2] 反之，如果施加此类援用条款的一方知道或理应知道对方在此情况下不会接受该条款，则不存在有效的仲裁协议。故只有当总体援用国际单项体育联合会的章程能被一般理解为特别接受其中的仲裁条款时，国际体育仲裁院才可以借此行使管辖权。

如在涉及巴西足协对涉嫌服用兴奋剂的巴西球员进行纪律处罚的 Dodô 案[3]中，《巴西足协章程》未包括将此类国内兴奋剂争议提交国际体育仲裁院管辖的条款，不过其要求所属俱乐部、球员应遵守《国际足联章程》，而

---

[1] 该原则源自《瑞士民法典》第2条，后经过瑞士联邦最高法院司法实践的发展。
[2] Despina Mavromati & Matthieu Reeb, "The Code of the Court of Arbitration for Sport: Commentary, Cases and Materials", Hague: Kluwer Law International, 2015, p. 32.
[3] CAS 2007/A/1370, FIFA v. Superior Tribunal de Justiça Desportiva do Futebol (STJD) & Confederação Brasileira de Futebol (CBF) & Mr Ricardo Lucas Dodô & CAS 2007/A/1376, WADA v. STJD & CBF & Mr Ricardo Lucas Dodô, award of 11 September 2008. 案情可参见第十二章第二节。

后者规定兴奋剂等某些特定争议最终交由国际体育仲裁院上诉分院管辖。仲裁庭认为，被上诉人注册为巴西足协职业球员的事实表明其同意受《巴西足协章程》的约束，而《巴西足协章程》第1条第2款规定所有在该国注册的球员都应遵守国际足联的规则。故该球员必须受制于巴西足协接受的国际规则，包括提交国际体育仲裁院管辖的条款，如《国际足联章程》当中与兴奋剂有关的争端解决条款。同样，瑞士联邦最高法院在对该仲裁裁决进行司法审查时认为，作出纪律性处罚决定的巴西足协为国际足联的成员，根据《巴西足协章程》，受处罚的球员有义务遵守《国际足联章程》的规定，从而需要接受国际体育仲裁的管辖机制。[①]

目前有效的总体援用情形以涉嫌违反兴奋剂规则的处罚案件为限。根据2005年版《国际足联章程》第63条第5、6款[②]，国际足联、世界反兴奋剂机构（WADA）有权就洲际足联[③]、各国足协以及职业联赛作出的终局性的兴奋剂处罚决定向国际体育仲裁院提起上诉请求。[④] 为了保障世界反兴奋剂机构的诉权从而维护统一的体育竞技秩序，全体运动员都有义务知晓此类条款。然而对于包括劳动合同争议在内的其他竞技体育纠纷，该条第1款关于针对国际足联或其他联合会、会员足协以及联赛所作决定的上诉须向国际体育仲裁院提出的规定不构成一项可援用的仲裁条款，毕竟2005年版《国际足联章程》第64条明确要求会员足协应当在各自章程中并入将纠纷交由其认可的独立且合理组成的仲裁庭或国际体育仲裁院处理的规定。即使各国足协不遵守此类规定构成应受国际足联纪律处罚的不法行为，也不可自动援用提交国际体育仲裁院管辖的条款，又何况此时国际体育仲裁院并非唯一可供当事人选择的仲裁机构。

（二）以特别仲裁协议为管辖依据的特殊性

如果体育组织章程、规章当中没有规定可以针对其所作决定向国际体育

---

[①] FT, 4A_460/2008, Judgment of 9 January 2009.

[②] 对应2021年版《国际足联章程》第57条第5、6款。

[③] 国际足联现有亚足联、欧足联、非足联、南美足联、北美及加勒比地区足联和大洋洲足联等六大洲际足联成员。洲际足联和国际足联的关系可参见《欧足联章程》第3条的规定，即欧足联构成为国际足联所承认的联合会，在必要时其应通过合同界定它与国际足联的关系以及各领域的管辖权。

[④] 这分为两种情形。如果涉及国际赛事或国际运动员，国际足联根据《国际足联反兴奋剂规则》第75条第1款，可以将各国足协作出的终局性兴奋剂处罚决定上诉至国际体育仲裁院；如果国内层面的决定不涉及国际赛事或国际运动员，国际足联根据《国际足联反兴奋剂规则》第75条第3款、第81条应上诉至国内反兴奋剂机构。不过此时若其他当事人未提起上诉，则国际足联可直接上诉至国际体育仲裁院，而无须用尽国内反兴奋剂机构的内部救济。CAS 2015/A/4215, FIFA v. Korea Football Association & Kang Soo Il, award of 29 June 2016.

仲裁院提起上诉,或者虽有规定但无法通过有效援用约束组织的相对人,则当事人需要缔结交由国际体育仲裁院管辖的特别仲裁协议。这在实践中主要表现为国际单项体育联合会、各国单项体育协会以及俱乐部与运动员之间签订的许可合同①,多发生在非职业性专业赛事的竞技比赛中。当运动员为参加单项体育联合会举办的国际赛事而填写赛事组委会提供的参赛报名表(entry forms)时,往往被要求在对体育组织的处理不服时接受国际体育仲裁院的管辖②,从而排除向国内法院或其他仲裁机构寻求救济的可能。

这属于附合性合同(adhesion contracts)的范畴。从运动员的角度,除了接受别无选择,似非出于本愿。③ 然考虑到体育行业天然的竞技垄断特性,只要不过分损害作为弱势方的运动员的基本权益,且当事人对合同条款的内容已然知悉,亦有认可的必要。对此,瑞士联邦最高法院曾这样解释当事人提交国际体育仲裁的条款,即为推动与体育有关的争议能通过充分独立和公正保证的专业仲裁庭解决,此种做法合乎法律逻辑。④ 然而受当事人合理信赖原则的制约,运动员签署的参赛报名表中包含的提交国际体育仲裁院的管辖条款仅针对具体的赛事有效,不能认为运动员就此同意将未来所发生的一切体育争议都交由国际体育仲裁院审理。⑤ 另外,如果因报名表的用语模糊造成当事人尤其是运动员对提交国际体育仲裁院管辖的范围发生争议,应当遵从不利于格式条款提供方(in dubio contra stipulatorem)的解释原则解决,即能否交由上诉程序管辖主要取决于运动员的意愿。

在 Busch 案⑥中,德国冰球运动员弗洛里安布施(Floring Busch)因拒绝进行兴奋剂赛外检查而遭受处罚。世界反兴奋剂机构认为该处罚决定过轻,并将国际冰球联合会回复的拒绝追加处罚的信件视为一项不作为的决定,上诉至国际体育仲裁院。基于布施为参加冰球世锦赛而签署的报名表中包含"任何源自冰球世锦赛和/或由此国际冰球联合会作出的章程、细则和规章以及决定引发的争议,在用尽该会内部救济后均应提交位于瑞士洛桑的国际体育仲裁院处理"的条款,仲裁庭认定其对该案的赛外处罚具有管辖权,并由

---

① 刘晓红主编:《国际商事仲裁专题研究》,法律出版社 2009 年版,第 602 页。
② 熊瑛子:《参赛报名表与运动员诉权保护》,《中国体育科技》2015 年第 2 期。
③ Massimo Coccia, "International Sports Justice: The Court of Arbitration for Sport", *European Sports Law and Policy Bulletin*, 2013(1): 34.
④ BGE 133 III 235.
⑤ Despina Mavromati, "Selected Issues Related to CAS Jurisdiction in the Light of the Jurisprudence of the Swiss Supreme Court", *CAS Bulletin*, 2011(1): 37.
⑥ FT, 4A_ 358/2009, Judgment of 6 November 2009. 应注意的是,瑞士联邦最高法院认为该案不存在前述 Dodô 案的情形。

此支持了世界反兴奋剂机构处以布施两年禁赛的请求。布施以国际体育仲裁院无管辖权为由向瑞士联邦最高法院申请撤销仲裁裁决。世界反兴奋剂机构提出，即使处罚与单次的冰球世锦赛无关，上述"和/或"的措辞表明凡是涉及国际冰球联合会的章程、规章的争议都应提交国际体育仲裁院审理。瑞士联邦最高法院认为，对是否存在仲裁协议应采取严格的解释。参赛表中的仲裁条款超出了运动员可以合理预期同意的范围，不构成有效的仲裁协议，其仲裁裁决因仲裁庭错误行使管辖权而应予以撤销。

## 二 管辖条件的特殊性

作为国际体育仲裁上诉程序管辖确立的前提条件[1]，被上诉的决定必须是终局的。当事方在向国际体育仲裁院提出上诉之前，应用尽组织内部的救济途径，并应在规定的期限内提起上诉，否则会丧失获取救济的机会，这表现出确立管辖条件[2]层面的特殊性。

（一）用尽内部救济原则

结合《体育仲裁法典》第 R47 条的规定，所谓用尽内部救济原则是指上诉人在向国际体育仲裁院提出上诉申请之前，原则上应用尽所涉体育组织章程、规章规定的内部权利救济途径，即将上诉作为最后的救济手段。一旦不满足该原则，国际体育仲裁的上诉仲裁程序会面临终止。在一起涉及职业足球劳动合同争议的 2006/A/1100 案[3]中，仲裁庭认为球员的上诉请求并不属于国际足联争端解决委员会之前审查的对象，从而使得案件欠缺可以上诉的体育组织的决定。其关于因个人名誉受损而要求对俱乐部施加制裁的主张乃是首次向国际体育仲裁院提出，未用尽组织内部程序的救济，故仲裁庭驳回了上诉人的请求。

用尽内部救济的关键在于判断一项决定是否终局。就终局的范围，首先需要根据适用章程中的强制性规范加以判断，可选择的、裁量性的救济手段

---

[1] 上诉仲裁管辖权的行使还需要满足可仲裁、未决诉讼和既判力的排除等其他要求。考虑到普通仲裁的管辖也存在上述先决条件，故不予探讨。此类问题在国际体育仲裁的表现，参见张春良、张春燕《论国际体育仲裁中的"接近正义"原则》，《体育文化导刊》2007 年第 11 期。

[2] 实践中，体育仲裁上诉管辖确立的条件以及是否具有当事人的资格、已决或未决案件等事项常被冠以可受理性（Admissibility）。CAS 2019/A/6148，World Anti‐Doping Agency v. Sun Yang & Fédération Internationale de Natation，award of 28 February 2020. 然其即使作为单独问题加以讨论也不能改变与管辖权之间的密切关系。毕竟当案件不可受理即不具有程序上的可仲裁性时，无论庭审是否开始，对实体问题的管辖权也最终无法行使。

[3] CAS 2006/A/1100，E. v. Club Gaziantepspor，award of 15 November 2006.

无须用尽①；其次，当章程规定组织作出的任何决定都可以上诉时，关于临时措施的决定也可认为是终局的。如国际足联球员身份委员会②的独任裁判员就球员的跨国转会签发一项临时性国际转会证明（International Transfer Certificate，ITC），其同样构成可以提交国际体育仲裁院管辖的决定。

不过在特殊情况下，用尽内部救济原则亦存在例外。毕竟如果毫无限制地鼓励设置业内救济，则会变成对行业垄断的妥协。③ 根据国际体育仲裁院所在地国瑞士的实践，当出现拒绝司法（denial of justice）的情形，即当内部的争端解决机构不适当地拖延程序甚至拒绝审理案件，或者由其言行可以明显看出不能公正行事时，则当事人无须用尽内部救济。④ 此问题在国际层面表现为救济的充分有效性。根据《世界反兴奋剂条例》（WADC）第13条第2款，上诉规则必须包含及时的庭审、公正独立的审理人员、当事人自费选择代理人的权利以及合理的书面决定。为了确保正义的及早实现，不满足上述条件时无须用尽内部救济。另外，该条第1、3款认为，如果世界反兴奋剂机构有权上诉且没有其他当事人对反兴奋剂组织程序内的最终决定提出上诉，或者反兴奋剂组织未能在世界反兴奋剂机构设定的合理期限内就是否违反反兴奋剂规则作出决定，世界反兴奋剂机构可以直接上诉至国际体育仲裁院，而不必用尽反兴奋剂组织程序中的救济措施。

（二）满足上诉期限原则

为了防止上诉人滥用程序权利，维护体育组织所作决定的公信力，上诉必须在规定的期限内提出，否则随着时间的推移上诉人将丧失寻求国际体育仲裁的机会。故当上诉申请明显超过上述期限，上诉仲裁分院的主席不会启动仲裁程序。如果在程序开始后才发现上诉申请超期的情况，则当事人可以要求上诉仲裁分院的主席或在已经组建仲裁庭的首席仲裁员终止该仲裁程序。在考虑其他当事人的陈情后，分院的主席或首席仲裁员应作出终止的决定。此种允许当事人主动提起异议的做法有助于避免仲裁资源的浪费。

与诉讼或仲裁时效相比，该上诉期限更类似于对行政行为不满的起诉

---

① Despina Mavromati & Matthieu Reeb, "The Code of the Court of Arbitration for Sport: Commentary, Cases and Materials", Hague: Kluwer Law International, 2015, p.390.
② 在2021年版《国际足联章程》出台以前，球员身份委员会属于国际足联的常务委员会，由其制定《国际足联球员身份和转会规则》并负责争端解决委员会的工作。
③ 王家宏、陈华荣：《用尽体育行业内部救济原则反思》，《体育与科学》2009年第1期。
④ A. Manuel Arroyo, "Arbitration in Switzerland – The Practitioner's Guide", Hague: Wolters Kluwer, 2013, p.991.

期，旨在避免不稳定状况的发生，进而实现决议在组织内部的终局效力。[1]从法律性质上，诉讼或仲裁时效适用于请求权的情形，在特殊情况发生时得以中止、中断甚至延长，而该期限则是针对形成权行使的除斥期间。对此，虽然《瑞士民法典》第75条将这一期限规定为成员获悉组织决议后的一个月，但其还要受制于具体的仲裁规则。根据《体育仲裁法典》第R49条，如联合会、协会或有关体育组织章程、规章或其他的协议未事先加以规定，则上诉应在收到决定后的21日[2]内提起。此外，包括总部位于瑞士在内的一些国际体育组织还专门在章程中进一步明确了能够向国际体育仲裁院提起上诉的期限。按照特别法优于一般法（lex specialis derogat generali）之原理，此类规定应当在该领域内优先适用。

虽然该期限固定不变，但其起算点有时会发生争议。在青岛盛文中能足球俱乐部诉某巴西球员的2014/A/3807案[3]中，根据《球员身份委员会及争端解决委员会程序规定》（Rules Governing the Procedures of the Players' Status Committee and the Dispute Resolution Chamber）第19条第1款，决定应当直接送达当事人，其复印件同时送达有关足协。俱乐部强调，国际足联仅仅将处理劳动合同争议的决定理由之复印件送至中国足协并命令其通过传真向下传达的做法有违该款的规定。该送达日期不能作为上诉期限的起算点，否则将违反公共政策。仲裁庭认为，虽然国际足联并未按照规定直接送达，但上诉人承认于该日已知晓决定的内容，而且在作出上诉陈述时并未指出决定的通知方式不当，事后提出该主张有违不得前后行为矛盾（venire contra factum proprium）的法律原则，故不予支持。

（三）管辖条件存在特殊性的原因

综上所述，国际体育仲裁的特殊管辖机制乃是利用仲裁的方式解决传统上非由仲裁支配的纪律性纠纷。无论是用尽内部的救济，还是设定较短的上诉期限，以往都构成法院受理行政案件所特别关注的问题。不同的是，国际商事仲裁处理平等主体之间的财产争议。任何一方于有效的仲裁协议存在的前提下都可以直接申请仲裁，故程序的启动无须满足用尽内部救济的条件。

---

[1] 由于社团立法的缺位，中国法下并无此种规定。理念较相似的《中华人民共和国公司法》第22条规定，股东会或股东大会、董事会的会议召集程序、表决方式违反法律、行政法规或公司章程，或决议内容违反公司章程的，股东可自决议作出之日起60日内请求法院撤销。另见《中华人民共和国民法典》第85条与第92条。

[2] 根据《瑞士债法典》第132条对诉讼时效计算的规定，该"21日"应自收到可上诉决定的次日起计算，至最后一日仍没有启动程序时届满。

[3] CAS 2014/A/3807, Qingdao Jonoon FC v. Gustavo Franchin Schiavolin, award of 10 September 2015.

同样就期限而言，只要尚在法定的仲裁时效内，国际商事仲裁的当事人均可提起仲裁，甚至依许多国家的法律规定该期间不得约定缩减。而国际体育仲裁院的管辖要满足体育纠纷解决的快捷性和终局性的需要，以尽可能地维护体育组织的权威性以及所作决定的公信力。故能够提起上诉仲裁的期限不仅更短，而且还要受制于被诉的体育组织章程中的特殊规定。这也说明此种特别的仲裁管辖机制具有行政诉讼受案的特点。①

### 三　管辖范围的特殊性

根据《体育仲裁法典》第 R27 条，任何与体育相关的一般性活动或事项都满足国际体育仲裁的范围，然体育联系的性质或紧密程度并无明确的界定。就国际体育仲裁院管辖的案件类型而言，学理上多认为以管理性纠纷为限，如因兴奋剂、赌球、贿赂引发的纪律处罚纠纷。此种认识存在简单化的倾向。上诉程序主要解决体育组织和运动员之间的管理纠纷，这包括因对体育组织处理俱乐部之间的转会协议争议以及俱乐部和球员的劳动合同争议的决定不服而发生的纠纷。

（一）上诉程序的管辖范围于实践中发生的争议

在 2007/A/1358 案②中，国际足联对被列为共同被上诉人向仲裁庭表示异议。首先，该案解决的是足球俱乐部和球员之间分别因球员违反劳动合同以及另一家俱乐部引诱球员违约发生的争议。此时国际足联争端解决委员会作为一审的裁判机构出现，不是争议的一方当事人。其次，其特别强调被上诉的决定不属于纪律性质，上诉的内容亦不应针对国际足联。上诉人则认为，如果不将国际足联列为被上诉人，其要求对球员以及引诱违约的对方俱乐部施加体育制裁的主张将不会实现，毕竟国际体育仲裁院无法单独采取此类处罚措施。国际足联未能根据《国际足联球员身份和转会规则》制裁其他被上诉人，此种行为构成根本违法。仲裁庭认为，由于争议涉及国际足联是否需要进行处罚，且上诉人提出申请，本案具有一定的纪律性，故国际足联应列为被上诉人。即便如此，不能忽视此类合同争议中所包含的商业属性，毕竟当事人在有特别约定的情况下可以直接进行国际体育仲裁。

就此，2004 年修订前的《体育仲裁法典》将可上诉的对象限于纪律法庭或类似联合会、协会或体育组织作出的决定。区别于体育组织和运动员有

---

① 郭树理：《论司法对体育行会内部纠纷的干预》，《北京市政法管理干部学院学报》2003 年第 3 期。

② CAS 2007/A/1358, FC Pyunik Yerevan v. L., AFC Rapid Bucaresti & FIFA, award of 26 May 2008.

不同利益的纪律性问题,俱乐部和球员在他们的劳动合同中持相反的利益,国际体育仲裁院在处理此类争议时更多扮演二审法院的角色。① 2014 年版的《体育仲裁法典》第 R47 条明确了所有的联合会、协会或与体育有关组织作出的决定都可以上诉,此种做法至今未曾改变。

(二) 上诉程序和普通程序管辖范围模糊的处理

相反,国际体育仲裁院早期曾出现通过普通程序审理纪律性案件的情形,尤其在单项体育联合会未接受上诉程序的管辖之前,如涉及同一主体支配多家足球俱乐部是否违反欧盟和瑞士反垄断法争议的凯尔特人足球俱乐部诉欧足联案②。然此种重叠情况在目前也有发生的可能。假设足球劳动合同争议的一方当事人请求国际足联做行业内部的处理,继而上诉至国际体育仲裁院,而对方此时则根据合同中的仲裁条款直接提起国际体育仲裁。这说明在管辖确立阶段,上诉程序和普通程序的管辖范围仍有模糊之处。

对此,国际体育仲裁院自 2004 年以来根据程序的类型而非争议的性质对案件进行内部分配。在实践中,国际体育仲裁院的院办公室一般只有在案件不具有纪律因素时才将其交由普通仲裁分院审理。《体育仲裁法典》第 S20 条第 2 款规定,提交仲裁的案件应由国际体育仲裁院的院办公室适当分配给普通仲裁分院或上诉仲裁分院。当事人不得针对此类分配提出异议或认为其构成违规事项。如果在仲裁过程中情况发生变化,院办公室在征求仲裁庭的意见后可以将案件分配给另一分院。该重新分配既不妨碍此前进行的仲裁庭的组成,又不影响任何程序、决定或者命令的有效性。

(三) 上诉程序管辖的免费范围

区别于类似国际商事仲裁的纯商业性质的普通程序,上诉程序带有明显的公益性质。特别是当运动员等相对人针对体育组织的决定提起仲裁申请时,此时如收费难免会发生争议。上诉程序管辖的免费范围与其受案情形并不完全一致,总体趋势是加以限制,避免搭便车现象的出现。起初国际体育仲裁的上诉程序完全不收费,此后颁布的 2004 年版《体育仲裁法典》将免费情形限于那些对同时具有纪律性和国际性的组织决定上诉的案件。③ 2012年版《体育仲裁法典》第 R65 条进一步限定为由国际体育联合会或其他体育组织作出的完全构成纪律处罚决定的上诉,从而将代理有关国际体育联合

---

① Andrea Marco Steingruber, "Sports Arbitration: Determination of the Applicable Regulations and Rules of Law and Their Interpretation", *The International Sports Law Journal*, 2010 (3-4): 57.
② CAS 98/201, Celtic Plc v. UEFA, award of 7 January 2000.
③ Manuel Arroyo, "Arbitration in Switzerland – The Practitioner's Guide", Hague: Wolters Kluwer, 2013, p. 984.

会或其他体育组织的国内体育协会等体育组织作出的决定排除在外。

除一般性的规定，《体育仲裁法典》还明确了免费的例外，即如果案情有需要，上诉仲裁分院的主席可以依职权或经首席仲裁员的请求，决定对上诉仲裁适用收费的规定。2013年版《体育仲裁法典》将例外情形具体化，即应包括当某一纪律案件主要是经济性质，或者作出被上诉决定的体育联合会不是协议组建国际体育仲裁院的签订者的情形。前者如国际足联处理俱乐部和球员之间的职业足球劳动合同争议而作出的以经济补偿为主的决定，后者如未参与国际体育仲裁院组建的国际汽车联盟而作出的处罚决定。最新的版本明确将那些作为经济性质争议的后果而施加制裁的决定的上诉排除在免费的范围外，从而使得免费更加具有针对性。

## 第三节 法院对国际体育仲裁管辖机制的态度

国际体育仲裁院虽然被誉为"世界体育最高法院"（Supreme Court of World Sport）[1]，但其采用仲裁这种替代性争端解决方式，仍要面临各国法院的司法审查。从实践来看，无论是作为国际体育仲裁裁决的仲裁地国的瑞士，还是在特定情况下可以拒绝承认或执行国际体育仲裁裁决的其他国家，都大致认可了国际体育仲裁管辖机制的特殊性。

### 一 仲裁地国瑞士联邦最高法院的态度

区别于当事人可以自由选择仲裁地的国际商事仲裁实践，国际体育仲裁的仲裁地都位于瑞士，瑞士联邦最高法院根据《瑞士国际私法》第190条能够对此类仲裁裁决行使撤销权，故该院对该管辖机制的认识至关重要。与国际商事仲裁不同，国际体育仲裁上诉程序的管辖多不存在当事人具体达成的仲裁协议。一方面，如果认为上诉程序的管辖具有强制性、排他性的效力，则国际体育仲裁院无疑具有竞技体育领域中的国际法院地位。对此，瑞士联邦最高法院的态度是：在缺乏可援用的体育组织章程、规章的规定、包含仲裁条款的独立协议以及其他明确表示仲裁通知的情况下，没有提交国际体育仲裁的理由。[2] 故该院不认为国际体育仲裁院享有全世界竞技体育争议普遍管辖权的最高法院地位，毕竟此种管辖确立的依据仍然需要当事人的合意。

---

[1] James A. R. Nafziger, "Lex Sportiva", *The International Sports Law Journal*, 2004 (1-2): 6.
[2] FT, 4A_ 456/2009, Judgment of 3 May 2010. 这也契合了国际体育仲裁构建的法理。

另一方面，瑞士联邦最高法院又适度关注到竞技体育领域的特殊性，表现出有利于体育仲裁协议成立的态度，尤其认可包括总体援用在内的体育组织章程、规章规定的提交国际体育仲裁条款的效力。对职业俱乐部和球员而言，为了获得参赛资格，其参与联赛或某项赛事活动就意味着需要相应地接受单项体育协会的章程、规章。此种拟制的仲裁合意解释既满足了国际体育仲裁上诉程序管辖的条件，又尊重了竞技体育行业的组织结构和自治要求。国际体育组织的自主权是基于成员的授权而制定规则并将之在成员授权的范围内强制实施的权力[1]，该契约性权力的产生必须以组织章程为依据。反映在 Cañas 案[2]中，瑞士联邦最高法院虽然否定了体育组织通过填写参赛报名表迫使运动员放弃向法院提出撤销国际体育仲裁裁决请求的做法，但认可该报名表中关于将争议提交国际体育仲裁院仲裁条款的效力。毕竟这有利于体育争议的快速解决，而且不妨碍当事人尤其是运动员向法院寻求司法审查救济。[3]

## 二 仲裁裁决承认与执行地国法院的态度

国际体育仲裁上诉案件的仲裁裁决，如涉及参赛资格的取得和丧失，完全可以由体育组织自行承认与执行；对具有金钱给付内容的裁决，也多由体育组织的强制力保证实施，一般不需要请求法院协助。不过，国际体育仲裁管辖机制面临着关于承认与执行外国仲裁裁决的 1958 年《纽约公约》的缔约国法院的质疑。在 2015 年年初，慕尼黑高等法院对德国运动员克劳迪娅·佩希施泰因（Claudia Pechstein）和国际滑联（International Skating Union，ISU）之间的兴奋剂处罚争议作出初步判决。根据《德国民事程序法典》第 1061 条第 1 款的规定，其认定国际滑联迫使运动员签订交由不中立、不公正的仲裁庭管辖的仲裁协议构成《德国反限制竞争法》（Gesetz gegen Wettbewerbsbeschränkungen，GWB）第 19 条下的市场优势地位的滥用，属于《纽约公约》第 5 条第 2 款 b 项中的仲裁裁决违反公共政策的情形，从而拒绝承认国际体育仲裁院作出的维持国际滑联处罚的仲裁裁决。[4]

---

[1] 张文闻、吴义华：《国际体育组织自治权的法理分析》，《武汉体育学院学报》2016 年第 8 期。

[2] CAS 2005/A/951, Guillermo Cañas v. ATP, award of 23 May 2006. BGE 133 III 235.

[3] Elliott Geisinger & Elenal Trabaldo-de Mestral, "Sports Arbitration: A Coach for other Players", Hague: Juris Publishing, Inc., 2015, p. 66.

[4] 该案将在第三章当中作详细分析。

此举一度被视为国际体育仲裁管辖机制的重大危机，然仔细分析并非如此。基于仲裁员名册的封闭性以及上诉仲裁分院的主席指定首席仲裁员所导致的对体育组织产生利益倾向，慕尼黑高等法院认为国际体育仲裁上诉程序不满足公正审判的最低限度要求，但其承认由于体育的特殊性特别是体育争议解决的需要，单纯体育组织迫使运动员签订上诉仲裁协议的事实不能使之无效。毕竟出于经济性的考虑，同意仲裁为一方行使专长所必需，不构成1950年《欧洲人权公约》（European Convention on Human Rights）第6条第1款[①]关于公正审判（fair trial）这一诉权保障规定的违反。[②] 故对国际体育仲裁上诉程序的管辖机制自身而言，当事人拟制的仲裁合意大致得以维持。

同时也要看到，尽管作为仲裁对抗法院的体现，国际体育仲裁独特的管辖机制不能完全杜绝竞技体育领域的管辖冲突。这不仅在于其自身仍有一定缺陷而容易与司法管辖发生争议，还在于业内的争端解决机制并非铁板一块。即使在主要单项体育联合会接受了国际体育仲裁条款的背景下，有时因当事人对争端解决方式的另行约定、单项体育协会对争端解决条款的规定不明、国家强行法的特殊要求而与国内法院产生管辖权竞合。[③] 尤其要说明的是，国际体育仲裁管辖机制的良好运行与体育组织章程中上诉仲裁条款的质量密切相关。在近期发生的一起国际足联处罚争议中，布鲁塞尔上诉法院基于比利时俱乐部的主张认定《国际足联章程》当中的提交国际体育仲裁条款无效。[④] 出于对当事人仲裁合意的尊重进而防止强势一方将单方意愿强加给对方，根据比利时法只有特定法律关系（defined legal relationship）[⑤] 引发的争议才可以提交仲裁。在法院看来，适用于国际足联与成员之间任何类型争议的上诉管辖要求未作此种限定，即使《体育仲裁法典》第R27条存在与

---

[①] 在确立民事权利及义务或面临刑事指控时，任何都有权在合理的期间内于法律设置的独立且公平的法庭面前接受公正公开的审判。

[②] Jan Łukomski, "Arbitration Causes in Sport Governing Bodies' Statutes: Consent or Constraint? Analysis from the Perspective of Article 6 (1) of the European Convention on Human Rights", The International Sports Law Journal, 2013 (1-2): 69.

[③] 该问题在足球劳动合同争议中的表现可参见第七章第二节的内容。

[④] Michael De Vroey & Margo Allaerts, Arbitration Clause in Agreements with FIFA and UEFA held Invalid, https://globalarbitrationnews.com/belgium-arbitration-clause-in-agreements-with-fifa-and-uefa-held-invalid. 该案的基本案情与主要争议参见第三章第三节以及第十章第四节的内容。

[⑤] 争议的特定性要求同见《纽约公约》第2条第1款。

体育相关的限制也于事无补。①

## 第四节　国际体育仲裁管辖机制对我国的影响

由于竞技体育纠纷解决方式的特殊性，国际体育仲裁管辖机制的效力在我国现行法上存在承认的困惑。一方面，为履行国际义务，特别对于国际性的竞技体育争议，我国各单项体育协会逐步通过其章程接受了国际体育仲裁上诉程序的管辖规定；另一方面，未来在确立我国体育仲裁制度时，须对此予以高度的重视。

### 一　国际体育仲裁管辖机制的接受

随着我国体育事业的蓬勃发展，单项体育协会及其从业人员在面临国际性纠纷时对国际体育仲裁的管辖机制不再感到陌生。目前各体育协会大多承认该领域的国际体育联合会章程所确立的国际体育仲裁上诉程序的管辖规定。就竞技足球而言，2005年版《中国足协章程》虽然将《国际足联章程》作为制定的依据之一，但并未明确协会及会员与国际足联的纠纷是否须提交国际体育仲裁院进行上诉仲裁。不过其第61条表示服从国际足联对案件的管辖，可以推导出当外国球员、教练员与国内的足球俱乐部发生争议时，将提交国际足联解决并同意选择国际体育仲裁院作为上诉机构。②

实践中交由国际体育仲裁上诉程序管辖的案件多集中于职业足球劳动合同领域，如马特拉奇（Materazzi）诉天津泰达案。上述案件的一方当事人为外籍人士，其因中方俱乐部单方解除与其签订的职业足球劳动合同而向国际足联争端解决委员会、球员身份委员会提出申诉，继而在对处理决定不服时上诉至国际体育仲裁院。对此，自2014年版以来《中国足协章程》已经按照《国际足联章程》的要求作出修改。另外，2019年版《中国足球协会纪律准则》第79条特别强调国际体育仲裁裁决的执行问题，故可以援用提交上诉仲裁的规定。

以国际体育仲裁的管辖机制排除法院对涉外竞技体育争议的受理在我国现行法上并无确切依据。与瑞士或德国的做法不同，我国政府于1987年加

---

①　有评论对此做法表示遗憾。See Stéphanie De Dycker, "The FIFA Arbitration Clauses under Scrutiny of the Belgian Judge: The Seraing Case", *CAS Bulletin*, 2019（1）.

②　向会英等：《我国国际职业足球运动员合同违约纠纷解决关涉的主要法律问题——以巴里奥斯案为例》，《天津体育学院学报》2014年第5期。

入《纽约公约》时曾根据公约第 1 条第 3 款提出一项商事保留，即只有在我国法上构成商事关系的外国仲裁裁决才可得到承认与执行。结合《最高人民法院关于执行我国加入的〈承认及执行外国仲裁裁决公约〉的通知》，此种商事关系仅包括契约性以及特定非契约性的经济上的权利义务关系[①]，无法有效涵盖上诉程序管辖的所有情形。为国际体育仲裁裁决承认与执行之便利，有学者主张我国应当取消该保留条款。[②] 然而即使取消保留条款，此类裁决的承认与执行仍然受中国法对体育纠纷可仲裁性（arbitrability）的限制。[③] 最高人民法院曾在 2008 年北京奥运会举办的前夕专门下发通知，要求下级法院需尊重国际体育仲裁院临时仲裁庭就参赛资格、兴奋剂以及竞赛结果作出的裁决，但该司法解释仅仅在此届奥运会的赛事期间适用。考虑到国际体育仲裁院已经于上海设立亚洲首个替代性听证中心（Alternative Hearing Centre，AHC），在我国的影响力不断加深，有必要在《体育法》争端解决条款的修订当中明确其对上诉案件的管辖效力。

## 二　我国体育仲裁管辖机制的构建

国际体育仲裁的管辖机制尽管实际运行良好，却不可能解决世界上所有的竞技体育法律纠纷。对此，国际单项体育联合会往往在章程中将可上诉至国际体育仲裁院的范围限制在国际性案件[④]，其他案件仍宜由国内的仲裁机构最终解决。虽然这不限于体育仲裁机构，但由它审理更具有专业性。我国的体育仲裁机构一直未建立。与《瑞士民法典》第 75 条允许对社团决议进行司法审查不同，囿于专业知识，无论竞技体育纠纷的当事人提出民事还是行政诉讼请求，我国法院一般都拒绝受理。[⑤] 目前对体育组织决定不服的纠纷多交由各单项体育协会下属的争端解决机构审理，行政化的运作使其在制度层面难以保障中立性，容易产生不公的结果，故建立我国体育仲裁制度的

---

[①] 即由于合同、侵权或者根据有关法律规定而产生的经济上的权利义务关系，例如货物买卖、财产租赁、工程承包、加工承揽、技术转让、合资经营、合作经营、勘探开发资源、保险、信贷、劳务、代理、咨询服务和海上、民用航空、铁路、公路的客货运输以及产品责任、环境污染、海上事故和所有权争议，但不包括外国投资者与东道国之间的争端。
[②] 参见石现明《承认与执行国际体育仲裁裁决相关法律问题研究》，《体育科学》2008 年第 6 期。
[③] 参见第十一章第二节的内容。
[④] 此种国际性或涉外性的解释不同于国际私法，参见第七章第一节的内容。
[⑤] 职业足球劳动合同争议是为数不多的例外，不过法院审理此类案件的效果令人不敢恭维，详见第十二章的内容。

呼声日益高涨。[1]

《仲裁法》将仲裁机构管辖的依据完全限于双方当事人自愿达成的仲裁协议，这与竞技体育行业的现状存在着法律冲突。为了反映竞技体育的金字塔状的行政结构，我国应效仿国际体育仲裁独特的管辖机制，在保留《仲裁法》第16条一般依据当事人合意确立仲裁管辖权的基础上，将涉及单项体育协会或其他体育组织作出的决定纳入上诉程序管辖的范畴当中。其一，上诉程序管辖的范围不仅表现为纯粹纪律性的处罚争议，也包括体育组织通过决定处理的运动员劳动合同纠纷；其二，各主要的单项体育协会应在章程当中规定那些用尽内部救济仍不能解决的纠纷于特定的期间内交由体育仲裁机构审理。

另外，那些通过总体援用达成的仲裁合意是否符合《仲裁法》的规定值得分析。对此，以往我国法院在审理海上租约仲裁条款并入提单效力纠纷时，基于合同相对性原则，多认为格式提单所载明的概括性的并入条款尚不构成租约中的仲裁条款有效并入的理由。[2] 有鉴于此，该问题应当在未来制定的《中华人民共和国体育仲裁法》（以下简称《体育仲裁法》）中加以明确规定。为避免我国体育仲裁机构遭遇总体援用的效力争议进而减少管辖事项上的冲突，还有必要采取如下举措。

首先，各单项体育协会于参考瑞士法中信赖原则的基础上应在组织章程、准入规则、工作合同范本等文件中具体而清晰地纳入上诉仲裁条款，使得各级联赛的俱乐部、教练员、运动员在从事某项体育运动时都要接受上诉程序的管辖机制，从而形成完整的纠纷解决链条；其次，体育行业主管部门在组织各项竞技体育赛事时，也宜在参赛合同的醒目位置以语义明确的文句标注因比赛发生的法律纠纷应统一提交特定体育仲裁机构审理[3]，且将上诉仲裁的事项限定在当事人可以合理预见的范围内。以此做到未雨绸缪，确保竞技体育活动中的上诉仲裁管辖条款在中国法下的有效性。

# 本章小结

与国际商事仲裁乃至国际体育仲裁院通过普通程序审理案件的管辖情形

---

[1] 巩庆波：《我国体育仲裁制度建设研究》，《西安体育学院学报》2014年第6期。
[2] 最高人民法院《在关于鞍钢集团国际经济贸易公司诉格林福特有限公司海上货物运输合同纠纷仲裁条款效力问题的请示的复函》。
[3] 参见郭树理《体育组织章程或规则中强制仲裁条款的法律效力辨析》，《武汉体育学院学报》2018年第2期。

不同，针对体育组织决定的国际体育仲裁上诉程序的管辖机制极为特殊，从而更易与各国仲裁法产生法律冲突。就管辖依据而言，无论根据体育组织章程中的争端解决条款，还是当事人订立的具体仲裁协议，都需要在满足信赖原则的基础上发生拟制的仲裁合意；就管辖条件而言，其不仅要求当事人用尽内部救济，还必须在规定的期限内提起；就管辖范围而言，虽然其主要解决体育组织和运动员之间的管理纠纷，但也包括因对体育组织处理所属俱乐部和球员之间的劳动合同争议作出的决定不服发生的纠纷。此种管辖机制的特殊性已经获得包括瑞士联邦最高法院在内的各国法院的广泛认可，应引起我国体育界的重视，从而建立相应的我国体育仲裁的管辖机制。

# 第二章　国际体育仲裁的实体法律适用问题

与国际体育仲裁的管辖机制不同，分别由《体育仲裁法典》第 R45 条和第 R58 条加以规定的普通程序和上诉程序的实体法律适用规则各具特色。出于解决竞技体育领域法律冲突的特别需要，上述条款明显不同于通行的国际商事仲裁以及各国国际私法立法中的实体法律适用条款。本章将结合国际体育仲裁实践中存在的法律适用争议以及相关的国际、国内立法的规定，首先评析通过国际体育仲裁普通程序审理的体育商事纠纷的实体法律适用规则，其次集中探讨国际体育仲裁上诉程序实体法律适用的特点，为未来我国体育仲裁中的实体法律适用规则的拟定提供参考。

## 第一节　国际体育仲裁普通程序案件的实体法律适用

就国际体育仲裁普通程序案件的实体法律适用而言，《体育仲裁法典》第 R45 条规定，仲裁庭应根据当事人选择的法律规则解决争议；在他们没有作此种选择时，应适用瑞士的法律。当事人可以授权仲裁庭依公允及善良原则作出裁决。由于该条自 1994 年《体育仲裁法典》颁布以来一直未经修订，其对国际强制规范的适用付之阙如，但仲裁庭在审理国际体育仲裁普通程序案件时已经考虑直接适用此类规范。以下将对上述内容进行评价。

### 一　当事人选法时的法律适用

作为确立国际体育仲裁普通程序案件的实体法律适用的首要标准，《体育仲裁法典》第 R45 条确立了优先适用当事人选择的法律规则。由于该条主要针对竞技体育领域中的商事性质的争议，故宜通过与国际商事仲裁通行的实体法律适用规则进行比较以明确其特点。

（一）尊重当事人选法的原因

从法经济分析的角度，将法律选择的权利交由涉外合同关系当事人可以使其采取更加有利于合同目的实现的法律规则或交易规则，从而减少法律适用带来的不确定性[1]，以此构成国际私法乃至国际商事仲裁的一项基本原则。具体到体育商事领域，从程序法的角度，国际体育仲裁普通程序案件的管辖权确立完全基于当事人的授权，应当最大限度地尊重他们的自由意志；从实体法的角度，无论体育赞助合同、许可合同还是赛事转播权等纠纷都属商业性质[2]，纠纷解决需要建立在当事人通过意思自治缔结的合同之上。故反映在实体法律适用层面，基于此类权利可自行处分，私人性质的争议应主要由当事人选择的法律支配。

国际商事仲裁机构广泛接受此种做法，如 2010 年版《联合国国际贸易法委员会仲裁规则》第 35 条第 1 款[3]、2021 年版《国际商会仲裁规则》第 21 条第 1 款[4]、2020 年版《伦敦国际仲裁院仲裁规则》第 22 条第 3 款[5]。另外，就构成仲裁主要对象的合同，其适用当事人选择的法律为国际、国内立法所肯定，如 2008 年《罗马条例 I》第 3 条第 1 款[6]、2010 年《中华人民共和国涉外民事关系法律适用法》（以下简称《法律适用法》）第 41 条[7]。同样，《体育仲裁法典》第 R45 条规定了当事人选择法律的途径，但有关选法范围及方式的含义有待进一步探讨。

（二）当事人选择法律的范围

关于法律选择的范围，首先是否要求当事人选择的法律与案件存在密切的联系或有其他合理因素方面的考虑。国际私法曾主张当事人所选择的法律

---

[1] Jürgen Basedow, "The Law of Open Societies: Private Ordering and Public Regulation of International Relations: General Course on Private International Law", *Recueil des Cours*, Vol. 360, 2012: 193.

[2] Louise Reilly, "Introduction to the Court of Arbitration for Sport (CAS) & the Role of National Courts in International Sports Disputes", *Journal of Dispute Resolution*, 2012 (1): 64.

[3] 仲裁庭应适用各方当事人指定适用于实体争议的法律规则。

[4] 当事人可以自由决定仲裁庭适用于实体争议的法律规则。

[5] 仲裁庭应根据当事人选择适用于实体争议的法律或法律规则裁决当事人之间的争议。

[6] 当事人的法律选择必须是明示的，或者能够从合同条款或案件情况当中明确、清晰地得出。

[7] 当事人可以协议选择合同适用的法律。

体系要与合同发生地理上的关联。① 此种限制不利于私权的处分，特别是当出现双方希望选择某一中立的法律体系的情形。选法联系要求又衍生出合理性要求，即当事人可以选择与案件无客观联系的国家的法律，但要有合理的根据（reasonable basis）②，以防止武断、无意义的法律选择的出现。如《美国第二次冲突法重述》第187条第2款a项规定，就私权不能自由处分的问题，当事人选择的法律应与之或交易存在重要的联系或有合理的基础。从目前来看，不仅国际商事仲裁领域已经普遍不再施加此种限制，而且《罗马条例Ⅰ》第3条、1980年《罗马公约》第3条、1986年《海牙国际货物买卖合同法律适用公约》第7条，以及1994年《美洲国家间国际合同法律适用公约》第7条等国际性立法均未对当事人选法的范围作一般性限制，《体育仲裁法典》第R45条宜作此解释。

其次，当事人可选择的法律是否限于国家法。根据传统国际私法原理，规定涉外合同法律适用的国际、国内立法大多以维护国家法的权威为目标，而将商人法（lex mercatoria）③ 等非国家法排除于准据法的范畴。如果当事人选择适用国际统一私法协会制定的《国际商事合同通则》④ 之类的国际商务惯例，惯例的内容会被视为并入（incorporated）合同当中⑤，从而在不违反《合同准据法》（lex contractus）的一切强制规范和公共利益的前提下发生法律约束力。在《罗马条例Ⅰ》的制定过程中，欧盟委员会曾提议将"为国际或欧共体所承认的合同的实体法原则或规则"归入当事人可选择法律的范畴，但在欧盟理事会反对下作罢。⑥ 《罗马条例Ⅰ》最终选择妥协，其正文前

---

① 在《美国第一次冲突法重述》之前，根据美国的司法实践，当事人只能在合同订立地和履行地之间作出选择。1926年《波兰国际私法》第7条将当事人可选择的法律限制在以下情形：1. 合同一方当事人的本国法或住所地法；2. 履行地法；3. 订立地法；4. 物之所在地法。该条被1965年《波兰国际私法》放弃。取而代之的是，"所选的法律与合同关系需要有一定的联系"。

② Symeon C. Symeonides, "American Private International Law", Hague: Kluwer Law International, 2008, pp. 199 – 200.

③ 由于都属于跨国法这一非国家法的范畴，体育自治法的概念往往类比于商人法。Boris Kolev, "Lex Sportiva and Lex Mercatoria", *The International Sports Law Journal*, 2008（1 – 2）: 57.

④ Principles of International Commercial Contracts。

⑤ 区别于作为法律规范的适用，该情形将其在实体层面也即作为合同条款援用（*materiellrechtliche Verweisung*）。Pieter Schleiter, "Globalisierung im Sport: Realisierungswege einer harmonisierten internationalen Sportrechtsordnung", Genève: Schulthess Verlag, 2009, S. 210.

⑥ Jürgen Basedow, "The Law of Open Societies: Private Ordering and Public Regulation of International Relations: General Course on Private International Law", *Recueil des Cours*, Vol. 360, 2012: 171.

的说明部分仅认可非国家法在合同准据法的框架下并入合同当中的做法。[①] 然而该做法是否适用于仲裁仍充满了争议。[②] 在理解国际商事仲裁的法律适用规则时，仲裁庭多采用宽泛的解释标准，认为可适用的"法律规则"（rules of law）包含那些众所周知的国际商务惯例、国际组织制定的规范性文件乃至尚未生效的国际条约。[③]

对于国际体育仲裁而言，由于竞技体育具有自治性、专业性以及国际性的特点，更加有必要认可国家法之外的规则，特别是相关单项体育联合会、体育协会或其他体育组织制定的规则。仲裁庭在2002/O/373案[④]中明确认为，当事人选择实体法的自由既包括国家法，又包含私人性质的规章（private regulations）。即使此类规则与当事人选择的国家法发生冲突，国际体育仲裁实践也多采用最能调和当事人适用法律意图的解释，以确立体育行业规则的优先适用地位。在2010/O/2132案[⑤]中，虽然足球劳动合同约定适用乌克兰法以及在遵循乌克兰法的前提下受制于国际足联的规则，但仲裁庭认为应当依据《国际足联球员身份和转会规则》解决案件争议。原因在于作为申请人的俱乐部认为乌克兰法就本案延期选择权条款效力的规定与国际足联的规则并不存在不一致，被申请人不仅对此未提出异议，而且肯定了国际足联规则的可适用性。

（三）当事人选择法律的方式

除了法律选择的范围之外，选法方式也值得探讨。毋庸置疑的是，当事人可以在合同当中设置法律选择条款，或者达成单独的法律选择协议。就国际体育仲裁而言，如果在当事人选择的体育组织规章中明确包含要求国际体育仲裁院遵守的法律适用条款，则该条款指向的法律规则同样构成当事人选法的一部分。目前存在争议的是能否接受当事人默示选择法律。以《罗马公约》《罗马条例Ⅰ》为代表的当代国际立法允许涉外合同的当事人默示选法，多自合同使用的语言、特定类型的法律术语、协议选择法院或仲裁机构的约定以及主从合同关系等因素中推导。如《罗马条例Ⅰ》第3条第1款规定，

---

[①] Symeon C. Symeonides, *Codifying Choice of Law around the World: An International Comparative Analysis*, Oxford: Oxford University Press, 2014, p. 143.

[②] Davor Babić, "Rome I Regulation: Binding Authority for Arbitral Tribunals in the European Union?", *Journal of Private International Law*, 2017 (1): 72.

[③] 关于未对我国生效的民商事条约作为合同准据法的适用，参见《〈法律适用法〉解释（一）》第7条。

[④] CAS 2002/O/373, Canadian Olympic Committee (COC) & Beckie Scott v. International Olympic Committee (IOC), award of 18 December 2003.

[⑤] CAS 2010/O/2132, Shakhtar Donetsk v. Ilson Pereira Dias Junior, award of 28 September 2011.

除明示的方式外,合意选法还可以从合同条款及案情中得出。虽然这较《罗马公约》采用更加宽泛的合理性标准有所限制,但其适当性仍受到质疑。由仲裁员推定当事人选法的意图与其没有选择时根据最密切联系确定准据法的做法难以区别,故应谨慎采用默示选法。① 考虑到当事人没有选择法律时应确立灵活的选法机制,默示选法在国际体育仲裁普通程序的法律适用当中亦无十分的必要。

另外,当事人明示选择法律的争议在于其是否要采用书面等形式。目前来看,合同形式的法律适用由当事人确定成为各国国际私法的通例,且多采用有利于合同成立的推定。合同约定的内容只要能通过有效的手段证明,一般不对形式问题施加过多的限制。甚至根据多数国家的立法或司法实践,当事人当庭共同援引某一国家的法律也构成合意选法的方式。② 此种做法有助于当事人达成适用法律的合意,同样应当为国际体育仲裁界所采纳。

## 二　当事人未选法时的法律适用

在当事人没有选择法律时,《体育仲裁法典》第 R45 条规定应当适用瑞士法。此种补缺适用仲裁机构所在国的法律即瑞士法的规定与通常的国际仲裁实体法律适用规则不符,可以说是当今世界绝无仅有的一例。③ 以下结合国际体育仲裁实践中出现的适用情形分析该款的合理性。

(一) 国际体育仲裁实践发生的法律适用争议

在国际铁人三项联合会诉太平洋体育公司案④中,当事人没有就法律适用达成共识。作为被申请人的太平洋体育公司辩称,由于当事人没有选法,仲裁庭应根据《瑞士国际私法》第 187 条第 1 款⑤适用与案件存在最密切联系的美国俄亥俄州法。该届世界锦标赛在俄亥俄州的利夫兰市举办,所有与

---

① Lawrence Collins, et al., eds., *Dicey, Morris & Collins on the Conflict of Laws*, 15th ed., London: Sweet & Maxwell, 2012, p. 1812.

② 如《〈法律适用法〉解释(一)》第 6 条第 2 款规定,各方当事人援引相同国家的法律且未提出法律适用异议的,人民法院可以认定当事人已经就涉外民事关系适用的法律做出了选择。

③ 此外,2016 年版《国际体育仲裁院反兴奋剂分院仲裁规则》第 17 条专门规定了瑞士法的适用法地位,即国际体育仲裁院反兴奋剂分院的仲裁庭应当根据国际奥委会制定的《适用于奥运会的反兴奋剂规则》、可适用的规章、瑞士法以及法律的基本原则解决争议。

④ CAS 96/161, International Triathlon Union (ITU) v. Pacific Sports Corp. Inc., award of 4 August 1999.

⑤ 该法 2020 年修订后将原来的法律(Recht)的表述改为法律规则(Rechtsregeln),即仲裁庭应根据当事人选择的法律规则进行裁决;在没有选法的情况下,应根据与争议存在最密切联系的法律规则作出裁决。

合同有关的事件、事实及违约均发生在俄亥俄州,而且举办权属于俄亥俄州,被申请人也是依据该州法设立的公司,故俄亥俄州的法律与争议存在最密切的联系。

仲裁庭则认为案件应适用瑞士的实体法。一旦当事人同意将争议提交国际体育仲裁,即应当推定其能意识到《体育仲裁法典》第 R45 条这一法律适用规定的存在。当事人本可以根据案情自主选择更为适合的法律,放弃选择的做法无法使人相信瑞士法的适用会对其产生任何歧视。该仲裁庭恪守法条的态度值得肯定,然而此种法律适用的结果很难说是公正的。与当事人以及案情有关的因素大多发生在俄亥俄州,作为准据法确立依据的最密切联系原则的具体化,无论基于联结因素重力中心的聚合还是考虑合同特征性履行方的住所地或履行行为发生地,与瑞士或瑞士法的联系都微乎其微,适用该国的实体法难以令人信服。

(二)特殊规则制定背后的缘由

在制定《体育仲裁法典》时,为何设置如此刚性的冲突规范?究其原因,制定者希望通过普通程序审理案件的仲裁庭能够避开实体法律适用过程的烦琐,并防止仲裁员对法律理解出现偏差。如果案件在瑞士审理却需要适用纽约的法律,则仲裁员可能因语言和文化上的障碍错误地理解法律的含义。

此种局面与早期的国际体育仲裁实践有关。在国际体育仲裁院刚刚成立的一段时期里,仲裁员主要来自瑞士,对瑞士法的适用更加得心应手。随着国际体育仲裁院影响力的日益扩大,仲裁员广泛分布在各大洲的多个国家和地区,其职业与法律背景不尽相同,且多以英语为工作语言[1],故出于便利的需要一概替补适用瑞士法的做法不再具有吸引力。

(三)柔性选法机制在体育仲裁行业中的合理性

由于国际奥委会、国际足联等诸多知名的国际体育组织的总部位于瑞士,即便依最密切联系判定实体问题的法律适用,瑞士法在普通仲裁程序当中也将有较大的适用机会,甚至有学者认为此时瑞士法的适用乃是继受《瑞士国际私法》第 187 条中的最密切联系选法规则的结果。[2] 然而不能一刀切认为瑞士法无一例外地构成当事人没有选择时的准据法,是否存在最密切联系只能针对案情具体分析,更何况法律适用过程的简单化从来不能取代实体

---

[1] Corina Louise Haemmerle, "Choice of Law in the Court of Arbitration for Sport: Overview, Critical Analysis and Potential Improvements", *The International Sports Law Journal*, 2013(3-4):315.

[2] 石俭平:《国际体育仲裁与国际商事仲裁之界分——以 CAS 体育仲裁为中心》,《体育科研》2012 年第 2 期。

公正作为法律选择的第一要素。

放眼当今世界的国际私法领域,通过对联结点的柔性处理(softening process)来避免法律选择规则的僵化成为各国冲突法理论和实践的共识。反映在涉外合同的实体法律适用层面,此种做法表现为在当事人没有选择时适用与合同有最密切联系的法律,如《罗马条例 I》第 4 条、《法律适用法》第 41 条①以及《瑞士国际私法》第 187 条第 1 款。更为激进的是,当下重要的国际商事仲裁规则,如《联合国国际贸易法委员会仲裁规则》《国际商会仲裁规则》《伦敦国际仲裁院仲裁规则》,已经将实体法律适用的权力完全交给仲裁庭自由行使,即在当事人没有选择时由仲裁庭决定应适用的法律规则。②

不得不承认的是,仲裁庭认为适合的法律规则在多数情况下与案件存在最密切且最真实的联系。不过,最密切联系原则的解释因为存在不同的判断标准而容易产生争议。③ 由仲裁庭确定适合的法律无须采用任何特别的标准,可以结合案件的实际需要得出结论,使得实体法律适用环节更为灵活。又何况对国际商事仲裁而言,由于缺乏法院地的概念④,如果根据冲突规范指引准据法,如何抉择冲突法也存在疑问。1976 年版《联合国国际贸易法委员会仲裁规则》第 33 条曾规定仲裁庭将通过其认为适当的冲突规范选择法律,此种做法看似限制了仲裁庭在法律适用问题上的权限,然当下各国冲突规范的不统一使得法律适用的结果更加缺乏可预见性。

## 三 公允及善良原则的授权适用

《体育仲裁法典》第 R45 条还规定,当事人可授权仲裁庭根据公允及善良原则(ex aequo et bono)作出裁决。作为一项源自中世纪商人习惯法的法律原则,公允及善良逐步成为当代解决国际民商事争议的重要原则,在国际

---

① 当事人没有选择的,适用履行义务最能体现该合同特征的一方当事人经常居所地法律或者其他与该合同有最密切联系的法律。
② 《联合国国际贸易法委员会仲裁规则》第 35 条规定,如各方当事人未作选择时,仲裁庭应适用其认为适当的法律。在当事人明确授权的情况下,仲裁庭应作为友好和解人或按照公允善良原则作出裁决。《国际商会仲裁规则》第 21 条第 1 款规定,如当事人未达成选法协议,则仲裁庭应适用其认为适当的法律规则。《伦敦国际仲裁院仲裁规则》第 22 条第 3 款规定,如果仲裁庭认定当事人未作此种选择,则应适用其认为适当的法律或法律规则。
③ 大陆法系国家目前确定合同客观准据法的冲突规范多表现为特征性履行的最密切联系推定加例外条款;而在美国,则主要采用重力中心主义或联结点的聚合。
④ 仲裁地和仲裁机构的所在地或裁决的作出地未必是同一地域,这也是"非内国"裁决出现的原因。

法院、国际仲裁的实体法律适用中均有规定。虽然该原则因自身的不确定性、不可预测性而受到质疑，但其在实践中展现出强大的生命力，从而在日渐繁荣的国际体育仲裁当中也有体现。

（一）公允及善良原则的历史发展

所谓公允及善良原则是指仲裁员可以不受任何的法律体系乃至法律规则的约束而裁决争议。[1] 该原则的适用符合现代友好仲裁的理念，是对当事人意思自治的尊重。即在当事人明确授权的情况下，放弃严格按照法律规则审理案件的通常做法，而是立足于具体个案情形，在公正公平、公允善意等原则的基础上，于公共政策允许的范围内对争议作出裁断。[2]

一般认为，公允及善良原则是中世纪商业实践的产物。其产生是为了规避中世纪各封建国家法律的不统一给商事交易造成的不利影响[3]，而争取以各方满意的方式解决商事争议。在公元10世纪后产生的商业法庭中，大家选举有信服力、经验丰富、有威望的商人作为裁决者。根据具体的争议情形，裁决者利用自身的商业经验和商事惯例，按照其认为的公正公允的方式化解纠纷。此种非官方、非职业、非固定组织的商业法庭并不是严格意义上的法院，但他们解决任何地方的商事争议都适用相同的商事惯例，这种普适性的规则与裁决方法孕育出商人习惯法。公允及善良原则在此过程中逐步成为中世纪商人法的基础。

由于公允及善良原则侧重于实质正义的追求，其在近代广为仲裁制度较为成熟的发达国家所承认，以此体现对当事人意思自治的尊重。1806年《法国民事诉讼法》最早确立了这一原则，后来瑞士、德国、荷兰、英国等国也通过国内立法予以吸收。在国际层面，《国际法院规约》第38条第2款规定，经当事国同意，法院可以依据公允及善良原则裁判案件。在国际商事仲裁[4]领域，为解决其目前面临的过于耗时、高成本且复杂等一系列"过度司法化"带来的问题，公允及善良原则在此背景下也重新受到重视。《联合国国际贸易法委员会国际商事仲裁示范法》（*UNCITRAL Model Law on International Commercial Arbitration*）第28条第4款规定，在各方当事人明确授权的

---

[1] Gary B. Born, *International Commercial Arbitration*, 2nd ed., Hague: Wolters Kluwer, 2014, p. 2771.

[2] 参见朱工宇《渊源与流变：论公允善良原则在国际商事仲裁中之适用》，《仲裁研究》2010年第4期。

[3] 参见张晓东、董金鑫《现代商人法的性质和归属新论》，《江西社会科学》2010年第8期。

[4] 这也反映在国际投资仲裁当中，如《解决一国与他国国民之间的投资争端公约》第42条第3款。

情况下，仲裁庭可以根据公允及善良原则或作为友好调解人作出裁决。①

（二）公允及善良原则在国际体育仲裁中的表现

公允及善良原则也体现在国际体育仲裁普通程序案件的实体法律适用当中。在《体育仲裁法典》第 R45 条的规制下，公允及善良原则仅是作为补充性选择而存在。仲裁庭解决争议首先依据当事人合意选择的法律，在当事人没有选法的情况下以瑞士法作为依据，只有经当事人的特别授权，仲裁庭才有行使适用公允及善良原则的权利。这大大缩小了该原则发挥作用的空间。在国际体育仲裁普通程序案件的审理实践中，这一原则的适用十分少见。与该谨慎态度不同的是，国际篮联创设的篮球仲裁庭在公允及善良原则的运用上采取了将其作为仲裁默认实体法律适用规则的新模式。具体而言，2017 年版《篮球仲裁庭仲裁规则》第 15 条第 1 款②规定，除非双方当事人另有约定，仲裁员应根据公允及善良原则解决争端，适用公正和公平的一般考虑，而无须援引特定的国内法或者国际法。

规定上诉程序案件实体法律适用的《体育仲裁法典》第 R58 条并未将公允及善良原则作为一个明确的选项。由于上诉程序的根本目标是保证所有当事人能够被平等地对待，从而必须有统一的法律适用标准，公允及善良原则使得仲裁庭的自由裁量权过大，这对于管理性纠纷的处理并不恰当。正因为如此，国际体育仲裁实践一直强调公允及善良原则不适用于上诉程序。在 2014/A/3836 案③中，仲裁庭明确表示，当上诉程序的当事人没有进行任何法律选择时，其无权授权仲裁庭根据公允及善良原则作出裁决，因为没有任何条文对此作出规定。

### 四　国际强制规范的直接适用

随着国家对社会经济生活干预力度的逐步增强，涉外合同当事人的选法自由再度受到规制。只是这并非如以往那样限定法律选择的对象、意图等内在范围，而是借助国际强制规范（internationally mandatory rules）的理念对法律选择的效力进行外部约束。特别对国际仲裁而言，出于对仲裁裁决顺利

---

① Hubert Radke, "Sports Arbitration ex Aequo et Bono: Basketball as a Groundbreaker", *CAS Bulletin*, 2019（2）.

② 第 2 款规定，如根据双方当事人的约定仲裁员无权根据公允及善良原则作出裁决，则仲裁员应根据双方选择的法律规则，或在没有选择的情况下根据其认为适当的法律规则对争端作出裁决。《国际排联体育规则》第 20 条（原《国际排联仲裁法庭规则》第 13 条）"适用于实体的法律"存在类似的条款，而且其规定如当事人对其裁决不服而选择上诉时，国际体育仲裁院同样应适用公允及善良原则。

③ CAS 2014/A/3836, Admir Aganovic v. Cvijan Milosevic, award of 28 September 2015.

执行的考虑，法律适用的结果不得违反承认与执行地国的国际强制规范。尽管众多的国际体育组织位于瑞士，但承认和执行地可能在其他国家。毕竟瑞士仅仅是仲裁的发生地国，更多决定的是仲裁的程序问题，而非实体法律适用规则。故尽管《体育仲裁法典》第 R45 条未予明确规定，国际强制规范的直接适用仍构成国际体育仲裁院通过普通仲裁程序审理案件时特别留意的事项。

（一）国际强制规范的范畴

学理上认为，国际强制规范即直接适用的法，是指维护一国政治、社会、经济与文化等领域的重大公共利益，无须多边冲突规范的指引，直接适用于国际民商事案件的实体强制性规范。[①] 尤应注意的是，此"国际"（internationally）非指强制性规范来源于国际公法，而是表明此类规范区别于冲突规范援引准据法的适用方式。借鉴 1999 年审理 Arblade 案[②]的欧盟法院观点的《罗马条例Ⅰ》第 9 条第 1 款"超越型强制性条款"（overriding mandatory provisions）规定，一国为保护其诸如政治、社会或经济运行之类的公共利益而被视为至关重要的规范，以至于对属于其适用范围的所有情况，不论根据该条例指引的合同准据法如何规定都必须予以适用。

根据保护公益的类型，国际强制规范可以分为两类。[③] 前者体现出强烈的国家干预经济社会活动的意图，主要存在于进出口管制、外汇管制、反垄断、保护文化遗产和禁止就业歧视等领域，具有明显的公法性质；后者则以保护消费者、劳动者以及其他社会弱势群体为宗旨，此种为弱者制定的法律也带有一定的公益考量；[④] 就所属国家的不同，可以将国际强制规范分为法院地国、准据法所属国和第三国的国际强制规范。通常认为，当国际强制规范来自准据法所属国时，只要其适用不严重违背法院地国的公共秩序，则可视为准据法的一部分；如来自法院地国且法院认为有适用之必要，同样可以确立其直接适用的资格；那些既不属于法院地国又非源自准据法所属国的第

---

[①] 肖永平、龙威狄：《论中国国际私法中的强制性规范》，《中国社会科学》2012 年第 10 期。

[②] 该案援用法国学者弗朗西斯卡基（Francescakis）提出的"公序法"（lois de police）。ECJ, Joint cases C-369, 376/96 (Arblade and Leloup), 23 November 1999; Also see Commission of the European Communities v. Grand Duchy of Luxembourg, Case C-319/06.

[③] See Kerstin Ann-Susann Schäfer, "Application of Mandatory Rules in the Private International Law of Contracts", Frankfurt: Peter Lang, 2010, p. 116.

[④] Michael Hellner, "Third Country Overriding Mandatory Rules in the Rome I Regulation: Old Wine in New Bottles", Journal of Private International Law, 2009 (3): 459.

三国同类规范的直接适用与否则存在较大争议。[1]

晚近各国颁行的国际私法立法普遍规定了国际强制规范的直接适用，如《法律适用法》第4条[2]。表现在仲裁领域，法国学者皮埃尔·迈耶（Pierre Mayer）早在1986年就敏锐地关注到此类规范在国际商事仲裁中的适用。[3] 然而现行国际仲裁规则对此多缺乏明确的规定。即使如2015年《海牙国际合同法律适用原则》（Hague Principles on the Choice of Law in International Contracts）第11条界定了"国际强制规范和公共政策"[4]，但其第5款强调该原则不构成仲裁庭适用或考虑当事人选法之外的国际强制规范的依据。与国际民事诉讼不同，出于仲裁独立性的考虑，在实践中仲裁庭一般无须特别考虑仲裁地的国际强制规范，一切准据法以外的国际强制规范都应视为"外国"国际强制规范。不过为了满足《纽约公约》第5条第2款下的构成承认和执行外国仲裁裁决条件的公共政策要求，有的仲裁庭将仲裁裁决能够在执行地国顺利承认与执行作为准据法外的国际强制规范适用的依据。[5] 总之，国际强制规范的适用应当引起国际体育仲裁的关注。

（二）国际强制规范在国际体育仲裁实践中的适用

国际体育仲裁并非法律的真空地带，国际强制规范的大量出现必然对其产生巨大的影响。在希腊君士坦丁堡竞技联和捷克布拉格斯拉维亚足球俱乐部诉欧足联的98/200案[6]中，即发生如何适用国际强制规范的问题。本部分将结合该案的法律适用争议，探讨国际体育仲裁普通程序案件适用国际强制规范的依据。

1. 仲裁实践中发生的法律适用争议

该案涉及限制多家足球俱乐部为同一实体所支配时的参赛资格的欧足联规定是否违反反垄断法。[7] 首先，根据《体育仲裁法典》第R45条，当事人同意适用瑞士法解决该案的争议。故此，仲裁庭认为瑞士民法的适用资格毫

---

[1] 董金鑫：《第三国强制规范在法院地国的适用研究》，中国人民大学出版社2016年版，第2页。
[2] 中华人民共和国法律对涉外民事关系有强制性规定的，直接适用该强制性规定。
[3] Pierre Mayer, "Mandatory Rules of Law in International Arbitration", Arbitration International, 1986 (4): 275.
[4] 同时使用大陆法系国家常用的公共秩序（ordre public）的表述。在下文中公共秩序和公共政策不作区分。
[5] 桑远棵：《国际商事仲裁中强制性规范的适用研究》，《国际法研究》2020年第4期。然而瑞士的法律和仲裁实践对此多持反对态度，参见第五章第一节的内容。
[6] CAS 98/200, AEK Athens and SK Slavia Prague v. UEFA, award of 20 August 1999.
[7] 在1998年至1999年赛季的欧洲冠军杯决赛阶段，八家参赛的俱乐部有三家为同一英国公司所有。为避免操控比赛局面的出现，欧足联出台规则只允许其中的一家参加其组织的竞赛。

无疑问。即使当事人未作出法律选择，依据《体育仲裁法典》第 R45 条以及《欧足联章程》的规定，亦能够适用瑞士的民法。

另外在满足法律适用范围的前提下，仲裁庭可以适用欧盟和瑞士的竞争法。对于瑞士的竞争法，按照《瑞士国际私法》第 18 条的要求，位于瑞士的仲裁庭都有义务考虑所有有关的瑞士强制规范。而就欧盟竞争法的适用，仲裁庭根据《瑞士国际私法》第 19 条认为，即使当事人没有达成共识，如满足以下条件，位于瑞士的仲裁庭在冲突规范指向一国的法律时也必须考虑另一国的强制规范。其一，此类规范属于直接适用的法；其二，争议和强制规范所属国存在密切的联系；其三，从瑞士的法律与实践的角度，强制规范须包含合理的利益和至关重要的价值，并产生适当的结果。考虑到欧盟竞争法对欧盟市场的重要性、当事人行为的发生地以及与瑞士竞争法内容的相似性，该法满足上述三项条件。此外，申请人认为被申请人还违反了《欧共体条约》关于自由设业以及资本自由流动的规定。虽然当事人并未约定此类条款的适用，但出于同样的理由必须考虑条约的内容。

2. 国际强制规范适用理由的缺陷

仲裁庭通过援引《瑞士国际私法》考虑国际强制规范的直接适用，达到了较好的审判效果，但其适用理由存在疑问。首先，仲裁庭认为，即使当事人没有就此达成共识，国际强制规范根据《瑞士国际私法》第 18、19 条也应当适用，此种观点缺乏充分的依据。《体育仲裁法典》第 R45 条规定了国际体育仲裁普通程序案件的实体法律适用，由此说明国际体育仲裁的法律适用规则是自治的，无须受《瑞士国际私法》的支配。根据特别法优于一般法的原理，规定瑞士仲裁庭受理国际仲裁案件的实体法律适用的《瑞士国际私法》第 187 条第 1 款尚且如此，针对瑞士法院审理涉外民事案件实体法律适用的《瑞士国际私法》第 18、19 条又如何能够在体育仲裁中比附适用？[①] 在《体育仲裁法典》对国际强制规范的适用并无规定时，没有理由认为《瑞士国际私法》存在补缺适用的可能。

其次，该案的准据法为瑞士法不足以构成瑞士国际强制规范适用的依据。其一，虽然瑞士法根据《体育仲裁法典》第 R45 条的援引具有准据法的资格，但应适用的是瑞士的实体法，不包括其冲突规范。[②] 毕竟反致会导致其他国家的冲突规范的适用，为法律选择结果带来不确定因素。出于尊重

---

① Antoine Duval, "The Court of Arbitration for Sport and EU Law Chronicle of an Encounter", *Maastricht Journal of European & Comparative Law*, 2015（2）：237.

② Jean-françois Poudret, Sébastien Besson, "Droit comparé de l'arbitrage international", Genève：Emile Bruylant, 2002, p.614.

当事人选法意愿的考虑，涉外合同法律适用的普遍趋势是拒绝反致；[1] 其二，即使根据统一联系（unitary connection）原理，国际强制规范构成支配合同有效性事项的法律的一部分[2]，也难以解决准据法所属体系之外的国际强制规范的适用。虽然出于实体问题审理的需要，但仲裁庭对于《欧共体条约》必须适用的论断仍然缺乏令人信服的依据。

最后，根据瑞士国际商事仲裁的理论和实践，出于仲裁员利益的考虑，如当事人没有援引外国国际强制规范且未主张该外国法会造成合同无效的结果，仲裁员没有义务依职权适用。故在当事人没有选择法律时，仲裁庭不仅无须承担适用此类规范的义务，而且此时作出的仲裁裁决也不会因此违反《瑞士国际私法》第190条第2款第5项对公共政策的规定而被撤销。[3] 由此说明所谓《瑞士国际私法》第19条要求瑞士的仲裁庭适用外国国际强制规范的观点难以成立。

## 第二节　国际体育仲裁上诉程序案件的实体法律适用

就国际体育仲裁上诉程序案件的实体法律适用，《体育仲裁法典》第R58条规定，仲裁庭应当根据可以适用的体育组织的规章以及作为辅助的当事人选择的法律规则解决争议；在当事人没有选择的情况下，则根据作出被上诉决定的单项体育联合会、体育协会或其他体育组织住所地国的法律或者仲裁庭认为适合的法律规则。就后一种情形，仲裁庭应当给出裁判的理由。

---

[1] 拒绝在合同领域采用反致的国际立法，参见《罗马公约》第15条、《海牙国际货物买卖合同法律适用公约》第15条、《罗马条例Ⅰ》第20条。就晚近的国内立法，《法律适用法》第9条认为，涉外民事关系适用的外国法不包括该国的法律适用法，从而拒绝一切反致，台湾地区2010年"涉外民事法律适用法"第9条将反致的适用限于权利主体、亲属及继承领域。英国和美国通过判例确立当事人选择的法律通常只包括实体规则。Amin Rasheed Shipping Corporation v. Kuwait Insurance Co., ［1983］AC 50; Siegelman v. Cunard White Star, Ltd., 221 F. 2d 189 (2d Cir. 1955). 同见《美国第二次冲突法重述》第187条第3款、《意大利国际私法制度改革法》第13条第2款。

[2] Frank Vischer, "General Course on Private International Law", *Recueil des Cours*, 1992, 232: 170.

[3] Christoph Müller, "Swiss Case Law in International Arbitration", Genève: Schulthess, 2010, p. 206.

该条在历史上经过多次修订①，直至 2013 年版才最终确立了现行规则。不难看出，由于主要针对的是行业内的人际法律冲突，上诉程序的实体法律适用与其他国际仲裁有极大的不同。这突出反映在涉案体育组织的规章优先适用的需要甚至超越当事人另行选择的法律。而在当事人没有选择时，为了形成一致的裁判原理，统一适用体育组织住所地国的法律以及仲裁庭认为适合的法律规则。

## 一 上诉程序实体法律适用的背景

在探讨《体育仲裁法典》第 R58 条的具体内容之前，有必要回顾国际体育仲裁上诉程序案件的实体法律适用规则出现的背景。首先，此种实体法律适用问题伴随着国际体育仲裁院解决体育管理纠纷的特别仲裁机制；其次，该条的适用优先于国际体育仲裁院所在地国瑞士的国际仲裁实体法律适用规定。

（一）上诉程序案件实体法律适用问题的出现

当用尽内部救济仍无法妥善解决其与成员间的管理纠纷时，国际体育组织的规章多规定此类争议交由国际体育仲裁院的上诉程序审理。与国际商事仲裁不同的是，国际体育仲裁院的上诉程序处理的管理争议多涉及处罚等纪律性事项，它以平等对抗的私人性质的解纷模式处理不平等的行政监管性质的争议，构成现代国际争端解决的一项新发展。

从案件实体法律适用的角度，原本体育组织和运动员之间因管理而产生的争议属于行业内部的纠纷。出于对体育行业自治的尊重，国家极少干预，故主要根据体育组织内部的规则自行解决，几乎不涉及其他法律的适用问题。然由于国际体育仲裁上诉程序的出现，此类纠纷会产生复杂的法律冲突。

（二）与瑞士国际仲裁中的实体法律适用规则的关系

由于国际体育仲裁院的总部位于瑞士，那么其审理上诉案件时的实体法律适用是否受瑞士法的影响？虽然国际体育仲裁审理的绝大多数上诉案件都满足《瑞士国际私法》第 176 条下的国际仲裁的范围，但其法律适用问题不受《瑞士国际私法》第 187 条第 1 款对国际仲裁的实体法律适用规定的限制。根据特别法优于一般法的原理，基于当事人对国际体育仲裁的选择，其

---

① 该条在 1994 年版《体育仲裁法典》表述为，仲裁庭应根据可以适用的规章和法律规则解决争议；在当事人没有选择的情况下，则根据作出被上诉决定的单项体育联合会、体育协会或其他体育组织住所地国的法律。

实体法律适用规则是自治的。① 如在 2009/A/1918 案②中，仲裁庭虽然援引《瑞士国际私法》第 187 条的规定，但只是为强化根据《体育仲裁法典》第 R58 条得出的实体法律适用结论。2017/A/5111 案③还特别说明这样做的理由，即为确保体育联合会所有成员均受约束的规则能够以平等的方式对他们适用，则这只能由《体育仲裁法典》第 R58 条主要适用被上诉的体育组织的规则来完成，由此通过间接选择而适用的第 R58 条优于任何其他选法条款。

与之类似的是，那些在仲裁协议订立时双方当事人的住所和惯常居所都在瑞士的仲裁，只要符合上诉程序的受案范围，其法律适用同样受制于《体育仲裁法典》第 R58 条。如 2010/A/2083 案④属于没有涉外因素的瑞士国内仲裁的范畴⑤，被上诉人认为该案的实体法律适用应由《瑞士仲裁协约》第 31 条第 3 款支配。即除了当事人授权仲裁庭依公正原则裁决，应根据可适用的法律裁判，此处的法律指的是国家法。即使体育组织的规则依该款仍有适用的空间，也只有在不与瑞士强制规范发生冲突的情况下才能适用。上诉人则认为《国际自行车联盟章程》适用于该案。其第 14 部分"自行车反兴奋剂规则"第 290 条规定，国际体育仲裁院应根据上述反兴奋剂规则以及当事人选择的法律规范裁判，在没有选择时则依瑞士法，故无须求助于《瑞士仲裁协约》。按照《体育仲裁法典》第 R58 条的要求，仲裁庭小心处理《瑞士仲裁协约》和《国际自行车联盟章程》的关系，认为该章程的适用不得违反瑞士的强制规范，但二者在本案不存在冲突的情形。

## 二 涉案体育组织规章的优先适用

作为属人法的集中展现，可适用的组织规章根据《体育仲裁法典》第 R58 条理应在上诉案件中优先适用。此种规章是指那些作为被上诉决定依据的体育组织制定的规则。它在性质上属于体育组织的内部规章，具有天然的

---

① 故有观点认为此时适用《体育仲裁法典》第 R58 条符合《瑞士国际私法》第 187 条的要求。毕竟基于法律原理，当事人的选法可以表现为对仲裁机构相关规则的援用。当事人同意提交国际体育仲裁，则必须面对其中包含的法律冲突条款。CAS 2016/A/4733, Sergei Serdyukov v. FC Tyumen & Football Union of Russia, award of 7 April 2007.
② CAS 2009/A/1918, Jakub Wawrzyniak v. Hellenic Football Federation, award of 21 January 2010.
③ CAS 2017/A/5111, Debreceni Vasutas Sport Club v. Nenad Novakovic, award of 16 January 2018.
④ CAS 2010/A/2083, UCI v. Jan Ullrich & Swiss Olympic, award of 9 February 2012.
⑤ 国际体育仲裁院所处理的案件不以争议事实具有国际因素为限。《体育仲裁法典》第 R27 条仅仅将管辖范围规定为与体育有关的争议，并没有作出特别限制。事实上，该院近年来处理了大量纯粹的国内竞技体育纠纷。

自治性和相对的封闭性，而对于体育组织成员以及参与体育组织所举办赛事的运动员和相关人员来说，则兼具自愿性与强制性。[1] 从实体上，体育组织的规章被看作划分体育组织与作为其成员的运动员之间的权利和义务的重要依据；从程序上，上诉程序处理的正是运动员不满意体育组织根据规章所作出的决定，这构成体育组织规章在国际体育仲裁上诉程序案件中优先于当事人选择的法律规则适用的原因。除此之外，体育组织规章的优先适用还包含着其他的实体法律适用问题。

（一）体育组织规章中的实体法律适用条款

如果体育组织的规章已经对实体法律适用作出特别规定，此种规定是否要得到国际体育仲裁的尊重？如《国际足联章程》第56条第2款，国际体育仲裁院应主要适用国际足联的各项规章，其他情况附带（additionally）适用瑞士法。又如《亚足联章程》第61条第3款，国际体育仲裁院应适用亚足联的各项规章，并在相关的情形下附带适用马来西亚法。[2]

如果将上述条款视为冲突规范，那么似乎不应当适用。毕竟出于选法结果的确定性、可预见性的考虑，必须排除一切反致情形的发生。不过从根本上讲，正是《国际足联章程》等体育联合会的规章赋予了国际体育仲裁院对体育联合会所作决定的管辖权，那些仲裁程序的当事人因隶属于体育联合会而受制于其规章[3]，故仲裁庭须尊重规章中对实体法律适用的另行规定。如下文所言，由于体育组织特别关注组织所在地国的法律，即使不作如上解释，在当事人没有选法的情况下根据客观联结因素的指引也能适用该地的法律。同理在2010/A/2275案[4]中，仲裁庭认为，基于欧洲高尔夫联合会的所在地位于卢森堡，《欧洲高尔夫联合会章程》第21条关于《卢森堡非盈利社团法》在章程没有规定的情形下，应普遍适用的要求可以解释为国际体育仲裁的法律选择条款。

体育组织规章中的实体法律适用条款在实践中也产生了争议。各国足协在进行国内兴奋剂违规处罚时通常会直接援用本国的行业规则。由于《国际足联章程》第56第1款的存在，在国际足联就国内足协作出的兴奋剂处罚决定向国际体育仲裁院提出上诉的案件中，此时仲裁庭很有可能不再适用国

---

[1] 杨磊：《论国际体育仲裁院实体法律适用机制的特殊性》，《天津体育学院学报》2014年第4期。
[2] 亚足联的总部设在马来西亚的吉隆坡。
[3] CAS 2008/A/1517, Ionikos FC v. C., award of 23 February 2009.
[4] CAS 2010/A/2275, Croatian Golf Federation (CGF) v. European Golf Association (EGA), award of 20 June 2011.

内足协引以为处罚决定依据的国内规则,而受制于《国际足联章程》关于法律适用的特别规定从而援用《国际足联纪律准则》。毕竟与其他类型的国际体育仲裁上诉案件不同,此类纠纷完全是为了启动一项新的程序,以确保国际足联在兴奋剂领域的规则能够在世界范围内得到遵守。更何况《体育仲裁法典》第 R57 条第 1 款规定,仲裁庭应拥有全面审查(de novo hearing)事实和法律的权力①,故此上诉程序无须遵循一审机构适用的体育组织的规章或者其他准据法。

然而,个别仲裁庭亦有不同的看法。在 2008/A/1588 案②中,马耳他足协根据本国反兴奋剂规则处罚某球员,禁赛期明显低于《国际足联纪律准则》的标准。基于《国际足联章程》的管辖规定,国际足联和世界反兴奋剂机构向国际体育仲裁院提起上诉。就实体法律适用这一关键问题,仲裁庭并未如以往那样选择统一的国际规则。首先,由于马耳他足协对该案具有完全排他的管辖权,《国际足联纪律准则》在各国足协具体实施前无适用的资格。如果国际足联希望国内领域的兴奋剂处罚结果一致,则只能采取《国际足联纪律准则》的纪律措施③迫使会员足协修改本国的反兴奋剂规则。一旦做到这一点,通过行使《国际足联章程》赋予的对各国兴奋剂处罚案件的上诉权,国际足联能确保会员足协正确理解并适用反兴奋剂规则;其次,《国际足联纪律准则》可以通过有关足协的反兴奋剂规则的明确援用而在国内兴奋剂处罚当中优先适用,但本案并非如此。《马耳他足协章程》未包含国际足联的兴奋剂处罚规则优于本国规则适用的法律冲突解决条款,其笼统表示遵守国际足联的规则、细则、章程、指令以及决定的规定并不构成法律适用层面的有效援用。

(二)体育组织规章对有关国家法律的考虑

有时体育组织的规章会要求案件的审理须考虑有关国家的法律,这是否构成一项实体法律适用规则?仍以《国际足联球员身份和转会规则》为例,其第 17 条规定,违约损害赔偿的计算应当考虑有关国家的法律、体育的特殊性以及其他的客观标准。该有关国家的法律一般不被视为准据法,而只是作为在确定违约损害赔偿时所要特别考虑的事实因素。易言之,裁判机构可

---

① 它可以作出新的决定以替换被上诉的决定,或废除某项决定从而使案件回复到原审状态。
② CAS 2008/A/1588, FIFA v. Malta Football Association (MFA) & C.; CAS 2008/A/1629, WADA v. MFA & C., award of 9 February 2009.
③ 各国足协有义务颁布符合法典要求的规则并将其中的反兴奋剂规则并入本国足协章程当中。

以自由决定有关国家法律的重要性。①

然而，此种作为事实考虑的法律往往也会发挥规范的作用。如在2007/A/1298案②中，仲裁庭认为有关国家的法律是指苏格兰法。这是因为苏格兰与足球劳动纠纷存在最密切联系，即不仅劳动合同在此订立，而且其构成合同订立和解除时球员和请求补偿的俱乐部的住所地国。③由此，该案应适用如下法律：根据《国际足联球员身份和转会规则》决定因球员单方解除劳动合同是否需要对俱乐部进行补偿；按照瑞士法解释《国际足联球员身份和转会规则》以及国际足联争端解决委员会被上诉决定的效力；在确定球员向俱乐部支付的补偿数额时，如果苏格兰法中的任何条款是相关的，则可以与上述规则一并适用。④这说明一旦有关国家的法律为仲裁庭采纳，其仍然作为支配裁判特别事项如赔偿数额的依据。这样做不乏争议，毕竟此时国内法的援用会使得违约的后果发生国际层面的不一致。这对球员而言很难产生合理的预见⑤，不利于跨国转会的开展。

（三）体育组织规章之间的法律冲突

当存在多个可以适用的体育组织章程或其他规则，如何应对它们之间可能存在的冲突？就层级冲突，上位法应优于下位法。如2001/A/357案⑥涉及运动员是否具有代表俄罗斯参加奥运会的赛事资格问题，仲裁庭认为国际冰球联合会制定的细则（bylaws）不得违反《奥林匹克宪章》。这是因为体育组织的规则存在层级效力的划分，尤其需要遵循处于金字塔顶端的体育组织章程。在2015/A/4153案⑦中，根据明确的国际体育仲裁法理，作为效力等级的体现，国际足联的通报（circulars）无法优先于国际足联规章的明确规定，故其不得修改、推翻、改变或者与之相矛盾。同样在2007/A/1298案，虽然合同约定适用苏格兰足协的章程和细则，但仲裁庭认为，由于苏格兰足

---

① 黄世席：《国际足球争议仲裁的管辖权和法律适用问题》，《武汉大学学报》（哲学社会科学版）2008年第4期。
② CAS 2007/A/1298, Wigan Athletic FC v. Heart of Midlothian & CAS, 2007/A/1299; Heart of Midlothian v. Webster & Wigan Athletic FC & CAS 2007/A/1300; Webster v. Heart of Midlothian, award of 30 January 2008.
③ 国际私法层面对法域或国家的认识不同于国际公法层面的主权国家，参见第六章第一节。
④ 然而仲裁庭最终没有采纳俱乐部适用苏格兰法的提议。苏格兰法当中的违约损害赔偿的基本原则既没有具体规定劳动合同的解除，又并非针对体育或足球。
⑤ Jean-Christian Drolet, "Extra Time: Are the New FIFA Transfer Rules Doomed?", *The International Sports Law Journal*, 2006 (1-2): 73.
⑥ CAS 2001/A/357, Nabokov & Russian Olympic Committee (ROC) & Russian Ice Hockey Federation (RIHF) v. International Ice Hockey Federation (IIHF), award of 31 January 2002.
⑦ CAS 2015/A/4153, Al-Gharafa SC v. Nicolas Fedor & FIFA, award of 9 May 2016.

协系国际足联的成员，国际足联的章程和细则能够且应当被优先适用。①

当因体育组织规章的不同版本引发时际冲突时，为了当事人适用法律的预期并达到公正的结果，一般遵循法不溯及既往原则，适用行为发生时有效规则（tempus regit actum）。然而出于保护运动员的利益，特别对兴奋剂处罚问题，仲裁庭有时也考虑从轻原则（lex mitior）的适用。② 不过，当涉及足球运动员转会以及劳动合同争议时又有所不同。在2015/A/4310案③中，仲裁庭认为，根据2012年版《国际足联球员身份和转会规则》第26条的规定，除训练补偿（training compensation）和联合机制（solidarity mechanism）的争议，以及在2001年9月1日之前订立的劳动合同争议须适用相关协议签订时有效的规则外，案件原则上都应适用案件向国际足联提交当时有效的那一版规则。

### 三　当事人意思自治的辅助适用

居中裁判是一切仲裁的本质。因一方对另一方的管理活动而产生争议，仍无法摆脱仲裁具有的平等对抗的纠纷解决特点。即使此类纠纷的当事人很难在事后就法律适用达成协议，也不能排除其拥有此种法律选择的权利。出于对仲裁本质的尊重，《体育仲裁法典》第R58条规定了当事人选择的法律规则的适用。比较法上存在类似的情形，如规范外国投资者和东道国的投资争议法律适用的《解决一国与他国国民之间的投资争端公约》第42条④同样允许仲裁庭依照双方选择的法律规则作出裁决。2013年版《体育仲裁法典》明确了只有在体育组织规章适用外才可以求助于当事人选择的法律，而此前的版本没有"辅助"（subsidiarily）的条件限制，容易引起误解。⑤ 对此

---

① 同样在反兴奋剂领域，如国际举重联合会制定的反兴奋剂处罚规则不得优于《世界反兴奋剂条例》的适用。参见张霞《中国运动员廖辉国际体育仲裁案件述评》，《西安体育学院学报》2015年第1期。
② TAS 2005/A/983 & 984, Club Atlético Peñarol c. Carlos Heber Bueno Suarez, Cristian Gabriel Rodriguez Barrotti & Paris Saint - Germain, sentence du 12 juillet 2006.
③ CAS 2015/A/4310, Al Hilal Saudi Club v. Abdou Kader Mangane, award of 17 June 2016.
④ 仲裁庭应依照双方同意的法律规则对争端作出裁决。如缺乏此种协议，则仲裁庭应适用作为争端一方的缔约国的法律以及可能适用的国际法规则，且不得借口法无明文规定或含义不清而不作出裁决。虽然有上述规定，仲裁庭在双方同意时可以按公允及善良原则作出裁决。
⑤ 这一特别规定的中文翻译经常出现错误，即将"according to the applicable regulations and the rules of law chosen by the parties"理解为当事人不仅可以选择法律规则，还能选择可适用的章程。参见石俭平《国际体育仲裁与国际商事仲裁之界分——以CAS体育仲裁为中心》，《体育科研》2012年第5期。

种争议的上诉针对的是根据体育组织适用规则作出的决定，无论对于体育组织还是俱乐部、球员或其他当事人，可适用的规章都不得加以排除，故而当事人另行选法只能具有从属地位。

（一）当事人选择法律的对象

与《瑞士国际私法》第187条第1款以及国际体育仲裁普通程序实体法律适用规则的解释类似，《体育仲裁法典》第R58条规定的当事人可选择的法律规则不限于国家法的范畴。这已经为国际仲裁实践普遍承认，拥有更大行业自主性的竞技体育领域更应如此。故此当事人不仅可以选择《国际商事合同通则》之类的众所周知的国际商务惯例，还可选择体育组织的规则、章程或者细则[①]，虽然后者在上诉程序当中本身即拥有适用的资格。

（二）当事人选择法律的方式

选法协议不需要受制于特定的形式，从而可以明确接受或默示的方式为之。[②] 具体而言，上诉程序的当事人既可以在合同当中约定准据法适用的条款，又可以达成专门的法律选择协议，还可以在仲裁程序中通过援用相同法律的方式作出选择。此种当庭共同援用法律被视为默示选法发生的情形。在2006/A/1109案[③]中，虽然当事人没有明确选择任何法律，但基于他们的主张不难发现其默认罗马尼亚法应当附带适用。考虑到案件事实，仲裁庭认为罗马尼亚法的适用既是当事人的默示选择，又因为被上诉决定的裁决机构位于该国。另外，《国际足联球员身份和转会规则》要求补充适用瑞士法的规定，也可以理解为当事人通过选择争端解决机制的方式间接地选择法律。

除此之外，当事人默示选法的主张较难被认同。在某巴西球员诉大连阿尔滨足球俱乐部的2015/A/3923案[④]中，基于《体育仲裁法典》第R58条的目的，俱乐部认为由于劳动合同以及球员形象权使用合同中约定的权利都由中国足球俱乐部在中国行使，故合同当事人默示选择的是中国法。仲裁庭并未认同此种观点。其认为：该合同规定，合同的未尽事宜按照《中华人民共和国劳动法》（以下简称《劳动法》）、《中华人民共和国合同法》（以下简称《合同法》）及国际足联、中国足协、中超委员会的相关规定执行，或写入补充协议。如合同的内容与国际足联或中国足协的规定相悖时，后者将优先

---

[①] A. Manuel Arroyo, "Arbitration in Switzerland – The Practitioner's Guide", Hague: Wolters Kluwer, 2013, p.1048.

[②] CAS 2017/A/5402, Club Al – Taawoun v. Darije Kalezic, award of 7 June 2018.

[③] CAS 2006/A/1109, SC FC Politehnica Timişoara SA v. CS FCU Politehnica Timişoara, award of 5 December 2006.

[④] CAS 2015/A/3923, Fábio Rochemback v. Dalian Aerbin FC, award of 30 October 2015.

适用。基于国际足联规则的优先适用，仲裁庭使得案件的法律适用指向《国际足联章程》。

（三）当事人选法在上诉仲裁实践中的具体运用

与国际商事仲裁不同，除涉案体育组织的规章及其住所地国的法律之外，当事人在国际体育仲裁上诉程序中另行选择法律的情形比较少见。而体育组织的规章及其住所地国法本来就可以适用，故意思选法的效力大打折扣。即使足球劳动合同、球员转会协议中伴随着法律选择条款，此时当事人选择的法律多被视为仅仅支配合同的解释问题，特别是解释方法，如文义解释和目的解释的关系。[①] 不仅如此，仲裁庭还通过其他方式拒绝适用当事人选择的法律。

其一，语义模糊的法律选择条款无效。2006/A/1141案[②]涉及一起球员单方解除劳动合同发生的争议，仲裁庭认为合同中的法律适用条款过于模糊，不构成有效的法律选择。它将俄罗斯的有效法律置于与俱乐部、国际足联、欧足联、俄罗斯足协以及俄罗斯足球超级联赛的文件同等考虑的地位，从而有理由相信此处的俄罗斯法仅仅对当事人产生引导作用，并非应适用的法律。在2016/A/4875案[③]中，合同中包含如下条款，即"本合同在中国法的管辖之下，所有的争议都应当协商解决。如果双方不能解决，则应提交中国足协和国际足联裁判"。与上诉人辽宁足球俱乐部认为这构成当事人为劳动合同选择的法律不同，仲裁庭认同被上诉人球员的观点，由中国法"管辖"的模棱两可的表述不同于中国法作为合同实体问题的准据法。

其二，即使当事人作出了法律选择，但在仲裁程序中不加以主张或无法有效证明，同样不能实现所选择法律的适用。在2008/A/1568案[④]中，虽然球员和俱乐部约定职业足球劳动合同适用保加利亚的劳动法，但在上诉中无人主张该法的适用，故仲裁庭不予采用。此外，与国际私法当中的法官知法（$jura\ novit\ curia$）或仲裁员知法（$iura\ novit\ arbiter$）的原理不同，国际体育仲裁的当事人有义务证明并解释其所选择法律的内容，无法证明仍丧失适用

---

[①] Mark A. Hovell, "A Brief Review of Recent CAS Jurisprudence Relating to Football Transfers", *CAS Bulletin*, 2015（2）：20.

[②] CAS 2006/A/1141, M. P. v. FIFA & PFC Krilja Sovetov, award of 29 June 2007.

[③] CAS 2016/A/4875, Liaoning Football Club v. Erik Cosmin Bicfalvi, award of 15 May 2017.

[④] CAS 2008/A/1568, M. & Football Club Wil 1900 v. FIFA & Club PFC Naftex AC Bourgas, award of 24 December 2008.

的基础。① 根据国际体育仲裁的实践②,此时除了选择体育自治法的基本原则作为替代外,基于《瑞士国际私法》第 16 条第 2 款③的规定以及不能证明的法律与瑞士法同属于大陆法系的范畴进而推定一致的法理,仲裁庭有时还会附带适用瑞士法。

## 四 当事人未选法时的补缺适用

体育组织规则的适用存在缺陷,而上诉仲裁的当事人又很难达成选择协议;即便达成也往往不足以有效解决当事人的纠纷,故需要其他法律规则进行补缺。就此,《体育仲裁法典》第 R58 条规定了两种替代方案,即适用体育组织所在地国的法律或仲裁庭认为适合的法律规则。这为国际体育仲裁统一法理的构建提供了契机,由此形成国际体育仲裁相对自治的适用法体系。

(一)作出上诉决定的体育组织住所地国的法律

就组织规章未能解决的事项,如果当事人没有约定,应考虑适用作出被上诉决定的体育联合会、协会或其他组织住所地国的法律。该选法规则采用体育组织一方所属的法律,应理解为仅指那些由国家制定或认可的法律。

此时适用体育组织住所地国法出于两点考虑:其一,国际体育仲裁院上诉分院的任务在于处理针对国际体育联合会、协会或组织决定的上诉案件,而上述组织在制定自身的制度、规则和章程时已经关注了本地法。④ 特别是此类组织的章程中通常会规定适用住所地的法律。如上所言,《国际足联章程》第 56 条第 2 款规定的瑞士法的补缺地位也主要是因为其构成国际足联的住所地法。位于瑞士的国际体育组织本质上是根据《瑞士民法典》建立的非政府性民间组织,无疑要遵守瑞士法,否则会遭受瑞士联邦最高法院的制裁。况且体育组织的规章可能存在模糊或不全面的规定,借助所在地法进行善意解释和填补是最稳妥的方式。出于以上考虑,在综合考察结果比较、利益分析、最密切联系等诸多方法之后⑤,国际体育仲裁院拟定了这一规定。

其二,利用相同的解释规则能够实现法律适用结果的一致,从而有助于维护体育领域的自治性。仲裁庭在审理一起反兴奋剂案件时认为,由于大多

---

① 这同样适用于当事人没有选择时的法律适用,特别当发生指向作出上诉决定的体育组织住所地国的法律并非瑞士法的情形。
② Despina Mavromati, National Disputes before the Court of Arbitration for Sport (CAS). https://papers.ssrn.com/sol3/papers.cfm? abstract_ id = 2573335.
③ 如果外国法的内容不能被证明,则应当适用瑞士法的规定。
④ Corina Louise Haemmerle, "Choice of Law in the Court of Arbitration for Sport: Overview, Critical Analysis and Potential Improvements", *The International Sports Law Journal*, 2013 (3 - 4): 309.
⑤ 刘畅:《国际体育仲裁实体性问题之法律适用》,《大家》2012 年第 15 期。

数的国际体育组织的规章将与体育有关的仲裁提交国际体育仲裁院，故尽管各单项体育联合会章程中的准据法条款大相径庭，上诉仲裁分院仍须致力于《世界反兴奋剂条例》在世界范围内对所有的纪律性案件持续、统一的适用。国际体育仲裁院发展的裁判法主要基于此类单项体育联合会发布的规则，而大多数国际体育组织的住所地位于瑞士，进而使得瑞士法在当事人没有选择法律时能得以普遍的适用。

该条款的设置存在一定的问题。如前所述，当上诉针对的是国内单项体育协会或其他体育组织依据相关国际单项体育联合会的规则作出的决定，会不利于国际体育组织规章的统一适用。如《世界反兴奋剂条例》规定，国际、国内体育组织以及其他反兴奋剂机构对兴奋剂的控制都要承担责任，而国内体育组织的兴奋剂处罚决定未必与国际体育组织的看法相同，此时在国际体育仲裁院被诉的国内体育组织之所在地并非制定该领域规章的国际体育组织所在地。就此，国际体育仲裁院在审理 2002/A/383 案[1]时偏离了《体育仲裁法典》第 R58 条，在规定不足的情况下附带适用制定该规章的国际体育组织所在地国的法律，而不顾实际作出被上诉决定的国内体育组织所在地国的法律。

（二）仲裁庭认为适合的法律规则

与规定国际体育仲裁普通程序实体法律适用的《体育仲裁法典》第 R45 条在当事人没有选择法律时一概适用瑞士法不同，《体育仲裁法典》第 R58 条除规定适用组织所在地国的法律之外，还将法律适用权交由仲裁庭行使。[2] 一般而言，此时仲裁庭多会借助一些法律的基本原则或跨国规范来处理具体案件。之所以包括国际体育联合会在内的体育组织都应遵循法律的基本原则，是因为体育竞赛的跨国属性以及行动效果能够为由各国组成的体育共同体所感知。因此，国际体育联合会应遵守的实体和程序规则不限于自身的规章以及其成立地国或者总部所在地国的法律。通过体育争议经由仲裁的方式解决，目前体育自治法已经发展出一系列不成文的法律原则，即体育领域的商人法。

此类原则只要不与适用于个案的公共秩序条款发生冲突，则国际体育联合会和国内体育协会必须加以遵守，而不论组织章程或规章中的原则以及可适用的国内法对此如何规定。的确，法律的基本原则来自各国法律体系中含

---

[1] CAS 2002/A/389, 390, 391, 392 & 393, A., B., C., D. & E. v. IOC, award of 20 March 2003.

[2] 类似的是，奥运会临时仲裁分院应根据《奥林匹克宪章》、可适用的章程、仲裁庭认为适合的一般法律原则以及法律规则来解决与奥运会有关的争议。

义相当的或共同的标准，尤其那些杜绝武断或不合理的规则和措施可以视为此类体育裁判法（lex judica）的一部分。① 由此可以得出，虽然国际体育仲裁不存在正式的遵循先例（stare decisis）制度，但由于多数裁决以各种方式公布，使得仲裁庭和当事人都会考虑先前的裁决，从而致力于发展案例法的原则。②

国际体育仲裁裁决一方面适用或引用法律的一般原则，另一方面又发展专门针对体育的新原则。③ 具体而言，这既包括平等对待、禁反言等体育行业的习惯法则，又包括在纪律性案件中参照适用的刑事原则，如法无明文规定不处罚（nulla poena sine lege），还包括在反兴奋剂领域实行严格责任等全球体育自治法的基本原则。就其适用，2013 年版《体育仲裁法典》将"仲裁庭认为其适用为适合的法律规则"修改为"仲裁庭认为适合的法律规则"，与国际仲裁规则相一致。目前《联合国国际贸易法委员会仲裁规则》第 35 条第 1 款、《国际商会仲裁规则》第 21 条第 1 款都将当事人没有选法时的法律适用交由仲裁庭行使。与根据最密切联系原则指引仲裁实体问题准据法的确立方法不同，该做法更为灵活，无须采用特定的判断标准。况且国际仲裁缺乏法院地的概念，如果根据冲突规范指引准据法，求助于哪一国家的冲突法存在疑问。《联合国国际贸易法委员会仲裁规则》一度规定仲裁庭应适用其认为适当的冲突规范选择准据法。这看似限制了仲裁庭法律选择的权限，然由于冲突规范的多样性，法律适用的结果仍缺乏预见性。

在 2013 年修订之前，虽然《体育仲裁法典》的条文没有明确要求根据冲突规范选择法律，但"其适用为适合的法律规则"的表述多被理解为仲裁庭须寻找合适的冲突规范指引适合的准据法。该修订使得仲裁庭在说明选法理由时能够直接选择其认为适合的法律规则，不必求助于特定国家的选法标准。而此前实践中多基于最密切联系这一冲突法方法进行选择，如在 2005/A/973 案④中，由于《国际足联球员身份和转会规则》没有对足球俱乐部单方延期选择权条款的效力加以规范，且案件涉及的都是希腊当事人，活动也

---

① CAS 98/200, AEK Athens and SK Slavia Prague v. UEFA, award of 20 August 1999.
② See Andrea Marco Steingruber, "Sports Arbitration: Determination of the Applicable Regulations and Rules of Law and Their Interpretation", *The International Sports Law Journal*, 2010 (3-4): 67.
③ 林泰：《论作为"全球体育法"缔造者的国际体育仲裁院》，《北京体育大学学报》2013 年第 3 期。
④ CAS 2005/A/973, Pananthinaikos Football Club v. Sotirios Kyrgiako, award of 10 October 2006.

主要发生在希腊，仲裁庭认为该职业足球劳动合同完全与希腊存在联系，故根据最密切联系原则适用希腊法。

（三）二者适用的先后顺序

体育组织住所地国的法律和仲裁庭认为适合的法律规则都是在体育规则支配的范围之外且当事人没有选择法律规则时才能补充适用，那么二者适用的先后如何？从条文中不能轻易地得出结论。[①] 在国际体育仲裁实践中，审理 2005/A/973 案的仲裁庭认为，仲裁庭选择的适合法律规则多是用于取代与案件不存在实质联系的体育组织住所地国法的适用。

单就法律体系的完备性，身为国家法的体育组织住所地国法一般足以应对案件的审理，本无须再求助包括全球体育自治法在内的其他法律。然而，仲裁庭选择适用适合的法律规则更出于符合体育行业特别需求的特定实体结果达成的目的，而非仅为弥补体育组织住所地国法律体系中的空隙。认为只有在体育组织住所地国的法律无法实现案件公正审理的情况下才可求助于仲裁庭认为适合的法律规则有可取之处，即将后者作为实体法律适用的兜底条款与最后救济，否则完全交由仲裁庭决定适用法容易失之泛泛。[②]

## 第三节　国际体育仲裁的实体法律适用之评价

由于国际体育仲裁纠纷解决的特殊性，其实体法律适用既不能照搬传统涉外民事诉讼中所采用的法律选择方法，也不宜将一般商事仲裁中的选法规则加以类推适用[③]，难以通过现有的国际私法调整。为了应对此类法律冲突，无论是国际体育仲裁的普通程序还是上诉程序的实体法律适用，体育组织的行业自治规则以及瑞士法在规范或事实层面都占据着重要的地位。此外，特别在上诉程序当中，仲裁庭的选法裁量得以彰显，从而为系统建构国际体育仲裁自身的法理提供了可能。

---

[①] 杨磊：《国际体育仲裁院〈体育仲裁规则〉第 58 条释义》，《中国体育科技》2014 年第 4 期。

[②] 该问题的处理可参见第九章第三节的内容。

[③] 周青山：《现代冲突法视野下国际体育仲裁院实体法律适用》，《北京体育大学学报》2018 年第 5 期。

## 一 普通程序案件的实体法律适用之评价

规定国际体育仲裁普通程序实体法律适用的《体育仲裁法典》第 R45 条虽然一定程度上反映了体育行业争端解决的需要，但尚存在可商榷之处。首先，其虽然尊重当事人选择的法律规则，但在没有选择时一概适用瑞士法，此种做法不利于案件的公正审理；其次，规则没有规定无须冲突规范指引的国际强制规范的直接适用，同样会给司法实践带来法律适用上的困惑，故宜借鉴国际先进立法加以完善。

（一）没有选择法律时的法律适用之重构

《体育仲裁法典》第 R45 条将当事人没有选法时的法律适用完全交由瑞士法支配，此种做法既与通行的国际仲裁理论和实践脱节，又不能充分反映目前的行业争议解决的需要。毕竟并非所有的国际单项体育联合会都位于瑞士，且瑞士法更宜支配的是国际体育仲裁的程序问题，故应予以重构。当下的立法模式主要存在适用与案件有最密切联系的法律和仲裁庭认为适合的法律两种情形。虽然理论上一度认为两种方式都可以作为国际仲裁确立客观准据法的做法[1]，但由仲裁庭直接选择（voie directe）[2] 实体审理所需的法律规则已经逐步替代援用冲突规范的传统选法模式。

为了防止仲裁庭过度行使自由裁量权，平衡法律适用的可预见性和灵活性之间的关系，可以效仿针对国际体育仲裁上诉程序实体法律适用的《体育仲裁法典》第 R58 条，在确立仲裁庭直接确定法律规则的同时，要求仲裁庭说明理由。就条文内容的设计，当事人没有选法时的法律适用规则宜修改为：如果当事人未作此选择，则应适用那些仲裁庭认为适合的法律规则，此时仲裁庭必须在裁决中表明理由。

（二）国际强制规范适用制度之确立

《体育仲裁法典》第 R45 条没有规定国际强制规范的直接适用。此种缺失使得国际体育仲裁实践无所适从，对国际强制规范的适用缺乏依据。[3] 在未来修订该条时，理应正式确立国际强制规范适用制度。

就具体条文的设计，既应当赋予仲裁庭以充分的裁量权，同时也要给予

---

[1] Andrew Tweeddale & Keren Tweeddale, *Arbitration of Commercial Disputes*, Oxford: Oxford University Press, 2007, p. 205.
[2] 参见宋阳《国际商事惯例的理论与实践研究》，人民出版社 2021 年版，第 77 页。
[3] 国际体育仲裁的变通做法可参见第五章的内容。

较明确的适用标准。除了《瑞士国际私法》第 19 条外,《罗马公约》第 7 条第 1 款①与《罗马条例 I》第 9 条第 3 款②的内容也值得关注。考虑到国际体育仲裁不存在法院地国的缘故,上述针对第三国国际强制规范的条款可以作为国际强制规范适用的一般法律依据。具体而言,不仅需要将强制规范限制在出于一国公益而无须冲突规范援引的范畴,还要求与案件存在密切的联系,并且适用与否须考虑该规范的性质、目的和适用的结果。故有必要在《体育仲裁法典》第 R45 条当中专设一款,规定前款并不妨碍仲裁庭给予与案件有密切联系的另一国的强制规范以效力,只要此类维护一国重大公益的强制规范根据该国法必须适用。在决定是否给予其以效力时,应考虑到它们的性质、目的以及适用或不适用所能发生的后果。

## 二 上诉程序案件的实体法律适用之评价

通过对《体育仲裁法典》第 R58 条的仔细分析,不难发现上诉程序的实体法律适用规则极为特殊。不仅当事人自行选法的范围有限,而且所适用的法律主要是体育组织制定的规则。究其原因,此种与国际商事仲裁实体法律适用的不同是由竞技体育行业纠纷解决的特殊性造成的。

（一）当事人选法意思自治的限制

竞技体育是高度纪律性的行业,具有自治性、专业性和国际性的特征。这使得体育行业规则的适用多表现为强制性,而非任意性;所处理的问题主要是纪律性的管理关系,而非单纯的商业性关系。凡此种种,需要约束包括法律选择在内的当事人意思自治。此种排斥与限制不仅仅针对体育组织之外的当事人,也同样约束制定规则的体育组织自身。此外,由于利益的分歧,当事人事实上难以就法律适用达成共识。目前来看,当事人选择国家法的情形主要发生于对国际足联处理俱乐部和球员之间的国际性职业足球劳动合同纠纷不服的上诉当中。③

虽然纠纷的体育性质使得当事人的选法意愿受限,但国际体育仲裁经常调和规章的优先适用与当事人意思自治之间的紧张矛盾。故涉案的体育组织

---

① 当根据公约适用某一国家的法律时,可以给予与案情有密切联系的另一国法律中强制规范以效力,当且仅当此类规则根据该国法律必须予以适用而无论合同准据法为何。在决定是否给予此类强制规范以效力时,应考虑到它们的性质、目的以及适用或不适用的后果。
② 可以赋予合同债务将要或已经履行地国法中的超越型强制性规定以效力,只要此类强制规范能够导致合同履行不合法。在决定是否给予此类规范以效力,应考虑到它们的性质和目的以及适用或不适用的后果。
③ 即便如此,仲裁庭最终适用的国家法十分有限,参见第六章第三节的内容。

规则无可置疑地应当适用，但仲裁庭认为此类规则的适用也符合当事人意愿。早在1993年国际体育仲裁院审理92/80案[1]时即出现此种观点，运动员获得单项体育协会的成员资格需要以接受该协会的章程和规则为前提，这表明当事人已经同意将此类规则作为争议发生时适用的裁判规则。

（二）国家法的有限援用

竞技体育行业不欢迎国家的干涉，从而需要带有强烈属人性的体育组织的规则优于以领土单元为限的国家法的适用。国际体育组织致力于构建一套通用于全世界的跨国性的体育行业规则，此种普遍适用的要求使其不希望过多依赖于内容各异的国家法规则。因此，国家法主要在体育行业规则的解释上发挥作用，甚至被仲裁庭看作酌定的事实。在组织规则不足的情况下，也多要求统一适用体育组织所在地国的法律尤其是瑞士法或者由仲裁庭特别创设的全球体育自治法，以实现平等对待来自各国的当事人的结果。

与之不同的是，国际商事仲裁虽然认同可选择的法律包括国际商务惯例等非国家法的情形，但能否适用完全取决于当事人的意愿。况且在由仲裁庭决定实体问题的准据法时，除友好仲裁的情形外，往往最终还会根据最密切联系或特征性履行原则指引某一国家的法律，原则上不排斥国家法的适用。仍要强调的是，体育行业规则的自治建立在对国家法熟稔的基础上。由于能够对社团进行监管，国家强行法优于社团规则的地位应当予以明确。[2] 为反映国际一致的理念，国际体育组织在制定章程等行业自治规则时，需要尊重其所在地国法律中的基本原则、公共政策以及国际强制规范。不过单从实体法律适用结果的角度，国际体育仲裁主要适用的是国际体育组织制定的规则，而非各国的法律。

# 本章小结

无论国际体育仲裁普通程序还是上诉程序案件的实体法律适用条款，都明显不同于通行的国际商事仲裁及各国国际私法当中的实体法律适用规定，从而更容易产生法律冲突。尽管竞技体育争议多数通过上诉程序完成，但也不排除当事人基于合意直接提起仲裁。此种普通程序案件的实体法律适用独

---

[1] TAS 92/80, B./FIBA, sentence du 25 mars 1993. 应注意在国际体育仲裁院1994年改革之前不存在普通和上诉程序的正式区分，故案号的标识类型不同。

[2] Marco Del Fabro, "Sag' mir, welches Recht, und ich sage Dir, was Sache ist: Überlegungen zu Art. R58 CAS Code", *Causa Sport*, 2016（3）: 228.

树一帜，但有不足之处。一方面，《体育仲裁法典》第 R45 条不适当地规定了普通仲裁争议准据法确立的一般原则，往往有损当事人的预期；另一方面，该条对限制当事人选法意思自治的国际强制规范的直接适用付之阙如，不利于对公益的维护。与上诉程序不同，国际体育仲裁院对商业性体育纠纷不具有专属管辖权，该法律适用规则会影响当事人通过普通程序进行仲裁的选择，故应当效仿通行国际仲裁规则的做法对《体育仲裁法典》第 R45 条予以修改。首先，在当事人没有选择时，应适用仲裁庭认为适合的法律规则；其次，还要增加国际强制规范适用制度。我国在建立专业的体育仲裁机制时，应将此类普通程序案件的实体法律适用与当前的国际立法潮流相协调，从而提高我国体育仲裁机构处理体育行业中的商事纠纷的竞争力。

《体育仲裁法典》第 R58 条规定了国际体育仲裁院审理上诉程序案件时的实体法律适用。由于上诉程序针对的是体育组织行业内部的管理纠纷，此种人际法律冲突的特殊性质决定其实体法律适用的内容不同于解决商事纠纷的国际商事仲裁。具体而言，仲裁庭虽然尊重当事人选择的法律规则，但优先适用体育组织制定的规章，其他的选法意思自治只有在此之外才能存在，而且事实上不容易达成。另外在当事人没有选择的情况下，主要适用作出被上诉决定的单项体育联合会、体育协会或其他体育组织住所地国的法律以及仲裁庭认为适合的法律规则。由于多数单项体育联合会的总部位于瑞士，其他国家的法律在这一过程中很少被援用，而仲裁庭认为适合的法律规则为其创设全球体育自治法预留了空间。上诉程序案件实体法律适用的差异由体育行业纠纷的特别性质造成，未来我国在建立专业体育仲裁机构时，其上诉程序案件的实体法律适用规则也应当从中寻求借鉴，以满足竞技体育纠纷审理的需要。

# 第三章 国际体育仲裁独立性对裁决承认与执行的影响问题

基于国际奥委会创设国际体育仲裁院的初衷，涉案的体育组织将自行遵守国际体育仲裁裁决。同样作为属人法的体现，当裁决义务涉及运动员或俱乐部等体育组织管辖下的当事人，则主要依靠相关体育组织的强制执行。即使在偶然的情况下国际体育仲裁裁决遭受司法审查，国际体育仲裁院的仲裁机构资格也获得了包括瑞士联邦最高法院在内的众多国家法院的认可，然而德国慕尼黑高等法院在对 Pechstein 案进行司法审查时，以国际体育仲裁院缺乏独立性为由拒绝承认执行其裁决。这既暴露了国际体育仲裁裁决在该领域可能遭遇的法律冲突，也说明国际体育仲裁院存在继续改进其组织形态的必要。本章首先回顾国际体育仲裁院创设以来独立性的历史演进，然后结合审理 Pechstein 案的慕尼黑高等法院拒绝承认与执行国际体育仲裁裁决时发生的争议，从仲裁员名册确立的独立性以及首席仲裁员指定的独立性两方面探讨国际体育仲裁面临的质疑及对策，最终针对我国体育仲裁的独立性设计提供建议。

## 第一节 国际体育仲裁独立性问题的历史回顾

由于与体育组织存在密切的联系，国际体育仲裁的独立性一直困扰着国际体育界，事关其能否存续。为了排除各国法院对竞技体育纠纷处理的干预，实现争议的统一处理，国际体育仲裁院在瑞士洛桑设立。[1] 虽然随后众多的单项体育联合会在章程中接受了国际体育仲裁院的管辖，但由于该院不

---

[1] Burger C. J., "Taking Sports out of the Courts: Alternative Dispute Resolution and the International Court of Arbitration for Sport", *Journal of Legal Aspects of Sport*, 2000 (2): 124.

具有独立的法人身份，特别是人事、财政工作皆由国际奥委会负责，其独立性存在隐患。

## 一　瑞士联邦最高法院对国际体育仲裁的认识

在前述 Gundel 案，德国马术运动员甘德尔因马匹尿样检测出禁用物质被国际马术联合会处罚。他根据该联合会章程的规定向国际体育仲裁院提出仲裁申请，仲裁庭虽然减轻了处罚，但其仍然向瑞士联邦最高法院提起公法救济（recours de droit public）。虽然该案并非一起撤销或执行国际体育仲裁裁决的案件，但同样涉及对仲裁效力的审查。基于组织机构及仲裁员选任的非独立性，甘德尔认为国际体育仲裁院不属于有效的仲裁机构。[1]

瑞士联邦最高法院认为，国际体育仲裁院并非国际马术联合会的下属机构，不需要接受该会的指示。另外，根据当时有效的《国际体育仲裁院章程》第 7 条的规定，就该院 60 名的仲裁员名册，国际奥委会、国际单项体育联合会和国家奥委会各任命 15 人，余下的 15 名仲裁员由国际奥委会主席从这之外的人员中选出，因此运动员可以从不属于国际马术联合会或其他体育组织的 15 人中指定 1 名仲裁员。[2] 故而除了国际奥委会作为一方当事人参与仲裁的情形外，法院认定国际体育仲裁院原则上构成瑞士法下的仲裁机构。

## 二　国际体育仲裁院对自身独立性的后续改革

由于作为仲裁地法院的瑞士联邦最高法院对国际体育仲裁的独立性秉持宽容的态度，从而使得国际体育仲裁裁决免于出现自始没有终局性效力的尴尬局面。但瑞士联邦最高法院同时指出，基于国际体育仲裁院仲裁员的选任、经费来源以及规则修改直接受制于国际奥委会，有必要改革其组织形式。为了维护国际体育仲裁的独立性和当事人的救济权，国际奥委会、夏季与冬季奥林匹克国际单项体育联合会总会以及国家奥林匹克委员会协会等各大体育组织于 1994 年 6 月 22 日在巴黎共同签署了《与国际体育仲裁委员会的组成有关的协议》，并在同年 11 月 22 日颁布的《体育仲裁法典》中设立负责国际体育仲裁院日常行政管理和财务工作的国际体育仲裁委员会（International Council of Arbitration for Sport，ICAS），进而斩断了国际体育仲

---

[1] Massimo Coccia, "International Sports Justice: The Court of Arbitration for Sport", *European Sports Law and Policy Bulletin*, 2013（1）: 24.

[2] 黄世席：《国际体育争议解决机制研究》，武汉大学出版社 2007 年版，第 245 页。

院及所属分院与国际奥委会等体育组织的直接联系，至少在形式上使之不听命于特定体育组织。

然而国际体育仲裁院同各大体育组织仍在间接上存在联系，使得该院作为独立仲裁机构的地位大打折扣。通过对国际体育仲裁委员会成员的认定，以国际奥委会为首的体育组织仍然能够对国际体育仲裁院施加实质性的影响。[①] 一方面，作为仲裁地法院的瑞士联邦最高法院秉承有利于体育仲裁的理念，承认当事人援用体育组织章程、规章或参赛报名表中提交国际体育仲裁条款的效力，并极少对国际体育仲裁裁决行使撤销权；另一方面，此类裁决在作出后绝大多数情况由体育组织保障执行，从而极少遭遇承认或执行地法院的审查。故尽管国际体育仲裁的独立性在学理层面的争议不断，但这一问题直到 Pechstein 案的裁决在德国法院承认与执行时才最终集中爆发。

## 第二节 拒绝承认与执行国际体育仲裁裁决的 Pechstein 案的由来

在 2015 年 1 月 15 日，慕尼黑高等法院对德国运动员佩希施泰（Pechstein）因同国际滑联由来已久的兴奋剂处罚争议作出判决，认定国际滑联迫使运动员签订交由不中立、不公正的仲裁庭审理他们之间争议的仲裁协议，构成《德国反限制竞争法》下的滥用市场优势地位，相应地根据《纽约公约》第 5 条第 2 款 b 项的公共秩序条款拒绝承认维持国际滑联处罚决定的国际体育仲裁裁决。[②] 具体而言，虽然该院认同体育组织迫使运动员签订的仲裁协议并非一概无效，但由于仲裁员名册的封闭性以及首席仲裁员只能由上诉仲裁分院的主席指定，因而国际体育仲裁的独立性存在内在的缺陷。

### 一 Pechstein 案的基本案情

佩希施泰因是一名杰出的德国女子速度滑冰运动员，在冬奥会上五获金牌，为世界纪录的长期保持者。在参加 2009 年挪威哈马尔速滑世界杯之后，

---

[①] Rachelle Downie, "Improving the Performance of Sport's Ultimate Umpre: Reforming the Governance of the Court of Arbitration for Sport", *Melbourne Journal of International Law*, 2011 (2): 328.

[②] OLG München, Teil - Urteil vom 15. Januar 2015 Az. U 1110/14 Kart, https://openjur.de/u/756385.html.

国际滑联纪律委员会以血液检测结果不合格为由处以其为期两年的禁赛。佩希施泰因援引参加该届世界杯而必须签订的仲裁条款向国际体育仲裁院提起仲裁。在仲裁失利后，她以裁决违反公共政策和平等听证原则为由向瑞士联邦最高法院申请撤销，并提交新的专家报告证明血液检查的结果中的红细胞数目异常乃因遗传球形红细胞（贫血）症所致。① 然瑞士联邦最高法院重申《瑞士国际私法》第190条构成撤销国际仲裁裁决的全部理由，即除非仲裁裁决中的某一实体问题违反了瑞士的公共政策，否则其无权审查仲裁庭作出的事实查明，以此驳回佩希施泰因的撤销请求。

此后，佩希施泰因针对国际滑联以及德国滑协提起高额的损害赔偿诉讼。如上所言，由于她与国际滑联签订的运动员合同当中包含提交国际体育仲裁的条款，在进入实体争议审理之前，法院首先要判断该条款的有效性。在2012年2月，一审慕尼黑地方法院虽然认为涉案的仲裁条款因违反《欧洲人权公约》第6条而无效，但以佩希施泰因在仲裁的过程中未提出管辖异议为由认为仲裁裁决发生既判力（res judicata）。她对此表示不服，遂向慕尼黑高等法院提起上诉。在2015年1月作出的初步判决中，该院虽然否定了她提出的所涉争议因其具有政府公务人员的身份而不能仲裁的主张，但以违反《德国反限制竞争法》第19条第1款②及第4款第2项③为由认定迫使运动员签订交由地位不中立的仲裁庭审理的仲裁条款无效，从而根据《纽约公约》第5条第2款b项下的公共秩序条款拒绝承认维持国际滑联处罚决定的国际体育仲裁裁决。

该案表面看似是国际体育仲裁裁决涉嫌违反德国国际强行法背后的重大公共秩序，实则表现为慕尼黑高等法院对国际体育仲裁独立性的质疑。④ 具体而言，就仲裁协议签订的自愿性，有效的仲裁协议既是仲裁庭行使管辖权的依据，也是仲裁裁决能够获得承认执行的条件。虽然运动员为了参与国际滑联组织的世界杯比赛必须签署包含仲裁条款的参赛协议，但由于体育的特殊性，不能单纯因为体育组织迫使该领域的运动员签订与赛事有关仲裁协议的事实即认定其无效。毕竟当出于司法公正（good administration of justice）

---

① 以上案情，see CAS ad hoc Division (OG Vancouver) 10/004, Claudia Pechstein v. Deutscher Olympischer Sportbund (DOSB) & IOC, award of 18 February 2010。
② 禁止一个或多个经营者滥用市场优势地位。
③ 滥用尤其存在于下列情况，即如果占据支配地位的经营者作为某类商品或者服务的供应者或需求者：……（2）提出与有效竞争环境下理应获取的报酬或其他交易条件相背离的报酬或交易条件，在此应特别考虑在有效竞争的同类市场上经营者可能采取的行为方式。
④ 该案的实体法律适用逻辑见第五章第三节的内容。

的目的而需要求助于仲裁时，当事人的自愿可以让渡。[1]

就国际体育仲裁机制的独立性，考虑到体育组织根据国际体育仲裁规则能在选择和指定仲裁员问题上发挥决定作用，法院认为国际体育仲裁的独立性存在疑问。首先，当事人仅可从封闭的名册当中选择仲裁员，同时只有体育组织能参与该份名册的起草；其次，首席仲裁员只能由作为国际体育仲裁委员会成员的国际体育仲裁院上诉仲裁分院的主席指定，而国际体育仲裁委员会的成员主要由各大体育组织任命产生，这构成自身优势地位的滥用。凡此种种，国际体育仲裁程序因过分偏袒体育组织而不能满足最低限度的公正审判要求。

## 二 国际体育仲裁在仲裁员名册确立上的独立性

关于仲裁员的选拔方式，有别于《瑞士国际私法》不设置仲裁员名册的做法，《体育仲裁法典》规定当事人只能从由国际体育仲裁委员会确立的封闭名册当中选择仲裁员。在2012年版《体育仲裁法典》出台前，该名册的形成完全由各大体育组织主导，其中国际奥委会、国际体育联合会以及国家奥委会提名的人员各占仲裁员名册总人数的五分之一，还有五分之一由上述组织出于保护运动员利益的目的协商确定。与 Gundel 案一脉相承，瑞士联邦最高法院在2003年审查俄罗斯滑雪运动员参加美国盐湖城冬奥会的参赛资格争议的 Lazutina 案[2]时认为，虽然基于国际体育仲裁员名册的封闭性，运动员不能自由地选择仲裁员，但该名册并非由国际奥委会单独制定，而且可选择的人数足以实现争端快速、简便、灵活且低成本地解决。故此国际体育仲裁院的地位独立于国际奥委会，其作出的裁决相当于法院的判决。即便如此，仍难免使人怀疑其在仲裁员选拔问题上能否秉持中立。

确立国际体育仲裁员名册的独立性成为慕尼黑高等法院审查 Pechstein 案仲裁裁决的重点。仲裁员的选择只对国际奥委会等体育组织有利，而运动员接受提交国际体育仲裁的安排仅仅是为了参与国际竞赛。根据案发时适用的2004年版《体育仲裁法典》第 S6 条，当事人必须从国际体育仲裁委员会编纂的名册当中选择仲裁员。在国际体育仲裁委员会的20名成员中，由各大体育组织从其成员或非成员中直接任命的即有12人。国际体育仲裁委员会的决策机制遵循简单多数原则，其在形成仲裁员名册时能起到决定作用。而

---

[1] Ulrich Haas, "Role and Application of Article 6 of the European Convention on Human Rights in CAS Procedures", *Sweet & Maxwell International Sports Law Review*, 2012 (3): 52.

[2] Lazutina & Danilova v. IOC, ATF 129 III 445.

另外 8 人最终由上述体育组织任命的 12 人决定，他们的独立性也无从保证。甚至《体育仲裁法典》对国际体育仲裁委员会成员的独立性持怀疑态度，表现在它要求最后 4 名国际体育仲裁委员会成员必须从独立于负责选任其他国际体育仲裁委员会成员的体育组织的人士中选定。

此种不成比例的组织结构使得列入国际体育仲裁院名册的仲裁员存在主要甚至完全支持体育组织的风险。虽然自国际体育仲裁院成立以来，仲裁员名册上的人数不断增多，从最初的 60 人到该案发生时的 150 多人，目前甚至达到 300 人之多[①]，但仍不能抵消上述风险。甚至那些专门为保护运动员利益或基于独立考虑选任的仲裁员也不例外，毕竟他们由体育组织任命的国际体育仲裁委员会成员指定。这与仲裁员是否同体育组织有直接利害关系的事实无关，即使列入仲裁员名册的人正直无私，也难免更倾向于认同体育组织的做法。

在慕尼黑高等法院审理 Pechstein 案的前夕，国际体育仲裁员名册的确立方式得以改进。2012 年版《体育仲裁法典》删除了施行已久的仲裁员选拔分配机制，规定国际体育仲裁委员会将自行确立仲裁员名册，各大体育组织的推荐仅具有参考作用。[②] 仔细分析，不难发现慕尼黑高等法院担忧的问题仍然存在。无论提名还是推荐，仲裁员名册的形成仍处于体育组织的控制下，由此可能导致不知情的运动员盲目选择与涉诉体育组织具有利益关联的仲裁员。考虑到体育行业争议解决的专业性，仲裁员需要具有体育知识，此种推荐仍有必要。为了满足透明度以及问责制等良好治理的要求，国际体育仲裁委员会应当为体育组织提名国际体育仲裁院的仲裁员出台细则。[③]

此外，名册应明确注明仲裁员人选的提名过程，以供当事人特别是运动员、俱乐部对其独立性作出合理的判断。在目前国际体育仲裁院的官网，每位仲裁员的名下仅列举了年龄、国籍、学历、工作语言和现任职务等有限的信息。有极少数的仲裁员通过附件的方式提供较详细的个人履历，但仍不足以披露与体育组织的潜在关联。一般而言，体育组织会频繁选择同一仲裁员，因此须限制每位仲裁员在四年任期内被特定当事人尤其是体育组织选择

---

[①] 迄今已有苏明忠、黄进、刘驰、卢松、吴炜、李智、安寿志、郭树理、韩勇等多名中国籍仲裁员先后位列国际体育仲裁员名册。另外，2013 年版《体育仲裁法典》第 S14 条增加了调解员的选任资格，即应任命具有调解经验且掌握体育方面基本知识的人士。与仲裁员相比，调解员的选拔条件更为宽松，无须掌握太多体育法、国际仲裁的背景知识。

[②] 熊瑛子：《国际体育仲裁院仲裁员中立性探讨》，《体育科学》2015 年第 12 期。

[③] Rachelle Downie, "Improving the Performance of Sport's Ultimate Umpre: Reforming the Governance of the Court of Arbitration for Sport", *Melbourne Journal of International Law*, 2011（2）：328.

的次数。① 同样为了降低利益冲突的风险，就仲裁员和代理人的角色重叠与转换问题，也应当在维持《体育仲裁法典》第 S18 条第 3 款②及 S21 条的基础上加以进一步规范。此外，国际体育仲裁院应提供名册上的每位仲裁员既往被选择参与仲裁的具体信息。

## 三 国际体育仲裁在首席仲裁员指定上的独立性

与瑞士法允许当事人自由选择首席仲裁员的做法不同③，根据《体育仲裁法典》第 R54 条，上诉程序的首席仲裁员由上诉仲裁分院主席在征求其他仲裁员的意见后任命。不过，当事人指定的两位仲裁员对首席仲裁员人选的个人偏好通常不被考虑。④ 其实，首席仲裁员是由当事人或当事人选择的仲裁员确立还是由仲裁机构指定，本身并不构成仲裁机构独立性的评判依据。然而，国际体育仲裁院上诉分院主席由国际体育仲裁委员会的成员担任，后者的任职资格主要由体育组织决定。虽然这不意味着分院主席在指定首席仲裁员的过程中必然会偏向体育组织，但此种组织关系存在影响其公正行事的风险。联想到国际足联高层曾爆发的群体腐败丑闻⑤，这种担忧并非完全没有道理。又何况首席仲裁员的作用虽然在 2013 年版《体育仲裁法典》有所减小⑥，但仍对裁决意见的形成占据主导地位。⑦ 故即使其他仲裁员的行事公正无疑，也应特别审查首席仲裁员的独立性。

国际体育仲裁曾关注到分院主席回避的问题。除当事人基于对其独立性产生合理怀疑申请回避外，2013 年版《体育仲裁法典》第 S21 条强调，如分院的主席所属体育组织是分配给该院的仲裁案件的一方当事人，或所在的律师事务所成员是该案的仲裁员或代理人，其应主动（pre-emptively）回

---

① Antoine Duval, The Court of Arbitration for Sport after Pechstein: Reform or Revolution?, http://www.asser.nl/SportsLaw/Blog/post/the-court-of-arbitration-for-sport-after-pechstein-reform-or-revolution.
② Joesph R. Brubaker & Michael W. Kulikowski, "A Sporting Chance? The Court of Arbitration for Sport Regulates Arbitrator-Counsel Role Switching", *Virginia Sports and Entertainment Law Journal*, 2010 (1): 12.
③ 《瑞士国际私法》第 179 条规定，当事人可通过协议指定、更换仲裁员。
④ Despina Mavromati & Matthieu Reeb, The Code of the Court of Arbitration for Sport: Commentary, Cases and Materials, Hague: Kluwer Law International, 2015, p. 478.
⑤ 姜世波等：《国际体育组织自治的困境与出路——国际足联腐败丑闻的深层思考》，《体育与科学》2015 年第 4 期。
⑥ 即在其未签名时，仲裁裁决可以由其他两名仲裁员签发。
⑦ 结合《体育仲裁法典》第 R46 条，裁决应依多数仲裁员的意见作出，未形成多数意见则由首席仲裁员单独作出。

避。故当存在明显的利害冲突时，回避无须依靠当事人主张。根据法不溯及既往原则，审理 Pechstein 案的慕尼黑高等法院并未考虑这一规定。然即使该条于案发时业已出台，也多半不能改变该院的看法，隐藏在背后的同样是国际体育仲裁委员会成员选拔机制的缺陷。

《体育仲裁法典》第 S6 条关于上诉仲裁分院的主席由国际体育仲裁委员会的成员担任的规定一直存在。假如慕尼黑高等法院对上诉仲裁分院主席的背景有更多的了解，或将强化首席仲裁员不具有充分独立性的认识。此时，原上诉仲裁分院主席托马斯·巴赫（Thomas Bach）任职国际奥委会主席，而时任分院主席科琳娜·施米德霍伊泽（Corinne Schmidhauser）虽然名声不如前者显赫，但也担任过瑞士反兴奋剂机构主席、瑞士滑雪协会法律委员会负责人以及国际滑雪联合会法律委员会委员，在指定上诉案件的首席仲裁员时难以摆脱对其独立性的质疑。① 况且当分院主席回避时，其职责将由副主席行使，如果副主席也被申请回避，则由国际体育仲裁委员会主席行使。故而，国际体育仲裁院为避免利益纠葛设计的分院主席回避制度不能从根本上有效解决上述问题。

以往瑞士联邦最高法院在阐述国际体育仲裁的独立性时，没有揭开国际体育仲裁委员会背后的组织面纱。这被视为对国际体育仲裁的过度纵容，超出了体育特殊性以及行业自治所需。慕尼黑高等法院认为，并无合理的理由维持双方当事人在仲裁员选任上的不平等地位，体育组织和运动员存在共同利益的观点不成立。即使国内体育组织如该案那样支持本国的运动员，也不足以说明他们的利益一致。故为确保国际体育仲裁的独立性，必须重构国际体育仲裁委员会成员的选拔机制。

首先，这需要降低国际奥委会、国际体育联合会和国家奥委会可自行决定的国际体育仲裁委员会的成员比重②，相应地由国际职业球员联合会（*Fédération Internationale des Associations de Footballeurs Professionnels*，FIFPro）③ 等运动员组织从退役的运动员当中选拔，以充分平衡二者所各自代表的利益；其次，为了确保国际体育仲裁委员会的主席、副主席以及分院的主

---

① Christophe Paulussen, et al., eds., "Fundamental Rights in International and European Law – Public and Private Law Perspectives", Hague: T. M. C. Asser Press, 2016, p. 255.
② 最近国际奥委会全部从其成员之外指定 2019 年至 2022 年任期的国际体育仲裁委员会成员，包含担任国际法院法官的薛捍勤女士，似有意为之。https://www.tas-cas.org/en/general-information/news-detail/article/elections-of-the-board-members-and-division-presidents-of-the-international-council-of-arbitration-f.html.
③ 目前该组织已经有 60 多个国家层面的球员协会成员，中国为观察员。

席、副主席等重要成员的独立性，要排除国际奥委会、国际体育联合会和国家奥委会的执委及以上级别的成员，以及最近一段时间内担任上述职务人员的任职资格。

## 第三节 Pechstein 案与国际体育仲裁独立性的发展

慕尼黑高等法院的判决在业内引起了轩然大波。不仅国际体育仲裁院通过声明的方式对此作出回应，强调竞技体育行业的争端统一解决现实需要的重要性，而且国际职业球员联合会发表意见，极力支持佩希施泰因的做法。基于政策上的考虑，德国联邦最高法院最终撤销慕尼黑高等法院的判决，基本认可国际体育仲裁院对 Pechstein 案作出裁决的效力。但这仍然暴露出国际体育仲裁独立性存在的问题，晚近《体育仲裁法典》的修订尚且缺乏对国际体育仲裁独立性的有效改进。

### 一 各方对 Pechstein 案初步判决的回应

在慕尼黑高等法院作出判决后，国际体育仲裁院迅速加以回应。[①] 在重申该院为世界反兴奋剂机构指定的解决反兴奋剂纠纷的终局性组织这一法律地位的同时，其更多地指出慕尼黑高等法院受理该案所造成的危害，即国家法院重启涉及本国运动员的反兴奋剂案件的审理将危及与体育有关的纪律事项作出裁决的国际有效性和一致性。毕竟体育纪律事项会耗费漫长的时间才能用尽各类法律救济，即便竞赛结果早已成为定局。如果运动员借此选择在某些国家参与竞赛活动，则出现矛盾裁决的可能性极大，这将严重影响竞技体育活动的公信力。另外，国际体育仲裁院还极力说明如果 Pechstein 案所涉争议发生在 2012 年版《体育仲裁法典》生效之后，则慕尼黑高等法院不应以由体育组织确立的仲裁员选拔分配机制作为其不承认和执行国际体育仲裁裁决的理由。

相反，作为世界上最大的运动员组织，主要活动于竞技足球领域的国际职业球员联合会对佩希施泰因的做法表示强烈支持。在 2015 年 7 月 14 日，

---

[①] Statement of the CAS on the Decision Made by the Oberlandesgericht München in the Case between Claudia Pechstein and the International Skating Union (ISU), http://www.tas-cas.org/en/general-information/news-detail/article/statement-of-the-cas-on-the-decision-made-by-the-oberlandesgericht-muenchen-in-the-case-between-clau-2.html.

该会作出了一份愿意资助佩希施泰因进行法律诉讼的声明。[①] 其认为，作为公民和劳动者的每位运动员都有权在独立且公正的法院面前获得公平审判的机会，慕尼黑高等法院的判决进一步证实国际体育仲裁院在审理佩希施泰因涉及的反兴奋剂案件时未能确保此项权利的实现。

## 二　德国联邦最高法院对该案的最终判决

基于体育的特殊性[②]，德国联邦最高法院支持了国际滑联的主张，在2016年6月7日撤销了慕尼黑高等法院的如上判决。该院首先认可了国际体育仲裁院属于《德国民事程序法典》第1025条[③]下的仲裁机构，从而区别于社团组织的内部法庭或者非仲裁性质的争端解决机构。接下来，其强调真正意义上的仲裁机构需要满足独立性和中立性的双重要求。基于瑞士联邦最高法院审查前文提到的Lazutina案的结果，德国联邦最高法院认为国际体育仲裁院满足上述条件。

就所谓作为国际体育仲裁院行政监管机构的国际体育仲裁委员会影响仲裁庭的中立性和独立性的结构平衡问题，该院秉持较为审慎的态度。根据德国的司法实践，只有仲裁员完全由一方当事人指定或当事人不能对仲裁庭组建施加相同的影响才会被视为缺乏独立性的表现。国际体育仲裁院不存在此种情况。首先，尽管仲裁员的名册具有封闭性，但双方当事人都可以自由选择他们心仪的仲裁员；其次，单个国际体育联合会对仲裁员名册的形成作用有限，不足以导致结构上的不平衡。为支持这一结论，该院认为运动员和单项体育联合会在选择国际体育仲裁问题上拥有共同的利益，特别就反兴奋剂事项二者皆希望创设公平纯净的比赛环境；最后，德国联邦最高法院试图从国际体育仲裁院的规则层面论证其独立性。如一经指定，仲裁员即需要签署独立性的书面声明，至于仲裁员指定过程的不透明或者由国际体育仲裁院秘书长[④]对裁决进行审查带来的问题，都无法否认国际体育仲裁院构成真正意义上的仲裁机构。

---

① See Jennifer R. Bondulich, "Rescuing the Supreme Court of Sports: Reforming the Court of Arbitration for Sport Arbitration Member Selection Procedures", *Brooklyn Journal of International Law*, 2016 (1): 302.
② 李智：《从德国佩希施泰因案看国际体育仲裁院管辖权》，《武大国际法评论》2017年第1期。
③ 其第2款规定，如一方当事人利用其经济或社会地位迫使另一方签订仲裁协议或接受其中的条件，导致仲裁程序对他有利，特别在指定仲裁员或仲裁员不接受指定方面，则仲裁协议无效。
④ 这一职务在2020年版《体育仲裁法典》当中被改称为"总干事"（Director General）。

在解决了该争议之后，还需要明确仲裁协议是否违反《德国反限制竞争法》第 19 条的规定。对此，德国联邦最高法院赞同慕尼黑高等法院关于国际滑联符合该条适用范围的论断，即其组织的体育赛事构成一项经济活动，以及在主办滑冰世界杯事项上具有垄断地位，国际滑联在相关市场具有支配的地位。然而由于国际滑联没有滥用此种优势地位，法院认可了仲裁协议的效力。具体而言，根据《德国反限制竞争法》第 19 条第 1 款和第 4 款的利益平衡标准，国际滑联基于当事人的共同利益没有滥用自身的市场优势地位，其施加的体育仲裁协议也并未与运动员获得正当的权利相违背。

## 三 晚近《体育仲裁法典》的修订与回应

该案的终审判决解除了国际体育仲裁面临的信任危机，但也表明国际体育仲裁院本身仍存在独立性和公正性的问题。德国联邦最高法院的支持更多是为了维护竞技体育行业秩序的整体需要，并非认为国际体育仲裁的运行机制完美无缺，未来此类司法审查仍会在世界范围内发生。尽管国家公权力对体育自治的干预不会危及体育行业的根本，但会对其产生影响[①]，以至于国际体育仲裁院在前面的回应当中不得不表明继续完善自身体制的态度。然而独立性问题的改革牵一发而动全身，该院在近期对此并无太大的动作。2016 年版《体育仲裁法典》仅仅在第 S14 条的修订中涉及独立性，即除国际奥委会、国际体育联合会和国家奥委会之外，允许上述组织的运动员委员会向国际体育仲裁委员会推荐仲裁员的名册。2019 年版《体育仲裁法典》第 S7 条第 2 款设置了由两名非直接经由体育组织任命的国际体育仲裁委员会成员以及分院主席组成的资格委员会，以负责向国际体育仲裁委员会提议新的国际体育仲裁院的仲裁员和调解员。凡此种种，并未从本质上改变力量对比的局面，也表明国际体育仲裁院对独立性整体上较为自信。

在 2018 年 9 月 11 日，国际体育仲裁委员会在回应关于第三方所有权（Third Party Ownership，TPO）效力争议的 RFC Seraing 案[②]时认为，布鲁塞尔上诉法院不顾反对行使管辖权的做法并非否定国际体育仲裁院的仲裁机制或仲裁裁决的效力。其没有采取比利时法下的仲裁例外是因为《国际足联章程》中的仲裁条款不够具体。也就是说，如果提交国际体育仲裁的条款更为

---

[①] 向会英：《体育自治与国家法治的互动——兼评 Pechstein 案和 FIFA 受贿案对体育自治的影响》，《上海体育学院学报》2016 年第 4 期。

[②] Statement of the International Council of Arbitration for Sport（ICAS）Regarding the Case RFC Seraing / Doyen Sport / FIFA / UEFA / URBSFA，http：//www. tas - cas. org/fileadmin/user_ upload/ICAS_ statement_ 11. 09. 18. pdf. 案情参见第十章第四节的内容。

明确，则因为满足仲裁例外的要求法院将拒绝行使管辖权。因此，该案仅涉及《国际足联章程》中的仲裁条款这一事宜，而非整个国际体育仲裁的争端解决机制。最后，其作出结论性的陈述，即不承认国际体育仲裁或不执行国际体育仲裁裁决的国内法院十分罕见，而且多基于国内立法。此种偶发情形彼此孤立、毫无新意。

由于瑞士是《欧洲人权公约》的缔约国，国际体育仲裁的独立性和公正性也面临欧洲人权法院的检验。在 2018 年 10 月 2 日，针对佩希施泰因以及球员穆图（Mutu）[①]指控国际体育仲裁院涉嫌违反《欧洲人权公约》第 6 条第 1 款的规定，欧洲人权法院第三审判庭作出裁决，基本上驳回了两位运动员于 2010 年提起的推翻瑞士联邦最高法院作出的维持国际体育仲裁裁决决定的请求。[②] 欧洲人权法院指出，竞技体育争议尤其是国际性的体育争议需要快速的解决机制，从而应提交统一、专业的国际性仲裁机构。就通过体育协会规章包含的强制性仲裁条款确立的国际体育仲裁体系而言，理应满足《欧洲人权公约》第 6 条第 1 款的要求。[③] 对此，无论是国际体育仲裁院的资金来源于体育组织的事实，还是仲裁员封闭名册的做法，都不意味着该院及其仲裁庭独立性和公正性的缺失。

国际体育仲裁院在名为"欧洲人权法院承认国际体育仲裁院独立性和公正性"的回应中认为，继 1993 年、2003 年瑞士联邦最高法院以及 2016 年德国联邦最高法院之后，此举再次证明其构成真正意义的仲裁机构。在该诉讼进行的八年里，国际体育仲裁委员会致力于自身结构的完善，强化国际体育仲裁院的独立性和有效性，在国际体育仲裁委员会成员的专业性以及仲裁员名册来源的多样性问题上取得了卓越的成绩。[④]

然而欧洲人权法院指出，构成《欧洲人权公约》第 6 条第 1 款下的程序公开原则同样适用于非国家法院处理纪律以及道德问题的争议，故国际体育仲裁院在审理 Pechstein 案时本应按照运动员的要求举行公开庭审。[⑤] 国际体

---

[①] Mutu 案将在第八章第二节当中详细阐述。

[②] Affaire Mutu et Pechstein c. Suisse, Requêtes nos 40575/10 et 67474/10, Arrêt Strasbourg, 2 octobre 2018.

[③] 以往即使在国际体育仲裁院所在的瑞士，该条款能否适用于仲裁机构也未有定论。See Ulrich Haas, "Role and Application of Article 6 of the European Convention on Human Rights in CAS Procedures", *Sweet & Maxwell International Sports Law Review*, 2012（3）: 44.

[④] Statement of the CAS on the Decision Made by the European Court of Human Rights (ECHR) in the Case between Claudia Pechstein / Adrian Mutu and Switzerland, http://www.tas cas.org/fileadmin/user_ upload/Media_ Release_ Mutu_ Pechstein_ ECHR.pdf.

[⑤] 并为此给予佩希施泰因八千欧元的精神损害赔偿。

育仲裁院在回应中提到,将考虑在场地更大的洛桑波莱耶宫进行公开庭审的可行性。受该裁决的直接影响,2019年版《体育仲裁法典》不仅通过设置资格委员会完善了国际体育仲裁院的仲裁员和调解员的任命和移除程序,使仲裁庭的组成更具公正性和独立性,而且其第R57条的修订还增加了仅应自然人一方当事人的请求即可就纪律性案件进行公开庭审的规定。[①] 然无论如何,现有的国际体育仲裁所设计的独立性制度,如要求仲裁员签署、确保独立公正的法律声明、禁止其在国际体育仲裁院担任当事人的代理人以及在损害国际体育仲裁院名誉时将从仲裁员名册中移除等措施,对国际商事仲裁更为有效,不能完全反映国际体育仲裁实践的特殊要求,仍有待进一步改进。

## 第四节 Pechstein案对我国体育仲裁独立性的启示

作为竞技体育从草根到顶层的金字塔状组织结构的反映,拟制的仲裁合意有必要得到法院认可。对此,德国慕尼黑高等法院认为,基于体育争议一致处理的需要,体育组织迫使运动员交由单一仲裁庭审理并非是滥用优势地位的表现,国际竞赛的组织者和参赛者签订的仲裁协议不应因运动员自由意愿的缺失而无效。毕竟管辖和程序的统一能够实现同案同判,确保运动员拥有平等竞赛的机会。出于效率的考虑,认定运动员同意仲裁还为当事人发挥自身的专长所必需。故在仲裁机构满足独立性的前提下,体育仲裁机制得以确立。在承认与执行体育仲裁裁决时,我国法院也应有较为清楚的认识。

### 一 我国体育仲裁独立性存在的问题

保持体育仲裁机构及其参与人员的独立性是仲裁此种第三方居中裁判争端解决方式的生命力所在。德国拥有区分仲裁庭和内部组织法庭的传统,后者属于社团自治的范畴,所作出的决定不构成仲裁裁决。[②] 故为了成为真正的仲裁机构,必须保持足够的机构独立性。[③] 从Pechstein案可以看出,根据已决之诉原则,当仲裁机构作出一项生效的裁决,除援引仲裁法或民事诉讼

---

① 在世界反兴奋剂机构诉孙杨和国际泳联案中,国际体育仲裁院根据孙杨的请求在蒙特勒举行公开听证会。
② 为此,独立的德国体育仲裁院(Deutsches Sportschiedsgericht)于2008年成立。
③ Ulrich Haas, "The Court of Arbitration for Sport in the Case Law of the German Courts", *Sweet & Maxwell International Sports Law Review*, 2015 (4): 72.

法进行有限的程序审查外，法院不得重新审理案件的实体争议。然倘若体育仲裁机构缺乏独立性，则其"裁决"至多构成体育组织内部的救济程序，不具有对抗法院管辖的终局效力。

目前，中国足协、中国篮协[1]等单项体育协会设立的仲裁委员会并非独立的仲裁机构，不能如协会章程希望的那样排除法院的管辖。如在球员李根诉沈阳东进足球俱乐部劳动合同争议案[2]中，法院曾于中国足协仲裁委员会作出生效裁决的情况下仍然行使管辖权。另外，体育仲裁机构在仲裁员选任的标准和程序的独立性上也存在一定的问题。以球员刘健和青岛中能足球俱乐部转会争议案为例，2009年《中国足协仲裁委员会工作规则》没有明确仲裁员的任命、任职和参与仲裁的条件与资格，反而规定由仲裁委员会主任指定包括首席仲裁员在内的3名仲裁员审理案件。这不仅排除了当事人的意思自治，而且增加了暗箱操作的可能。毕竟中国足协仲裁委员会的组成人员完全由足协主席会议决定，难免使得公众对其独立性产生质疑[3]。总之，如果缺乏系统的独立性制度设计，即便将来成立中国体育仲裁机构，其仲裁组织地位以及所作出的裁决也未必能得到法院的认可。

## 二 确保我国体育仲裁独立性的建议

为了使我国的体育仲裁裁决能够顺利地得到法院的承认，独立性应当成为建构我国体育仲裁制度的基石。首先，就仲裁员的独立性而言，应特别关注仲裁员名册的形成过程以及是否封闭的问题。以往我国学者更多关注国际体育仲裁员自身的品质[4]，这主要发生在经仲裁庭确认后的申请回避阶段。而审理Pechstein案的慕尼黑高等法院认为，在运动员不能参与起草仲裁员名册时应允许其自行选择仲裁员，发挥运动员组织在确立仲裁员名册的积极性。故除了要增加名册中仲裁员的透明度外，还应当在满足具有体育专业知识等遴选要求的情况下允许当事人在名册之外共同选定仲裁员。

其次，为确保首席仲裁员的独立性，未来我国制定的《体育仲裁法》应仿效《仲裁法》第31条允许当事人共同选定首席仲裁员，只有在特定期限内不能达成一致的才由仲裁委员会主任指定，以最大限度地发挥当事人在该

---

[1] 中国篮协仿效中国足协的做法，于2018年设置仲裁委员会（纠纷调解委员会）。
[2] 具体案情及评析参见第十二章的内容。
[3] 网易体育：《中能声明称足协仲裁严重违法违规是非颠倒》，http://sports.163.com/14/0815/18/A3N7VUET00051C89_2.html。
[4] 尹雪萍：《国际体育仲裁中指定仲裁员的独立性与公正性——以Alejandro Valverde兴奋剂案为视角》，《天津体育学院学报》2011年第3期。

问题上的作用。最为关键的是，我国体育仲裁机构组织结构的设置应充分借鉴国际体育仲裁发展历程中的经验，确保作为体育仲裁机构行政部门的仲裁委员会及其组成人员的独立公正性，实现其组织模式的良好治理。[①] 同时，为落实《中国足球改革发展总体方案》中的去行政化的要求，应着重降低包括中华体育总会、中国奥委会、各单项体育协会对体育仲裁机构独立性的影响，防止其在审理涉及各大体育组织决定的案件时因系统性的偏见产生不良的利益倾向。

## 本章小结

自国际体育仲裁院成立以来，国际体育仲裁的独立性得到包括瑞士联邦最高法院在内的众多国家法院的肯定。然审理 Pechstein 案的慕尼黑高等法院却对此提出严重的质疑，拒绝承认与执行国际体育仲裁院作出的生效裁决，从而暴露了国际体育仲裁裁决在该领域可能遭遇的法律冲突。一方面，慕尼黑高等法院审查国际体育仲裁裁决的初步判决虽然未能通过德国联邦最高法院的检验，但确已在国际体育界引起巨大的争议与反响；另一方面，国际体育仲裁独立性的改进在《体育仲裁法典》晚近的修订中虽然有所体现，但仍未触及核心问题，并不能令人满意。

表面上看，问题表现为国际体育仲裁院在仲裁员名册的确立和首席仲裁员的指定上缺乏独立性，实则更为关键的是作为国际体育仲裁院日常行政机构的国际体育仲裁委员会组成人员选拔的结构性失衡。制度上的内在缺陷难以保证其公正行事，这一点自《体育仲裁法典》颁布以来从未发生实质性改变。未来应对国际体育仲裁委员会的成员选拔和组成机制进行改革，以进一步理顺国际体育仲裁院与各大体育组织之间的关系。在建立我国体育仲裁机构时，为防止人民法院不承认其仲裁资格，实现体育仲裁裁决能够顺利地通过司法审查，必须强化体育仲裁机构的独立性设计。这不仅需要使之在形式上具有独立的法人身份，而且在体育仲裁委员会的人员构成上应降低各大体育组织的影响，从根本上防止其在审理案件时对体育组织利益倾斜现象的发生。

---

① Rachelle Downie, "Improving the Performance of Sport's Ultimate Umpre: Reforming the Governance of the Court of Arbitration for Sport", *Melbourne Journal of International Law*, 2011（2）: 320.

# 第四章　瑞士法在国际体育仲裁中的作用

从前文不难看出，国际体育仲裁院在当今世界竞技体育争端解决中发挥着主导性的作用。作为"国际体育法院"，普遍希望其组织、运行能够反映竞技体育行业纠纷解决的自治性。然而从现实的角度，此类私人性质的民间机构仍然要受到国家法监管的约束。由于其坐落于瑞士，瑞士法在引发以及解决国际体育仲裁中的法律冲突当中都占据重要的地位。本章主要结合《瑞士国际私法》以及《瑞士民法典》的相关规定，从管辖权等仲裁程序、实体法律适用以及裁决的司法审查等方面集中探讨瑞士法在国际体育仲裁中发挥作用的方式以及背后的原因，为我国体育仲裁机制构建时中国法角色的合理定位提供指引。

## 第一节　瑞士法在国际体育仲裁程序事项的作用问题

就国际体育仲裁的范围，在满足《瑞士国际私法》中的争议国际性和可仲裁性以及《体育仲裁法典》第 R28 条仲裁裁决的瑞士国籍要求时，其程序问题需要遵守《瑞士国际私法》关于国际仲裁的规定。然而为了支持国际体育仲裁的开展，特别就国际体育仲裁管辖权的确立，《体育仲裁法典》将体育组织章程中的仲裁条款作为国际体育仲裁院管辖确立的情形被瑞士联邦最高法院认为符合《瑞士国际私法》第 178 条关于仲裁协议形式的规定。此外，瑞士法与国际体育仲裁员的选任以及临时和保全措施作出的关系也值得探讨。

### 一　瑞士法与国际体育仲裁的范围

为了推动竞技体育纠纷通过仲裁的方式解决，瑞士联邦最高法院认定国际体育仲裁院构成真正意义上的仲裁机构，从而能够替代法院作为竞技体育纠纷的争端解决机构。然由国际体育仲裁院进行的仲裁如要适用《瑞士国际私法》，则还要满足争议具有国际性和可仲裁性，以及裁决具有瑞士国籍的要求。

（一）争议的国际性和可仲裁性要求

关于争议的国际性，根据《瑞士国际私法》第 176 条第 1 款，该法的第 12 章适用于总部在瑞士的仲裁庭且至少仲裁协议的一方当事人于协议缔结时在瑞士无住所、惯常居所或总部的仲裁。虽然作为主要被申请对象的国际体育组织的总部大多位于瑞士，但申请人分布在世界各地，故国际体育仲裁院审理的多数案件都属于《瑞士国际私法》下的国际仲裁的范畴。即使遭遇不满足该要求的特殊情形，为了支持业内争议统一交由国际体育仲裁解决，有的国际体育组织的章程亦作出特殊安排。如根据 2019 年版《欧洲足球俱乐部协会章程》第 46 条第 2 款，当出现双方当事人的住所地都位于瑞士的争议，仲裁程序应交由《体育仲裁法典》以及《瑞士国际私法》第 12 章支配，相应排除支配瑞士国内仲裁的《瑞士民事诉讼法》[①] 的适用。

关于争议的可仲裁性，《瑞士国际私法》第 177 条第 1 款将涉及经济利益的争议都视为可以仲裁的对象。[②] 虽然立法上没有对经济利益要求作出界定，但司法实践解释得相当宽泛。对此，瑞士联邦最高法院认为立法旨在确立广泛寻求国际仲裁的机会，而唯一的限制在于国际公共秩序。[③] 即使是纪律性案件，受处罚的运动员也因为被禁止参赛的缘故存在某种经济利益。[④] 以反兴奋剂案件为例，虽然使用兴奋剂的证明标准因处于民事证明标准的概然性权衡与刑事证明标准的排除合理性存疑之间而被认为具有准刑罚措施的性质（quasi-criminal nature）[⑤]，但瑞士联邦最高法院在审理前述 Gundel 案时强调，体育组织与其成员乃是一种私法关系，与刑事处罚的相似性不构成国际体育仲裁院对兴奋剂处罚纠纷进行仲裁的障碍。

（二）裁决的瑞士国籍要求

具有本国国籍的仲裁裁决才受该国仲裁法的约束。一般而言，除了"非

---

[①] 此种做法符合《瑞士民事诉讼法》第 353 条第 2 款的例外规定。
[②] 黄世席：《国际体育仲裁裁决的撤销》，《天津体育学院学报》2011 年第 5 期。
[③] Me William Sternheimer, "Arbitrages ordinaires pouvant être soumis au Tribunal Arbitral du Sport", *CAS Bulletin*, 2012 (1): 51.
[④] Massimo Coccia, "International Sports Justice: The Court of Arbitration for Sport", *European Sports Law and Policy Bulletin*, 2013 (1): 36.
[⑤] Rachelle Downie, "Improving the Performance of Sport's Ultimate Umpre: Reforming the Governance of the Court of Arbitration for Sport", *Melbourne Journal of International Law*, 2011 (2): 330.

内国"裁决外,一国仲裁裁决是指在本国领土内作出的裁决。不同于国际商事仲裁对仲裁地多样化的需求,为保持法律适用结果的确定一致性,《体育仲裁法典》第 R28 条认为,国际体育仲裁院及各仲裁庭的仲裁地都位于瑞士洛桑。在必要时,首席仲裁员经各方当事人同意,可以决定在其他地点举行庭审。

国际体育仲裁院于 1996 年在澳大利亚的悉尼、美国的丹佛[①]设立地区性办事处,并于 2012 年在中国上海、马来西亚吉隆坡、阿联酋阿布达比、埃及开罗设立替代性听证中心,在上述地域作出的国际体育仲裁裁决是否具有瑞士的仲裁国籍曾引发争议。审理选拔参加 2000 年悉尼奥运会的澳大利亚柔道队员纠纷案的澳大利亚新南威尔士州上诉法院认为,应区分仲裁地与仲裁员举行听证活动的地域。基于《体育仲裁法典》第 R28 条,该案所涉的国际体育仲裁裁决并非一项澳大利亚的国内仲裁裁决,不能依据该州的 1984 年《商事仲裁法》加以撤销。[②] 故国际体育仲裁院在其他国家所作的仲裁裁决属于该国的"非内国"裁决,其程序事项同样受《瑞士国际私法》的约束。

## 二 瑞士法与国际体育仲裁的管辖权确立

为快速有效地解决竞技体育法律纠纷,瑞士法对国际体育仲裁管辖权确立的依据以及上诉期限的态度较为宽容,这主要表现为对立法规定的柔性解释以及比例原则的合理运用。

(一)瑞士法与国际体育仲裁的管辖权确立依据

关于国际体育仲裁管辖权确立的依据,除了采用传统上当事人特别达成的仲裁协议之外,还因为体育行业的特殊性可以选择其他的合意方式。就上诉仲裁管辖权的确立,《体育仲裁法典》第 R47 条规定,上诉人可以将联合会、协会或与体育有关的其他组织作出的决定上诉至体育仲裁院,只要该组织的章程、规章如此规定或者当事人订立具体的仲裁协议,且上诉人在上诉前已经用尽组织章程、规章规定的内部法律救济途径。

通过援用达成合意的做法是否满足瑞士法对仲裁协议形式的要求值得分析。根据《瑞士国际私法》第 178 条第 1 款,当事人签订的仲裁协议应采用书面或其他能通过文本加以证明的形式。只要能为可复制或能够证明其存在的载明,其并不限于签字盖章的范畴。在竞技体育领域,体育组织章程中的

---

① 1999 年迁至纽约。
② Raguz v. Sullivan,〔2000〕50NSWLR 236.

仲裁条款自然也是一种能通过文本加以证明的形式，而不需要再以合同条款的方式表现。然而将体育组织章程中的仲裁条款视作当事人同意仲裁的依据只是拟制的合意，有可能对与该组织发生争执的弱势一方的运动员、俱乐部不利，特别当出现体育组织章程概括援用包含国际体育仲裁条款的另一组织的章程。

对此，瑞士联邦最高法院认为，虽然选择在瑞士进行仲裁的条款原则上必须满足《瑞士国际私法》的规定，但对于体育仲裁协议应当有所宽容，毕竟国际体育仲裁院之类的特殊仲裁机构能够在确保独立性和公正性的前提下实现纠纷的快速解决。① 而 2020 年修订后的《瑞士国际私法》第 178 条增设的第 4 款更是明确许可在信托契约、遗嘱等单方法律文书以及组织章程中加入仲裁条款，故国际体育仲裁管辖权的确立方式原则上符合瑞士法的要求。

（二）瑞士法与国际体育仲裁的管辖权确立期限

除管辖权确立的依据外，国际体育仲裁管辖权的最终确立还需要在特定期间内提出申请。《瑞士民法典》第 75 条将就此向法院提起上诉的期限规定为知道组织决议后的一个月，但《体育仲裁法典》第 R49 条认为提起国际体育仲裁应自收到上诉决定之日起的 21 日内进行，由此两项规定发生直接的冲突。《瑞士民法典》第 75 条所规范的事项乃是程序性问题，自然由法院地法即瑞士法支配。② 由于仲裁构成诉讼替代性的争议救济方式，且基于特别法优于一般法的法理，故在当事人选择国际体育仲裁时理应适用《体育仲裁法典》。

在现实中，许多国际体育组织章程明确了能向国际体育仲裁院提起上诉的期限。此类期限有的与《体育仲裁法典》的规定相同，如《国际足联章程》第 57 条第 1 款；有的则短于或长于 21 日，如《欧足联章程》第 62 条第 3 款规定为收到决定后的 10 日、《国际篮联内部章程》第 L1 条第 9 款规定为 30 日、《国际田联章程》第 15 条第 2 款规定为 60 日。③ 由于上诉期间的经过会发生排除争议可受理性的效果，组织章程设置较短期限的有效性问题一度引发争议。对此，仲裁庭在审理 2008/A/1705 案④时认为，虽然《瑞

---

① FT, 4A-640/2010, Judgment of 18 April 2011.
② 另一种观点认为，上诉期间乃是实体问题，根据《体育仲裁法典》第 R58 条应适用体育组织的规章而非瑞士法的规定。Ulrich Haas, "The 'Time Limit for Appeal' in Arbitration Proceedings before the Court of Arbitration for Sport (CAS)", *CAS Bulletin*, 2011 (2): 7.
③ 根据单项体育联合会的反兴奋剂规则，世界反兴奋剂机构较其他当事人往往会被赋予额外的上诉期间。
④ CAS 2008/A/1705, Grasshopper v. Alianza Lima, award of 18 June 2009.

士民法典》第 75 条构成社团成员法定权利，不应被过分限制，但将上诉期限缩短至 10 日的做法并未违反比例原则。一方面，上诉人只需在此期间书面提出上诉陈词即可维护上诉的权利，至于其事实和法律依据可以在此后的 10 日内作出[1]；另一方面，此种限制平等适用于特定单项体育联合会的所有成员。

### 三 瑞士法与国际体育仲裁员的选任

考虑通过上诉程序解决的竞技体育纠纷的特殊性以及专业性，国际体育仲裁员往往与体育组织存在较大的关联。为确保裁决的质量，其选任资格或具体指定需要国际体育仲裁院发挥积极的作用，这大致排除了当事人自由指定或确立仲裁员以及首席仲裁员的国际商事仲裁习惯。

（一）瑞士法与国际体育仲裁员的选任方式

与《瑞士国际私法》第 179 条第 1 款允许当事人自由选任仲裁员的方式不同，如前所述，根据《体育仲裁法典》第 S13 条的规定，当事人只能从由国际体育仲裁委员会确立的封闭名册中选择仲裁员。在 2012 年前，国际奥委会、国际体育联合会以及国家奥委会可以直接参与该份名册的制定，这引发了公众对仲裁员中立性的质疑。瑞士联邦最高法院在审查 Lazutina 案时认为，国际体育仲裁院在体育世界中逐渐建立起信任，其在有组织的体育活动当中被广泛认为具有支柱性的地位。虽然由于仲裁员名册的封闭性，运动员不能自主地选择仲裁员，但名册并非由国际奥委会单独制定，而且可选择的仲裁员人数足以实现体育争端的快速高效解决，有助于实现良好的竞争运行。[2]

（二）瑞士法与首席仲裁员的确立

与《瑞士国际私法》经由当事人指定的两名仲裁员共同确立首席仲裁员的做法不同，《体育仲裁法典》第 R54 条规定，国际体育仲裁上诉程序的首席仲裁员只能由上诉仲裁分院的主席指定，无须同当事人磋商。而各分院的主席由国际体育仲裁委员会的成员担任，后者的任职资格主要由体育组织决定。这不免使人产生上诉分院主席在指定首席仲裁员的过程中偏向体育组织的担忧。不过，如果当事人对仲裁员的独立性或公正性存在合理怀疑，可以援用《体育仲裁法典》第 R34 条[3]，请求已经指定的仲裁员回避。

---

[1] 参见《体育仲裁法典》第 R51 条第 1 款。
[2] Lazutina & Danilova v. IOC, ATF 129 III 445.
[3] 关于仲裁员的独立性和公正性，国际体育仲裁委员会还曾援引国际律师协会《国际仲裁利益冲突指南》。

## 四 瑞士法与国际体育仲裁临时和保全措施的作出

临时和保全措施在民事诉讼及商事仲裁程序中占有重要的地位。目前许多国家承认仲裁庭在必要时可作出此种措施，与法院一道行使管辖权。如《瑞士国际私法》第183条第1款规定，除法律另有规定外，仲裁庭应一方当事人的请求可以采取临时或保全措施。为了维护运动员的参赛权而需要暂停实施禁赛处罚的决定，则在竞技体育当中有必要赋予国际体育仲裁院此项职能。特别出于维护运动员参赛权利的目的，多认为当事人提起国际体育仲裁即表明其放弃向法院主张临时和保全措施的权利。

关于临时和保全措施的范围，以往根据《体育仲裁法典》第R37条，只有上诉仲裁程序中的临时和保全措施才必须向国际体育仲裁院提出，普通仲裁程序的当事人可以请求法院作出。2013年版《体育仲裁法典》进一步明确规定凡是同意按普通仲裁程序或上诉仲裁程序处理争议的，当事人应明示放弃向国家机关或法院请求采取此类措施的权利。此举将国际体育仲裁院排他性的采取临时和保全措施的范围全面扩展至普通仲裁程序，以防止当事人利用法院排除仲裁庭对该事项的管辖权。然而由于国际体育仲裁院在采取临时和保全措施时未能如法院那样提供相同的保护，上述完全否定瑞士法院行使平行管辖权（parallel competence）的做法存在违反《瑞士民法典》第27条第2款下的公共政策的风险。[①]

就采取此种措施的标准，2013年版《体育仲裁法典》结合瑞士法的要求正式确立了三大要件：即在决定是否要作出先行救济时，分院的主席或首席仲裁员应考虑该救济是否为保护申请人免于遭受不可弥补的伤害所必须、案件实体问题胜诉的可能性以及申请人的利益是否大于对方。需要注意的是，既往的国际体育仲裁实践往往重叠适用以上标准。[②] 与此同时，为避免这一条款被仲裁程序的当事人滥用，从而发生为瑞士法所不能接受的结果，2013年版还增加了临时措施失效的条款。即如果申请采取此措施的当事人未于申请普通程序中的临时措施后的10日内，或上诉程序规定的时间限制内，作出上诉陈述后的10日内提出有关的仲裁请求，已经采取的临时措施将自动废止。

---

[①] Ian Blackshaw & Thilo Pachmann, "CAS Provisional and Conservatory Measures and other Options to be Granted Interim Legal Relief", *Yearbook of International Sports Arbitration*, 2015 (1): 105 -107.

[②] CAS 2011/A/2473, Al-Shabab Club v. Saudi Arabian Football Federation, award of 12 August 2011.

## 第二节 瑞士法在国际体育仲裁实体法律适用事项的作用问题

虽然《瑞士国际私法》第187条第1款对国际仲裁的实体法律适用有明确的规定,但国际体育仲裁实体问题的法律适用更关注《体育仲裁法典》第R45、R58条以及体育组织规章的特别要求。与常见的国际商事仲裁相比,国际体育仲裁的适用法条款和选法方法更加统一[①],这尤其表现为瑞士法占据着重要的位置。另外根据《瑞士国际私法》第18条,瑞士的国际强制规范仍有在根据上述条款确定的法律规则之外直接适用的可能。[②]

### 一 瑞士法在《体育仲裁法典》实体法律适用规定中的地位

如前所述,就瑞士法在国际体育仲裁普通程序的实体法律适用中的地位,《体育仲裁法典》第R45条认为应优先适用当事人选择的法律规范,以及在没有选择时佐之以瑞士法。在国际铁人三项联合会诉太平洋体育公司案中,被申请人认为,根据《瑞士国际私法》第187条第1款,在当事人没有选择时,仲裁庭应适用与案件存在最密切联系的美国俄亥俄州法。[③] 为了实现案件处理结果的一致,仲裁庭没有予以支持。此种求助于特定国家的法律的案件在国际私法领域以及国际仲裁实践中十分罕见。对此,各国国际私法的普遍做法是适用与合同存在最密切联系的法律。而国际商事仲裁更为灵活,如《国际商会仲裁规则》完全将法律适用的权限交由仲裁庭行使,由其自行确立适合的法律。

就瑞士法与国际体育仲裁上诉程序的实体法律适用而言,与第R45条不同的是,《体育仲裁法典》第R58条在条文表述上没有明确赋予瑞士法以适用法层面的特别地位。但考虑到国际奥委会、世界反兴奋剂机构以及包括国际足联在内的大多数奥运项目的单项体育联合会[④]的总部都位于瑞士,则不

---

① Andrea Marco Steingruber, "Sports Arbitration: Determination of the Applicable Regulations and Rules of Law and Their Interpretation", *The International Sports Law Journal*, 2010 (3-4): 67.
② 作为排除外国法适用的瑞士公共秩序的表现,参见第九章第二节的内容。
③ CAS 96/161, ITU v. Pacific Sports Corp. Inc., award of 4 August 1999.
④ 他们分别是国际足联、国际篮联、国际滑联、国际乒联、国际泳联、国际业余摔跤联合会、国际赛艇联合会、国际击剑联合会、国际体操联合会、国际曲棍球联合会、国际马术联合会、国际手球联合会、国际自行车联盟、国际冰球联合会、国际摔跤联合会、国际射箭联合会、国际滑雪联合会。上述单项体育联合会都接受了国际体育仲裁上诉程序的管辖。

免在上述组织规则不足且当事人没有选择法律的情况下，瑞士法事实上仍处于补缺适用的位置。此时单项体育联合会不仅应根据瑞士社团法下的强制性规范行使管理职权，而且要受到包括个人权利和法律的基本原则在内的瑞士公共政策的限制。[1]

由于体育竞赛的跨国性质，国际体育联合会应遵循的实体和程序规则不限于其自身的规章以及所在地国法，还包括一般的法律原则。仲裁庭在确认其认为适合的法律规则时，即在创设全球体育自治法的过程中，往往将瑞士法的基本原则作为价值填充的依据。这既包括平等对待、善意合法、禁反言等私法常用的原则，又包含罪刑法定、兴奋剂使用中的严格责任等公法原则。其中特别要提及反映程序正义的比例原则，作为瑞士宪法和行政法以及欧盟法中的一项基本原则，其在国际体育仲裁中的兴奋剂处罚争议解决当中占据重要的地位。[2]

如在 2016/A/4745 案[3]中，针对俄罗斯出现的大规模违规使用兴奋剂的情况，国际残奥委会决定暂停俄罗斯残奥委会的会员资格，从而引发争议。关于该处罚是否违反比例原则，仲裁庭从适当性、必要性和均衡性等三方面进行分析。鉴于俄罗斯在索契冬奥会期间曾爆发有史以来最大的兴奋剂丑闻，对于国际残奥委会而言，为了维持金字塔的结构必须对兴奋剂使用零容忍。因此，暂停俄罗斯成员资格的决定符合其职权所在且这样做并不过分，同时也不存在有效的替代性处罚方式。总之，国际残奥委会追求的目标合理，所采取的措施与拟达成的目标相配适，不违反比例原则。

## 二 瑞士法在国际体育组织规章实体法律适用条款中的表现

除《体育仲裁法典》外，许多国际体育组织的规章特别规定国际体育仲裁院在审理与该组织有关的纠纷时所适用的法律。那些总部位于瑞士的单项体育联合会，其规章多会明确要求附带适用瑞士法。如《国际足联章程》第 56 条第 2 款规定，国际体育仲裁院应主要适用国际足联的规章，其他情况佐以瑞士法。又如 2019 年版《国际足联纪律准则》第 5 条"适用法"规定，国际足联的司法机构（此处特指纪律委员会和上诉委员会）在作出决定时，将主要依据《国际足联章程》以及国际足联的规则、通报、指令、决定以及

---

[1] Despina Mavromati, "Applicability of Swiss Law in Doping Cases Before the CAS and the Swiss Federal Tribunal", *Yearbook of International Sports Arbitration*, 2016 (1): 35.
[2] 黄世席：《比例原则在兴奋剂违规处罚中的适用》，《天津体育学院学报》2013 年第 2 期。
[3] CAS 2016/A/4745, Russian Paralympic Committee v. International Paralympic Committee, Award of 30 August 2016.

竞赛规则，附带适用瑞士法以及有管辖权的司法机构认为适当的任何其他法律。

与《体育仲裁法典》第R58条相较，二者虽然皆表现为组织规章优先，但有不同之处。从字面上理解，组织规章外的问题根据《国际足联章程》应交由瑞士法处理，而《体育仲裁法典》此时则仍优先考虑当事人选择的法律。即使当事人没有选择，也可能出现仲裁庭运用其认为适合的法律规范取代瑞士法的情形。一般认为，存在当事人选法时多运用如下方式解决二者之间的冲突：适用瑞士法解释国际足联的规则，只有那些国际足联规则并未涵盖的事项才考虑当事人选择的法律。即便如此，仲裁庭在实践中往往更为青睐瑞士法的适用。① 在2017/A/5111案②中，关于违约造成的延期支付利息问题，《国际足联球员身份和转会规则》并未加以规定。仲裁庭承认此时根据《体育仲裁法典》第R58条应当适用当事人选择的法律，然而其认为被上诉人的索赔主要基于《国际足联球员身份和转会规则》第17条下的损害赔偿，所以关于利息的附带索赔应交由与之相同的法律。由于《国际足联球员身份和转会规则》必须根据瑞士法进行解释，因此该法也适用于利息索赔问题。

区别于上述做法，有的国际体育组织的规则甚至将争议完全交由瑞士法管辖。如2017年版《欧足联章程》第64条第1款规定欧足联的规章在各方面都应当适用瑞士的法律，2019年版《欧洲足球俱乐部协会章程》第46条第1款规定本章程应当由瑞士法支配，《欧足联与欧洲足球俱乐部协会谅解备忘录》的法律适用条款规定该协议受瑞士的实体法支配。此类规定虽然较为少见，但更能体现体育行业对瑞士法的信赖。

### 三　瑞士法在国际体育仲裁中的直接适用

除此之外，国际体育仲裁的实体法律适用还要考虑直接适用瑞士法中的某些实体强制性规范。③ 如其所言，不是所有的实体强制规范都需要直接适用。当体育组织的规章能明确解决某个问题，除非为瑞士的基本公共秩序不容，否则没有必要考虑瑞士法的规定，即使其存在强制规范。只有那些维护一国政治、社会、经济或文化等重大公共利益的瑞士法中的实体强制规范才能直接适用。

---

① 为了特定结果的达成，这样做也存在例外，参见第九章第三节的内容。
② CAS 2017/A/5111, Debreceni Vasutas Sport Club（DVSC）v. Nenad Novakovic, award of 16 January 2018.
③ 详见第五章第二节的内容。

在国际私法领域，国际强制规范无须冲突规范的指引，更多排斥当事人选择的法律。由于国际体育仲裁的实体法律适用实行特殊的规则，尤其是体育组织规章的优先适用，故在国际体育行业此类实体强制规范主要表现为不能为体育组织的规则所替代，即国际体育仲裁院在审理案件时必须遵守的强制规范。对此，《瑞士国际私法》第18条规定，本法不妨碍根据自身特殊性质无须本法指引的瑞士强制规范的适用。考虑到《体育仲裁法典》没有就此作出规定，国际体育仲裁实践将该条作为瑞士反垄断法等实体强制规范在体育领域直接适用的依据。

## 第三节　瑞士法在国际体育仲裁裁决司法审查事项的作用问题

裁决的司法审查中的关键问题在于国际体育仲裁裁决能否由瑞士联邦最高法院依据瑞士法撤销。根据《瑞士国际私法》，除仲裁庭就当事人提出仲裁庭的组成不当以及管辖权异议作出正式的先行裁定外，原则上只有具有终局效力的生效裁决才可以提请法院审查，从而将其他类型的裁决和仲裁庭的先行裁定排除于可上诉的范围。[①] 瑞士联邦最高法院对该问题持较为审慎的态度。一方面，为维护裁决的终局效力，其不希望过多干预国际体育仲裁，进而实现国际体育纠纷解决的自治性；另一方面，出于维护公共政策以及基本的程序公正的需要，在必要时可以根据《瑞士国际私法》第190条撤销严重违反强行法的国际体育仲裁裁决，从而实现仲裁结果对当事人的公正。

### 一　瑞士法对当事人放弃裁决撤销权的规制

作为国际体育仲裁一裁终局效力的体现，根据《体育仲裁法典》第R46条第3款及R59条第4款，无论普通程序还是上诉程序，经国际体育仲裁院的院办公室作出的裁决都是终局的，对当事人具有法律约束力。为避免产生歧义，维护作为仲裁机构所在地国以及裁决仲裁地国的瑞士的司法主权，该法典的2016年版增加了当事人可以在原始裁决通知后的30日[②]内求助瑞士法院救济的例外规定。但一直未变的是，于双方当事人在瑞士均无住所、惯

---

[①] Charles Poncer, "When is a 'Swiss' 'Award' Appealable?", CAS Bulletin, 2012（2）：14.
[②] 《瑞士联邦最高法院法》第100条规定，自仲裁裁决作出通知送达后的30日内，当事人可以向瑞士联邦最高法院提起上诉。另见2020年修订后的《瑞士国际私法》第190条第4款。

常居所或营业机构且他们在仲裁协议或后续签订的协议中明确排除撤销程序的情况下，其不得启动撤销审查，对仲裁裁决提出异议。

就此类特定当事人约定放弃向瑞士联邦最高法院申请异议条款的效力，只要采用书面形式而且能清晰地反映他们的共同意图，《瑞士国际私法》第192条第1款予以肯定。此时双方当事人与瑞士的联系不甚密切，不具有期待瑞士法律体系保护的合理理由。该规定不仅能防止权利滥用，减少法院的受案负担，还有助于提高瑞士仲裁的国际竞争力。[1]

然而此种主要服务于国际商事仲裁的规定在国际体育仲裁中的适用存在不小的争议。[2] 毕竟在商事实践中，当事人具有相似的议价能力从而形成较为平等的关系，而运动员较之体育组织则无疑处于从属的地位。[3] 由此不得向法院提出撤销申请并非运动员一方自由意愿的表达，而是体育组织规章预设的结果。更何况区别于国际商事仲裁，国际体育仲裁裁决多涉及非金钱性质制裁或者参赛资格，其执行往往不需要司法协助，以此导致法院完全丧失对仲裁进行监管的机会。[4] 为了保护体育组织相对人的利益，在2007年审查解决阿根廷网球运动员卡纳斯与国际职业网球联合会之间兴奋剂处罚争议的国际体育仲裁裁决时[5]，瑞士联邦最高法院没有机械适用《瑞士国际私法》的规定，而是考虑了国际体育仲裁的特殊性。其认为，当运动员对国际体育仲裁裁决提起撤销申请时，不能执行体育组织规章中包含的放弃条款。

## 二　瑞士法对国际体育仲裁裁决撤销的态度

由于瑞士联邦最高法院不承认片面有利于体育组织的裁决撤销权放弃条款，国际体育仲裁裁决不免要受到瑞士法的检验。就此问题，瑞士联邦最高法院不希望成为世界范围内的体育上诉法院，故极力避免对国际体育仲裁进行过多干预。但出于维护当事人之间的公正，该院数次撤销国际体育仲裁院作出的不适当的裁决。根据《瑞士国际私法》第190条第2款，当事人只有

---

[1] Tony Cole & Pietro Ortolani, "Understanding International Arbitration", London: Routledge, 2020, p. 209.
[2] Ulrich Haas, "Role and Application of Article 6 of the European Convention on Human Rights in CAS Procedures", *Sweet & Maxwell International Sports Law Review*, 2012 (3): 59.
[3] Andrea Marco Steingruber, "Sports Arbitration: How the Structure and other Features of Competitive Sports Affect Consent as it Relates to Waiving Judicial Control", *American Review of International Arbitration*, 2009 (1): 59.
[4] Margareta Baddeley, "The Extraordinary Autonomy of Sports Bodies under Swiss Law: Lessons to be Drawn", *The International Sports Law Journal*, 2020 (1-2): 14.
[5] CAS 2005/A/951, Guillermo Cañas v. ATP, award of 23 May 2006. BGE 133 III 235.

第四章 瑞士法在国际体育仲裁中的作用 93

在下列情况发生时才可以对仲裁裁决提出异议：1. 独任仲裁员的指定或仲裁庭的组成不当；2. 仲裁庭错误地接受或拒绝行使管辖权；3. 仲裁庭就未向其提交的争议事项或未就当事人的请求作出裁决；4. 违反平等对待或法定听证原则；5. 裁决违反公共政策。

从中可以看出除违反实体性公共政策外，国际仲裁裁决的撤销多基于包括程序性公共政策[①]在内的程序公正的需要，单纯裁判结果的对错不构成矫正的理由。就违反公共政策这一兜底条款，在瑞士的司法实践中也严格加以限制。瑞士联邦最高法院不会干预仲裁庭查明事实或者适用法律的活动，而是从裁决结果的角度审查是否违反公共政策。[②]

一方面，此类公共政策通常应当从普遍性、国际性以及跨国性的角度理解，而不仅是作为仲裁地的瑞士法观念的构成。[③] 只有当违反适用于实体问题的法律中的基本原则达到为正义理念和价值体系所不容的地步，才表明仲裁裁决违反实体性公共政策。[④] 具体而言，该基本原则包括但不限于契约神圣、遵从善意、不得权利滥用、禁止歧视和没收措施以及保护无能力人等。[⑤]

另一方面，此种实体公共政策既表现为文明世界的基本道德观念或法律原则，又需要同时反映瑞士法的基本价值。[⑥] 迄今为止，瑞士联邦最高法院只有在2012年审查Matuzalem案[⑦]时借助实体公共政策撤销了国际体育仲裁裁决。该案巴西球员马图扎伦在无正当理由的情况下单方解除与一家乌克兰足球俱乐部签订的劳动合同，并擅自进行国际转会引发争议。[⑧] 法院撤销的缘由是，该裁决肯定国际足联争端解决委员会因不支付赔偿金而施加无限期

---

[①] 2010年的Daniel案是首起瑞士联邦最高法院以违反程序性公共秩序为由撤销国际体育仲裁裁决的案件。由于案发时国际足联尚未接受国际体育仲裁院的上诉管辖，某俱乐部根据《瑞士民法典》第75条将国际足联的训练补偿赔偿决定上诉至瑞士苏黎世商事法院并成功地予以撤销。后来应对方俱乐部的请求，国际体育仲裁院作出应予赔偿的裁决。此举被审查该案的瑞士联邦最高法院视为违反已决之诉原则。案情参见黄世席《国际体育仲裁裁决的撤销》，《天津体育学院学报》2011年第5期。

[②] Tobias Glienke, "The Finality of CAS Awards", *The International Sports Law Journal*, 2012 (1-2): 54.

[③] CAS 2009/A/1926, International Tennis Federation v. Richard Gasquet & CAS 2009/A/1930, WADA v. ITF & Richard Gasquet, award of 17 December 2009.

[④] Luca Beffa & Olivier Ducrey, "Review of the 2014 Case Law of the Swiss Federal Tribunal concerning Sports Arbitration", *Causa Sport*, 2015 (2): 122.

[⑤] Stephan Netzle, "Appeal against Arbitration Awards by the CAS", *CAS Bulletin*, 2011 (2): 25.

[⑥] 黄世席：《国际体育仲裁裁决的撤销与公共政策抗辩》，《法学评论》2013年第1期。

[⑦] FT, 4A_558/2010, Judgment of 27 March 2012. 案情详见第十章第二节的内容。

[⑧] Massimo Coccia, "The Jurisprudence of the Swiss Federal Tribunal on Challenges against CAS Awards", *CAS Bulletin*, 2013 (2): 15.

禁赛的做法严重侵犯球员经济自由领域的基本权利，违反了《瑞士民法典》第 27 条第 2 款"任何人不得放弃自由或者限制行使自由并达到违反法律或公共道德程度"的规定，与保护私权的公共秩序不符。①

## 第四节 瑞士法在国际体育仲裁发挥作用的机理及启示

基于《体育仲裁法典》第 R28 条等规定，不难看出瑞士法对国际体育仲裁程序的运行、实体法的确立以及裁决作出后的司法审查都发挥了极为重要的作用。从原因上这反映了体育自治和国家管制二者的冲突，从结果上其实现了极大宽容与必要干预之间的平衡。

### 一 瑞士法在国际体育仲裁中发挥作用的机理

瑞士法在国际体育仲裁当中扮演着无可替代的角色。由于秉承有利于私人仲裁的理念，瑞士的仲裁法在面临国际体育仲裁时并未产生不可调和的法律冲突。加上瑞士联邦最高法院较为宽松的态度，使得国际体育仲裁裁决的终局效力在其仲裁地国大致上得以维持。

（一）抽象层面——体育自治和国家管制之冲突

从抽象层面讲，瑞士法能在国际体育仲裁中发挥重要作用的原因乃是体育自治和国家管制二者冲突的表现。作为更快、更高、更强的奥林匹克格言的回应，竞技体育的公平竞争需要宽松自由的外部环境，避免来自国家政治、法律上的过多干预。从现实的角度，竞技体育的运行以及体育组织的权威面临当事人频繁寻求法院救济的巨大挑战，故竞技体育纠纷宜寻求内部解决之道。然而体育自治只是行业自身的需求，即使在法理层面能得到回应，也多缺乏国家法的特别关注与保障，故以此概括排除法院管辖权的做法因有违公共政策而无效。② 无论是因体育组织针对成员所作出的纪律性处罚而产生的争议，还是运动员和俱乐部间的劳动合同纠纷，本质上都是受法律调整的权利义务关系的体现，需要司法的介入。

除了诉讼之外，具有终局性效力的救济措施只有仲裁。为防止各国法院

---

① 该案将在第十章当中作集中探讨。
② See Ian S. Blackshaw, *International Sports Law: An Introductory Guide*, Hague: T. M. C. Asser Press, 2017, p. 27.

和国家法的干预，体育组织以国际仲裁——此种传统上各国普遍认可的方式——满足体育争议解决的自治性，由此竞技体育世界得以对抗国家建构的法律秩序。① 这表面上是利用仲裁机制排斥法院的管辖，但实质上是通过单一的纠纷解决机制实现竞技体育案件的统一处理。区别于国际经贸领域的当事人可以在众多的商事仲裁机构中进行挑选，竞技体育的选择余地不大。因此，是建立国际性的体育仲裁院还是全球体育法院别无二致。只是囿于各国政府共同设立国际体育法院的热情不足，仲裁机制才成为体育世界应对复杂多变的行业纠纷的现实选择。而仲裁不可能完全脱离国家法秩序，特别要受仲裁地国法的影响，国际体育仲裁院所在的瑞士的法律在体育自治和国家管制的现实冲突下才有发挥作用的空间。

（二）具体层面——极大宽容与必要干预之平衡

从具体层面讲，瑞士法在国际体育仲裁中发挥作用的结果充分实现了对体育行业极大宽容与必要干预之间的平衡。瑞士乃当今世界唯一的成功基于国际条约②被确认的永久中立国家，其国际法上的中立地位在两次世界大战当中均未被打破。另外，瑞士的立法体系完善③、法治环境良好，还给予社团较大的自治权。其不仅实现了民族性和先进性的有机结合，而且能提供国际一流的法律服务，所推行的友好仲裁的理念在整个国际仲裁领域享有盛名。④ 区别于全面系统的《联合国国际贸易法委员会国际商事仲裁示范法》，《瑞士国际私法》仅仅用19个条款规范国际仲裁当中最为重要的事项，尤为尊重当事人的意思自治。⑤ 受此影响，包括国际足联⑥在内的众多著名的国际单项体育联合会都落户瑞士，国际奥委会最终选择在该国设立国际体育仲裁院也与上述优越条件不无关系。⑦

---

① Antonio Rigozzi, "L'importance du droit suisse de l'arbitrage dans la résolution des litiges sportifs internationaux", *Revue de Droit Suisse*, 2013（1）：302.
② 1815年《维也纳会议宣言》。
③ 瑞士法在国际商业合同的法律选择中也普遍受到欢迎。Jan Łukomski, "On the Finalisation of International Football Transfers and Professional Football Players' Contracts", *The International Sports Law Journal*, 2020（3-4），178.
④ Jennifer R. Bondulich, "Rescuing the Supreme Court of Sports: Reforming the Court of Arbitration for Sport Arbitration Member Selection Procedures", *Brooklyn Journal of International Law*, 2016（1）：286.
⑤ Tobias Glienke, "The Finality of CAS Awards", *The International Sports Law Journal*, 2012（1-2）：49. 该法在2020年修订后增加了若干条款，但并未打破原有的条文顺序。
⑥ 国际足联于1932年将总部由法国巴黎迁往瑞士苏黎世的原因也在于此。
⑦ See Margareta Baddeley, "The Extraordinary Autonomy of Sports Bodies under Swiss Law: Lessons to be Drawn", *The International Sports Law Journal*, 2020（1-2）：5.

瑞士法在给予国际体育仲裁以极大宽容的同时，仍保留适度的必要干预，以实现体育自治和国家管制之间的微妙平衡。一方面，对援用体育组织章程中关于提交国际体育仲裁的规定，瑞士联邦最高法院关注到了竞技体育争端解决的特殊性，通过对瑞士法的适当解释承认此种特别仲裁合意的效力、仲裁员选任的特殊方式，以此认可国际体育仲裁院的仲裁机构地位；另一方面，就国际体育仲裁裁决的司法审查问题，该院持较为审慎的态度，从而保有在特殊的情况下基于严重的程序瑕疵以及违反公共政策而撤销此类仲裁裁决的权力。特别为防止当事人救济权利受到组织过多的侵害，法院突破了瑞士法的许可规定，禁止体育领域的当事人基于组织章程而预先放弃裁决的撤销权。以上做法在实践中运行良好，已经成为维护国际体育公正秩序的重要支柱。

瑞士法的庇护减少了国际体育仲裁所面临的体育行业规则与国家法之间的对立，亦有利于国际体育自治法律体系的形成。然而从更广阔的国际视野来看，此种做法也引发了新的冲突。晚近瑞士联邦最高法院对于国际体育仲裁的友好态度也遭遇德国等国法院的挑战，从而表现出瑞士程序法和其他国家的民事诉讼法在该问题上的法律冲突。不得不说的是，由于瑞士加入了《纽约公约》，除了公约第5条规定的有限缘由外，国际体育仲裁裁决有很大机会在全世界160多个国家[①]得到承认与执行。况且此类仲裁裁决多关系到参赛资格的取得和丧失，可以由体育组织在业内自动执行。[②] 前述否认国际体育仲裁独立性的 Pechstein 案[③]仅仅是慕尼黑高等法院作出的一项初步判决，而最终未通过德国联邦最高法院的审查，不能说明各国法院普遍改变对瑞士法下的国际体育仲裁裁决的认识。

## 二 瑞士法在国际体育仲裁中发挥作用的启示

一方面，根据《国际足联章程》《世界反兴奋剂条例》的争端解决规定，具有国际性因素的案件应最终提交国际体育仲裁院处理。故中国籍的当事人在涉及国际性竞技体育争议时，可能会面临需要在国际体育仲裁院进行仲裁的现实问题。对此，中方应当熟悉瑞士程序法以及实体法的相关规定。

另一方面，那些不具有涉外因素的竞技体育纠纷，如发生于国内赛事或只关系到国内的俱乐部或球员，仍主要由国内的体育仲裁机构审理。目前，

---

① 随着2021年3月15日伯利兹交存加入书，《纽约公约》目前有168个缔约国。
② 自动执行的具体情况参见第七章第四节的内容。
③ OLG München, Teil-Urteil vom 15. Januar 2015. Az. U 1110/14 Kart.

我国的体育仲裁机制尚未建立,不能满足体育行业争端处理的需要。当事人对体育组织决定不服发生的纠纷交由各单项体育协会下属的争端解决委员会管辖,难以满足体育行业对正义的需求,也不利于保护作为当事人基本人权的诉权。[①] 故此,宜通过寻找体育自治和国家管制间的平衡点,适当考虑我国法在体育仲裁机制建立过程中所发挥的作用。

由于竞技体育纠纷的特殊性,包括《仲裁法》在内的现有立法不能满足国内体育仲裁机构设立的需要,从而应制定《体育仲裁法》之类的特别立法。[②] 就程序上的法律问题,与《瑞士国际私法》不同,《仲裁法》关于可以仲裁的平等主体之间的合同等财产权益纠纷一直被严格解释,而且严格坚持仲裁协议应采用书面形式[③],故对体育组织处罚决定不服提起的上诉难以满足仲裁范围的要求。就实体的法律适用,虽然作为国内仲裁几乎不涉及外国法的适用,但这一过程中同样会发生体育组织规则与国家法之间的冲突。为了保障体育自治的实现,除违反对社会基本公共利益至关重要的实体强制规范外,我国体育仲裁机构应优先适用体育组织的规章,仅在不足的情况下辅助国内法加以解释。就裁决的司法审查,应允许体育仲裁裁决的当事人向仲裁机构所在地或裁决执行地的中级人民法院寻求救济。此种撤销或承认与执行程序须遵循《仲裁法》和《中华人民共和国民事诉讼法》(以下简称《民事诉讼法》)的现行规定并严加控制,以实现体育仲裁的极大宽容与国家司法的必要干预二者的理念平衡。

## 本章小结

由于地理和法律上的关联,瑞士法在国际体育仲裁的程序事项、实体法律适用和裁决的司法审查方面起到举足轻重的作用。就程序事项,国际体育仲裁属于瑞士法下的仲裁。为实现仲裁结果对体育行业人员的公正,瑞士法对国际体育仲裁院确立仲裁管辖权等程序性事项的态度较为宽容;就实体法律适用而言,瑞士法不仅在《体育仲裁法典》第 R45、R58 条以及总部位于瑞士的单项体育联合会的规章中具有特殊地位,而且其实体强制性规范根据

---

① 裴洋:《国际体育组织规章的法律性质及其在中国的适用问题》,《体育学刊》2010 年第 11 期。
② 更为具体的分析参见第十一章的内容。
③ 尽管 2005 年最高人民法院《关于适用〈仲裁法〉若干问题的解释》第 1 条将合同书、信件和数据电文一并包含在内。

《瑞士国际私法》第 18 条存在直接适用的可能；就裁决的司法审查而言，一方面瑞士法不希望过多干预国际体育仲裁的正常运行，从而极力维护国际体育仲裁裁决的终局效力，另一方面其在例外的情况下仍保留行使撤销国际体育仲裁裁决的权力。

这表明，竞技体育行业的自治性和特殊性使得国际体育仲裁具有不同于传统仲裁的特点。秉承有利于仲裁的理念，瑞士法在对国际体育争议解决的约束和监管整体上较为宽松，特别是瑞士联邦最高法院的做法一定程度上缓和了国际体育仲裁当中表现突出的行业要求与国家法之间的法律冲突。我国在制定《体育仲裁法》并建构国内体育仲裁制度时，也需要妥善地应对体育自治和国家管制之间存在的冲突，在宽容与干预之间保持必要的平衡，以此实现竞技体育争议的有序处理，保证体育行业的参与人能够普遍地获取正义。

# 第五章　直接适用的法在国际体育仲裁中的表现

作为国家干预私人交易活动的表现，直接适用的法在传统国际私法层面即指那些反映重大公益而具有超越冲突规范的指引效力的强制规范。[1] 与之不同的是，竞技体育法律冲突的解决原则上不需要借助冲突规范从国家法当中进行选择，无论涉外还是纯粹国内的体育案件，都主要由跨国体育自治法之类的体育行业规则支配。然而体育行业自治不是绝对的，此类非国家法的边界应由主权国家和超国家组织[2]的强行法厘定，这同样需要不顾体育自治规范的规定而必须适用的直接适用的法发挥作用。以往在分析国际体育仲裁的法律适用时，理论界更多着眼于国家法对体育行业规则的补缺和解释功能，忽略了直接适用的法的存在。然而在国际体育仲裁实践中，此类规范被频繁引用，成为解决法律冲突进而维护正常竞技体育秩序的重要支柱。[3] 结合国际体育仲裁院以及法院审查国际体育仲裁裁决的晚近做法，本章从管辖权确立、实体法律适用以及裁决的司法审查等三个连续阶段探讨直接适用的法在国际体育仲裁中的表现，分析该领域直接适用的法的特殊性及其产生的原因，并得出对未来我国体育仲裁制度的建立的启示。

## 第一节　国际体育仲裁管辖权确立阶段的直接适用的法

直接适用的法代表的是一种全新的法律选择方法，其能否影响仲裁管辖

---

[1] A. Manuel Arroyo, "Arbitration in Switzerland – The Practitioner's Guide", Hague: Wolters Kluwer, 2013, p. 1053.
[2] 区别于一般的政府间国际组织，欧盟的超国家性的重要标志在于其制定的规则可以在成员国领土范围内直接适用并产生直接效力，而无须成员国进一步转化实施。
[3] 故尽管该问题在第二章第一节中有初步论述，本章仍将进一步加以展开。

权的确立一度存在争议。一方面，无论《罗马公约》还是《罗马条例I》，都在适用范围当中将仲裁协议效力的法律适用排除在调整对象之外，故多认为管辖权规范不属于直接适用的法的范畴；[1] 另一方面，此种程序性规范可以构成反映一国重大公益的实体强制规范在管辖权层面的表现，进而作用于实体问题的可仲裁性[2]。对此，虽然审理三菱（Mitsubishi）案[3]的美国联邦最高法院在20世纪80年代即已经承认涉及反垄断法适用的私人纠纷可以仲裁[4]，从而表明可仲裁性事项的范围日益宽泛，但尚有一些国家禁止将劳动合同争议提交仲裁，[5] 而由法院专属管辖。此种反映直接适用的法理念的程序性规则是否影响竞技体育当中劳动合同纠纷的可仲裁性？以下从瑞士法对争议可仲裁性的态度，以及国际体育仲裁院考虑适用限制可仲裁性的直接适用的法的实践展开。

## 一 《瑞士国际私法》对争议可仲裁性的态度

就可仲裁性而言，瑞士法并没有在国际体育仲裁的管辖权确立阶段进行过多的干预。一方面，区别适用于国内仲裁的《瑞士民事程序法》第354条[6]的限制性规定，根据《瑞士国际私法》第177条第1款任何财产性质的争议都属于可以进行国际仲裁的范畴。虽然缺乏明确的法律解释，但瑞士联邦最高法院认为立法试图确立广泛地寻求国际仲裁的机会，从而需要对财产的概念作宽泛解释。基于工资报酬在劳动合同中的重要地位，劳动争议无疑具有财产的性质。即使将可仲裁性视为需要冲突规范指引的国际私法事项也不能改变此种认识。作为一款无条件选择适用的冲突规范，《瑞士国际私法》第178条第2款认为仲裁协议的内容只要符合当事人共同选择的法律、调整争议事项，特别是主合同的准据法或瑞士法之一的即为有效。这体现"有利

---

[1] See Ivana Kunda, "Defining Internationally Mandatory Rules in European Contract Conflict of Laws", *GPR*, 2007 (5): 213.
[2] 根据《纽约公约》第5条第2款a项，可仲裁性的缺失会导致外国法院拒绝承认与执行仲裁裁决。
[3] Mitsubishi Motors Corp. v. Soler Chrysler‐Plymouth, Inc., 473 U.S. 614 (1985). 此种可仲裁性的扩大，参见《美国第三次对外关系法重述》第488条的注解。
[4] 在欧盟，开始引起关注的是 Eco Swiss 案。Case C-126/97, Eco Swiss China Time Ltd v. Benetton International NV, Judgment of 1 June 1999.
[5] 如为保护劳动者的权益，西班牙法绝对禁止将劳动争议提交仲裁。还有一些国家的劳动争议允许进行专业仲裁，但不适用普通的仲裁法。如《美国联邦仲裁法》第1条规定："本法不适用于海员、铁路员工和服务于对外贸易或者各州间贸易的各种工人的劳动合同。"
[6] 其将仲裁的范围限于当事人可以自由处分的事项，从而引发劳动合同是否具有可仲裁性的争议。

于协议有效"（in favorem validitatis）的理念①，在满足瑞士法要求的情况下，仲裁协议的效力原则上不容置疑。

另一方面，《瑞士国际私法》第 177 条第 2 款规定，即使仲裁协议的一方当事人是国家、其拥有的公司或受其控制的组织，其亦不得援引本国法作为不具有可仲裁性的抗辩，故瑞士的仲裁庭无须考虑那些严格解释可仲裁性的外国强制性规范。即使外国法规定该国法院对某类案件享有专属管辖权，位于瑞士的仲裁庭只有出于维护公共政策的目的才可以否认争议的可仲裁性，仲裁裁决最终能否得到外国法院的承认与执行并非瑞士法所特别关注的问题。②

## 二 限制可仲裁性的外国直接适用的法的考虑

与直接适用的法发生关联的是，为了维护公共政策③，国际体育仲裁院对限制将劳动争议提交仲裁的强制性规定予以适度的关注。如被申请人在 2011/O/2626 案④中辩称，依《保加利亚民事程序法》第 19 条，财产纠纷的当事人可以合意提交仲裁，但争端对象涉及不动产所有权、赡养费以及劳动关系的除外，该案因属于劳动合同纠纷而不得仲裁。基于保加利亚法所体现的公共政策，仲裁庭以案件客体缺乏可仲裁性为由拒绝管辖。由于《瑞士国际私法》第 19 条就外国直接适用的法规定得较为宽松，不构成作出拒绝受理决定的障碍。

在多数案件中，仲裁庭基于案件事实的差异援引瑞士的公共政策曾得出相反的结论。如在 2011/O/2609 案⑤中，仲裁庭认为，涉案的墨西哥劳动法无疑构成该国的公法性强制规范。然而考虑到当事人的法律选择，可仲裁性问题应适用瑞士法。对此，不仅需适用《瑞士国际私法》第 177 条第 1 款，而且根据瑞士联邦最高法院的裁判法理，与劳动有关的纠纷都可以提交仲

---

① 中国法对该问题的态度则更接近于《纽约公约》第 5 条第 1 款 a 项的规定，参见《法律适用法》第 18 条以及《〈法律适用法〉解释（一）》第 12 条。不过《最高人民法院关于审理仲裁司法审查案件若干问题的规定》第 14 条亦部分采用有利原则。
② Despina Mavromati & Matthieu Reeb, *The Code of the Court of Arbitration for Sport: Commentary, Cases and Materials*, Hague: Kluwer Law International, 2015, p. 32.
③ 此时采用哪一国的公共政策作为判断标准尚缺乏统一的认识。
④ CAS 2011/O/2626, cited in FT, 4A_ 388/2012, Judgment of 18 March 2013.
⑤ TAS 2011/O/2609, Gustavo Ariel Parente c. Club Tiburones Rojos de Veracruz, 31 de julio de 2014.

裁。另外，仲裁庭还援用同样位于瑞士的国际商会仲裁院作出的第 8420 号仲裁裁决，即劳动合同争议根据意大利法不可仲裁的事实不意味着不能在瑞士仲裁，此时唯一的限制是《瑞士国际私法》第 190 条下的公共政策。

在 2006/O/1055 案[①]中，被申请人辩称，根据《第 3813 号土耳其足协成立和目标法》（*Law of Establishment and Objectives of Turkish Football Federation No. 3813*），土耳其足协内设的仲裁机构[②]对本案拥有排他性管辖权，当事人提交国际体育仲裁的约定因违反该强制规范而无效。仲裁庭认为，所谓赋予土耳其足协以排他性管辖权的强制规范不足以使得仲裁庭援引公共政策拒绝管辖。不仅《第 3813 号土耳其足协成立和目标法》没有明文规定，而且被申请人宣称此种排他管辖源于国内惯例也未能加以证实。更何况无论是否具有强制性，此类规范都不会产生公共政策问题。它不涉及法院的专属管辖，而只是交由土耳其足协内部的争端解决机构，后者仅具有准仲裁的性质。即使土耳其足协的委员会以及仲裁庭属于真正意义上的仲裁机构，法律规定提交仲裁或类似程序的事实尚且不关乎土耳其的公共政策，故仲裁庭不存在运用瑞士的公共政策拒绝管辖的理由。

## 第二节　国际体育仲裁实体法律适用阶段的直接适用的法

如前所述，虽然《体育仲裁法典》第 R45 条和 R58 条分别规定了国际体育仲裁普通程序和上诉程序案件的实体法律适用，但都没有涉及直接适用的法问题。出于对国家强行法的尊重以及建构竞技体育秩序的需要，仲裁庭借助《瑞士国际私法》中的相关条款探讨了欧盟法、瑞士法及其他国家法律中的强制规范的直接适用，以下逐一进行分析。

### 一　欧盟法在国际体育仲裁实体法律适用阶段的直接适用

基于直接效力和优先效力原则，无论是建立欧盟的基础条约还是欧盟理事会、欧洲议会经授权颁布的条例、指令等次级立法，位于欧盟成员国的仲

---

[①] CAS 2006/O/1055, Del Bosque, Grande, Miñano Espín & Jiménez v. Beşiktaş, award of 9 February 2007.
[②] 该机构可以就土耳其足协执行委员会解决球员和俱乐部之间争议的决定的上诉作出终局裁决。Anil Gursoy, "Professional Football Players' Contracts under Turkish Law", *Ankara Bar Review*, 2008 (1): 20.

裁庭都必须遵守。① 表现在国际私法层面，认定对欧盟内部市场发生排除、限制竞争效果的垄断协议无效的《欧洲联盟运行条约》(Treaty on the Functioning of the European Union) 第 101、102 条②无可争辩地构成直接适用的法。虽然所在地国瑞士并非欧盟的成员国，但出于审理公正方面的考虑，国际体育仲裁院在面对此类规范时采取较为审慎的态度。

（一）承认直接适用欧盟法的实践

在前述 98/200 案，虽然当事人同意适用欧盟竞争法的规定，但仲裁庭仍强调此类规范在当事人未达成共识的情况下也应被考虑。对此，《瑞士国际私法》第 19 条规定，如果依瑞士法的观念为合理，一方当事人拥有明显重要的利益，且案件事实与之存在密切的联系，可以考虑适用冲突规范指引外的其他国家法律中的强制规范。是否这样做取决于它们的目的，以及根据瑞士法的概念可否达到适当的结果。

该案完全满足上述条件。首先，竞争法属于直接适用的法的典型情形；其次，包括当事人在内的实力雄厚的足球俱乐部多位于欧盟，参加欧足联主办的比赛，与欧盟发生密切的联系；最后，欧盟竞争法和瑞士竞争法大致相同，故与瑞士法律体系背后的价值相容。该案不仅明确了直接适用欧盟法的依据，而且特别指出仲裁庭有义务主动适用，以此区别于只有当事人援用才加以考虑的国际商事仲裁实践。③

（二）拒绝直接适用欧盟法的实践

2008/A/1485 案④的争议焦点在于《国际足联球员身份和转会规则》第 19 条⑤禁止未成年球员转会的强制性规定是否与欧盟的公共政策相符。仲裁庭认为，国际体育仲裁院应主要适用国际足联的规章，附带适用瑞士法，这为《国际足联章程》《体育仲裁法典》第 R58 条以及《瑞士国际私法》第 187 条第 1 款所肯定。由于当事人没有选择欧盟法，故上诉人不能要求适用欧盟法当中的非强制规范。

然即使当事人选择了私法性的规范，仲裁庭必须考虑其他拥有充分利益

---

① Antoine Duval, "The Court of Arbitration for Sport and EU Law Chronicle of an Encounter", *Maastricht Journal of European & Comparative Law*, 2015 (2): 230.
② 两条分别对应经营者联合与滥用市场优势地位，具体内容参见程卫东、李靖堃译《欧洲联盟基础条约——经〈里斯本条约〉修订》，社会科学文献出版社 2010 年版，第 86—87 页。
③ Ivan Cherpillod, "Comment on CAS 98/200 AEK Athens and Slavia Prague v. UEFA", *The International Sports Law Journal*, 2010 (1-2): 124.
④ CAS 2008/A/1485, FC Midtjylland A/S v. FIFA, award of 6 March 2009.
⑤ 除该条的例外情形，只有年满 18 周岁的球员才可以进行国际转会。根据《国际足联球员身份和转会规则》的定义，未满 18 周岁的球员为未成年球员。

的强制规范的适用。上诉人主张的欧盟法如能在涉及《国际足联章程》法律适用条款的案件中适用，则必须证明其具有瑞士法下的强制性质。《国际足联球员身份和转会规则》第 19 条出于保护未成年球员的合理利益，与欧盟的公共政策相符，故无须考虑否定其效力的直接适用的法问题。① 可以看出，欧盟法能否适用取决于其是否具有直接适用的法的特别性质，而非拥有高于成员国国内法的身份。

## 二　瑞士法在国际体育仲裁实体法律适用阶段的直接适用

《瑞士国际私法》第 18 条规定，本法不影响因特殊性质而无须冲突规范指引的瑞士法当中的强制规范的适用。结合准据法理论（proper law theory, Schuldstatutstheorie）② 以及《瑞士国际私法》第 13 条对准据法范围③的规定，瑞士法在国际体育仲裁中直接适用的实践不多。④

在 2008/A/1705 案⑤中，仲裁庭认为，《国际足联章程》对瑞士法的运用不代表其希望全面求助于瑞士法，而只是适用于体育组织规则支配之外的情况，故瑞士法的作用在于填补国际足联规则的空缺。除公共政策的限制外，只要能够依据国际足联的规则裁判，则瑞士法必须让位于此种规定。公共政策条款用以防止一项决定与跨国性的基本法律或道德原则相违背，仅仅构成瑞士法下的强制规范不足以说明其属于公共政策的范畴。

该案存在直接适用争议的是前文多次提及的《瑞士民法典》第 75 条。其一，关于上诉的期限，该条旨在促使当事人在合理期限内明晰社团决定是否具有约束力，而较短的上诉期限有助于实现法律的确定性和安全性，不得由社团的自治章程修改。然而《球员身份委员会及争端解决委员会程序规定》第 15 条第 1 款将该期限缩短至 10 日的做法不违反比例原则。上诉人只需在此期间书面提起申请即可维护上诉的权利，且该规定平等适用于国际足联的所有成员；其二，关于救济的方式，与《瑞士民法典》第 75 条强调法院只能撤销相关社团的决定不同，《体育仲裁法典》第 R57 条允许仲裁庭作出替代原有决定的裁决。毕竟如果只能发回重审，则会影响体育争端解决的

---

① E De la Rochefoucauld, "Minors in Sport", *CAS Bulletin*, 2014（2）：24.
② 该理论认为直接适用的法同样构成支配合同有效事项法律的一部分。Jan Kropholler, Internationales Privatrecht, 6. Auflage, Tübingen: Mohr Siebeck, 2006, S. 481.
③ 外国法律的规定，不得仅因具有公法的性质而被排除适用。
④ Jens Adolphsen, "Challenges for CAS Decisions Following the Adoption of the New WADA Code 2009", *CAS Bulletin*, 2010（1）：7.
⑤ CAS 2008/A/1705, Grasshopper v. Alianza Lima, award of 18 June 2009.

效率，妨碍比赛的进行。① 故在考虑体育特殊性的基础上，《瑞士民法典》第 75 条并非能反映瑞士重大公共利益的直接适用的法。

瑞士法在实体法律适用阶段的直接适用还主要体现在对合同效力的判断问题上。在 2008/A/1517 案②中，合同中约定球员同意俱乐部可以在无须作出任何经济赔偿的前提下单方解除合同，继而引发争议。仲裁庭指出，此条款的内容与《国际足联球员身份和转会规则》第 13 和 14 条确立的维护合同稳定性原则的目的不符。然而该规则没有明确无正当理由可以单方解除合同的条款的效力，对此应援用《瑞士债法典》进行解释。结合《瑞士债法典》第 19、20 条关于违反所能发生的私法效果的规定，当事人的约定因违反《国际足联球员身份和转会规则》维护合同稳定性的行业目标而无效。

应注意的是，《瑞士债法典》的上述规定乃是需要裁判者在个案中进行价值补充从而对事实构成加以确定的转介条款，即国家监管进入私人生活的渠道，从而作为合同效力判断的依据。具体而言，反映在管制性立法作用于交易机制上，合同并非违反任何的强制规范都发生无效的后果。除法律明确规定私法效果外，单纯的强行规范对合同订立、履行的禁止本身不能用以评判合同效力，而需要运用比例原则解决公益需要和私益维护二者之间的矛盾，合同的有效性应根据个案的情形加以判断。③ 作为连接公私法的桥梁，转介条款具有此种平衡公益和私益的双重价值考量。故当位于瑞士的国际体育仲裁院处理业内合同效力争议时，《瑞士债法典》第 19、20 条的适用必不可少。

尽管直接适用的法主要在合同效力判断上发挥作用，但不意味着认定合同无效的强制性规范都构成此种情形。适用与否由裁判者根据规范的目的、内涵和程度综合决定，并非在任何案件都要直接适用。如不满足自身限定的范围，不存在直接适用的问题。在 Goitia 案④中，西班牙的经纪人同巴西球员达成独家经纪协议，负责后者在欧洲市场的谈判。球员在没有经过经纪人谈判的情况下与葡萄牙俱乐部签订合同，经纪人仍主张支付佣金。在寻求国际足联球员身份委员会及国际体育仲裁院救济未果的情况下，其以侵犯陈述案情的权利为由向瑞士联邦最高法院提起撤销仲裁裁决的申请。法院认为，虽然作为裁决依据的《瑞士联邦经纪人与雇佣业务法》第 8 条规定，阻止劳

---

① 熊瑛子：《国际体育仲裁中越权裁决的司法审查》，《苏州大学学报》（法学版）2016 年第 4 期。
② CAS 2008/A/1517, Ionikos FC v. C., award of 23 February 2009.
③ 参见郑晓剑《比例原则在民法上的适用及展开》，《中国法学》2016 年第 2 期。
④ FT, 4A_400/2008, Judgment of 9 February 2009.

动者与其他经纪人签订合同的协议无效，但根据该法第 2 条，其仅规制瑞士境内的居间活动。本案经纪人是住所位于西班牙的西班牙人，球员是住所在葡萄牙的巴西人，加盟的是葡萄牙俱乐部，因此与瑞士实体法不存在密切关系，《瑞士联邦经纪人与雇佣业务法》的适用会违背当事人对法律适用的合理预期，从而撤销了该仲裁裁决。该案将实体法的适用作为侵犯当事人平等听证权的判断存在较大的争议，但无疑是当案情超出瑞士强制规范预设的范围时，则无须直接适用。

### 三 他国法在国际体育仲裁实体法律适用阶段的直接适用

除瑞士法以及欧盟法之外，国际体育仲裁还经常面临当事人要求直接适用其他国家的强行法的主张或抗辩，多为一方当事人的住所地国法。此类规范往往与瑞士法以及体育自治的基本理念不符，其适用将违背竞技体育争端统一处理的精神，故此类直接适用请求多被驳回。

（一）其他国家的强行法在解决社团管理纠纷中的直接适用

在 2007/A/1424 案[①]中，基于西班牙只允许由一个单项协会代表该国加入国际单项体育联合会的法律规定，上诉人西班牙保龄球协会对国际保龄球联盟接纳西班牙加泰罗尼亚地区保龄球协会为新成员的决定表示异议。就实体法律适用而言，首先，仲裁庭拒绝了上诉人关于该法可以根据《瑞士国际私法》第 187 条的最密切联系原则，以及《体育仲裁法典》第 R58 条仲裁庭认为适合的法律规定适用的要求；其次，就上诉人提出的该法构成无须冲突规范指引的直接适用的法，仲裁庭认为，其必须与所适用的对象存在密切联系，拥有国际意图（即被国际社会普遍认为合理），且采用的手段与达到的目标成比例。西班牙法不满足上述标准，且与国际实践不符。以文化相近的英国为例，其一直承认本国不同地区的单项体育协会能够以自己的名义加入国际单项体育联合会，从而独立组队并参与国际性赛事。

（二）其他国家的强行法在解决劳动合同纠纷中的直接适用

在 2009/A/1956 案[②]中，上诉人某足球俱乐部主张，根据丹麦自治领土法罗群岛的现行有效法律，职业足球劳动合同需要该地足协的批准才能生效。由于涉案的合同未经批准，则球员为业余球员，不得据此主张权利。仲裁庭认为，国际体育仲裁的管辖纠纷主要适用国际足联的规则并补充适用瑞

---

[①] TAS 2007/A/1424, Federación Española de Bolos (FEB) c. Fédération Internationale des Quilleurs (FIQ) & Federació Catalana de Bitlles i Bowling (FCBB), sentence du 23 April 2008.

[②] CAS 2009/A/1956, Club Tofta Itróttarfelag, B68 v. R., award of 16 February 2010.

士法，除非另一国的法律规范被仲裁地法（lex arbitri）即瑞士法视为可直接适用的强制性规范，否则没有适用的机会。该案上诉人无从证明法罗群岛的法律具有瑞士法下的强制性质。须强调的是，瑞士法对此设置严格的适用条件，那些不具有准据法资格的规范只有在例外情况下才可以因强制性的存在而直接适用。本案上诉人关于合同无效的看法与善意原则不符。首先，合同不会因未经法罗群岛足协的批准而无效；其次，上诉人在一段时间内选择履约的做法表达了遵守合同的意愿，其在合同终止前后的态度明显不一致，此种行为矛盾违反善意原则。

在 2015/A/4153 案①中，一家卡塔尔的职业足球俱乐部未根据和解协议向球员在瑞士的银行账户支付相应的款项。然而俱乐部辩称，卡塔尔国家银行基于卡塔尔反洗钱法拒绝其提出的转账请求，由此造成的逾期支付其并无过错，不构成违约行为。诚然，反洗钱法的实施事关国家的金融秩序和公共安全，当然属于直接适用的法的范畴，但是此类规定最终效力的发挥却取决于个案公正的需要。仲裁庭认为，债务人应尽充分勤勉义务来履行合同义务。本案俱乐部的行为非出于善意，其既未要求球员向卡塔尔国家银行提供便于完成转账的证据，又没有请求更换收款账户，故俱乐部所谓因卡塔尔反洗钱法造成合同履行障碍，不构成不履约的合理抗辩或免责事由。

## 第三节　国际体育仲裁裁决司法审查阶段的直接适用的法

无论国际体育仲裁裁决的撤销还是拒绝承认执行，其法律依据都主要涉及仲裁协议无效、仲裁庭组成不合理以及越权裁决、违反正当程序、可仲裁性的缺失以及违反公共政策。② 由于直接适用的法对所保护的社会公益至关重要，错误地适用或不适用可化身为公共政策，进而构成撤销以及不予承认和执行仲裁裁决的理由。对此，国际法协会 2002 年发布的《关于以公共政策作为拒绝执行国际仲裁裁决的最终报告》（Final Report on Public Policy as a Bar to Enforcement of International Arbitral Award）将违反执行地国的直接适用的法视作拒绝承认和执行外国裁决的《纽约公约》下与公共政策抵触的情形之一，这表明直接适用的法在国际体育仲裁的司法审查阶段也能发挥作用。

---

① CAS 2015/A/4153，Al-Gharafa SC v. Nicolas Fedor & FIFA，award of 9 May 2016.
② 参见黄世席《国际体育仲裁裁决的承认与执行》，《当代法学》2012 年第 6 期。

## 一 作为撤销国际体育仲裁裁决依据的直接适用的法

国际体育仲裁的仲裁地位于瑞士的洛桑，根据民事诉讼法的一般原理，瑞士法院保留对国际体育仲裁裁决的撤销权。由于实行集中管辖，只有瑞士联邦最高法院才能行使该项权力。在实践中，除非违反广泛承认价值中的法律原则，仅仅因当事人宣称法律适用错误不构成《瑞士国际私法》第190条第2款第5项下撤销仲裁裁决的理由。[1] 另外，瑞士联邦最高法院在审理Gundel案时强调，禁止服用对马术比赛结果影响不大的兴奋剂物质的规则，不会因为与法律条款的不一致而被视为违反公共政策。

瑞士联邦最高法院在审查Matuzalem案时，首次以违反实体公共政策为由，撤销了因未能按期支付高昂违约金而施加于球员无限期禁赛处罚的国际体育仲裁裁决。法院援引《瑞士民法典》第27条第2款，任何人不得以违反法律或公共道德的方式放弃或限制行使自由。该强制性规定非但不容当事人排除，而且不能由体育组织规则替代，构成国际体育仲裁中的直接适用的法。毕竟在上诉之前，国际足联争端解决委员会正是根据自身的规则作出禁赛的决定，故侵犯个体基本经济自由的论断是因为违反直接适用的法，而非适用体育规则的结果。

## 二 作为拒绝国际体育仲裁裁决依据的直接适用的法

国际体育仲裁裁决的承认或执行大多不需要求助于法院，从而免于遭遇承认与执行地国的司法审查。然如前文所言，慕尼黑高等法院曾对因国际滑联和佩希施泰因间的兴奋剂禁赛处罚争议而发生的损害赔偿诉讼作出判决。根据《德国民法施行法》第34条、《德国民法典》第134条以及《德国反限制竞争法》的相关条款，认定国际滑联迫使运动员签订交由不中立的仲裁庭审理的仲裁协议，构成市场优势地位的滥用，进而以违反《纽约公约》第5条第2款b项的公共政策为由，拒绝承认维持国际滑联处罚决定的国际体育仲裁裁决。

就该案的适法逻辑，慕尼黑高等法院认为，《德国反限制竞争法》下的经济活动包括在市场上提供商品或者服务的任何活动，与体育相关的事实不能排除竞争法规则的适用。国际滑联为速滑世界杯赛事的唯一组织者，由于该赛事不能为其他竞赛所取代，其构成独占的市场支配地位为《德国反限制竞争法》第19条第1款及第4款第2项所禁止。故而国际体育仲裁院缺乏

---

[1] FT, 4A_ 654/2011, Judgment of 23 May 2012.

中立性，国际滑联迫使佩希施泰因签订该仲裁协议乃是其滥用在速度滑冰相关市场优势地位的表现。结合《德国民法典》第 134 条关于违反强制性规定的法律行为无效的规定①，法院认定仲裁协议因违反法律禁止而无效。然而由于该案具有涉外因素，上述实体法的分析需要有国际私法上的适用依据。《德国反限制竞争法》属于公法的范畴，所有对德国发生垄断效果的行为都构成规制的对象，其适用与否不涉及冲突规范的指引，故慕尼黑高等法院特别援用《德国民法施行法》第 34 条②认定《德国反限制竞争法》的直接适用的法资格。

## 第四节　国际体育仲裁中的直接适用的法的特殊性及启示

作为体育自治和国家管制之间矛盾对立的集中反映，能够在国际体育仲裁运行的各阶段发挥作用的直接适用的法，因竞技体育行业特别是体育纠纷解决的特点而表现出特殊性，从而引发更为复杂的法律冲突。

### 一　国际体育仲裁中的直接适用的法的特殊性

国际体育仲裁中的直接适用的法所表现出的特殊性，既在于其所面临的主要是国家强行法与体育组织规则之间的法律冲突，又在于适用依据往往需要求助于国际体育仲裁院所在地的瑞士的法律。而且出于行业秩序维护的目的，国际体育仲裁中的直接适用的法更多表现为反垄断法等公法层面的内容，对有利于弱者的保护性强制规范不甚关注。③

（一）国际体育仲裁中的直接适用的法解决问题的特殊性

无论是国际体育仲裁还是其他领域，直接适用的法都旨在维护至关重要的社会公益，以此划定当事人意思自治的边界。然而国际体育仲裁中的直接适用的法，更多的是应对那些特别重要的国家强行法与体育组织规则之间的法律冲突，明确国家管制不能被体育自治替代的范围，不同于传统国家法之间的适用冲突。由此说来，国际体育仲裁中的直接适用的法，乃是在体育自

---

① 《德国民法典》第 134 条规定，违反法律禁止性规定的法律行为无效，但法律另有规定的除外。
② 尽管前款对合同的法律适用作出具体规定，但在情况必要时可以不适用上述规定，而直接强制适用德国的强制规范。
③ 此种逻辑背后的原因，可参见第七章第三节的内容。

治引发的跨国法（transnational law）[1] 时代背景下，为维护国家最为重要的法律秩序，不能为体育组织制定的行业规则所替代，而在体育仲裁机构审理案件时必须适用的强制规范。

该特殊性发生的根源不仅在于目前以体育组织规章为代表的非国家法支配的现状，还与自治的体育仲裁机制不无关系。虽然体育仲裁建立在竞技体育的专业性、自治性和国际性的基础上，这使得国家法和法院既没有能力调整特殊的体育竞技关系，又无法应对因地域分割造成的实体法律适用结果大相径庭的局面。但如果超过容忍的限度，即当体育组织的规则和国家法发生正面冲突时，特定强行法仍存在发挥作用的可能，直接适用的法正是此种有限干预的集中体现。

（二）国际体育仲裁中的直接适用的法适用依据的特殊性

由于国际商事仲裁不存在法院地，《联合国国际贸易法委员会仲裁规则》及《国际商会仲裁规则》的实体法律适用条款都未规定直接适用的法制度。与之不同的是，为避免遭遇司法审查以实现行业自治，国际体育仲裁不仅以《瑞士国际私法》第18、19条为依据[2]，还特别关注欧盟及瑞士的直接适用的法。为此，虽然瑞士基于永久中立国的身份未加入欧盟，但毕竟欧盟构成国际足联的重要成员——欧足联的活动地。出于法律适用结果的一致有利于竞技体育活动开展的目的，国际体育仲裁实践经常会漠视其他国家的直接适用的法。在2005/A/983&984案[3]中，仲裁庭以所处理的是足球国际转会事宜、案件的国际性超出合同与当地存在的联系为由，认为应受制于全球统一的规则，故不存在利用《瑞士国际私法》第19条考虑乌拉圭强制规范的可能。此种内外有别的做法受到 Pechstein 案的冲击，一度引发公众对国际体育仲裁的信任危机。

同样，作为直接适用的法判断标准的重大公共政策，在国际体育仲裁领域也有特别之处。国际商事仲裁当中的直接适用的法多源于国内法的基本原则、普遍正义、国际公法中的强行法和各国普遍接受的公共政策，且必须反

---

[1] 跨国法是由已故国际法院法官菲利普·杰塞普创造的术语，旨在打破现有国际法学科体系的分类，从而将那些能影响不同国家及民族之间关系的私法以及其他国内法的研究范围包含在内。See Joel P. Trachtman, "The International Economic Law Revolution", *University of Pennsylvania Journal of International Economic law*, 1996 (1): 35.

[2] 对此种做法适宜性的质疑参见第二章第一节的内容。

[3] TAS 2005/A/983 & 984, Club Atlético Peñarol c. Carlos Heber Bueno Suarez, Cristian Gabriel Rodriguez Barrotti & Paris Saint – Germain, sentence du 12 juillet 2006. 该案将在第九章第二、三节当中重点分析。

映国际社会的基本价值、伦理规范及长期的道德共识。[1] 而国际体育仲裁对于该问题的认识则更体现了瑞士法的特色。在管辖权确立阶段,是根据强制规范所属的外国公共政策还是瑞士公共政策来确定是否要排除具体金钱诉讼的可仲裁性,结合瑞士联邦最高法院的态度,学理上倾向于将《瑞士国际私法》第190条第2款下的公共政策作为最终的判断依据;[2] 在实体法律适用阶段,外国直接适用的法的合理性需经过瑞士法观念的考验;在裁决的司法审查阶段,虽然瑞士联邦最高法院强调该解释必须反映文明世界的基本道德观念和法律原则,但起决定作用的仍是瑞士法的基本价值。

(三)国际体育仲裁中的直接适用的法判断结果的特殊性

根据公益范围的不同,直接适用的法可以分为体现国家干预意图的指导性直接适用的法和维护弱者利益的保护性直接适用的法两类。竞技体育领域更关注整体的竞争秩序,倾向于认同反垄断法等竞争法的直接适用资格。欧盟法院在审理 Meca – Medina 案[3]时认为,虽然包括反兴奋剂在内的体育规则不能豁免于竞争法的规制,但应考虑限制竞争的效果是否存在合理的目标,以及实施的手段是否与之成比例。故为了避免与国家法秩序发生对抗,维护国际体育仲裁的自治地位,国际体育仲裁院重点关注欧盟法以及瑞士法当中的指导性直接适用的法。

为妥善处理球员流动性和合同稳定性的关系,弱者保护的需求多交由单项体育联合会制定的统一规则支配。从传统国际私法的角度,各国劳动法大致遵从属地适用的原则,以对抗当事人另行选择的法律。无论《罗马公约》第6条规定劳动合同中当事人选择的准据法不得剥夺在当事人没有选法时应适用法律中的强制规范对劳动者的保护,还是《法律适用法》第43条[4]规定劳动合同原则上应适用劳动者工作地的法律,都将导致与劳动者存在密切关系的一国劳动基准法发挥作用。而在竞技体育领域,统一的劳动政策有助于良好的竞技秩序的形成,适用不同国家的法律反而会阻碍球员的跨国转会,故各国保护性直接适用的法在涉外职业足球劳动合同争议的处理当中多不被承认。

---

[1] Okezie Chukwumerije, "Mandatory Rules of Law in International Commercial Arbitration", *African Journal of International and Comparative Law*, 1993 (3): 577.

[2] Luca Beffa & Olivier Ducrey, "Review of the 2013 Case Law of the Swiss Federal Tribunal concerning Sports Arbitration", *Causa Sport*, 2014 (3): 213.

[3] Case C – 519/04 P, Meca – Medina & Majcen v. Commission, Judgment of 18 July 2006.

[4] 涉外劳动合同适用劳动者工作地的法律;如难以确定工作地,则适用用人单位主营业地的法律。

## 二 直接适用的法对构建我国体育仲裁的启示

我国单项体育协会的章程虽然将宪法和法律作为制定的依据，但在具体运用时仍有发生法律冲突的可能。在《中国足球改革发展总体方案》出台的背景下，体育自治的理念得以彰显，行业规则将进一步发展，亟须明确其与国家强行法之间的关系。如前所述，《法律适用法》第 4 条确立了我国直接适用的法制度，2021 年修订的《关于适用〈中华人民共和国涉外民事关系法律适用法〉若干问题的解释（一）》[以下简称《〈法律适用法〉解释（一）》]第 8 条对此类强制规范的范围作出界定。虽然其仅适用于涉外民商事领域，但可以作为参考。综合直接适用的法在国际体育仲裁中的表现，不难预见其对我国未来建立的体育仲裁制度也将产生影响。

（一）我国体育仲裁中的直接适用的法的适用阶段

直接适用的法理论研究的重点在于实体法律适用阶段，尚没有发现其在管辖权确立及司法审查中的地位。同样在实践中，最高人民法院将公共政策局限于外国仲裁裁决的结果违反我国基本法律制度、损害根本社会利益的情形，忽略了直接适用的法在该事项上的适用要求。[①] 由于自美国三菱案以来普遍认为直接适用的法支配的领域不丧失可仲裁性，[②] 结合直接适用的法在体育仲裁管辖权确立阶段的表现，我国法院也应主要在仲裁裁决的承认和执行阶段进行审查。即便为礼让之目的，我国体育仲裁机构需要考虑外国限制或禁止劳动合同争议仲裁的规定，宜根据我国公共政策的需要从严把握。

就司法审查的尺度，一方面慕尼黑高等法院审查的 Pechstein 案说明了竞技体育纠纷解决不存在法律的真空，当严重背离国家通过直接适用的法建构的秩序时仍有干预的可能；另一方面，我国法院应重视体育行业的特殊性，全面考量体育组织与运动员之间的不平等关系，权衡行业自治与司法干预的博弈关系[③]，只有在绝对必要时才可以考虑撤销体育仲裁机构作出的仲裁裁决。

（二）我国体育仲裁中的直接适用的法的存在领域

就存在的领域而言，《〈法律适用法〉解释（一）》第 8 条认为我国直接适用的法发生于劳动者权益保护、食品或公共卫生安全、环境安全、金融安

---

[①] 何其生：《国际商事仲裁司法审查中的公共政策》，《中国社会科学》2014 年第 7 期。

[②] Philip J. McConnaughay, "Reviving the 'Public Law Taboo' in International Conflict of Laws", *Stan. J. Int'l L.*, Vol. 35, No. 2, (1999).

[③] 熊瑛子：《论国际体育仲裁司法审查中的实体性公共秩序》，《体育科学》2014 年第 12 期。

全、反垄断和反倾销等具体情形，故此保护劳动者权益的强制规范①构成直接适用的法存在的重要门类。然而在竞技足球等体育行业，偏重保护运动员利益的做法并不突出。特别对职业球员转会而言，有关转会窗、注册数量要求、保护期、转会费等限制规定虽然一定程度会影响球员的择业自由，但确有维持的必要。② 为维护契约的稳定性，无论《国际足联球员身份和转会规则》还是《中国足协球员身份与转会管理规定》都对职业足球劳动合同的解除作了特别规定。③

未来在开展我国体育仲裁时，须多关注体育行业反垄断等整体的竞争秩序，以维护公法强行法的至高地位，并在具体运用时应如同Meca-Medina案那样考虑体育特殊性。就运动员和俱乐部之间的劳动合同争议而言，在不违反我国公共政策的前提下，仲裁庭应优先适用国际体育组织章程等行业规则以及当事人选择的法律，不足的情况下适用包括公平原则在内的一般法律原则。④ 为了避免法律冲突的发生，劳动立法中的法定最低工资、最长工时、休息休假、劳动安全保护等基准法不能无例外地在体育仲裁当中直接适用。

（三）我国体育仲裁中的直接适用的法的判断标准

关于判断的标准，《〈法律适用法〉解释（一）》认为直接适用的法应涉及我国公益，但没有施加以程度上的要求。从国际体育仲裁实践看，单纯法律规定具有的强制性不足以构成直接适用的法，即不能优先于体育组织制定的规则适用，而必须能体现一国的政治、经济乃至社会运行中的重大公益。作为重大公益的反映，此种强制性规定在我国主要指《中华人民共和国民法典》（以下简称《民法典》）第153条第1款⑤下能导致民事法律行为无效的法律、行政法规中的强制性规定。根据规范的来源，强制规范可区分为私法与公法中的强制规范；根据作用合同的效果，强制规范又可分为能导致合同

---

① 结合我国劳动法的具体语境，一般认为应限于劳动公法规范和集体劳动法，即包括劳动基准法、职业安全卫生法、社会保险法、女工和未成年工的特别保护、反就业歧视法等。参见孙国平《论劳动法上的强制性规范》，《法学》2015年第9期。
② 朱文英：《职业足球运动员转会的法律适用》，《体育科学》2014年第1期。
③ 详见第八章的内容。
④ 又如契约自由、有约必守、不可抗力、情势变迁、诚实信用、保护合法期待利益、解释合同探求当事人真实意图、格式合同解释有利于弱方当事人、约定不明有利于义务当事人、法无明文规定不处罚、比例及善意原则。参见〔英〕米歇尔·贝洛夫等《体育法》，郭树理译，武汉大学出版社2008年版，第12—14页。
⑤ 违反法律、行政法规的强制性规定的民事法律行为无效。但是，该强制性规定不导致该民事法律行为无效的除外。

无效的强制规范与发生合同不成立、可撤销、效力待定、不生效等其他法律效果的强制规范,则那些能导致合同自始、绝对、当然无效的公法性的强制规范即构成效力性强制性规定①。

就该问题的判断,国家法和行业规定仍存在冲突。如在珠海横琴新区凯基投资有限公司与辽宁省篮球运动管理中心因借用球员发生的履行纠纷案②中,珠海市中级人民法院认为篮球运动员的注册规定不是效力性强制性规定,当事人违反《体育法》的要求签订《球员转借协议》的行为只应承担行政责任,不影响该协议的有效性。《体育法》第 29 条规定,全国性的单项体育协会对本项目的运动员实行注册管理。经注册的运动员,可以根据国务院体育行政部门的规定,参加有关的体育竞赛和运动队之间的人员流动。中国篮协根据立法的授权自然拥有我国篮球行业的管理权限,但此类注册批准的要求并不构成直接适用的法。正如有学者所言,《体育法》并无合同的注册要求,故在我国法律、行政法规层面不存在任何以注册为此类合同生效要件的强制性规定。③ 该案双方当事人签订的合同系其真实意思的表现,不违反我国法律法规当中具有重大公益性质的强制规范,其效力有必要得到认可。

与上述法院态度截然相反而与丹属法罗群岛足协的做法类似,2009 年《中国足协球员身份及转会暂行规定》认为未在中国足协备案的职业球员工作合同必然无效,几乎不存在作任何有效解释的空间。④ 该规则在性质上属于效力性强制性规定,如不考虑《民法典》第 153 条第 1 款、原《合同法》第 52 条第 5 项⑤以及《中华人民共和国劳动合同法》(以下简称《劳动合同法》)第 26 条第 1 款第 3 项⑥对强制性规定必须来自法律和行政法规的位阶限制要求,则同样构成直接适用的法。⑦ 在法律多元主义的背景下,行业自

---

① 参见原《〈合同法〉解释(二)》第 14 条、《关于当前形势下审理民商事合同纠纷案件若干问题的指导意见》。
② (2015)珠中法民二终字第 300 号判决书。
③ 参见李宗辉《职业运动员转会中的法律问题探析》,《天津体育学院学报》2015 年第 4 期。
④ 其第 52 条规定,俱乐部与球员签订的劳动合同以在中国足协备案的为准。而第 41 条规定,恶意串通,损害中国足协或第三方利益的协议无效。如下文所言,此种做法主要为达到少交转会管理费的目的,自然损害了中国足协的利益。
⑤ 另外,原《〈合同法〉解释(一)》第 4 条再次强调人民法院确认合同无效应当以全国人大及其常委会制定的法律和国务院制定的行政法规为依据,不得以地方性法规、行政规章为依据。
⑥ 同见《劳动法》第 18 条第 1 项。
⑦ 类似的是,2016 年《中国足球协会职业足球俱乐部转让规定》第 3 条规定,职业足球俱乐部所属球队的参赛资格不可转让。该条款同样禁止旨在否定参赛资格相关交易的效力。

治规章的制定者可能比法官更熟悉相关事务，更适合处理相关问题。[①] 对于竞技体育而言，此种重大与否不宜单纯借助法律位阶判断。如出于维护重要行业秩序的目的，国际单项体育联合会和单项体育协会制定的监管性质的自治规章则同样应具有直接适用的资格。

不仅如此，目前我国直接适用的法的类型化依赖于《〈法律适用法〉解释（一）》所列举的情形，忽视不同个案事实带来的影响。直接适用的法不仅在功能上表现出对国家社会生活的重要性，还强调手段的合理性，即为达成特定目的所必需。[②] 以禁赛处罚为例，与球员未支付违约金即予以全球禁赛的 Matuzalem 案不同，《世界反兴奋剂条例》规定给予多次违规服用兴奋剂的运动员终身禁赛的处罚不违反《瑞士民法典》第 27 条个体自由不得放弃的条款；反之，如果单项体育联合会的章程将上诉国际体育仲裁院的期限缩短至作出决定后的两日内[③]，则很有可能因违反比例原则而需要直接适用《瑞士民法典》第 75 条。总之，国际体育仲裁领域的直接适用的法的判定应持谨慎态度，不可轻易援用。

另外，竞技体育规则在直接适用法判定问题上亦存在错位的情况。作为球员在足协注册必备要件的职业足球劳动合同，对其效力的审查往往与合同书向足协备案同步进行。一旦完成报备，则该合同推定为有效且已生效。这体现了较为浓郁的行政管理色彩，故无论该规则的拟定还是实践中的纠纷，多涉及甚至影响职业足球劳动合同的正常履行。然而从合同法原理上讲，如果球员和俱乐部签订"阴阳合同"[④]，则未备案的隐匿合同即便违规，但在当事人平等自愿以及不违反国家强行法和公序良俗的基础上仍然具有法律约束力，这属于民法中的隐藏行为发生的情形。相反，根据《民法典》第 146 条第 1 款的规定，行为人与相对人以虚假的意思表示实施的民事法律行为无效，故此时无效的必然是"阳合同"。不过，《中国足协球员身份与转会管

---

[①] 参见〔德〕阿克塞尔·贝阿特《〈德国民法典〉第 134 条中"法律"的概念》，胡剑译，载王洪亮等《中德私法研究》，北京大学出版社 2016 年版，第 102 页。

[②] Khaldoun Said Qtaishat, "Le Role de l'ordre Public et des Lois de Police dans les Relations Internationales Privees", *European Journal of Social Sciences*, 2010（2）: 10.

[③] Ulrich Haas, "The 'Time Limit for Appeal' in Arbitration Proceedings before the Court of Arbitration for Sport（CAS）", *CAS Bulletin*, 2011（2）: 9.

[④] 在《中国足协球员身份与转会管理规定》出台之前，中国足协及地方足协征缴转会管理费是造成"阴阳合同"出现的重要原因，而目前则主要出于逃避监管、逃漏税的目的。有关"阴阳合同"的界定，参见 2018 年《关于进一步规范管理职业俱乐部与教练员、球员合同有关工作的通知》。

理规定》对相关条文的修订①一定程度上减少了国家法和行业规则在该问题上的冲突。

## 本章小结

  尽管在理论层面尚未引起过多的关注，作为国家法秩序干预体育自治领域的反映，直接适用的法在国际体育仲裁实践当中发挥着重要的作用。就它的具体表现而言，在管辖权确立阶段，虽然瑞士法对可仲裁性问题的态度较为宽容，但国际体育仲裁基于公共政策的考虑对限制劳动争议可仲裁性的直接适用的法加以关注。在实体法律适用阶段，虽然《体育仲裁法典》没有设置直接适用的法的适用条款，但出于对国家强行法的尊重以及建构体育竞争秩序的需要，国际体育仲裁借助《瑞士国际私法》第18、19条的规定分别探讨了欧盟法、瑞士法以及其他国家法律中的强制规范的直接适用，特别表现出对瑞士法下的判断标准的青睐。而在裁决作出后的司法审查阶段，无论有权撤销国际体育仲裁裁决的瑞士联邦最高法院，还是可以拒绝承认或执行国际体育仲裁裁决的其他国家的法院，都将此类裁决是否违反本国的直接适用的法作为重点审查对象，以此对体育自治进行必要的监管。

  体育行业乃至体育纠纷解决的自身特点，导致该领域的直接适用的法在解决问题、适用依据以及判断结果上呈现出特殊性，从而在国际体育仲裁案件处理的各阶段当中引发复杂的法律冲突。上述司法实践以及背后的法理对未来我国建立体育仲裁制度必将产生影响。对此，应特别关注直接适用的法在体育行业中的特殊表现，即更多考虑如何处理国家法与行业法之间的关系，而非如解决国家法之间冲突的传统国际私法那样，只表现为无须冲突规范的指引。

---

① 其第42条规定恶意串通的协议中国足协将不予认可，以避免使用无效的用语。

中 编

微观实证

# 第六章 职业足球劳动合同争议中法律适用冲突的一般问题

随着民间资本的大量注入，以中超职业联赛为前驱的我国足球转会市场一度异常火爆，如何妥善解决职业足球劳动合同争议也获得越来越多的关注。由于竞技足球运动的高度组织化，无论是涉外领域还是纯粹国内的职业足球劳动合同争议，在法律适用实践中都会引发严重冲突。[①] 本章旨在明确职业足球劳动合同争议中法律适用冲突的一般问题，首先从造成职业足球劳动合同争议中法律适用冲突的直接原因入手，分析冲突的种类，然后通过固定期职业足球劳动合同的转化、解除合同的正当理由、违约解除合同的损害结果等三方面阐述职业足球劳动合同争议中法律适用冲突的具体表现，并最终立足于中国的视角，对此类法律适用冲突的解决提出对策性方案。

## 第一节 职业足球劳动合同争议中的法律适用冲突的缘起

职业足球劳动合同争议中法律适用冲突的发生与对此种合同性质的认识不足有直接的关联。这不仅表现在对职业足球劳动合同定性上一度出现理论争议，也表现为当今国际层面上某些国家对该问题的认识存在分歧。

### 一 职业足球劳动合同定性的理论分歧

对法律关系的合理定性是正确适用法律的前提。职业足球劳动合同争议中的法律适用冲突的发生与现有学理对其性质的认识不一直接相关。球员与

---

[①] 与第七章不同，本章的侧重点在于纯粹国内的职业足球劳动合同中法律适用冲突的处理。

俱乐部之间的劳动关系是球员向俱乐部让渡了自身所有的运动技能这一特殊形态劳动力商品的使用权，而俱乐部则回报球员以相应的劳动报酬。[1] 但基于职业足球劳动合同在行业中的特殊表现，以及此类合同常被冠名为球员工作合同、俱乐部工作合同[2]的实际情况，也有学者主张将球员排除于劳动者的范畴，从而将球员和俱乐部之间的关系认定为受合同法律一般原则支配的雇佣合同关系。[3] 本质上雇佣合同与劳动合同乃是实务中广泛存在的劳务关系和劳动关系的对应[4]，区分二者的关键在于从属性的有无。

此种将球员与俱乐部的关系定性为雇佣合同[5]关系的做法只是制度设计不足时的无奈之举，无法有效地回应质疑。一方面，球员的劳动技能特殊，不仅对其身心条件要求极高，而且随时会面临伤病退役的职业风险；另一方面，俱乐部对青年球员的培养需要长期投入大量的金钱和精力，并付出较高的机会成本。这无不使得职业足球劳动关系异于一般的劳动关系。[6] 故而职业球员和俱乐部之间的合同仍属于劳动合同的范畴，只是因为性质特殊而不可一概准用偏重保护劳动者的劳动基准法。[7] 毕竟那些体现劳动关系的突出特性，如人身的从属性和缔约的附合性，不因为以上特殊性的存在而在职业足球劳动合同当中发生根本性的改变。

## 二 职业足球劳动合同在国际层面认识的差异

反映在国际层面，根据《瑞士债法典》第 319 条第 1 款，个体劳动合同是指劳动者有义务在固定或非固定期间内从事工作为雇主服务，同时雇主应就此支付工资。[8] 根据瑞士联邦最高法院的判决，劳动关系的核心要素是劳

---

[1] 闫成栋、周爱光：《职业体育俱乐部保障职业运动员劳动权利的法律义务》，《体育学刊》2013 年第 5 期。
[2] 在英文中常见的表述是 "player contracts"。
[3] 朱文英：《职业足球运动员转会的法律适用》，《体育科学》2014 年第 1 期。
[4] 郑尚元：《民法典制定中民事雇佣合同与劳动合同之功能与定位》，《法学家》2016 年第 6 期。
[5] 在传统大陆法系特别是德国的民法当中，雇佣合同乃是劳动合同的上位概念，劳动合同是雇佣合同的特殊形态。参见陈卫佐译注《德国民法典》，法律出版社 2015 年版，第 238 页。
[6] 掌玉宏：《职业足球劳动关系解除之法律思考——从"本泽马案"剖析中国足球法律规制》，《广州体育学院学报》2016 年第 6 期。
[7] 杨天红：《论职业运动员与俱乐部间法律关系的定位——与朱文英教授商榷》，《中国体育科技》2015 年第 3 期。
[8] 在国际体育仲裁实践中，仲裁庭对球员和俱乐部劳动关系的认定往往援引该条的规定。CAS 2016/A/4843, Hamzeh Salameh & Nafit Mesan FC v. SAFA Sporting Club & FIFA, award of 24 November 2017.

动者要听从雇主的指令从而亲自完成工作任务。① 此外，从属性也符合欧盟法对劳动者的界定。就此早在 1986 年审理 Lawrie – Blum 案②时，作为欧盟法院前身的欧共体法院即认为，所谓共同体语境下的劳动者是指在他人的指挥下提供有经济价值的服务以换取相应报酬的人③，以此彰显劳动关系的此种典型特征。

无疑的是，职业俱乐部与球员存在劳动力和报酬的交换。工作合同要求球员遵守俱乐部的规章制度，服从俱乐部和教练员的指令与安排，从而具有明显的从属性。结合普通法实践做法中用以判断是否拥有劳动者身份的控制标准（control test）④，这或表现为形式或者人格的从属性，或更加强调经济上的从属性。⑤ 故即便某些大牌球员的不可替代性降低了其人格的依附性，也至少存在经济层面的从属性。⑥ 不同于普通的劳动合同，球员的人身隶属通过足球行业内的强制注册要求得到进一步的强化，毕竟球员如要参与职业联赛，在同一时间只能选择注册在一家特定的俱乐部。另外，出于公平竞技的需要，职业球员对俱乐部的隶属与忠诚度甚至要超过一般领域的劳动合同，更具有专属性。如球员在职业合同有效期间，未经允许不得与其他俱乐部建立劳动关系，而无须考虑《劳动合同法》第 39 条第 4 项下的对完成本单位工作任务造成严重影响的规定。⑦

在足球行业内部，《国际足联球员身份和转会规则》虽然没有直接解释劳动关系的含义，但其第 2 条将职业球员定义为"与俱乐部签订书面合同且

---

① ATF 112 II 41.
② Lawrie – Blum v. Land Baden – Württemberg, Case 66/85, Judgment of the Court of 3 July 1986.
③ 我国的态度与之类似。原劳动和社会保障部下发的《关于确立劳动关系有关事项的通知》认为劳动关系应具备如下情形：（一）用人单位和劳动者符合法律、法规规定的主体资格；（二）用人单位依法制定的各项劳动规章制度适用于劳动者，劳动者受用人单位的劳动管理，从事用人单位安排的有报酬的劳动；（三）劳动者提供的劳动是用人单位业务的组成部分。
④ Ian Blackshaw, "The Professional Athlete – employee or Entrepreneur?", *The International Sports Law Journal*, 2006 (3 – 4): 91.
⑤ Louise Merrett, "Employment Contracts in Private International Law", *Oxford University Press*, 2011, pp. 19 – 20.
⑥ 参见李志锴《我国俱乐部与职业运动员法律关系的困境与出路——以从属性理论为视角》，《天津体育学院学报》2017 年第 3 期。
⑦ 根据《五人制足球运动员身份和转会规则》（Rules for the Status and Transfer of Futsal Players），如果职业球员已经与十一人制足球俱乐部签订合同，其即使参加与十一人制足球赛事不冲突的五人制足球赛，也要取得原足球俱乐部的书面同意。

在从事相应足球运动中获得的报酬多于其所实际发生的费用的球员"①。较之书面合同要求，国际体育仲裁实践在该问题的判断上更加注重薪金标准。②而职业球员需要满足所获得的报酬超出从事足球运动费用的要求充分反映了劳动合同的性质，即构成劳动者谋生的手段。也就是说，区别于主要出于休闲娱乐目的业余球员，职业球员不仅要获得报酬，而且要高于诸如支出球衣、球鞋以及往返赛场的交通费用等直接发生的与足球运动相关的费用，至于这是否足以维持个人日常生活收支平衡则在所不问。③

放眼全球，仍有一些国家将职业球员视为自我雇佣（self‐employed）的个体④，使之与俱乐部的合同关系受普通民法调整，但这并未得到普遍的认同。⑤ 就此，根据国际职业球员联合会发布的《全球劳动报告：职业足球中的工作条件》（*Global Employment Report: Working Conditions in Professional Football*）⑥的统计，利用民法规制足球劳动关系的比例仅占调查总量的9%，而且列此排行榜前十位的克罗地亚、捷克、土耳其、斯洛文尼亚、罗马尼亚、突尼斯、冰岛、波兰、乌克兰及刚果（布）等国在世界职业足坛的影响力不大。总之，竞技足球行业对劳动法的排斥并非说明球员和俱乐部间的关系不构成劳动合同关系，而只是基于竞技足球的特殊性而不得不在某些情况下偏离劳动法的一般规定。⑦

---

① 根据《国际足联球员身份和转会规则》第1条第3款，该条应直接纳入各国足协的规则当中，即表现为《中国足协球员身份与转会管理规定》第3条第2款。
② 毕竟业余球员也有可能同俱乐部签订合同。See Despina Mavromati, "Status of the Player and Training Compensation", *CAS Bulletin*, 2011（1）: 11.
③ See CAS 2015/A/4148 & 4149 & 4150, Sheffield Wednesday FC v. Louletano Desportos Clube & Internacional Clube de Almancil & Associação Académica de Coimbra, award of 17 February 2016; Frans de Weger, *The Jurisprudence of the FIFA Dispute Resolution Chamber*, Hague: T. M. C. Asser Press, 2016, p. 359.
④ 此时球员需要自行解决税收问题并缴纳社会保险。Tzvetelin Simov & Boris Kolev, "Player's Contracts in Bulgarian Football", *The International Sports Law Journal*, 2006（1‐2）: 111.
⑤ Michele Colucci & Frank Hendrickx, "Employment Relationships in Football: A Comparative Analysis", *European Sports Law and Policy Bulletin*, 2014（1）: 456.
⑥ https://footballmap.fifpro.org/assets/2016_FIFPRO_GLOBAL_EMPLOYMENT_REPORT.pdf.
⑦ Vanja Smokvina, "New Issues in the Labour Relationships in Professional Football: Social Dialogue, Implementation of the First Autonomous Agreement in Croatia and Serbia and the New Sports Labour Law Cases", *The International Sports Law Journal*, 2015（3‐4）: 168.

## 第二节　职业足球劳动合同争议中的法律适用冲突的种类

就冲突的种类而言，职业足球劳动合同争议中的法律适用冲突[①]可分为国家法与足球行业规则的冲突、国际规则与国内规则的冲突、国家法之间的冲突等多领域、多层次的法律冲突。

### 一　国家法与足球行业规则的法律适用冲突

国家法与足球行业规则的适用冲突在解决职业足球劳动合同争议过程中表现得最为突出。此种法律适用冲突源于案件管辖权的重叠。职业足球劳动合同争议作为民商事争议，除了法律对其另有安排，否则按照各国民事诉讼法的规定，自然可以由法院审理。虽然足球行业不欢迎司法介入，但考虑到劳动合同争议在一些国家属于法院专属管辖的现状，足球行业规则也予以肯定。《国际足联章程》第58条第3款要求各国足协在章程或规章中加入以下条款——除国际足联的规章或现行有效的法律条款另有规定外，不得将内部争议提交普通法院解决。[②]

特别就国内足球劳动合同争议，该款中的有效法律条款的除外规定表明国际足联没有从根本上否定法院对此类案件的管辖权。虽然由各国法院适用国内法审理职业足球劳动合同争议不利于实现统一的裁判结果，从而妨碍行业竞争秩序的形成，但这属于一国司法主权权能的范畴。毕竟无论行业内的争端解决机构还是事实上扮演上诉机构角色的体育仲裁机构，都是建立在当事人合意选择基础上的替代性争端解决机制，不具有对抗法院管辖的当然权力。由此导致同一职业足球劳动合同争议由足球行业内部的争端解决机制和国家法院系统平行管辖[③]，最终导致国家法与足球行业规则的法律适用冲突。

此种适用冲突集中表现在比利时法院审理的 Dahmane 案[④]。某球员于

---

[①] 此外，以人权条约为主的国际法和以欧盟法为代表的区域法，以及国际体育仲裁院"造法"与释法的裁判原理对此种冲突的发生也起到推波助澜的作用。

[②] 与该条第2款旨在明确国际性的即应由国际足联有权机构处理的争议不得提交法院审理不同，该款乃是针对那些应由各国足协处理的国内性争议。

[③] Frans de Weger, *The Jurisprudence of the FIFA Dispute Resolution Chamber*, Hague: T. M. C. Asser Press, 2016, p.31.

[④] Labour Court of Appeal Antwerp, 22 June 2010, A. R. 2009/AH/199 + A. R. 2009/AH/280, III, 1.

2007 年以 70 万欧元的价格转会至比利时亨克俱乐部,并签署为期 4 年的合同。不久,由于同俱乐部发生冲突被下放预备队,他决定单方解除合同,双方从而产生争议。俱乐部向所在地的哈塞尔特劳动法院起诉。[①] 根据 1978 年《比利时职业运动员法》第 4 条第 4 款以及 2004 年《皇家法令》第 5 条第 2 款,在考虑合同剩余期限的基础上,任何在到期前单方终止劳动关系的运动员都应就此作出赔偿,法院支持了俱乐部的诉讼请求,判决球员须赔偿 80 万欧元即约合其 36 个月工资的经济损失。球员表示不满,诉至安特卫普上诉法院。在提前解除劳动合同问题上,上诉人指出《比利时职业运动员法》与适用于普通劳动者的《比利时劳动合同法》存在严重的法律冲突。根据后者,其至多赔偿俱乐部 9—10 个月的工资,这表明《比利时职业运动员法》及《皇家法令》违反了《比利时宪法》第 10[②]、11 条[③]中的平等对待和非歧视的规定。

安特卫普上诉法院于 2014 年部分推翻一审法院的判决,将赔偿的数额削减至相当于球员 10 个月工资的 22 万欧元。尽管该院认同俱乐部关于体育具有诸如避免不公平竞争和维护合同稳定性的特殊性需要而有别于一般劳动关系的争辩,但仍认为《皇家法令》不存在就职业体育中的单边解除劳动合同的补偿进行区别对待的客观依据,有违比例原则。故此,竞技体育领域同样可以为现有的普通劳动法所涵盖。另外,该院在说理部分还提出如下两点理由:其一,为限制职业球员的流动,目前的转会体系每年度仅开启冬夏两次转会窗口,这影响了球员的财务状况;其二,球员的平均运动生涯仅有 6—8 年,36 个月工资的违约赔偿超过其在此期间收入的 1/3,从而构成不合理的惩罚。考虑以上理由,法院认为《比利时职业运动员法》及《皇家法令》中的补偿规定违宪。

安特卫普上诉法院的判决引起了广泛的关注。虽然未能影响整个国际足坛,但对比利时足球转会体系亦可谓震撼。[④] 就一国的宪政体系而言,平等对待的价值理念十分重要。然而考虑到体育行业的特殊性,此种借助普通劳动法处置足球合同违约情形的做法不应过度推崇。其一,职业足球劳动合同

---

① 就足球劳动合同争议,比利时的立法并不反对体育仲裁,但由于将球员视为劳动者,故多数的足球劳动争议由劳动法院受理。See Frank Hendrickx, "Employment Relationships at National Level: Belgium", *European Sports Law and Policy Bulletin*, 2014 (1): 55.
② 王国内没有阶级的区别。
③ 必须确保授予比利时人的权利和自由能不受歧视地享有。为此,法律和法令应特别保护意识形态和哲学少数群体的权利和自由。
④ Dolf Segaar & Tim Wilms, "Dahmane Case: Does Belgium Have a Trademark on Landmark Football Cases?", *Global Sports Law and Taxation Reports*, 2014 (3): 22.

与球员转会问题密切相关。与球员的工资相比，在计算俱乐部的实际损失时，往往已经花费的或者将会取得的转会费更为重要。本案俱乐部以70万欧元的代价获得作为非自由身的球员，而球员在短短数月后选择解约，之前支付的转会费构成俱乐部损失的一部分；① 其二，该院为增强判决说服力的理由看似旨在明确足球行业的特征，但不充分。球员运动生涯的短暂以及获取新工作机会的有限不足以构成对违约损害赔偿进行过多限制的依据，更何况在实践中损害赔偿基本上最终由球员的新俱乐部所承担。② 该案说明法院不宜作为职业足球劳动合同争议处理的场所。即使一国对球员合同有专门的立法，也未必能反映足球行业的特殊需求。

对于职业足球劳动合同争议，虽然2016年修正的《体育法》第32条第1款规定竞技体育纠纷由体育仲裁机构负责调解、仲裁，但我国的体育仲裁制度尚未成形，职业足球劳动合同争议是否属于竞技体育纠纷也曾悬而未决。③ 为了避免国家法与足球行业规则在该问题上发生适用冲突，2005年版《中国足协章程》曾禁止在中国足协注册的俱乐部和球员将包括劳动合同纠纷在内的业内争议提交法院，而只能向中国足协仲裁委员会提出申请。考虑到《国际足联章程》的要求，2017年版《中国足协章程》第52条第1款在强调足协管辖范围内的足球组织和从业人员只能向该会或者国际足联的有关机构申诉的同时，施加以该章程和国际足联另有规定的限制，这使得在解决职业足球劳动合同争议过程中国家法与足球行业规则的适用冲突更为激烈。

## 二 国际规则与国内规则的法律适用冲突

足球行业规则虽然在全球范围内高度一致，但在职业足球劳动合同领域表现为部分的"双轨制"。在程序上，与国际体育仲裁院可以在当事人特别约定或者一国足协章程允许的情况下对国内足球劳动争议行使管辖权不同，国际足联争端解决委员会无权处理纯粹一国领域内的此类争议，以此界分与各国足协的管辖权限。此种制度设计的初衷在于避免外国球员或俱乐部在其他国家的法庭面前受到不公平的对待，而且通过此类争议的统一处理实现球

---

① 参见《国际足联球员身份和转会规则》第17条关于违约损害赔偿计算的客观标准，然其合理性与否将在第十章当中作集中论述。
② 《国际足联球员身份和转会规则》第17条第2款规定了此种连带责任。另外，《劳动合同法》第91条规定，用人单位招用与其他用人单位尚未解除或者终止劳动合同的劳动者，给其他用人单位造成损失的，应当承担连带赔偿责任。
③ 参见徐士韦《体育纠纷及其法律解决机制建构》，法律出版社2019年版，第168页。

员的跨国有序流动，并非完全取代各国足协在争端解决中的地位。

在实体上，国际足联和各国足协的规则内容亦有差异。《国际足联球员身份和转会规则》第 1 条第 1 款将其适用范围限于球员在隶属不同足协的俱乐部之间的转会。对同一足协内的球员转会引发的劳动合同争议，除合同期限等少数问题①必须毫无例外地适用《国际足联球员身份和转会规则》，其他事项经国际足联的批准由足协制定的具体规则规范。表面上看，国际足联在国内职业足球劳动合同争议的处理上给予各会员足协一定的自主权，而实际上各国足协仍需要在规则当中规定维护合同稳定性的适当方法②，从而为解决国内职业足球劳动合同争议而专门制定特别规则的余地有限，甚至直接照搬国际足联的规定。

另外，《国际足联球员身份和转会规则》第 1 条第 3 款还要求各国足协在规则制定时须充分尊重国家强行法以及集体谈判协议（Collective Bargaining Agreement），这使得国家法与行业规则的关系更加复杂，为各国足协合理转化国际规则制造困难。对此，《中国足协球员身份与转会管理规定》一方面强调俱乐部和球员在签订合同时应恪守法律法规，另一方面又明确只有在存在正当理由、期限届满或双方协商一致的情况下合同才能终止。③ 然而如下文所示，受各国劳动法当中的强制规范的影响，一国足协在制定调整本国足球劳动合同关系的特殊规则时仍有可能偏离国际足联预设的轨道，从而进一步加剧职业足球劳动合同领域的法律适用冲突。

这表明在国家法林立的状态下，支配竞技体育活动的属人法规范带有相当程度的地域性特征。特别对于各国足协之类的单项体育协会而言，其大致上仍以国家为组织单元，④ 从而在处理跨国体育自治法与国家法的关系时态

---

① 《国际足联球员身份和转会规则》第 2 至 8 条、第 10 条、第 11 条、第 12bis 条、第 18 条、第 18bis 条、第 19 条及第 19bis 条等。如第 18 条第 3 款要求球员只有在原合同期限届满或将在六个月内届满时方可着手签订新合同，该款应直接纳入各国足协的规则当中。故此，《中国足协球员身份与转会管理规定》改变了《中国足协球员身份及转会暂行规定》第 49 条应在合同届满或到期前的三个月内寻求缔约的做法。

② 应特别考虑以下原则：1. 契约必须信守；2. 如存在正当理由，合同的任何一方都可以解除合同，无须遭受任何处罚；3. 如存在体育正当理由，职业球员可以解除合同；4. 合同在赛季未结束时不能解除；5. 当出现无正当理由解除合同的情形，违约方应当支付补偿，此种违约金可以规定在合同当中；6. 当出现无正当理由解除合同的情形，应对违约的一方施加体育制裁。

③ 此种做法明显不同于《劳动合同法》第 37 条，后者允许劳动者提前 30 日以书面通知用人单位的方式解除合同。

④ 例外情况参见第七章第一节的内容。

度暧昧。一方面，作为国际单项体育联合会会员的各国单项体育协会有义务落实联合会章程中的基本原则乃至强制性规定；另一方面，其毕竟构成所在地国的社团法人组织，从而受制于该国的民法规范乃至公法管制。此种微妙的状态使得各国体育协会的组织章程将国际单项体育联合会的规则与其所在地国的宪法及其他法律一并笼统地作为制定的依据，刻意回避二者明显存在的冲突。

## 三 国家法之间的法律适用冲突

职业足球劳动合同争议中存在的法律适用冲突也表现为国家法之间的适用冲突，特别是国际足联所在地的瑞士法与其他国家劳动法的冲突。一般而言，涉外合同应适用当事人选择的法律或由法官根据最密切联系原则从与案情有关的国家法当中进行选择。然而这不利于实现职业足球劳动合同的稳定性以及形成良好的竞技秩序，很难在行业实践中运用。故在足球行业规则不足时，往往选择国际足联所在的瑞士法作为解决国际职业足球劳动合同争议的依据。[1] 如前所述，出于职业足球劳动合同争议统一处理的需要，《国际足联章程》规定国际体育仲裁院可以借助瑞士法的内容补充国际足联的规章。

此种做法难以获得其他国家法律的认同。在涉外领域，一旦职业足球劳动合同案件由法院而非国际足联或国际体育仲裁院审理，则其将依据本国的冲突规范选择应适用的法律，不存在优先适用瑞士法的可能。按照《法律适用法》第43条，虽然职业足球劳动合同应适用的法律须结合具体案情考虑，但一般会指向球员惯常工作地国或俱乐部所在地国的法律[2]。此外，足球行业组织的规章至多被视为具有从属于国家法的补缺适用资格的国际商务惯例[3]，多认为只有在我国法律没有规定的情况下才可以考虑适用。对于国内职业足球劳动合同纠纷，更理所当然地只能适用中国的劳动法解决。即使立法上认可习惯的法源地位，包括我国《民法典》第10条、《瑞士民法典》第1条等的各国民法往往仅将其作为法律没有规定时法院的裁判依据，而且不得违背一国的公序良俗。总之，瑞士法基于国际足联规则被赋予的法律适

---

[1] Ulrich Haas, "Applicable Law in Football-related Disputes-The Relationship between the CAS Code, the FIFA Statutes and the Agreement of the Parties on the Application of National Law", *CAS Bulletin*, 2015 (2): 15.

[2] 考虑球队主场的设置，除了发生较长时间跨国租借的情形，否则球员工作地国和俱乐部国所在地应该是一致的，偶尔出国比赛并不能改变他的惯常工作地国。

[3] 裴洋：《国际体育组织规章的法律性质及其在中国的适用问题》，《体育学刊》2010年第11期。参见原《中华人民共和国民法通则》（以下简称《民法通则》）第142条第3款。

用上的特殊地位根本不会得到我国法院的认同。

## 第三节　职业足球劳动合同争议中的法律适用冲突的表现

上述法律适用冲突在实践中分别对应三类典型的职业足球劳动合同争议，即固定期职业足球劳动合同向无固定期的转化、解除职业足球劳动合同的正当理由及违约解除职业足球劳动合同的损害结果。以下结合近年来发生的争议加以分析。

### 一　固定期职业足球劳动合同的转化

《国际足联球员身份和转会规则》第18条第2款规定，除法律特别允许外，足球合同的期限最短从生效之日至该赛季结束，最长不得超过5年。考虑到期限过短不利于合同关系的稳定，还会影响球队的阵容安排，过长则妨碍球员的自由流动，损害竞技足球运动的顺利开展，该限制乃是平衡球员和俱乐部之间利益的重要手段。根据《国际足联球员身份和转会规则》第1条第3款的要求，该条款必须在各国足协境内实施。[①] 然而国际足联对固定期职业足球劳动合同的推崇与各国劳动法的实际不符，这在德国法院审理Müller案时产生了较大的争议。

（一）德国 Müller 案带来的争议

球员穆勒（Müller）自2009年7月1日起被德甲美因茨足球俱乐部聘为守门员，合同期限3年。2012年7月1日，双方续签了一份为期两年的合同，并约定如果球员能够在德甲2013至2014赛季参加23场及以上的正式比赛，则有权将合同延长1年。在新赛季开始后，穆勒由于突发伤病被下放预备队，未能完成正式比赛场次的要求，从而失去续期的选择权。在合同期届满之后，他向德国美因茨劳动法院起诉[②]，请求认定该劳动合同已经转化为

---

[①] 作为承担国际义务的结果，且我国并未单独制定规范足球合同期限的特别强制立法，《中国足协球员身份与转会管理规定》第49条也将该款直接纳入。

[②] 除集体谈判协议另有规定，否则按照德国《劳动法院法》（ArbGG）的要求劳动争议不得通过仲裁的方式解决。而德国职业足球目前不存在集体谈判协议，故无论德国足协还是德甲联赛都未设置仲裁机构，所有的足球劳动合同争议只能通过劳动法院解决。See Jan Sienicki, "Employment Relationships at National Level: Germany", *European Sports Law and Policy Bulletin*, 2014（1）：198.

能继续有效的无固定期合同。根据为实施《欧盟理事会第 1999/70 号指令》而颁布的《德国兼职和固定期限劳动法》(*TzBfG*) 的规定,一审法院认定上述劳动合同在续约后转化为无固定期合同,支持了原告的主张。俱乐部表示不服,上诉至莱茵兰·普法尔茨州劳动法院。基于行业的性质,该院认定俱乐部和球员间的劳动合同采用固定期的做法存在合理性,以此推翻了一审法院的判决。

该案庭审时的争议焦点在于俱乐部和球员用工期限形式的确立是否要考虑足球行业的特殊性。[①] 出于保护劳动者的目的,《德国兼职和固定期限劳动法》第 14 条第 1 款规定,只有于存在客观理由的情况下,劳动合同才可以采用固定期的形式。虽然该条第 2 款例外地规定不足两年的劳动合同无须存在客观理由,但该案合同的期限明显超过两年,从而需要客观理由。对此,二审法院从劳动者个人的身份以及具体的工作性质两方面展开论证。正是由于球员的工作性质赋予其特殊劳动者的身份,从而获得劳动监管的豁免,故其论述的重点在于后者。每个劳动关系都有自身的特点,不应当宽泛地解释工作的性质。因而,为了满足《德国兼职和固定期限劳动法》第 14 条第 1 款第 4 项的要求,劳动关系应足够特别以至于能够超越普通劳动形式中的特殊性,即考虑行业特征。

具体而言,首先,基于球员未来可能遭遇影响比赛发挥的伤病,职业足球劳动合同的期限充斥着不同寻常的高度不确定性和难以预见性;其次,固定期合同有助于平衡绿茵场上年龄结构的特殊需要。毕竟出于竞技运动的考量,俱乐部必须及时地更新球员;再次,商业化的职业足球已经使之类似于一项娱乐产业,只有通过固定期合同才能满足球迷公众对球员多样性的需求;最后,采用固定期合同也符合球员自身的利益。由此,不仅球员在合同到期之前不能被无正当理由解除合同,而且为其于到期后的顺利转会预留了空间。

二审法院的做法表明球员劳动市场的特殊结构以及俱乐部和球员的共同利益使得固定期合同有存在的必要。[②] 这明显受到德国法理界对足球特殊性认识的影响。在此之前,已有德国学者将在足球劳动关系中使用固定期合同的理由归结于特别的行业需求,即球员因职业生涯的规划而产生的合理期

---

[①] Piotr Drabik, "Compatibility of Fixed - term Contracts in Football with Directive 1999/70/EC on Fixed - term Work", *The International Sports Law Journal*, 2016 (3): 149 - 150.

[②] Christian Frodl, "Neuer, Hummels, Müller, Götze & Co: The Legal Framework Governing Industrial Relations in German Professional Football", *The International Sports Law Journal*, 2016 (1 - 2): 19.

待、球员体能和技能的状况、俱乐部的运行以及观众的娱乐因素等方面。[1]毫无争议的是，竞技运动的高强度使得拥有丰富经验的球员亦无法弥补因年龄增长带来的状态急遽下滑。可见，无论出于球员的健康还是俱乐部的经营，都有必要打破劳动法对无固定期合同的推崇。

### (二) 我国劳动法的态度

为了确保弱势的劳动者能获得长期的就业机会，实现稳定劳动关系的目标[2]，我国劳动法也有类似于德国法的规定。根据《劳动合同法》第14条，当劳动者在该用人单位连续工作满10年，或者连续订立二次固定期限劳动合同且不存在该法第39条和第40条第1项、第2项规定的辞退情形，一旦劳动者提出或者同意续订、订立劳动合同的，除劳动者提出订立固定期限劳动合同外，应当订立无固定期限劳动合同。然而球员乃是名副其实的"吃青春饭"，球员职业生涯的短暂、竞技对抗的高强度使得固定期劳动合同成为足球行业的必然选择。由于伤病的不断积累以及体能随着年龄的增长而下降，球员最终会达不到驰骋绿茵场所需要的竞技水准，其选择或被迫退役的时间要远早于各国法定退休年龄。

区别于《德国兼职和固定期限劳动法》预留在例外时允许使用固定期劳动合同的客观理由[3]，《劳动合同法》第14条的刚性规定缺乏体现对此种体育特殊性的解释空间。虽然根据行业规则的要求，职业足球劳动合同的最长期限不得超过5年，且球员为同一俱乐部效力10年并不常见，但连续订立固定期职业足球劳动合同的情形的确存在。此时，一旦球员以此向人民法院起诉而非请求中国足协仲裁委员会处理，则难免出现国家法与作为体育自治法的足球行业规则的正面交锋。

要注意的是，《劳动合同法》关于该问题的规定与国际足联乃至国际体育仲裁院审理案件时常用的瑞士法也存在不小差异。与无固定期相比，固定期劳动合同更具有合同的一般属性，毕竟它的继续性特征相对不甚突出。原则上当事人在整个合同期限内都应当善意履行，不得提前解除。而对于无固定期合同而言，基于持续性债之关系的特点，当事人可以单方在合同存续期

---

[1] Jan Sienicki, "Employment Relationships at National Level: Germany", *European Sports Law and Policy Bulletin*, 2014 (1): 181.

[2] 董保华：《劳动合同制度中的管制与自治》，上海人民出版社2015年版，第228页。

[3] 除此之外，也有国家从立法上澄清是否适用的争议。如2015年法国政府专门通过一部将职业运动员排除于规范固定期劳动合同的普通劳动法适用范围的特别法。See Wil van Megen, Analysis: EU Looks at French Football Contracts, https://www.fifpro.org/news/eu-investigates-french-football-contracts/en/.

内确定预告终止的期限。① 故在《瑞士债法典》下只有无固定期劳动合同才存在无正当理由通知解除的可能，而且双方皆享有此种权利。② 与瑞士法等国际通行做法不同，无论劳动合同是否为固定期限，劳动者一方都可以根据我国法单方通知用人单位解除合同。

另外，《劳动合同法》第37条下的劳动者提前解除合同的30日通知期间乃是法定的不变期间，这与瑞士法同样存在区别。为保障劳动合同的当事人能享有平等的解约权，《瑞士债法典》第335a条要求雇主和员工的解雇通知期应当相同。只要期间是对等的，即允许当事人约定。只有没有约定时才适用法定的期限，而且根据合同已经履行的期限设置不同长度的通知期。③ 无固定期合同的出现能防止合同的短期化，有助于矫正劳资关系的不平衡，进而避免劳动者下岗失业情形的发生。出于社会稳定的政策考虑以及受计划经济传承的影响，无固定期合同在我国更是被推崇至极。只要劳动者没有大的过错合同就可以一直履行，以至于其在某种程度上等同养老合同。总之，《劳动合同法》此种过于偏向维护劳动者利益的做法使得该领域的法律冲突更加严重。

## 二 解除职业足球劳动合同的正当理由

与固定期职业足球劳动合同的转化不同，有关解除职业足球劳动合同正当理由的规定按照《国际足联球员身份和转会规则》的要求不需要纳入会员足协的规则当中，从而使得各国足协在该问题上拥有结合本国实际发挥作用的空间。然而受制于自身的规则制定能力，其在具体设置条款的过程中容易忽视国际体育仲裁的法理，与国际足联维护合同稳定性的理念发生冲突。

（一）国际体育仲裁的做法

首先，《国际足联球员身份和转会规则》第14条规定，除非存在正当理由或者当事人达成解除协议，否则任何一方都不能在合同到期前解约。然该规则总体上并未界定何种情况构成解除合同的正当理由。由于国际足联的住

---

① 参见沈建峰《劳动法作为特别私法——〈民法典〉制定背景下的劳动法定位》，《中外法学》2017年第6期。
② 《民法典》第563条第2款也增设了在满足于合理期限之前通知对方的条件下当事人可以随时解除不定期合同的规定，但其显然将不适用劳动合同的情形。
③ 根据《瑞士债法典》第335c条第1款，在第一年内解除劳动合同的应提前一个月通知；第二年至第九年内解除的提前两个月通知；九年以上的提前三个月通知。

所地位于瑞士，其规则明显受到瑞士法①的影响，特别是规定解约正当理由的《瑞士债法典》第337条第2款。根据瑞士的法理，是否存在正当理由取决于整体案情。如果违约不严重，只有在违约方不顾受害方作出的警示且多次违约的情况下受害方才可以解除合同，否则必须达到根本违约其才可以直接解除合同。② 可见，正当理由发生于严重危害合同基础的违约情形，单纯出现违反职业足球劳动合同条款的行为并不表明存在解约的正当理由。只有合同的违反持续较长时间，或者在一段时间内多次出现，受损害的一方才可有权单方解除。③

在2013/A/3331案④中，仲裁庭认为支付工资是雇主对员工承担的主要义务。无论员工是否因为工资的迟延支付或不支付而陷入财务困境都无关紧要，此时唯一有关的标准是雇主义务之违反是否会造成当事人对未来合同履行信赖的丧失。另外，根据结合国际足联相关机构和国际体育仲裁院裁判原理的《〈球员身份和转会规则〉注解》(*Commentary on the Regulations for the Status and Transfer of Players*)⑤，如俱乐部拖欠数星期的工资，球员通常不得解除合同。国际足联争端解决委员会多认为俱乐部连续拖欠工资达到两个月甚至三个月的情况才构成球员解除合同的正当理由。在2012/A/2698案⑥中，俱乐部长期不遵守合同中的经济条款被认为将严重危及球员在球队中的位置和存在。故当球员超过3个月没有收到工资且向俱乐部告知了这一情形而俱乐部并未补发时，球员有权解除合同。相反，如果满足不了上述条件则球员未加警告而擅自解除合同的做法即为违约，需要向俱乐部承担损害赔偿

---

① 美国劳动法也存在正当理由。只是与瑞士法的认识不同，美国大多数地区普通法的默示规则认可自由就业（employment at will），即当事人可以随时解除合同，而不需要正当理由。只是当事人可以另行约定，对单边解除的理由加以限制。See Omri Ben‑Shahar & John A. E. Pottow, "On the Stickiness of Default Rules", *Florida State University Law Review*, 2006 (3): 665.

② 这与合同领域的国际实践有相通之处。根据《联合国国际货物销售合同公约》，原则上只有一方当事人实质性违约（fundamental breach）时对方才可以解除合同。不过，在出现一般性的瑕疵履行、迟延履行或无法判断对方是否存在根本违约的情况下，守约的一方应给予对方以继续履行合同义务的宽限期。此时，如果对方最终拒绝实际履行或声称将不会在该期限内履行，则守约方亦可以解除合同。

③ Alexander Wild, *CAS and Football: Landmark Cases*, Hague: T. M. C. Asser Press, 2012, p. 62.

④ CAS 2013/A/3331, Football Club Volyn Lutsk v. M., award of 31 July 2014.

⑤ http://www.fifa.com/mm/document/affederation/administration/51/56/07/transfer_commentary_06_en_1843.pdf.

⑥ CAS 2012/A/2698, AS Denizlispor Kulübü Dernegi v. Wescley Pina Gonçalves, award of 28 November 2012.

责任。

不仅如此，国际体育仲裁实践还允许当事人约定以此作为合同解除的具体条件。仲裁庭在 2014/A/3584 案[①]中认为，当事人可以界定有正当理由解除合同的情形，只要此类偏离《〈球员身份和转会规则〉注解》基本原则的条款对当事人共同适用或者对希望解除合同的一方当事人有利。故此合同可以约定球员在被拖欠两个月工资的情况下即有权单方解除合同，而不需要再遵循注解中关于欠薪应达到 3 个月的规定。在 2015/A/4039 案[②]中，针对伊拉克球员纳沙特·阿克拉姆（Nashat Akram）以大连阿尔滨足球俱乐部拖欠两个月的工资为由主张包括合同剩余期间工资在内的损害赔偿问题，仲裁庭认可了只有俱乐部延期支付球员工资超过三个月球员才有权解除合同的球员工作合同中的约定。认定有效的理由不仅在于该球员拥有曾在亚洲多家俱乐部以及一家欧洲俱乐部效力的丰富阅历，还在于类似的合同条款在中国足球行业中普遍存在。[③]

其次，为了防止自身违约与劳动关系的破裂，以往球员在应对俱乐部拖欠工资的情况时须十分地小心，以至于对短期的拖欠多默不作声，无法求助于法律途径解决。如前所述，《国际足联球员身份和转会规则》第12bis 条的出台使得该问题得以改善。通过快速简易程序，球员可以向俱乐部追讨应得的薪金。如果俱乐部继续不履行合同义务，则往往构成球员单方解除合同的正当理由。而一旦俱乐部清偿了债务，且双方尚有履约的意愿，则合同关系仍会得以维持。[④] 然而，足球行业规则在认定职业足球劳动合同关系破裂上的谨慎态度仍未发生根本性改变。当出现球员工资的拖欠和合同单方解除竞合的情形时，该条不影响包括解除合同在内的《国际足联球员身份和转会规则》第 17 条下的救济措施的运用。

由此可见，第 12bis 条虽然借助国际足联争端解决委员会等行业内部机制实施，但其目的更在于通过行政性质的处罚来实现俱乐部对合同关系的信守，从而净化风气，自身不构成一项效力性强制性规定。也就是说，即使俱乐部逾期付款超过 30 日且在球员给予的最后期限内仍没有主动履行，也不

---

① CAS 2014/A/3584, Elaziğspor Kulübü Derneği v. Hervé Germain Tum, award of 29 January 2015.
② CAS 2015/A/4039, Nashat Akram v. Dalian Aerbin Football Club, award of 3 February 2016.
③ 该案在第八章第一节当中进行分析。
④ 另外，《国际足联争端解决委员会常用问答》就俱乐部和球员的合同在逾期付款程序启动之前、之后以及过程当中单边解除是否有差异的问题作出回应。即逾期付款程序完全针对俱乐部和球员之间的国际性的劳动合同争议，而不论发生在合同关系的期间或者终止之后。故劳动合同是否解除、劳动关系存续与否并不重要。特别对那些作为劳动合同协议解除结果的和解协议，同样可以通过该程序解决俱乐部拖欠球员款项的问题。

必然影响合同的效力,合同是否因此而解除仍需由争端解决机构作进一步判断。总之,该条并非被欠薪球员解除合同的前置程序,而是通过警告、罚款等处罚方式起到督促俱乐部顺利履行支付义务的作用。

最后,针对俱乐部拖欠球员工资等薪金的情形,2019 年版《国际足联球员身份和转会规则》新增第 14bis 条第 1、2 款规定:在球员已经通过书面方式向俱乐部发出违约通知,并至少给予其以履行支付义务的 15 日期限的前提下,只要俱乐部无故拖欠球员两个月的工资或相当于两个月工资的收入,即构成解除合同的正当理由。该条一方面对球员有利,部分改变了先前国际体育仲裁实践对拖欠工资一般需要达到 3 个月时间的认识;另一方面为了维护合同的稳定性,其再次强调球员书面发出正式违约通知的必要性,并以强制性规范①的形式明确了法定最后期限的最短长度,为俱乐部继续实际履行留有充分的余地。

作为法不溯及既往的体现,新版规则原则上不适用于在其生效前已经缔结的合同中的另行约定。考虑到实践中案件纠纷发生的滞后性,该问题在未来一段时间内仍由国际体育仲裁先前的裁判原理所支配。总之,单方解除合同的强制性条款的加入适当限制了当事人的意思自治,也进一步规范了国际体育仲裁院等体育争端解决机构的自由裁量权的行使,但并未从根本上改变解约的正当理由经由裁判机构进行个案认定的习惯做法。

(二) 中国足协的态度

国际足坛的做法在中国足球行业未得到充分的认同。目前中国足协对拖欠工资现象治理的力度较大,并为此开展专项整治活动。②《中国足球改革发展总体方案》强调要及时纠正欠薪行为,中国足协 2017 年 2 月下发的《关于规范管理职业俱乐部的通知》明确了恶意欠薪者将被取消注册资格。③ 反映在法律适用层面,《中国足协球员身份与转会管理规定》第 45 条改变了原《中国足协球员身份及转会暂行规定》要求拖欠球员工资、奖金须在 1 年内累计达到 3 个月才能解除合同的做法,即不管拖欠的数额、时间、频率次数、俱乐部是否存在故意以及球员是否发出警告、给予最后履行期等具体的

---

① 然此种强制并不具有绝对禁止的效力,如果当事人另行达成对球员更有利的安排,则约定有效。
② 京华时报:《足协重拳:替球员索 3 千万欠薪》,http: //3g. 163. com/ntes/special/0034073A/wechat_ article. html? docid = AHR8C31800051C89。
③ 2018 年版《中国足球协会职业俱乐部准入规程》将俱乐部依照工作合同支付薪酬作为准入必备条件。

情形，一概将之视为球员单方解约的正当理由。① 此种刚性做法会不经意地导致当事人合同关系的破裂，不利于行业秩序的维护。而且其在程序上要求拖欠必须经过足协的认定，这无形中扩张了行政权力，限制了当事人请求公正审判的救济权。总之，以行政命令代替司法途径在特定时期有助于行业风气的转变，但从长远来看不利于足球劳资关系的和谐发展。

2016 年《中国足球协会职业俱乐部工作合同基本要求》（以下简称《俱乐部工作合同要求》）进一步规定：凡出现俱乐部拖欠球员工资或奖金的情况，球员即有权解除合同。这存在矫枉过正的嫌疑。球员和俱乐部之间的劳动合同需要在一段期限内继续履行，而且球员的奖金多少基于个人或球队在赛场上的表现，具有不确定性，偶尔的延期支付在业内并非罕见。以此解除他们的合同，使得俱乐部丧失获得转会收益的可能，甚至还要给付球员以合同剩余期间的薪金作为经济补偿，无疑过于苛刻。与此同时，《劳动合同法》第 38 条第 1 款第 2 项及《中华人民共和国劳动合同法实施条例》（以下简称《劳动合同法实施条例》）第 18 条第 5 项将用人单位未及时足额支付劳动报酬作为劳动者行使合同解除权的情形，但对合同稳定性的关注明显不及足球领域。即便为了保障弱者的就业选择，也不宜将提前 30 日通知用人单位的法定解除权援用至竞技足球行业，毕竟对工资水平整体较低的普通劳动者而言，欠薪将会对其生活产生严重影响。

## 三 违约解除职业足球劳动合同的后果

在职业足球劳动合同领域，因违约导致的合同解除的损害后果包含两部分内容：一是当事人无正当理由解除合同所应承担的违约损害赔偿，二是一方有正当理由解除合同时对方应当承担的违约损害赔偿。《国际足联球员身份和转会规则》第 17 条规定了无正当理由解除合同的后果，即除当事人另有约定的情况外，违约损害赔偿的计算应充分考虑到有关国家的法律、体育的特殊性以及其他客观标准。② 就违约金和损害赔偿二者的关系，《瑞士债法典》第 161 条第 1 款规定，即使违约没有给债权人造成实际损害，也不影响其请求违约金。同理在 2015/A/4262 案③中，仲裁庭就球员无正当理由解除

---

① 实践中也作此种严格解释，甚至达到绝对化的程度。腾讯体育：《曝足协改章程：欠薪 1 天就自由身 中甲外援不变》，http://sports.qq.com/a/20160617/011415.htm。

② 向会英等：《我国国际职业足球运动员合同违约纠纷解决关涉的主要法律问题——以巴里奥斯案为例》，《天津体育学院学报》2014 年第 5 期。

③ CAS 2015/A/4262, Pape Malickou Diakhaté v. Granada CF, Bursaspor Kulübü, Kayseri Erciyesspor & FIFA, award of 4 October 2016.

合同的赔偿问题认为，《国际足联球员身份和转会规则》第 17 条第 1 款将意思自治放在首要位置。只有在当事人的协议中不包含此类条款时，方可求助于计算赔偿的其他标准。毕竟违约金是否过高并非与守约方因对方违约而遭受实际损失的简单比较，而是在数额的确定上留有余地。

相反，虽然无正当理由解除合同的损害计算方法较为抽象，但结合国际体育仲裁院审理的 Webster 案、Matuzalem 案、Sanctis 案等一系列的案件，目前已经发展出赔偿合同的剩余价值（residual value）或守约方的履行利益（positive interest）原则等较为全面的法理。[①] 然而关于一方拥有正当理由解除合同对方应当承担的违约损害赔偿结果，《国际足联球员身份和转会规则》第 14 条仅允许受害的一方解除合同而无须遭受任何不利后果，却没有明确对方应承担何种法律责任，故此按照《国际足联章程》的法律适用规定需要求助于瑞士法。

（一）瑞士法在损害赔偿计算上的作用

《瑞士债法典》第 337b 条第 1 款规定，如果因一方违反劳动合同而导致合同被对方有正当理由解除的，在合同可能提出请求的基础上，违约方应赔偿对方的所有损失。这一点也可从《瑞士债法典》第 97 条债务不履行的责任条款中推导，即当债务人不履行债务或履行不当时，除非证明不存在过错，否则应当承担全部的赔偿责任[②]，以此达到与合同顺利履行相同的效果。这能够填补《国际足联球员身份和转会规则》在该问题上的空缺，其适用资格亦得到国际体育仲裁实践的肯定。在 2010/A/2202 案[③]中，就有正当理由解除的赔偿，仲裁庭否定了当事人关于《国际足联球员身份和转会规则》第 17 条的适用主张，从而转向《瑞士债法典》第 337b 条。

然而国际体育仲裁并未机械地解释适用该条款，而是认为受害的一方此时还应承担作为不真正义务的减损义务。考虑到二者都遵循损害填补的关联性以及瑞士法院的裁判法理，仲裁庭往往参照适用《瑞士债法典》第 337c 条，具体计算员工基于正当理由解除合同时的损害赔偿。[④] 该条第 1 款规定了雇主无正当理由解除劳动合同的损害结果，即员工有权主张合同在履行期届满时所能获得的全部收益。根据第 2 款，该赔偿数额应扣除其因该解雇节

---

[①] Alexander Wild, *CAS and Football: Landmark Cases*, Hague: T. M. C. Asser Press, 2012, pp. 68 – 79. 对此将在第十章当中作详细分析。

[②] CAS 2014/A/3706, Christophe Grondin v. Al – Faisaly Football Club, award of 17 April 2015.

[③] CAS 2010/A/2202, Konyaspor Club Association v. J., award of 9 May 2011.

[④] TAS 2008/A/1491, Christian Letard c. Fédération Congolaise de Football, sentence du 16 octobre 2008.

省的支出、从事新工作的收入或如其不有意放弃新工作而应获取的收入。[1] 故如果劳动者在解雇后能立即找到一份不低于原薪酬的工作，则此种损害并不发生。[2]

以上规定暗含损益相抵的法理，看似对当事人双方等同视之，实则对球员更为有利。毕竟劳务与人身不可分，无法强制实施。如果球员基于正当理由解约后未能在原合同有效期间找到新的工作，其仍然能够请求原合同下的剩余工资等收益。另外，《瑞士债法典》第 337c 条第 3 款还规定，在雇主违约的情况下，除了要支付剩余合同期限的工资报酬，还应给予员工不超过其 6 个月工资的额外赔偿。该条款在既往的国际体育仲裁实践中极少被援用处理职业足球劳动合同争议，[3] 然 2019 年版《国际足联球员身份和转会规则》第 17 条的修订借鉴了瑞士法的这一规定。

基于劳动合同不能强制履行的特点，就雇主有正当理由解除劳动合同员工应承担的损害结果，可以考虑《瑞士债法典》第 337d 条第 1 款。即在员工无正当理由拒绝履职或离职的情况下，雇主有权请求不超过员工月工资 1/4 的赔偿。该赔偿不需要雇主证明实际损害的发生，如尚不足以弥补因员工提前解除合同造成的损失，则其还能援用侵权法证明其主张。此强制性规范排斥违约金的做法旨在使员工能够在不遭受严重的经济制裁的情形下更换工作。[4] 然这既无法充分弥补俱乐部的损失，还容易使球员以此为借口不履行合同，故该条款在解决职业足球劳动合同争议中的作用不大。

(二) 中国劳动法的抵触规定

与瑞士劳动法相比，中国劳动法的规定更难以满足足球行业的需要。首先，当发生劳动者依《劳动合同法》第 38 条解除合同的情形[5]，用人单位虽构成违约，但无须像《瑞士债法典》第 337c 条那样赔偿员工在剩余合同

---

[1] 该款根据《瑞士债法典》第 361、362 条的规定并非强制规范，即当事人可以约定不扣除费用。CAS 2006/O/1055, Del Bosque, Grande, Miñano Espín & Jiménez v. Beşiktaş, award of 9 February 2007. 若无此种相反约定，实践中认为这构成球员的义务，即应尽最大努力寻求新的工作机会。DRC 23 October 2009, no. 109868.

[2] Lucien W. Valloni & Beat Wicki, "Compensation in Case of Breach of Contract According to Swiss Law", *European Sports Law and Policy Bulletin*, 2011 (1): 148.

[3] 作为体育特殊性的体现，该条往往被反向运用，如 Matuzalem 案、De Sanctis 案，即违约解除合同的球员需要以新合同下的六个月工资向原俱乐部作出额外的赔偿。

[4] Lucien W. Valloni, Thilo Pachmann, *IEL Sports Law – Switzerland*, Hague: Kluwer Law International, 2014, p. 79.

[5] 如用人单位违法解除合同，则应按照经济补偿标准的两倍支付赔偿金。

期限内所能获得的积极收益,而只需按照《劳动合同法》第 47 条规定的经济补偿标准①进行赔偿。此种经济补偿根据劳动者在用人单位的工作年限每满 1 年支付 1 个月工资计算,且作为计算单元的月工资最高不得超过用人单位所在地区上年度的职工月平均工资的 3 倍。尽管此时职业球员不必如瑞士法要求的那样尽最大努力寻找新工作,但考虑到其较高的薪资待遇以及联赛中的转会窗制度,该规定与体育行业的现实存在一定的冲突。

其次,关于用人单位依《劳动合同法》第 39 条解除劳动合同时劳动者应承担的损害赔偿,该法并无明文规定。此时可比照适用《劳动合同法》第 90 条的规定,即劳动者违反本法规定解除劳动合同,给用人单位造成损失的,应当承担赔偿责任。因此,如果劳动者未提前 30 日以书面形式向用人单位发出解除通知而擅自离职,则应承担用人单位由此发生的实际损失。② 不过,由于《劳动合同法》第 25 条仅允许用人单位在存在服务期以及约定保密义务和竞业限制的情况下才可以与劳动者约定由劳动者承担违约金,此种损失只能由用人单位事后举证证明,不能在合同中预先加以安排。

如北京市第一中级人民法院认为,根据《劳动合同法》第 26 条,关于劳动者未提前 30 日书面通知解除合同应支付 1 个月工资作为违约金的约定,因违反法律、行政法规的强制性规定无效。虽然用人单位的损失很难量化,使得其追偿劳动者造成的损失往往无法落到实处,但该条体现了对弱者的保护,即在法律层面确立用人单位的注意义务。③ 而《俱乐部工作合同要求》所附之《俱乐部工作合同范本》第 10 条规定此时球员应以最后一个月的全部收入作为赔偿。此种格式合同中预先设定的固定违约金既违反《劳动合同法》偏向保护劳动者的精神,也不符合足球行业对合同稳定性的要求,与类似于《国际足联球员身份和转会规则》第 17 条的《中国足协球员身份与转会管理规定》第 48 条发生冲突。

---

① 经济补偿按劳动者在本单位工作的年限,每满一年支付一个月工资的标准向劳动者支付。六个月以上不满一年的,按一年计算;不满六个月的,向劳动者支付半个月工资的经济补偿。
② 1995 年《违反〈劳动法〉有关劳动合同规定的赔偿办法》第 4 条曾规定此种损失特别包括因劳动者违约而造成的用人单位生产、经营和工作的直接经济损失。
③ (2013)一中民终字第 14488 号判决书。

## 第四节　职业足球劳动合同争议中的
## 法律适用冲突的解决

不难看出，职业足球劳动合同与普通劳动合同的法律适用存在极大的不同，其法律适用冲突集中于国家法和行业规则之间的冲突。而足协制定的规则与国际足联的统一规则的冲突往往是国别规则不恰当地照搬国家法的结果。至于各国法律之间的冲突则反映了国际足联乃至国际体育仲裁院对瑞士法的青睐，本质上同样出于竞技足球行业对于统一的法律适用结果的需要。以下从中国的视角探讨职业足球劳动合同的法律适用冲突解决的现状以及未来可以采取的对策。

### 一　职业足球劳动合同争议中的法律适用冲突解决的现状

一方面，我国法对于职业足球劳动合同法律适用的预先安排存在不足，与行业规则发生尖锐的对立冲突。首先，《劳动法》第14条仅仅确立了残疾人、少数民族人员、退役军人就业法律适用的例外，并未将职业球员排除于该法的适用范围；其次，与德国法等比较法上的实践不同，《劳动法》《劳动合同法》对特殊行业劳动关系的特别规定甚少，从而缺乏解释的空间。[1]极个别的条文，如《劳动法》第39条允许因生产特点而无法落实工时制度、休息休假的法定用人单位在经劳动行政部门批准的前提下实行其他工作和休息办法，不足以应对职业足球劳动合同关系中存在的问题。[2]总之，意图建立统一劳动监管的做法固然有利于职业球员的保护，但对足球行业秩序的破坏性极大。

另一方面，为了体现国家法的要求，我国足球行业规则有时会偏离《国际足联球员身份和转会规则》的规定，但实施的效果不甚理想，如前述《中国足协球员身份与转会管理规定》第45条。虽然足协对解除职业足球劳动

---

[1]　参见王倩《德国法中劳动关系的认定》，《暨南学报》（哲学社会科学版）2017年第6期。
[2]　另见《劳动法》第44条，休息日安排劳动者工作又不能安排补休的，支付不低于工资的200%的工资报酬。在山东鲁能泰山足球俱乐部与赵旭劳动合同纠纷上诉案中，对于随队翻译请求加班费的主张，俱乐部认为，其自身的特殊行业属性决定了比赛时间一般均在周末，这应当属于球员以及随队翻译的正常工作时间，而不应机械地认定为加班时间。二审法院认可了俱乐部对于因周末进行足球比赛所占用的时间安排集中调休或补休的效力而无须给予双倍工资报酬的做法。(2015)济民一终字第437号判决书。

合同的正当理由具体化无可厚非，但该条文有违合同稳定性这一足球劳动关系的基本原则，无法反映职业足球劳动合同的特殊性。毕竟各国足协在制定国内规则时对国家强行法的考虑不能以损害合同稳定性为代价，否则即违反比例原则的要求。故基于足球行业的需要，遵循国际足联的规则与实践对《劳动合同法》第38条第1款第2项下的解除情形进行限缩解释未尝不可。

不仅如此，足球行业规则对强制性规范含义的理解也存在偏差。《中国足协球员身份与转会管理规定》第50条规定"不满16周岁的未成年人的球员不得签订工作合同"①，是唯一一处直接体现我国劳动基准法中的强制性规定。为防止使用童工，履行《准予就业最低年龄公约》等国际义务，《劳动法》第15条第1款禁止用人单位招用未满16周岁的未成年人。② 虽然该条第2款作出体育单位可以招用未满16周岁的未成年人的例外规定③，但根据立法出台的时代背景，能够合理推测出其针对的是体工队中的专业运动员而非职业球员。④《国际足联球员身份和转会规则》与之不存在冲突，其第18条第2款只要求不满18周岁的球员不得签订为期3年以上的职业合同，而未明确签订劳动合同的最低年龄，相应的限制可求助于球员的本国法、经常居所地国法或其所属俱乐部的所在地国法。由于中国法的该条款乃是效力性强制性规定，任何违反该条的情形都会导致足球劳动合同的无效，故属于前述直接适用的法的范畴。

然而《中国足协球员身份与转会管理规定》第50条关于"16周岁以上不满18周岁的球员只有能够以自己的劳动取得收入并能维持当地公众一般生活水平的才可以签订工作合同"的规定明显是对原《民法通则》第11条第2款⑤的误读。后者将以自己的劳动收入为主要生活来源的16周岁以上的未成年人视为完全民事行为能力人，乃是对民法中的完全民事行为能力人的扩大解释，不能作为我国劳动者法定最低就业年龄的强制标准。试想那些年满16周岁但不满18周岁的球员希望签订一份职业足球劳动合同以获得相应

---

① 《中国足协球员身份及转会暂行规定》第47条曾规定不满18周岁的球员不得签订劳动合同。
② 1991年国务院发布了《禁止使用童工规定》即包含此规定。
③ 文艺、体育和特种工艺单位招用未满16周岁的未成年人，必须依照国家有关规定，履行审批手续，并保障其接受义务教育的权利。
④ 在目前的司法实践中，专业运动员和体工队的关系往往被视为人事关系而排除于劳动法的调整范围。关于专业运动员与职业运动员因身份差异引发的不同法律关系，参见张海鹰、韩新君《身份识别：我国运动员职业纠纷解决的关键所在》，《武汉体育学院学报》2018年第12期。
⑤ 同见《民法典》第18条第2款。

的生活来源，又如何能将以自己的劳动取得收入维持一般生活作为他签订此类合同的前提，无疑自相矛盾。

此外，2005年《中国足球超级联赛俱乐部运动员工作合同范本》第10条第3款曾将球员确实有不得已的原因需要辞职，应在30日前书面通知俱乐部并得到俱乐部确认作为球员解除合同的情形。这试图从形式上调和二者的矛盾，却不符合法理要求。单方解约权乃是基于一方的意思即可发生效力的形成权，如须对方确认，则与协议解除合同无异。更何况劳动者提前通知解除劳动合同无须给出不得已的原因。此后，虽然《俱乐部工作合同要求》关于劳动合同解除和终止的规定没有包含《劳动合同法》第37条，但其所附的《俱乐部合同范本》第10条"经济补偿"第2款仍将球员辞职未提前一个月书面通知作为向俱乐部承担损害赔偿的情形，难免使人认为球员有权预先通知解除合同。总之，态度的暧昧反映了中国足协对职业足球劳动合同特殊性质的认识模糊、对足球合同领域的行业规则不熟的现状，忽视体育自治法的跨国法属性以及足球行业的现实需要。

## 二 职业足球劳动合同争议中的法律适用冲突解决的方案

有鉴于此，就我国足球行业规则与劳动法之间的法律适用冲突的妥善解决，部分可以通过将足球行业规则全面纳入球员和俱乐部签订的格式合同范本的方式实现。毕竟在短时间内无法开展劳资集体谈判的情况下，完善球员和俱乐部的格式合同是最客观可行的做法。[①] 无固定期合同以及球员试用期条款显然不符合足球行业的实际[②]，不符合合同稳定性原则的要求。如果足球行业规则认定此类合同或条款无效，则又不免与劳动法当中的许可性规定不符。对此，只要中国足协大力推行的统一职业足球劳动合同范本不包括甚至不允许采用无固定期合同或者试用期条款[③]，则可化身为当事人约定的一部分，从而能在相当程度上有效避免行业规则与劳动法在该问题上冲突的发生。然而一旦面向劳动法中的强制性规范，则无论行业规则是许可还是禁止，只要与强制性规范的内容不一致，都将会产生难以调和的法律冲突。

故有必要在立法层面正视足球行业对职业足球劳动合同关系稳定性的特别需要，从而建立规范有效的足球法治体系。由于高水平球员数量的有限，以及赛事的连续性和观赏性对球队实力均衡的现实需求，区别于普通的人力

---

① 参见周青山《职业体育运动员工作合同的美国特色与中国前景》，《武汉体育学院学报》2015年第11期。
② 试用期条款在国际体育仲裁实践中的效力认定，可参见第八章第一节的内容。
③ 《俱乐部工作合同范本》第2条第1款规定，本合同期限类型为固定期合同。

资源，球员不仅仅具有员工的身份，还是俱乐部可以出租、出售的重要无形资产。① 作为竞技体育特殊性的表现，足球行业实践允许俱乐部对合同未到期的球员转会收取转会费，而且这一做法原则上并未违反竞争法。② 如果允许球员如同其他劳动者那样享有充分的择业自由，则无疑会引发俱乐部之间的无序竞争，干扰行业的秩序，最终阻碍全球职业足球运动的发展。此种维持合同稳定性的需要使得国际足联所主导的球员转会规则兼具劳动监管和竞争监管的两重功能，以此形成良好的足球行业秩序。

一方面可以考虑从实体法层面解决此种法律适用冲突。在国际上，的确存在专门为职业体育乃至足球中的劳动合同关系进行立法的情形，如《巴西贝利（Pelé）法》《葡萄牙职业体育劳动合同法》《意大利职业体育第91/1981号法》，但此种特别法模式在我国法律体系下几乎不可能实现。③ 即使立法机关采用分层保护④原则，也至多在劳动立法当中就某些条款的适用对象作例外性规定，无法从根本上解决竞技足球领域的法律适用冲突。又何况那些专门的立法，如前面提到的《比利时职业运动员法》，也未必总能到达预想的效果，甚至会产生新的冲突。将来修订《劳动法》《劳动合同法》时，应当将职业球员排除于法律的适用范围，从而使法院在审理职业足球劳动合同案件时将足球行业规则视为正式的法律渊源，杜绝因规范适用范围的重叠而造成的法律适用冲突的发生。

另一方面，考虑到《劳动法》当前修订的时机尚不够成熟，这一问题理应在程序层面得以解决。即及时建立中国的体育仲裁机构，佐之以宽松的裁决司法审查标准，以避免具有管辖权的我国法院在处理职业足球劳动合同争议时因缺乏对体育特殊性的考量而发生法律适用尴尬。而就中国体育仲裁制度的建立而言，由于《仲裁法》的基本原则与体育仲裁的理念不合，不能为我国体育仲裁提供充分的依据，而《体育法》第32条将体育仲裁机构的设立办法交由国务院规定的做法又违反《中华人民共和国立法法》（以下简称《立法法》）第8条——只能通过法律的形式规范仲裁制度——的要求，这无不使得我国体育仲裁机构的确立与现行法存在严重冲突。⑤ 未来应取消体育

---

① 如恒大淘宝足球俱乐部2017年上市年度报告将通过合同取得的球员技术资产视为使用寿命有限（按合同年限平均摊销）的无形资产，并将球员转会即技术资产转让收益计入公司资产处置收益。
② 关于足球行业规则与竞争法之间的冲突，参见第十章的内容。
③ 虽然我国社会主义法律体系已经初步建立，但需要制定或修改的法律仍很多，这从全国人大的立法计划中可见一斑。
④ 目前我国劳动法仅对非全日制用工、劳务派遣等特殊用工形式有专门的规定。
⑤ 此内容详见第十一章的论述。

仲裁立法的位阶限制，以破除《体育仲裁法》制定的壁垒，在立法或司法解释中明确职业足球劳动合同争议属于可以通过体育仲裁解决的竞技体育纠纷，并赋予体育仲裁机构以广泛的法律适用权限，使之尽可能地优先适用国际统一的行业规则，以此妥善应对职业足球劳动合同争议中的法律适用冲突。

## 本章小结

区别于普通的劳动合同关系，球员和俱乐部之间的职业足球劳动合同的法律适用存在特殊性，从而引发多层次且十分复杂的法律适用冲突。这其中既有国家法与足球行业规则的法律适用冲突，又有国际规则与国内规则的法律适用冲突，还包括瑞士法和其他国家法的法律适用冲突。在司法实践中，上述法律适用冲突反映在固定期职业足球劳动合同向无固定期的转化、解除职业足球劳动合同的正当理由、违约解除职业足球劳动合同的损害赔偿结果等方面。

我国现行劳动立法的预先安排存在明显不足，这使得职业足球劳动合同争议中的法律适用冲突尤为严重。未来有必要将足球行业规则充分纳入格式合同范本当中，而且在立法上正视竞技足球行业对职业足球劳动合同关系稳定性的需要。在实体层面，可以考虑将职业球员排除于《劳动法》的适用范围，相应地法院在审理职业足球劳动案件时将足球行业规则视为正式法源；在程序层面，应破除《体育仲裁法》制定的壁垒，且在《体育法》的修订或司法解释中明确职业足球劳动合同争议属于竞技体育领域的纠纷而应通过体育仲裁解决，并及时建立中国的体育仲裁机构。

# 第七章　涉外职业足球劳动合同争议中法律适用冲突问题的特殊性

随着足球联赛的蓬勃开展，涉外的职业足球劳动合同争议也屡见不鲜。竞技足球具有天然的国际性。作为涉外民商事关系的一种，涉外职业足球劳动合同争议蕴含大量繁复的跨国民商事法律适用冲突。这本应属于传统国际私法的调整对象。然而，一方面由于仲裁在竞技足球争议解决中的重要地位，以至于涉外职业足球劳动合同争议中法律适用冲突的理论价值往往被国际体育仲裁实践所掩盖，使人容易忽视其特殊之处；另一方面，该领域法律适用冲突的解决并非如同普通的涉外劳动合同那样构成国际私法学的分支，不能采用拿来主义，需要在借鉴传统选法基本理论框架的基础上进行新的制度建构，因此存在专门研究的必要。由于只有具有涉外因素的民商事争议才需要国际私法的介入①，而管辖权的确立、实体法律适用以及判决或裁决的承认与执行构成法律适用冲突解决的三个主要阶段，本章以此为序分析涉外职业足球劳动合同争议中发生的法律适用冲突问题的特殊性，亦希望有助于此类合同的当事人通过合理途径维护自身的权益。

## 第一节　涉外职业足球劳动合同争议中涉外因素的特殊性

竞技足球运动的开展以国际足联所属的会员足协为基本的组织单元，故职业足球劳动合同是否涉外的范畴在特定情况下与国际法上的国家和地区支配的地理单元并不完全吻合，此乃以属人法为基础的法律适用冲突特殊性发生之原点。此外，受制于《国际足联球员身份和转会规则》关注球员国际流

---

① 合同关系是否涉外主要涉及两大问题，即当事人能否约定域外管辖以及选择适用域外法律。

动现实影响的目标定位,该领域涉外因素的具体认定同样存在特殊性,更强调对跨国转会发挥的作用。

## 一 涉外因素所属范畴的特殊性

关于涉外职业足球劳动合同争议中的涉外因素的特殊性,首先要明确"涉外"或曰"国际"的范畴。既区别于政治地理意义即国际公法层面的国家(country),又不同于国际私法上具有各自独特法律体系的法域(law district)[1],竞技足球领域中的"国家"是指作为国际足联这一单项体育联合会成员的各独立足协所管辖的区域。虽然每个主权国家原则上只能由一个足协代表该国成为国际足联的成员方,但《国际足联章程》第11条第6款[2]例外地规定,没有独立地位的地区足协如获得其所属国家足协的批准则可以申请加入国际足联。[3]

举例以示之,政治意义上的英国为涵盖英格兰、苏格兰、威尔士和北爱尔兰四个区域在内的大不列颠及北爱尔兰联合王国。在国际私法层面,"外国法律体系"是指施行于法院所在地之外地域的独特法律体系,从而"外国法"不仅仅指其他政治主权国家的法律,还包括一国特殊政治分区的法律。[4] 由于英格兰和威尔士施行相同的地方民商事法律,故只能作为一个法域出现。苏格兰、北爱尔兰的民事法律规则与之各异,构成国际私法上的单独法域。[5] 而在竞技足球领域,英国一直承认本国上述诸地区的足协能加入国际足联、欧足联[6],从而发生不同的涉外情形。

即便如此,国际私法与竞技足球领域的"国际"仍大致相当。以我国为例,作为"一国两制"基本方针的体现,香港特区、澳门特区和台湾地区均是独特的法域[7],内地涉港澳特区以及大陆涉台湾地区的民商事案件,应比

---

[1] Lawrence Collins, et al., eds., Dicey, *Morris & Collins on the Conflict of Laws*, 15th ed., London: Sweet & Maxwell, 2012, pp. 30 – 31.
[2] 该条第5款还专门规定了英国的4个足球协会都具有国际足联的会员身份。
[3] 这也是世界上只有195个主权国家而国际足联拥有超过210个会员足协的原因所在。
[4] See James J. Fawcett, Cheshire, *North & Fawcett Private International Law*, Oxford: Oxford University Press, 2008, p. 9.
[5] Tillman Christopher, "The Relationship between Party Autonomy and the Mandatory Rules in the Rome Convention", *Journal of Business Law*, 2002 (1): 46.
[6] 这仅限于职业足球的情形,在更为业余的奥运会足球项目中并非如此。参见网易体育《难以统一的英国足球》, http://sports.163.com/special/britainfootball。
[7] 李庆明:《论域外民事判决作为我国民事诉讼中的证据》,《国际法研究》2017年第5期。

照涉外民商事案件适用国际民事诉讼程序和冲突规范处理；① 而在竞技足球领域，我国港澳台地区分别以中国香港、中国澳门和中国台北②的名义独立参与国际体育赛事，与中国国家足球队同场竞技。究其原因，国际私法所针对的包括劳动合同在内的涉外民商事关系总体上处于低政治（low politics）的范畴，并不过多涉及国家主权的核心部分。为跨境交往的便利乃至共同发展的需要，同时反映历史遗留问题和特定区域高度自治的现状，有必要尊重之。不过，即使上述反映足协与成员隶属关系的活动区域与国家的领土或者国际私法之法域支配的范围契合，其更多蕴含着属人性而非属地性的特征。毕竟出于球市等缘故，一国足球队会选择加入另一国足协，如摩纳哥足球俱乐部目前即征战于法国甲级足球联赛。③

还要说明的是，就一国的哪些地区可以组成单独的单项体育协会，国际单项体育联合会往往会根据体育行业地域的现实考虑，并不总是遵循一国法律中的强制性规定。如前文提到的关于国际保龄球联合会是否可以接纳西班牙加泰罗尼亚地区保龄球协会为新成员的 2007/A/1424 案，加泰罗尼亚虽然在历史与文化上较为特殊，但从西班牙的宪政结构看，其既不构成具有国际法部分主体资格的完全自治领土，也不拥有类似我国港澳地区那样一国宪政体系下的高度自治地位，而仅仅是享有较大自治权的区域。然而这一切不影响该地区的体育协会被某些单项体育联合会所接纳。通常此时的考量因素包括该区域的特定竞技运动是否成规模、联赛的组织情况、单独的单项体育协会是否有助于该地乃至整体竞技运动的开展等。不过，有时此种做法产生的政治风波亦不得小觑，如在欧足联是否要接纳英属直布罗陀足协④、科索沃足协⑤为新会员问题上曾引发极大的国际争议。

## 二　涉外因素具体认定的特殊性

国际私法对民商事关系中的涉外因素具体认定的理解有宽窄之分。一般

---

① 见《关于涉外民商事案件诉讼管辖若干问题的规定》第 5 条、《〈法律适用法〉解释（一）》第 17 条、《关于审理涉台民商事案件法律适用问题的规定》第 1 条。
② 它们的足球协会分别是中国香港足球总会、中国澳门足球总会和中国台北足球协会，均为国际足联的会员。
③ 参见黄世席《欧洲体育法研究》，武汉大学出版社 2010 年版，第 216 页。
④ 李智主编：《体育争端解决法律与仲裁实务》，对外经济贸易大学出版社 2012 年版，第 34 页。现行《欧足联章程》第 6 条已经关闭了地区足协加入欧足联的大门，即只有主权国家足协才有申请的资格。相反，《亚足联章程》第 7 条规定，任何能够在其所在的国家或地区通过各种形式负责足球事务管理以及监督的足球协会都可以成为亚足联的成员。
⑤ 2016 年 5 月，科索沃足协最终成为欧足联和国际足联的一员。

认为，涉外因素应从民事法律关系的主体、客体和内容当中寻找，即主体是否是外国的自然人、法人、无国籍人或在国外有住所、惯常居所或营业地，产生、变更或消灭民事法律关系的法律事实是否发生在国外，争议的标的物是否位于本国管辖的区域之外。而晚近学者的观点则为，一切与外国、外国法有实质联系的因素都可以构成涉外因素，不限于上述民事法律关系的三要素。① 我国当前的态度虽然有所松动，但整体上仍倾向于传统做法，如原《关于贯彻执行〈中华人民共和国民法通则〉若干问题的意见（试行）》第178条②以及对此加以完善的《〈法律适用法〉解释（一）》第1条③。

在职业足球劳动合同领域，出于维护竞技秩序的考虑，国际足联更关注球员跨国流动所发生的国际影响，从而在确定是否存在涉外因素时与国际私法的判断有所不同。一方面，虽然《国际足联球员身份和转会规则》第1条第1款将规则的适用范围限于球员在隶属不同足协的俱乐部之间的转会，但这不以存在劳动争议的球员和俱乐部来自不同国家为限，而只需在效果上对国际转会产生实际影响。对双方来自同一会员足协的职业足球劳动合同争议，如果球员在合同履行期届满前与另一会员足协下的俱乐部签约而需要进行跨国转会，此时他们的合同争议根据《国际足联球员身份和转会规则》第22条第1项涉及国际转会证明的申请，且利益相关方就该申请提出了主张，则同样被认为满足上述规则适用的要求。

如在曾引起中国足坛广为关注的青年球员胡睿宝留洋案④中，虽然球员和广州恒大足球俱乐部均为中国足协注册的中国籍自然人及法人，其职业足球劳动合同也主要在中国境内履行，但由于球员希望效力于欧洲联赛而原俱乐部拒绝放行，他们之间的劳动争议因关乎国际转会证明的签发而可以被国际足联受理。为确保国际足联在此情况下拥有管辖权，涉案的外国俱乐部应

---

① 肖永平：《国际私法原理》，法律出版社2007年版，第3页。
② 凡民事关系的一方或者双方当事人是外国人、无国籍人、外国法人的；民事关系的标的物在外国领域内的；产生、变更或者消灭民事权利义务关系的法律事实发生在外国的，均为涉外民事关系。
③ 民事关系具有下列情形之一的，人民法院可以认定为涉外民事关系：（一）当事人一方或双方是外国公民、外国法人或者其他组织、无国籍人；（二）当事人一方或双方的经常居所地在中华人民共和国领域外；（三）标的物在中华人民共和国领域外；（四）产生、变更或者消灭民事关系的法律事实发生在中华人民共和国领域外；（五）可以认定为涉外民事关系的其他情形。另见《关于适用〈中华人民共和国民事诉讼法〉的解释》第522条。在我国自贸试验区纷纷建立的背景下，第五项兜底条款的司法裁量问题值得注意。参见刘贵祥《前海民商事案件选择适用法律问题研究》，《法律适用》2016年第4期。
④ 澎湃新闻：《拒绝新星转会曼城！恒大被指单方面违约，已被诉至国际足联》，http://www.thepaper.cn/newsDetail_forward_1611829。

参与到国际足联争端解决委员会的程序当中。然而在国际私法视域下,尽管该劳动合同的相关因素涉外,如果不考虑在国外进行训练比赛的偶然情形,所争议的法律关系本身不具有涉外因素,不能作为涉外民商事案件处理。

另一方面,即使以国籍作为案件涉外因素的判断标准,此时应需特别考虑球员的体育国籍(sportive nationality)①。作为属人性的体现,职业球员需要在与之签约的俱乐部所属足协注册。出于不受赛季名额限制、无须申请本国工作证等便利上的考虑,俱乐部有时会希望对引进的外援进行归化。此种球员的归化不仅应满足国籍法上的要求,而且需要其根据一国足协②的规定重新以国内球员的身份完成注册,从而发生体育国籍的变更。

在92/80案③中,仲裁庭认为,区别于作为公民身份的法定国籍,体育国籍仅仅关涉球员参加国际赛事等私人事务,故它们属于不同的法律秩序而不发生重叠和冲突。然而此种全球体育自治法层面的体育国籍与国际私法上的国籍认定存在差异。首先,在国际私法领域,自然人是否具有特定国家的国籍仍然取决于国籍法的规定,故即便涉港澳台的民事案件会比照国际私法案件处理,也无法改变绝大多数的港澳台居民依据《中华人民共和国国籍法》具有我国国籍的事实。作为约定俗成的结果,竞技体育则有不同的认识。如在2016/A/4704案④中,仲裁庭认为球员具有"香港籍",当然这样做只是在体育活动层面而不具有任何的政治含义。⑤

其次,尽管都需要国籍与当事人存在真实联系⑥,但二者对于双重或多重国籍等国籍冲突的解决方式不同。在国际私法领域,根据《法律适用法》第19条,自然人如具有两个以上国籍,以其有经常居所的国籍为准;如在所有国籍国均无经常居所,则应选择与其有最密切联系的国籍。⑦ 而在

---

① 应注意球员参加职业联赛与代表国家出战的体育国籍认定存在差异。参见宋雅馨《运动员国籍纠纷有关问题探究》,《天津体育学院学报》2012年第6期。
② 如2019年出台的《中国足协入籍球员管理暂行规定》。
③ TAS 92/80, B./ FIBA, sentence du 25 mars 1993.
④ CAS 2016/A/4704, Liaoning FC v. Wisdom Fofo Agbo & Chinese Football Association, award of 6 April 2017.
⑤ 中国足协也曾将持有我国香港地区护照的守门员视为外籍球员。网易体育:《香港门将算外援? 足协又惹争议》, http://news.163.com/13/0723/06/94ESSVN300014Q4P.html;新浪体育:《足协回应香港门将案:是否外援看会员协会 不看国籍》, http://sports.sina.com.cn/j/2013-07-22/12066683205.shtml。为了避免歧义,中国足协目前采用"会籍"的表述。
⑥ Anna Sabrina Wollmann, "Towards A Sporting Nationality?", Maastricht Journal of European & Comparative Law, 2015, 22 (2): 320.
⑦ 对于国籍的消极冲突,即自然人无国籍或者国籍不明的,则适用其经常居所地法律。而在竞技足球领域,无法定国籍的职业球员照样可以拥有体育国籍。

2010/A/1996 案①中，拥有土耳其和英国双重国籍的某球员与某土耳其足球俱乐部发生合同争议。与国际足联争端解决委员会拒绝受理此类国内案件的态度一致，仲裁庭认为，基于球员通过取得土耳其国籍而试图入选国家队的具体案情，其另一国籍被认为明显不足以证明案件的国际性，从而不属于国际足联的受案范围。② 此时值得考虑的国际因素包括球员是否代表足协所在国家队参加正式国际比赛、是否占用俱乐部的外援指标以及与俱乐部所在地国的进一步联系等方面。当不存在上述因素时，仅仅球员具有在法律上双重国籍的事实不能改变该职业足球劳动合同争议的国内属性。③ 此种做法同样出于国际竞争的需要，更强调对跨国转会所能产生的效果。

## 第二节　涉外职业足球劳动合同争议中管辖权确立的特殊性

不同于通行的国际私法实践，涉外职业足球劳动合同争议的管辖权多是先由国际足联争端解决委员会所行使，进而在当事人对该决定不服时最终上诉至国际体育仲裁院。④ 这虽然有助于形成统一的竞技秩序，但容易与各国法院的司法管辖权发生冲突。

### 一　管辖权确立的特殊性在立法中的体现

按照国际私法的一般理解，当民商事纠纷具有涉外因素时，首先要确定由哪一国的法院管辖。由于各国的司法管辖权存在重叠，作为意思自治的反映，通行的做法是允许涉外合同等财产性纠纷的当事人合意选择法院。然而为体现特别保护弱者的理念，此种选择通常并不包括劳动合同的情形，毕竟将实体法的政策引入到民事诉讼领域当中的做法有助于实现弱势一方当事人获得公平与正义。

---

① CAS 2010/A/1996, Omer Riza v. Trabzonspor Kulübü Dernegi & Turkish Football Federation, award of 10 June 2010.
② 该案的做法也得到了瑞士联邦最高法院的支持。FT, 4A_404/2010, Judgment of 19 April 2011.
③ A. Manuel Arroyo, *Arbitration in Switzerland – The Practitioner's Guide*, Hague: Wolters Kluwer, 2013, p. 45.
④ 目前不经过国际足联的处理而直接提起国际体育仲裁的情况较为少见。

由于全球性的民事管辖权公约尚未建立①,国际民事管辖协调的唯一成果便是规范当事人排他性协议选择特定法院的 2005 年《海牙选择法院协议公约》(Hague Convention on Choice of Court Agreements)②。虽然我国于 2017 年 9 月签署了该公约,但公约不适用于劳动合同的管辖情形。在欧盟层面,作为民事司法合作成果的代表,2012 年修订、2015 年 1 月生效的《新布鲁塞尔条例Ⅰ》(Brussels I Recast Regulation,全称为《关于民商事管辖权及判决的承认与执行的第 1215 - 2012 号欧盟条例》)第 5 节第 19 条③要求劳动合同争议原则上应在劳动者的惯常居所地、惯常工作地等与之有密切联系的地域起诉。④

除此之外不存在系统分配国家管辖权的实在国际法规则,故法院能否受理涉外民商事案件由该国的国际民事诉讼规则决定。以我国为例,国内合同纠纷根据《民事诉讼法》第 23 条主要由被告住所地或合同履行地的人民法院管辖。《民事诉讼法》第 265 条对涉外合同的管辖有特别规定,即如果被告在我国没有住所而合同在我国领域内签订或履行,或被告在我国有可供扣押的财产或设有办事机构的,则可以由合同签订地、履行地、可供扣押财产所在地、代表机构住所地的人民法院管辖。⑤ 另据《关于适用〈中华人民共和国民事诉讼法〉的解释》第 531 条,涉外合同当事人可以书面协议选择与争议有实际联系地点的外国法院管辖。该条款是针对涉外合同的一般性诉讼管辖规则,而《民事诉讼法》并未为涉外劳动合同的管辖设计特别的规则,故有观点认为当事人选择域外法院的情形也适用于该领域。然而晚近司法实践亦有不同的看法。如在孙某某与绵阳及时雨保温隔音技术有限公司劳动争议⑥中,四川省高级人民法院以《法律适用法》第 4 条、《劳动合同法》第 2

---

① 如一度有望通过的《海牙民商事管辖权与外国判决的承认与执行公约》草案最终舍弃了管辖权的设置,转而专注于判决的承认和执行部分。于 2019 年 7 月通过的《海牙承认与执行外国民商事判决公约》仅第 5、6 条涉及作为承认与执行基础的间接管辖权问题。
② 截至 2021 年 12 月 31 日,公约有墨西哥、新加坡、黑山、丹麦以及欧盟(涵盖参加司法领域合作的成员国)等缔约方,美国、乌克兰、北马其顿、以色列以及中国已经签署了该公约。
③ 另外,在确立劳动合同纠纷的应诉管辖权时,其第 26 条第 1 款规定应确保法院告知作为劳动者的被告有权就法院行使管辖权提出异议以及其应诉或不应诉所能产生的后果。
④ 根据该条例第 23 条,为了保护劳动者的利益,当事人另行选择法院的情形限于争议发生以后或者仅允许劳动者一方在其他国家的法院起诉。
⑤ 然而劳动合同纠纷的处理还要考虑《劳动争议调解仲裁法》第 21 条第 2 款,参见第十一章第二节。
⑥ 此乃四川省人民检察院抗诉的结果,其适宜性与否尚令人怀疑。参见(2016)川 07 民终 2031 号判决书。

条为由认定劳动争议案件必须由我国法院管辖,不得域外仲裁。当事人对纠纷解决所作的特别约定——向工作地即安哥拉的劳动监察部门申请仲裁因违反我国法律的强制性规定而无效。

不同于以上解决各国法院之间的管辖冲突的任一情形,涉外或曰国际因素在职业足球等竞技体育领域出现的结果往往是案件由国际单项体育联合会行业内部处理,进而在当事人对其处理决定不服时交由国际体育仲裁院裁决,相应地排除各国司法机构的干预。如依《国际足联章程》第58条第2款,除国际足联的规章另有规定,不得诉诸普通法院。向普通法院申请作出临时措施的行为同样被禁止。此种单一的内部纠纷解决机制有助于案件的统一处理,从而形成整齐有序的体育竞技秩序。然而职业足球劳动合同关系毕竟属于较常见的民事法律关系,从国家法的角度法院可以受理,国际足联这一体育社团的内部管辖规定不能挑战国家的司法主权。[①]

为了调和此种矛盾,《国际足联球员身份和转会规则》第22条第2项例外地规定,除在国内层面于足协或集体谈判协议的框架下设置能够确保公正审理并尊重球员和俱乐部的平等代表原则的独立仲裁庭,否则国际足联争端解决委员会被认为有权处理国际层面(international dimension)的球员和俱乐部之间的劳动争议,但这不影响他们向法院寻求救济。毕竟国际体育仲裁院在国家法视域下乃是建立在当事人合意选择基础上的替代性争端解决机构,争端解决委员会至多是诉诸司法的前置程序,本身不具有对抗法院管辖的权力。然而频繁地寻求司法救济对竞技足球活动的良好运行构成巨大挑战,涉外职业足球劳动合同争议宜寻求内部的解决之道,故争端解决委员会对各国法院管辖权的态度显得较为消极。

## 二 管辖权确立的特殊性在司法中的表现

反映在实践中,如果当事人明确约定将涉外职业足球劳动合同争议完全交由适格的法院审理,则国际足联争端解决委员会一般不会受理。而一旦缺乏此种排他性的选择法院协议,即发生管辖权竞合的情形,此时无论争端解决委员会还是国际体育仲裁院都不欢迎司法的介入。[②] 甚至对那些法院正在进行的未决诉讼(lis pendens),除非当事人基于择地起诉即挑选法院(forum shopping)的目的提交争端解决委员会审理,否则不影响该会根据自身

---

① 吴炜:《FIFA及CAS规则在中国足球职业联赛球员合同纠纷中的实务应用——以球员合同争议管辖为视角》,《体育科研》2012年第6期。

② Frans de Weger, *The Jurisprudence of the FIFA Dispute Resolution Chamber*, Hague: T. M. C. Asser Press, 2016, p. 31.

的规则管辖。[1]

在国际足联争端解决委员会2012年3月1日的决定[2]中，俱乐部提请当地法院解除职业足球劳动合同并请求损害赔偿，球员则以俱乐部违约为由将案件提交国际足联争端解决委员会。该会认为，尽管《国际足联球员身份和转会规则》第22条确立了足球劳动合同的当事人可以求助法院的例外，但通过仲裁解决的做法仍然是一项基本原则。本案的俱乐部不仅未提供其已经向法院起诉的实质性证据，也没有否认球员就该诉讼真实性的陈述以及遵守有关传唤通知的手续，亦没能证实球员被适当告知正在进行的诉讼程序，更何况合同中并未包含交由法院审理的条款，故该会具有管辖权。

《〈球员身份和转会规则〉注解》认为，由于一些国家禁止将劳动合同争议提交仲裁，而由法院专属管辖，故此球员和俱乐部有权寻求法院的救济。只有不存在强制管辖的情况下，当事人才可以申请仲裁。不难看出法院乃是法定管辖权的体现，国际体育仲裁属于约定管辖的范畴，后者建立在当事人有效协议的基础之上才能对抗法院受理。即使根据国际仲裁的一般实践，仲裁庭可以因为当事人的选择而拥有自裁管辖权（competence - competence）[3]，即对管辖权问题的管辖权。但一旦立法规定法院对劳动合同争议享有专属管辖，则因可仲裁性的缺乏而不得提交仲裁。

另外，国际体育仲裁实践对当事人其他争端解决安排效力的认定也较为苛刻。如在2008/A/1517案[4]中，当事人在足球劳动合同中约定遵守《希腊第2725/99号体育法》。虽然该法第95条设置了用于解决运动员和俱乐部因合同发生的经济纠纷的金钱争议解决委员会，但此举被仲裁庭视为规定得过于间接笼统而未予认可。总之，上述本位主义的做法反映了足球行业对统一快速的专业性争端解决机制的特别需要。虽然从结果上，仅有极少数经争端解决委员会处理的职业足球劳动合同案件被上诉至国际体育仲裁院，且国际体育仲裁裁决最终接受司法检验的机会不多，但这表明法院的诉讼机制与足球行业纠纷解决机制在管辖问题上存在潜在的冲突。

---

[1] Janwillem Soek, "Termination of International Employment Agreements and the 'Just Cause' Concept in the Case Law of the FIFA Dispute Resolution Chamber", *The International Sports Law Journal*, Vol. (3-4), 2007: 30.

[2] DRC 1 March 2012, no. 3122113.

[3] 2012年版《体育仲裁法典》第R39条和R55条分别规定了普通程序和上诉程序中的自裁管辖权，即仲裁庭应就自身的管辖权作出裁决。除非存在要求中止程序的实质理由，否则无须顾忌此前由各国法院或其他仲裁庭就该当事人之间的相同事项进行的法律程序。

[4] CAS 2008/A/1517, Ionikos FC v. C., award of 23 February 2009.

## 第三节　涉外职业足球劳动合同争议中
## 实体法律适用的特殊性

区别于各国法院运用脱胎于萨维尼提出的法律关系本座说（Sitz des Rechtsver haltnisses）的冲突规范确定涉外民商事关系应适用的实体法规则，国际体育仲裁实践在面临涉外职业足球劳动合同争议的实体法律适用问题时，更多的是援用统一的行业规则。此类规则在理念上强调对职业足球劳动合同关系稳定性的维护，而不单保护作为劳动者的球员的利益。

### 一　涉外职业足球劳动合同争议中实体法律适用步骤的特殊性

就实体法律适用的步骤而言，当民商事争议存在涉外因素而与两个及以上的国家发生联系时，除非拥有被法院地国认可的国际民商事公约或国际商务惯例，其在国际私法的效果将会导致案件需要运用冲突规范，从上述国家法中作出选择，以确立应适用的法律。[1] 传统观点认为，合同应受自体法（proper law）支配，即首先适用当事人明确或意图选择的法律，以及在当事人没有选择也不能根据情况作出推断时，由法官根据最密切和最真实的联系这一客观标准选择法律。[2] 根据英国国际私法权威著作——《戴赛、莫里斯和科林斯论冲突法》，劳动合同的自体法在传统普通法中可以支配合同隐含的条款、员工是否有权继续留在雇主的经营场所，及获取工资和其他形式的补偿、解除通知是否生效，以及免责条款的有效性等诸多事项。[3]

区别于普通合同当中的选法意思自治，有关休息休假、法定经济补偿等劳动法规范根据自身性质和目的适用，构成潜在形态的直接适用的法。[4] 此

---

[1] 国际私法的功能在于确定一项法律规则所能延伸的领域，即主要以法律选择的方式解决各国法律的空间适用范围冲突。See James J. Fawcett, Cheshire, *North & Fawcett Private International Law*, Oxford: Oxford University Press, 2008, pp. 5 – 6.
[2] 〔英〕J. H. C. 莫里斯：《戴西和莫里斯论冲突法》（下），李双元等译，中国大百科全书出版社1998年版，第1114页。
[3] Lawrence Collins, et al., eds., *Dicey, Morris & Collins on the Conflict of Laws*, 15th ed., London: Sweet & Maxwell, 2012, p. 2023.
[4] 在欧盟法当中，根据1996年12月16日《欧盟议会和理事会第96/71/EC指令》第3条，有关最长工作和最短休息时间、最短带薪年假、最低工资、雇工条件、健康和安全条件、保护孕妇、产妇、儿童和年轻人的措施，以及包括男女平等在内的非歧视劳动措施都构成派遣目的国潜在的直接适用的法。

种实体法中的政策导向已经引起了冲突法层面的关注，甚至许多国家在设置劳动合同冲突规范时完全以保护劳动者的利益为己任。除了通过直接适用的法制度①援用之外，当前较为流行的立法模式是采取有利于弱者原则，即合同当事人选择的法律不得减损与劳动者存在密切联系的国家的强行法赋予他的权利。如《罗马条例Ⅰ》第 8 条规定，个体劳动合同当事人所选择的法律不得剥夺在他们没有选择时应适用的法律，即通常是劳动者惯常工作地②国法律中的强制规范对劳动者的保护；③ 另一种典型的立法模式是就偏向保护弱者一方的合同类型整体适用与之存在密切联系法域的法律，而一概否认双方当事人选法的效力，如前述《法律适用法》第 43 条。以上冲突规范的内容虽然存在差异，但该领域法律适用冲突的发生仍处于国家法层面。

而在职业足球领域，重要的不是案件根据冲突规范的指引应适用哪一国的法律，而是如何援用国际足联制定的规则。对全球统一规则的行业需要，使得该领域的法律适用更崇尚单一的选法方法。④ 与普通涉外民商事关系的实体法律适用步骤不同，由于竞赛活动的高度组织化，职业足球劳动合同涉及特别的法律适用冲突问题。国际足联关于涉外职业足球劳动合同争议解决的实体规则类似于国际私法当中的统一民商事实体公约，构成优于各国国内法适用的直接解决法律适用冲突的方法。无论根据《体育仲裁法典》中的选法规则还是《国际足联章程》对实体法律适用的要求，只有国际规则的内容存在不足时才需要瑞士法等国内法予以补充。反映在涉外职业足球劳动合同争议中，《国际足联球员身份和转会规则》和有关国家的劳动法之间的冲突无法回避，特别是出现职业足球劳动合同根据《国际足联球员身份和转会规则》无效而根据当事人选择的国家法有效的情形。为了实现足球领域的国际一致以及球员的有序流动，《国际足联球员身份和转会规则》构成最主要的案件裁判依据。

在国际足联争端解决委员会 2012 年 10 月 26 日的决定⑤中，足球俱乐部

---

① 如 1996 年《英国劳动权利法》第 204 条第 1 款规定，为本法适用之目的，个体劳动合同的自体法是否是英国或英国某一地区的法律并不重要。
② 自身的人格从属性、经济从属性以及继续性的属地性特征均导致劳动合同与工作地具有最密切联系。参见吴光平《即刻适用法与劳动法的直接适用》，《玄奘法律学报》2005 年第 4 期。
③ Louise Merrett, *Employment Contracts in Private International Law*, Oxford: Oxford University Press, 2011, p. 184.
④ Corina Louise Haemmerle, "Choice of Law in the Court of Arbitration for Sport: Overview, Critical Analysis and Potential Improvements", *The International Sports Law Journal*, 2013 (3–4): 314.
⑤ DRC 26 October 2012, no. 101211653.

## 第七章 涉外职业足球劳动合同争议中法律适用冲突问题的特殊性 155

辩称，根据所在地国 1967 年《解约法》，其有权在劳动合同确立的 12 个月试用期内单方解除合同。争端解决委员会则认为该法的适用缺乏客观标准，将导致不可接受的结果，即变相赋予俱乐部以单方解约权。根据契约必须信守这一一般法律原则，俱乐部须履行职业足球劳动合同下的义务。而在 2014 年 2 月 27 日的决定①中，由于当事人约定适用某国民法，俱乐部主张应根据该国法解决他们之间的合同争议。争端解决委员会强调国际足联的规则优于当事人选择的法律。出于足球行业的利益，足球劳动合同的解决应当基于统一的规则，如《国际足联球员身份和转会规则》，以及争端解决委员会在实践中确立的法理。以 2006/A/1180 案②为例，仲裁庭同样青睐《国际足联球员身份和转会规则》，而非当事人在合同中选择的国家法。其强调，当事人将劳动争议提交争端解决委员会解决而非向法院起诉，足以表明其希望案件适用国际足联的规章。

类似的是，国际足联争端解决委员会在审理国际性的足球劳动合同争议时，还会排斥当事人在合同中另行选择的国内足协制定的规则。③ 如在 2016 年 1 月 28 日的决定④中，其以《国际足联球员身份和转会规则》优于国内规则适用为由，否定了俱乐部以该国足协的特别规定作为其单方解除合同的正当事由。毕竟国际足联规则的宗旨在于为足球共同体之下的所有成员设置规范标准，这说明合同解除问题求助于统一的标准而非个别国家的规定才符合足球行业的利益。

即使在《国际足联球员身份和转会规则》的内容有所不足时，足球行业也极少援用冲突规范从各国法中作出选择，而更多求助于自身积累的裁判原理。对此，《国际足联章程》第 56 条第 2 款⑤给予瑞士法以补缺的地位，即在国际足联规则没有规定的情况下，国际体育仲裁院应附带适用瑞士法。具体到职业足球劳动合同领域，《国际足联球员身份和转会规则》第 25 条第 6 款在将国际足联的规则作为球员身份委员会、争端解决委员会及其独任裁判员的主要裁判依据的同时，还笼统地求助于所有国内层面的相关安排、法

---

① DRC 27 February 2014, no. 02142147.
② CAS 2006/A/1180, Galatasaray SK v. Frank Ribéry & Olympique de Marseille, award of 24 April 2007.
③ 关于国际规则和国内规则在国内合同层面的冲突，可参见第六章第二节的内容。
④ DRC 28 January 2016, no. 01163341.
⑤ 根据《国际足联章程》第 1 条第 1 款，国际足联是根据《瑞士民法典》第 60 条及下序条款在苏黎世商事登记处注册成立的社团组织。

律、集体谈判协议以及体育的特殊性。①

虽然上述规定赋予国家法以一定的适用资格，但其发挥作用仍为有限。如前所述，审理 2008/A/1705 案的仲裁庭认为，《国际足联章程》对瑞士法的援用不表明其希望过多地运用该法，瑞士法的作用仅在于填补国际足联规则的空缺，即为了实现对《国际足联球员身份和转会规则》的统一解释。② 如果此时仍不能解决案件争议，剩余的事项才存在由当事人选择的国家法支配的空间。③ 由此区别于国际私法选择法律的步骤，此种做法更能取得一致的裁判结果。

## 二 涉外职业足球劳动合同争议中实体法律适用理念的特殊性

无论采用何种立法模式，保护性强制规范都是一般领域的涉外劳动合同实体法律适用的重要考虑因素。与国家法偏重保护劳动者的理念不尽相同，《国际足联球员身份和转会规则》更加注重球员和俱乐部之间的利益平衡，特别强调维持劳动合同关系的稳定性，即只有在正当理由发生时才可以在不承担任何责任的前提下单方解除合同。长久以来，《国际足联球员身份和转会规则》自身并没有具体界定何为正当理由④，对此需要寻求瑞士法的帮助。在 2016/A/4569 案⑤中，独任仲裁员认为《国际足联球员身份和转会规则》第 13、14 条与瑞士法的内容一致。《瑞士债法典》第 334 条第 1 款规定，固定期劳动合同在合同期限届满时自动解除，当事人无须就此发出解除通知。而在约定的期限到来前，除非达成解除协议或存在《瑞士债法典》下的正当理由⑥，否则当事人不得单方解约。

《瑞士债法典》第 337 条第 2 款⑦规定，当出现一切解除合同的一方不能被善意地期待继续维持劳动关系的情况，即构成正当理由。由此正当理由仅

---

① 同样的规定可见《球员身份委员会及争端解决委员会程序规定》第 2 条"可适用的实体法"。
② 瑞士法在解决职业足球劳动合同争议中的适用还可参见第四章的内容。
③ Ulrich Haas, "Applicable Law in Football – related Disputes – The Relationship between the CAS Code, the FIFA Statutes and the Agreement of the Parties on the Application of National Law", *CAS Bulletin*, 2015（2）：17. 此种做法与《体育仲裁法典》第 R58 条的法律适用顺序有所差异。另外，此时能否适用当事人选择的国家法最终取决于其是否能达到仲裁庭希望的效果。
④ 直到 2018 年，《国际足联球员身份和转会规则》才将部分正当理由的情形具体化。
⑤ TAS 2016/A/4569, Abdelkarim Elmorabet c. Olympic Club Safi & Fédération Royale Marocaine de Football（FRMF）, sentence du 20 septembre 2016.
⑥ 类似的如《德国民法典》第 626 条第 1 款。
⑦ 第 1 款规定，在有正当理由的情况下，无论员工还是雇主都可以随时立即解除合同关系。当另一方以书面的方式要求时，解除合同的一方应给出理由。

仅在因对方的不履约而实质上剥夺了受害方根据合同的约定有权期待得到的利益时才会发生。就职业足球劳动合同而言，单纯违反合同条款的行为并不表明存在解除合同的正当理由，只有对方严重违反合同义务时，受害方才可以不需要作出警告而直接解除合同。[1] 然此种当即解除合同只能是一种例外情形，从而在一方的不当行为影响到当事人之间的共同信任时方能出现。[2] 以此实现职业足球劳动合同关系的稳定，尽量避免对正常的竞技秩序造成破坏。

根据《国际足联球员身份和转会规则》第 14 条的注解，如果违约的情形持续了较长的时间或者在一段时间内多次发生，则很有可能达到受害方单方解除合同的程度。以拖欠球员的薪金为例，欠薪原则上构成球员解除劳动合同的正当理由，但这并非绝对，而是要结合个案的情形进行判断。在该注解的示例中，当球员已经超过三个月没有收到工资，他向足球俱乐部指出违约行为而对方无动于衷时，才可以解除合同。

仲裁庭在 2006/A/1100 案[3]中认为，考虑到球员既往未表示过异议，俱乐部延期支付工资不属于球员解除合同的正当理由。如果其感觉此举严重影响其财务状况，则应基于善意原则向俱乐部发出警告，对欠薪行为予以沉默将被视为对俱乐部拖欠行为的接受。[4] 而在前述 2006/A/1180 案，仲裁庭明确了拖欠球员工资构成解除合同的正当理由需要满足两大条件：其一，所拖欠工资的数额应是实质性的，而非完全次要的；其二，作为解除合同的前提，球员必须就此发出警告，即引起俱乐部的注意，从而给予其合理补救的机会。2013/A/3309 案[5]的仲裁庭进一步认为，当上述条件没有满足且不能证明拖欠工资的行为将严重影响其生活状况，以至于其不能期待与俱乐部继续保持合同关系时，球员不得单方解除合同。

我国劳动立法对合同稳定性的关注程度明显不及足球领域的行业规则。首先，《劳动合同法》第 37 条赋予了劳动者提前 30 日[6]书面通知用人单位的法定解除权，这一点不能无差别地沿用至竞技足球领域；其次，虽然《劳动

---

[1] Ongaro Omar, "Maintenance of Contractual Stability between Professional Football Players and Clubs", *European Sports Law and Policy Bulletin*, 2011 (1): 33.
[2] CAS 2017/A/5402, Club Al-Taawoun v. Darije Kalezic, award of 7 June 2018.
[3] CAS 2006/A/1100, E. v. Club Gaziantepspor, award of 15 November 2006.
[4] Alexander Wild, *CAS and Football: Landmark Cases*, Hague: T. M. C. Asser Press, 2012, p. 64.
[5] CAS 2013/A/3309, FC Dynamo Kyiv v. Gerson Alencar de Lima Júnior & SC Braga, award of 22 January 2015.
[6] 如在试用期内，则劳动者可以提前 3 日通知用人单位解除劳动合同。

合同法》第 38 条第 1 款第 2 项将用人单位未及时足额支付劳动报酬作为劳动者行使解除权的情形，但它不需要裁判者对是否存在根本违约做过多的权衡。假设该法具有解决足球劳动争议的适用资格，则无须考虑拖欠数额的多少、时间的长短、出现的频率、球员是否作出反对表示等具体案情，一概构成球员解除合同的缘由。此种解除当事人劳动合同关系的做法不利于维持正常的足球行业秩序。更何况区别于整体工资水平较低的普通行业的劳动者，短暂的拖欠大多不会影响球员的基本生计，故二者在欠薪所能发生的合同效果问题上并非处于同一语境。

## 第四节　涉外职业足球劳动合同裁决的承认与执行的特殊性

同样区别于传统国际私法的实践，国际体育仲裁院以及国际足联争端解决委员会就涉外职业足球劳动合同争议作出的裁决一般无须求助于各国法院的承认与执行，而是利用行业内部的自执行机制。① 对此种变通的做法，瑞士联邦最高法院的态度较为包容。

### 一　裁决自执行机制的表现

作为当代国际私法的重要议题，由一国法院作出的涉外民商事判决在国外的承认与执行属于国际司法合作的范畴，于全球性的判决承认与执行公约尚未生效的情况下容易陷入僵局，特别在那些将证明存在互惠关系作为承认和执行外国法院判决前提的国家。② 基于成员国共同信赖（mutual trust）原则，欧盟《新布鲁塞尔条例Ⅰ》除了关注国际民商事案件的管辖权，对判决在联盟内部的承认和执行加以规定，并在该问题上予以包括劳动者在内的弱者一定程度的倾向性保护。③ 除此之外，即便在国际商事仲裁领域，被各国

---

① 这在形式上类似于中世纪商人法的实施。作为属人法，中世纪商人法在范围上适用于商人之间且由专门的商人法庭执行。此类法庭如意大利的行会法庭和英国的泥足法庭，在执行的模式上不采用暴力的手段，而是通过行业协会予以履行的压力。参见张晓东、董金鑫《现代商人法的性质和归属新论》，《江西社会科学》2010 年第 8 期。

② Béligh Elbalti, "Reciprocity and the Recognition and Enforcement of Foreign Judgments: A Lot of Bark but Not Much Bite", *Journal of Private International Law*, 2017（1）: 185.

③ Uglješa Grušić , "Recognition and Enforcement of Judgments in Employment Matters in EU Private International Law", *Journal of Private International Law*, 2016（3）: 529 ff.

第七章　涉外职业足球劳动合同争议中法律适用冲突问题的特殊性　159

广泛接受的《纽约公约》① 虽然为外国仲裁裁决的承认与执行提供很大的便利，但在具体运用时仍难免遭遇承认与执行地国法院以包括维护公共政策为由在内的司法审查，更何况劳动争议是否属于《纽约公约》的范围尚存疑义。毕竟根据公约第 5 条第 2 款 a 项，承认及执行地国的法院可以裁决的争议不具有可仲裁性为由拒绝协助。故即使存在有效的渠道，由于判决或裁决的承认与执行事关一国的司法主权，也是一件费时费力的事情。

国际体育仲裁院及国际足联争端解决委员会就涉外职业足球劳动合同争议作出的裁决或决定原则上不需要国家法院的协助，而是采取更为经济简便的自执行方式。② 首先，在宏观层面，此种执行通过作为国际足联会员的各国足协来完成。根据《国际足联章程》，各国足协应确保管辖范围内的组织和从业人员遵守国际体育仲裁裁决以及国际足联的决定。拒不遵守的将受到足协的相应制裁。③ 国际足联的行业规则具有强烈的属人法特性，可以通过社团管理权的行使限制成员的社员权利。这不仅针对作为直接成员的洲际足联以及各国足协，而且通过足协章程条文的有效援引对球员、俱乐部等间接成员也能发挥效力。

其次，具体到通过国际体育仲裁上诉程序及其前置程序解决的涉外职业足球劳动合同争议，如果当事人不主动履行相关裁决的内容，国际足联纪律委员会可以直接采取追加罚款、扣分等纪律处罚措施，甚至暂停或剥夺其参赛资格。对此，2011 年版《国际足联纪律准则》第 64 条第 1 款（2019 年版《国际足联纪律准则》第 15 条第 1 款）规定，凡球员、俱乐部存在拖欠款项或者不遵循裁决的情形，无论是基于国际足联机构的指令、决定还是作为其上诉机构的国际体育仲裁院④的仲裁裁决，都将被处以罚款。此外，国际足联机构将确定继续支付款项或者遵循裁决的最后期限。如当事人仍不履行义务，则会被处以扣分、降级或减少转会名额并追加处罚。⑤ 不过当债务人依

---

① 另外，虽然该公约的缔约国众多，但不能如同国际足联那样几乎涵盖世界上所有的国家和地区。
② Ulrich Haas, "The Enforcement of Football – related Arbitral Awards by the Court of Arbitration for Sport (CAS)", *Sweet & Maxwell International Sports Law Review*, 2014 (1): 12.
③ 《中国足协章程》落实了此项义务，但 2015 年版增加了不得违反我国有关法律法规的限制。
④ 自 2011 年 8 月 1 日开始，该条仅适用于国际体育仲裁上诉程序的裁决，即只有不履行此类裁决的当事人才能受到国际足联纪律委员会的处罚。FIFA Circular Letter no. 1270. 然而基于《国际足联章程》的如上规定，各国足协仍有义务要求所属成员尊重并履行所有的国际体育仲裁裁决。参见《亚足联章程》第 62 条、《中国足协章程》第 53 条。应注意的是，2019 年版《国际足联纪律准则》第 15 条再次将国际体育仲裁普通程序的裁决包含在内。
⑤ 各会员足协必须予以配合。如《关于对青岛中能足球俱乐部未执行国际足联裁决的处罚决定》，http://www.thecfa.cn/cftz/20190325/26587.html。

据相应的国内法进入破产程序时，根据 2011 年版《国际足联纪律准则》第 107 条 (2019 年版《国际足联纪律准则》第 55 条)，国际足联通常会终止执行程序。① 此时，由于债务人不再具有管理或处置其资产的能力，故不会因为无法遵守对其施加的支付义务而受到处罚。②

具体到拖欠款项的行为，2015 年版《国际足联球员身份和转会规则》新增第 12bis 条③对"逾期付款"（overdue payables）进行了特别规制，即俱乐部应当按照其与职业球员签订的劳动合同以及转会协议的条款向球员以及其他俱乐部履行金钱给付的义务。如果逾期支付不存在表面上的（prima facie）合同基础，任何逾期付款超过 30 日的俱乐部都应受到国际足联相应机构的制裁。④ 此种制裁的实施还须满足程序要求，即作为债权人的球员或其他俱乐部应书面通知债务人已经违约，而且还要给予其至少 10 日的最后期限以清偿债务。此类金钱债务的执行往往需要通过债务人所在的足协来具体实施。⑤ 如果一国足协执行不力，国际足联甚至会中止其会员资格。此时无论该国的国家队还是涉案的俱乐部都不能参与国际赛事。⑥ 通过此种连带责任机制以最大限度地保证涉外职业足球劳动合同争议裁决的顺利履行。

## 二　裁决自执行机制的审查

虽然作为公权力体现的强制执行能否由国际足联这一私人团体自行实施在实务界引发争议，但瑞士联邦最高法院对此持包容的态度，其司法审查的尺度较宽。在该院 2007 年审查 2006/A/1008 号国际体育仲裁裁决案时，某俱乐部诉称国际足联为了执行一项私法性质的金钱给付请求而对其施加以严厉制裁的做法触犯瑞士禁止私人强制执行的强行法规定，侵害国家的执行垄断权，从而违反《瑞士国际私法》第 190 条下的公共政策。瑞士联邦最高法院则认为，国际足联的"裁决"构成《瑞士民法典》第 70 条的社团处罚，

---

① CAS 2015/A/4162, Liga Deportiva Alajuelense v. FIFA, award of 3 February 2016.
② 2019 年版《国际足联纪律准则》还专门设置了体育继承人（sporting successor）承担责任的条款。其第 15 条"不遵守决定"第 4 款规定，不履行一方的体育继承人也应被视为不履行的一方，从而承担本条款规定的义务。关于评估一个实体是否被视为另一个实体的体育继承人的标准，除其他因素外，应包括其总部、名称、法律形式、球队颜色、球员、股东或利益相关者或所有权以及有关比赛的类别。
③ 另见《中国足协球员身份与转会管理规定》第 57 条，条文的内容有所出入。
④ 处罚的类型包括警告、通报、罚金以及禁止在转会匹配系统中完成新球员的注册。
⑤ 参见第十章第三节中德国法院审理的案件。
⑥ Suren Gomtsia, et al., Between the Green Pitch and the Red Tape: The Private Legal Order of FIFA, TILEC Discussion Paper No. 2017 - 003, https://papers.ssrn.com/soL3/papers.cfm? abstract_ id = 2903902.

不属于执行的范畴，在性质上类似于合同罚金。[①] 为了确保社团成员履行相应的义务，此类做法原则上符合瑞士法的要求。通过社团自治权的保驾护航，国际足联基于行业垄断地位"迫使"其管辖的成员"自愿"履行国际体育仲裁裁决[②]，只是此种自愿乃是球员、俱乐部参与有组织的竞技足球活动的必然结果。

然而一旦国际足联的处罚决定涉嫌损害球员的基本劳动权利，则有必要在遵循比例原则的基础上就保护球员权利与维护合同稳定的平衡进行个案评判，由此会遭遇司法审查。如前所述，瑞士联邦最高法院在 Matuzalem 案[③]中认定，因球员马图扎伦不向原俱乐部支付违约赔偿金而被国际足联纪律委员会施加以无限期禁赛的做法侵犯了球员的基本经济自由，进而借助国际公共政策撤销维持该处罚决定的国际体育仲裁裁决。[④] 该做法近乎于对国际足联执行规则[⑤]的合法性审查，以此推动职业球员个体劳动权利的保护。

## 第五节 涉外职业足球劳动合同争议中法律适用冲突问题特殊性的评价

在抽象层面，职业足球劳动合同发生的法律适用冲突问题存在特殊性乃是以属人法为特征的竞技体育行业自治的结果；在具体层面，则表现为争端解决机构和裁判适用规则之间存在明显的差异。此种法律适用冲突的妥善解决需要将足球行业规则和国家法结合，以此建构足球行业的跨国法规则。

### 一 涉外职业足球劳动合同争议中法律适用冲突问题特殊性的因由

涉外职业足球劳动合同争议中的法律适用冲突出现如上特殊性，与竞技足球运动的自治性、行业性和国际性密不可分。一方面，为实现足球运动组织化的目标，国际足联之类的体育治理组织拥有充分的行业自治权，尤其是

---

① Ulrich Haas, "The Enforcement of Football–related Arbitral Awards by the Court of Arbitration for Sport (CAS)", *Sweet & Maxwell International Sports Law Review*, 2014 (1): 14.
② Christophe Paulussen, et al., eds., *Fundamental Rights in International and European Law – Public and Private Law Perspectives*, Hague: T. M. C. Asser Press, 2016, p. 282.
③ FT, 4A_ 558/2010, Judgment of 27 March 2012.
④ 黄世席：《国际体育仲裁裁决的撤销与公共政策抗辩》，《法学评论》2013 年第 1 期。
⑤ 尤其是 2009 年版《国际足联纪律准则》第 64 条。

反映在组织内部的规则制定权、行政管理权以及纠纷裁决权之"三权分立"。[1] 这使得行业内争议的管辖、实体法律适用以及裁决的承认与执行更加整齐划一；另一方面，基于体育联赛的相互依赖性，竞技体育须维持具有势均力敌的竞争对手[2]，从而满足俱乐部之间竞争性平衡（competitive balance）[3] 的需要，以形成稳固的行业秩序。由此区别于一般的劳动立法，《国际足联球员身份和转会规则》兼具竞争监管和劳动监管的双重职责。

首先，统一的劳工政策有利于竞技足球运动的开展，而求助于不同国家的法律必然会阻碍球员跨国流动的有序进行。故在实体法律适用层面，为了实现职业足球劳动合同的稳定性，由国际足联所倡导的国际统一通行规则在适用步骤上不需要借助冲突规范从各国法当中作出选择，且在适用理念上与偏向于保护劳动者的劳动基准法存在一定的冲突；其次，此种特殊性与自治的争端解决机制不无关系。特别在管辖和执行等程序层面，竞技足球运动的高度组织化使得国际足联不仅负责足球竞赛中的纪律处罚，而且绝大多数情况下可以有效处理国际性的职业足球劳动合同争议，其组织规章带有明显的硬法特征，从而面临与各国法院的管辖和执行发生冲突的紧张关系。

就法律适用冲突在职业足球劳动合同领域与普通劳动合同领域二者的现实差异而言，一方面，争端解决机构不一，裁判适用规则不同，导致最终的审理结果各异；另一方面，理念与宗旨不同，前者偏向于足球行业秩序的维护，后者则更看重劳动者权益的保护。尽管在抽象层面上很难说孰是孰非，但具体落实到职业足球劳动合同领域，传统国际私法在实体法律适用上的多元性以及管辖和执行上的分散性，使得各国的劳动法和法院既无法全面调整职业足球劳动合同关系，又难以应对因领土分割造成的案件审理结果各异的局面。

故尽管与通常所说的国际私法针对的事项类似，但国际体育私法（private international sports law）或者体育领域的国际私法（private international law of sports）之类令人费解的名称并不适宜[4]，而应在法律多元主义的背景下彰显属于非国家法门类的跨国法（或曰全球法）在体育行业争议解决中的

---

[1] 张文闻、吴义华：《国际体育组织自治权的法理分析》，《武汉体育学院学报》2016 年第 8 期。

[2] 姜世波：《运动员操守条款的人权法审视》，《天津体育学院学报》2017 年第 5 期。

[3] 又称竞争均衡性，参见张辉、赵养清《中国、日本与欧洲职业足球联赛竞争均衡性研究》，《体育科学》2017 年第 3 期。

[4] James A. R. Nafziger, "Defining the Scope and Structure of International Sports Law: Four Conceptual Issues", *International Sports Law Journal*, 2011 (3-4): 15.

作用。此种跨国法并非由单一的国家制定,而是形成于全球化的社团、市场、职业共同体内部,无须国家强制力保证实施,其存在的基础在于私人秩序本身产生的自组织过程。[①] 为跨国竞技足球运动的有序开展,除了严重背离国家法秩序的例外情形,由国际足联主导的世界足球规则体系以及在国际体育仲裁实践中形成的裁判法理能够实现该领域的国际法律层面的治理,从而使得具有突出属人法特质的全球体育自治法有必要作为相对独立的法律部门。

## 二 涉外职业足球劳动合同争议中法律适用冲突问题特殊性的启示

体育自治的现实需要导致建构跨国民间法律秩序的全球体育自治法的勃兴,但这无法完全脱离国家法的监督。在竞技体育活动全面商业化的时代,全球体育自治法应更加具有行业针对性,尽量避免与国家法发生冲突,这也是体育自治得以维续的前提。就实体法而言,虽然为维护足球合同关系的稳定性,有关工资与工时、无固定期合同、预告解除等劳动法中的强制性规定不能一概准用于职业足球劳动合同领域,但这不意味着国际足联等主管机构可以为所欲为。从前面提到的瑞士联邦最高法院撤销国际体育仲裁裁决的实践看,当足球行业规则损害球员的基本权利时,则在当事人向法院提出申诉的情况下无法离开一国公共政策对其合理性的评判。

就程序法而言,为实现涉外职业足球劳动合同争议的统一处理,不仅当事人的仲裁合意只能是理论上的拟制,无论国际足联争端解决委员会还是国际体育仲裁院都表现出一定程度的强制管辖的特点,而且他们就足球劳动合同争议作出的裁决主要依靠社团处罚的自执行方式实施,不必借助国家法院的帮助。然而,当出现当事人意图脱离行业秩序的束缚而主动寻求司法救助的例外情形时,如何确保包括国际体育仲裁院在内的体育争端解决机构的独立公正性能够经受各国法院的司法审查,仍需要做系统权衡。

要强调的是,未来涉外职业足球劳动合同争议中的法律适用冲突的解决应重点关注国家法和法院如何承认竞技足球领域的行业秩序和竞争需要,以及体育争端解决机制如何加大对包括择业自由在内的球员基本劳动权利的保护。总之,在涉外职业足球劳动合同争议解决的过程中,应注意将足球行业规则与传统选法方法相结合,既要应对全球体育自治法和国家法在顺位层面上的法律适用冲突,又要解决各国劳动法在地域范围上的法律适用冲突,从

---

[①] 参见姜熙、龚正伟《"Lex Sportiva"基于与"Lex Mercatoria"类比的"全球法"属性探析》,《首都体育学院学报》2015年第6期。

而实现体育自治和国家管制的有机统一，以此在理论层面为跨国体育法学的开展提供契机。

## 本章小结

从国家法的角度，球员和俱乐部之间具有涉外因素的职业足球劳动合同本应属于传统国际私法调整的范畴。然而国际私法在管辖权上的龃龉不断、查证与适用外国法方面的烦琐，以及承认与执行机制的不畅，都难以应对职业足球劳动争议解决的特殊需要。故区别于普通的涉外民商事关系，涉外职业足球劳动合同争议中法律适用冲突问题的处理应彰显带有属人法性质的全球体育自治法的作用。

就涉外因素而言，竞技足球领域的"国家"是指构成国际足联成员的会员足协，且实践中更关注案件的跨国性而非宽泛的涉外因素，即隶属于不同足协的俱乐部之间的球员转会以及球员的体育国籍；就管辖权的确立而言，尽管理论上国际足联争端解决委员会没有否定法院管辖的可能，但只要不存在排他性的选择法院协议，其事实上不欢迎司法介入；就实体法律适用而言，为了实现合同的稳定性，足球劳动合同争议的解决主要适用国际足联制定的统一规则，冲突规范指引准据法的作用有限；就裁决的承认与执行而言，由于国际足联采用自执行的方式，其下属争端解决委员会的决定乃至国际体育仲裁裁决的执行一般不会寻求法院的协助。除非发生严重损害球员基本劳动权利的情形，否则此种做法会被视为社团自治的范畴，免于遭受各国法院的司法审查。

# 第八章 职业足球劳动合同解除争议中的法律适用冲突问题

从前文可以看出，因职业足球劳动合同解除发生的争议构成国际体育仲裁的重要案件类型。在实践中，除了合同期满终止、双方协议解除或一方当事人有正当理由解除合同的情况外①，包括球员有体育正当理由在内的单方解除都将会产生违约损害赔偿的后果。上述三种解约情形，就固定期合同届满解除②的争议较少，而其他两种情形则存在较为突出的行业规则和国家法之间的法律适用冲突。本章将从协议解除和有正当理由单方解除合同两方面对该领域的法律适用冲突问题作进一步的分析，以集中展现足球行业规则与国家法所发生的积极法律适用冲突。

## 第一节 职业足球劳动合同协议解除争议中的法律适用冲突

在竞技足球行业中，协议解除职业足球劳动合同关系的事例司空见惯。这既表现为常伴随着转会协议的合同履行过程中的协议解除，也可以是当事人在合同中预先约定解除情形。③ 由于后者更容易与国家法尤其是我国法产生冲突，而且为现有的研究所忽视④，以下作为论述的重点。

---

① 参见《国际足联球员身份和转会规则》第13、14条。
② 在中国法下这视为合同终止的情形之一，参见《劳动合同法》第40条。
③ 这获得了中国法的认可，参见《劳动合同法》第36条。
④ 朱文英：《劳动合同法视野下职业球员工作合同的解除》，《武汉体育学院学报》2009年第1期。

## 一 职业足球劳动合同协议解除争议中的法律适用冲突的特殊性

与普通劳动合同的协议解除相比，职业足球劳动合同存在特殊性。只要不造成缔约条件的失衡，国际体育仲裁的理论与实践允许当事人约定足球劳动合同的解除条件，从而经常与国家法特别是我国的劳动立法发生冲突。

（一）职业足球劳动合同协议解除争议特殊性的表现

区别于当事人在争议发生后为解除合同达成和解协议[①]时的对抗情形，作为人身隶属性的体现，在劳动合同订立时约定的解除条件往往更有利于用人单位，从而对弱势一方的劳动者十分不利。对此，《劳动合同法实施条例》改变了《劳动法》第 23 条的做法，其第 13 条明确规定用人单位与劳动者不得在《劳动合同法》第 44 条规定的劳动合同终止的情形之外约定其他的劳动合同终止条件。广义上讲，合同解除也是合同终止的类型。[②] 故无论基于我国劳动立法的目的，还是对《劳动合同法实施条例》的合理解释，都不难得出当事人在劳动合同中另行约定解除事由条款无效的结论。毕竟区别于普通的民事合同，劳动合同具有特殊性，这突出表现为双方缔约力量上的失衡，故其解除情形只能法定。

然而在竞技足球领域，职业足球劳动合同不同于普通的劳动合同而呈现出体育的特殊性。由于足球人口较少导致从业人员的替代性差、稀缺性高，故不宜照搬适用于劳动密集行业的法律规定。[③] 此种特殊性之上的特殊性并非简单地回归到合同法的基本原则当中，而是唯物辩证法中否定之否定规律式的发展。在球员和俱乐部能否约定合同解除问题上，《俱乐部工作合同要求》第 19 条第 6 款规定，在当事人约定的合同终止条件具备时合同自动终止。有所不同的是，国际体育仲裁实践虽然允许当事人约定足球劳动合同解除的条件，但并未一概拒绝或者承认此类条款的法律效力，而更加注重在个案中分析条款的适用对当事人特别是球员公平与否，即是否会造成合同条件的失衡。

以前文提及的 2015/A/4039 案为例，伊拉克人阿克拉姆曾是一名杰出的中场球员，其自 2014 年开始效力于时参加中超联赛的大连阿尔滨足球俱乐

---

[①] 不违反法律、行政法规的强制性规定，且不存在欺诈、胁迫或乘人之危情形，我国法院会认定此类协议有效。参见最高人民法院 2021 年《关于审理劳动争议案件适用法律问题的解释（一）》第 35 条。

[②] 参见《民法典》第 557 条第 2 款。

[③] 卢扬逊：《教练员合同解除问题研究——以国际体育仲裁院裁决为样本》，《武汉体育学院学报》2018 年第 1 期。

部。不久之后，他以俱乐部拖欠两个月的工资、签字费以及形象权使用费为由宣布解除合同，并主张包括合同剩余期间工资在内的违约损害赔偿。案件先由国际足联争端解决委员会审理，后上诉至国际体育仲裁院。由于工作合同规定球员只有在俱乐部延期支付工资超过 3 个月的情况下才有权解约，如果该条款有效，则球员的行为构成无正当理由解除合同。仲裁庭认为，根据国际体育仲裁先前裁决形成的法理，只有违约达到受害的一方无法善意地继续维持合同关系的程度其才可以解除合同。反映在拖欠工资问题上，《〈球员身份和转会规则〉注解》第 14.3 条认为原则上拖欠 3 个月的工资才构成球员解除合同的正当理由。该注解虽然不构成有约束力的法律渊源①，但在仲裁实践中可以为合同稳定性的判断提供指引。

更为重要的是，当事人就球员只有在拖欠工资超过 3 个月时才能解除合同的约定在 2019 年版《国际足联球员身份和转会规则》② 出台之前一直是有效的。首先，从经验看，作为曾经在多家亚洲足球俱乐部以及一家欧洲俱乐部效力的老牌球员，涉案球员在经纪人的帮助下与俱乐部磋商合同的具体条款，对谈判的过程有着充分的认知，理应了解合同的含义；其次，从当事人的合同关系及内容安排看，球员不仅对合同一分为二③的事实表示赞同，而且接受了在每个次月的 28 号而非当月月末支付报酬的条款。尽管他知道或应当知道此种做法不同寻常，却从未提出异议，这表明如上合同条款并非不公；最后，从中国足坛的缔约现状看，类似的条款在业内普遍存在，不免使人相信那些希望与中国俱乐部签订职业足球劳动合同的外籍球员应就此类条款所产生的效果事先进行法律咨询。

对于实践中俱乐部滥设履约宽限期的变通做法，《国际足联球员身份和转会规则》则不予认可。在 2006/A/1180 案④中，当事人在合同中约定当工资拖欠达到 90 日时球员可以告诉俱乐部经理，经理应在 10 日内予以解决。否则球员有权请求俱乐部处理，俱乐部应在 14 日内解决。如果在此期间仍不能妥善解决，球员可以在 3 日后解除合同。仲裁庭以该条款将维护合同稳定性的义务完全交由球员承担从而对球员不公平为由拒绝认可其效力。为从

---

① CAS 2012/A/2698, AS Denizlispor Kulübü Dernegi v. Wescley Pina Gonçalves, award of 28 November 2012.
② 在满足球员向俱乐部发出违约通知并给予其以充分履行支付义务的至少 15 日的最后期限的前提下，该版新增之第 14bis 条"因拖欠工资引发的有正当理由的合同解除"将俱乐部无故拖欠球员达到两个月的到期工资作为球员解除合同的正当理由。
③ 当事人同时签署了工作合同以及形象权使用协议。
④ CAS 2006/A/1180, Galatasaray SK v. Frank Ribéry & Olympique de Marseille, award of 24 April 2007.

根本上杜绝俱乐部通过设置履行宽限期的方式规避按期支付报酬的义务，2019年版《国际足联球员身份和转会规则》第18条新增第6款规定，给予俱乐部额外的时间向职业球员支付合同项下已到期款项的条款的效力不予承认。

（二）职业足球劳动合同协议解除争议的特殊性与国家法的冲突

反观中国的劳动法，当事人不仅无权约定立法中不存在的合同解除条件，也不得自行解释已有的法定单方解除条件的适用情形。仍以拖欠工资为例，作为劳动合同的共同特点，包括球员在内的劳动者出卖劳动力的主要目的在于获得相应的报酬，故用人单位欠薪的行为严重影响劳资关系的继续维持。然而，何种程度的拖欠将导致劳动者单方解除合同则有不同的认识。在职业足球劳动合同领域，《国际足联球员身份和转会规则》第14条的注解影响到中国足协规则以及行业内合同范本的制定，如原《中国足协球员身份及转会暂行规定》要求拖欠球员工资、奖金须在一年内累计达到3个月才能解除合同。作为对应，《中国足球超级联赛俱乐部运动员工作合同范本》第10条第3款第2项同样将俱乐部拖欠球员工资奖金超过3个月作为球员解除合同的情形之一。

即使目前《国际足联球员身份和转会规则》明确将俱乐部无故拖欠球员达到两个月的到期工资作为球员解除合同的情形，也无法从根本上解决这一矛盾。对于适用《劳动法》进行裁判的我国法院而言，无论是国际足联、中国足协的规则还是职业联赛中的工作合同范本，都只能通过当事人的约定发挥效力。此类条款有效的前提是不得违反法律、行政法规中的强制性规定，而《劳动合同法》和《劳动合同法实施条例》的相关规定皆属于这一范畴。具体而言，《劳动合同法》第38条第1款第2项明确了只要出现用人单位未及时足额支付劳动报酬的情形，劳动者即可以解除合同，这与足球行业规则存在明显的法律适用冲突。

虽然该条在我国司法实践中留有裁量的余地[①]，从而使得劳动合同的稳定程度有所提高，但无论如何要求必须达到两或三个月才能解约的做法不仅不利于维持劳动者的生计，而且在事实上不会产生任何的效果。[②] 在竞技足

---

① 一些地方性规定对作为解除劳动合同条件的拖欠工资的时间加以明确。如《深圳市员工工资支付条例》规定，用人单位应当按时、足额支付员工工资，至少每月向员工支付一次工资，工资支付周期不超过一个月的不得超过支付周期期满后第7日，因故不能在约定的工资支付日支付工资的，可以延长5日，因生产经营困难需延长5日以上的，应当征得本单位工会或者员工本人书面同意，但最多不得超过15日。故最长的拖欠不得超过22日。

② 毕竟劳动者可以援用《劳动合同法》第37条提前30日以书面通知的方式解除合同。

球行业，为了维护职业足球劳动合同的稳定性，实现球员的有序流动，却不能作此种严格解释。更何况球员高额比赛奖金的发生与否存在不确定性，使得俱乐部难以当即兑现，这反映了当下俱乐部运营中的普遍现状。退一步讲，即使在例外的情况下我国法院认为工资拖欠必须达到特定期限劳动者才可以解除合同，也并非是对当事人约定或者行业规定要求认可的结果，而只是对强行法的含义所作的个案解释。

## 二　职业足球劳动合同协议解除争议中的法律适用冲突的具体情形

根据竞技足球领域的国际体育仲裁实践，职业足球劳动合同的协议解除争议集中于买断条款、球队降级条款、试用期和约定预告解除条款等情形。[①] 在分析的过程中，应注意与我国法下的劳动合同法定解除条件进行比较，以着重明确法律适用冲突的表现。

（一）因买断条款引发的法律适用冲突

买断（buy - out）条款[②]涉及职业足球劳动合同协议解除的关键问题，在一定程度上特别容易与违约金（liquidated damages）和合同罚金（contractual penalty）条款相混淆。《国际足联球员身份和转会规则》对违约金条款的设置持肯定的态度。其第 17 条将当事人意思自治置于首要的地位，只有当合同不包含此类约定时，才可适用该条损害赔偿计算的客观依据。相反，《国际足联球员身份和转会规则》的正式文本并未出现买断条款的表述，而仅仅在注解中加以解释，即当事人可以在合同中约定球员向俱乐部支付特定的金额，以此作为球员解除合同时给予俱乐部的补偿。该条款的优势在于当事人在缔约之初可协商相应的金额，以便将之固定在合同当中。通过支付该笔金额，球员有权解除劳动合同，以此可以于合同有效期内随时解除合同关系而无须正当理由。即使合同的履行尚处于保护期内，球员也不会因此遭受体育制裁。

上述注解不构成正式的法源，故违约金条款和买断条款的区分仍有分歧。早期审理 2007/A/1359 案[③]的仲裁庭认为，《国际足联球员身份和转会

---

[①] 除此之外还存在其他类型的约定解除条款，如上海申花足球俱乐部曾面临一起将球员上场率作为约定解除条件而引发的争议。CAS 2005/A/840, P. v. Shanghai Shenhua SVA SMEG FC, award of 21 December 2005.

[②] 在球员交易当中还存在回购（buy - back）条款及再出售分成（sell - on）条款，应加以区分。

[③] CAS 2007/A/1359, FC Pyunik Yerevan v. E., AFC Rapid Bucaresti & FIFA, award of 26 May 2008.

规则》第 17 条下的当事人违约损害赔偿的约定即使定义为买断条款，只要预先确定当事人提前解除劳动关系应支付的金额，从法律的视角仍是指违约金条款。相反仲裁庭在 2015/A/4262 案①中认为，违约金条款设立的目的并非给予球员以解除合同的权利，而是设定球员解约发生的赔偿后果。该条款强调单方解除合同的球员所进行的赔偿，这与买断条款的情形完全不同。毕竟买断条款约定的金额乃是作为合同权利的解约权行使的对价，而非为了弥补损失。

单方无正当理由解除合同的球员要承担损害赔偿责任并可能遭受体育制裁，但不得责令其继续履行合同②，这是由劳动关系的人身属性造成的。③从法理上讲，用人单位对劳动者仅享有不完整的请求权，即无法借助司法而要求对方履行并强制实现该权利。④ 故仅就民事法律责任的承担方式而言，此种个人劳务的不能强制执行使得买断条款和违约金条款在事实效果上大致相当。那么判断构成违约金条款还是买断条款在实践中是否重要？答案是肯定的。如果合同履行期限已经处于保护期之外，则违约解除的球员不需要再受到体育制裁。其可以不顾那些数额高昂的买断条款而选择单方解除合同，此时只需承担根据《国际足联球员身份和转会规则》第 17 条下客观标准计算的更为利己的损害赔偿。相反，如果一项条款为违约金条款而非买断条款，则除非被认定为过高或过低，否则其将优于上述客观标准适用。

根据合同法的一般原理，二者的根本区别在于是否发生违约的情形。买断条款的实施会导致合同的合意解除，不构成一方单方违约，而是其行使选择权的结果；违约金条款的设置虽然出于阻却违约的目的，但其发挥作用的情形必然意味着违约行为已经发生。如不考虑实际履行的情形，此种区分在普通类型合同的解除上尚属于学理探讨，而在竞技足球领域则十分必要。这是因为球员在保护期内违约不仅须承担损害赔偿责任，还要面临四至六个月禁赛的体育制裁。⑤ 另外，理论层面对买断条款所确立的数额更加宽容，毕竟其构成合同解除的对价，只要是当事人真实的意思表示，原则上应予以承

---

① CAS 2015/A/4262, Pape Malickou Diakhaté v. Granada CF, Bursaspor Kulübü, Kayseri Erciyesspor & FIFA, award of 4 October 2016.
② CAS 2004/A/678, Apollon Kalamarias F. C. v. Oliveira Morais, order of provisional measures of 17 Auguest 2004.
③ 又如《民法典》第 580 条第 1 款规定，守约的一方不得要求履行债务标的不适于强制履行的非金钱债务。
④ 参见袁中华《劳动法上请求权体系之建构》，《环球法律评论》2020 年第 6 期。
⑤ 另外，根据《国际足联球员身份和转会规则》第 17 条第 2 款，球员加盟的新俱乐部原则上要承担连带责任。

认。违约金条款则不然，对于遵守损害填补与等价交换立法原则的国家，如果当事人约定的违约金过高或过低，法院或仲裁庭可以在实际损失基础上通过公平原则以及诚实信用原则加以调整。①

关于买断条款在《国际足联球员身份和转会规则》中的地位，仲裁庭在审理2016/A/4550案②时予以解答。即俱乐部通过买断条款接受了合同可以提前解除的请求，球员据此事后解除合同应视为双方当事人事先达成的合意条件的满足，故此买断条款的实施乃是合同到期前约定解除这一特别情形发生的前提，不属于球员无正当理由解除合同的范畴。不过，买断条款的大增仍引发业内的担忧。③虽然球员通过实施买断条款可以免于遭受保护期内的体育制裁，但如果数额过高的话将对球员的转会造成过分的不便利。更何况它不同于俱乐部之间达成的转会协议④中的对价条款，在功能和效果上仍类似于违约金条款，容易损害作为弱势一方的球员利益。

对买断条款的规制有必要在判断违约金条款效力的基础上继续探讨。目前职业足球劳动合同中的违约金条款的争议集中于两个方面。其一，该条款是否要求在当事人之间是互惠的。与国际足联争端解决委员会严格遵循平等原则的看法不同⑤，国际体育仲裁更倾向于认同当事人在此问题上的合同安排。在2013/A/3411案⑥中，仲裁庭中认为违约金条款可以仅规定一方违约所应承担的损害赔偿责任。首先，当事人关于违反合同应支付赔偿的约定包含受约束的主体、违约金确定的方式、触发支付义务的条件，以及确定的合同赔偿标准等违约金条款的所有要件；其次，无论《瑞士债法典》第160条还是《国际足联球员身份和转会规则》，都没有基于效力或可执行问题要求此类条款遵循对等原则，即在当事人之间发生相互作用（reciprocal）。

---

① 参见《民法典》第585条、原《〈合同法〉解释（二）》第29条。
② CAS 2016/A/4550，Darwin Zamir Andrade Marmolejo v. Club Deportivo La Equidad Seguros S. A. & FIFA；CAS 2016/A/4576，Újpest 1885 FC v. FIFA，award of 24 November 2016.
③ 有学者认为，此类条款会导致球员不忠诚、加剧竞争性垄断、损害长期合同的目的、放纵体育的过度商业化。Mark Giancaspro, "Buy – out Clauses in Professional Football Player Contracts: Questions of Legality and Integrity", The International Sports Law Journal, 2016 (1 – 2): 22.
④ 转会协议是转出俱乐部向转入俱乐部让渡职业球员的竞技能力和其他人力资本价值，并收取一定的转会费作为对价的合同。李宗辉：《职业运动员转会中的法律问题探析》，《天津体育学院学报》2015年第4期。
⑤ CAS 2015/A/4067，4068，Valeri Bozhinov & PFC Levski Sofia v. Sporting Clube de Portugal, award of 30 June 2016.
⑥ CAS 2013/A/3411，Al Gharafa S. C. & Mark Bresciano v. Al Nasr S. C. & FIFA，award of 9 May 2014.

其二，所设置的金额是否过高而需要加以调整。在 2015/A/4262 案①中，仲裁庭认为，违约金条款的是否有效取决于赔偿的数额与合同准据法能否成比例。作为一项公共政策，综合《瑞士债法典》第 163 条第 1、3 款的规定，当事人双方可以自行决定违约金的数额，但在过高的情况下法院有权酌情降低。此时通常需要综合考虑协议的性质和期限、违约的程度、债务人的职业背景以及违约金的设置目的等因素。该案的违约金无疑过高，这不仅在于为期 5 年的合同仅仅剩下两年没有履行，还在于当事人设置的违约金条款是为了弥补俱乐部因球员违约所遭受的损失。另外，高达 1500 万欧元的违约金超过球员年薪的 30 倍，是俱乐部支付转会费的 3 倍多，更是转会费尚未分摊部分的 8 倍。

这表明国际足联争端解决委员会对违约金的对等要求缺乏充分的法理基础，应当分析违约金条款对违约方而言是否过高，以及此情况出现时如何根据个案的情形相应地予以减少。然而当合同中约定俱乐部单方解除时，支付的违约金远远低于球员违约应承担的数额，如球员在违约解除时需赔付合同的全部价值，俱乐部则仅需支付球员在该赛季的剩余工资②，则仍有必要拒绝承认此类条款的效力。当然，是否可以将规范违约金条款的实践直接延伸至买断条款仍有待于国际体育仲裁未来的检验。

关于各国对待买断条款的态度，《西班牙第 1006/1985 号皇家法令》(*Spain Real Decreto 1006/1985*)③ 等一些国家的法律明确规定体育劳动合同中必须包含买断条款，而没有专门立法的国家则多认为此类条款与劳动法中的强制性规定不符。④ 买断条款看似不同于劳动立法所限制采用的违约金条款，但细究起来由于其能变相达到规定违约金的效果，故在竞技足球领域原则上，有效的买断条款也会面临国家法的质疑。

就中国在该问题上的立场，应重点关注劳动法中的强制性规定。首先，

---

① CAS 2015/A/4262, Pape Malickou Diakhaté v. Granada CF, Bursaspor Kulübü, Kayseri Erciyesspor & FIFA, award of 4 October 2016.

② DRC 28 January 2016, no. 01163341. 当上诉至国际体育仲裁院，仲裁庭同样以违反义务对等从而有损合同稳定性为由否定了违约金条款的效力。Lucien W. Valloni & Stéphanie Oneyser, Player Contracts: How Contractual Stability can Override a Liquidated Damages Clause, https://www.lawinsport.com/topics/articles/item/player-contracts-how-contractual-stability-can-override-a-liquidated-damages-clause.

③ Real Decreto 1006/1985, de 26 de junio, por el que se regula la relación laboral especial de los deportistas profesionales, https://www.boe.es/diario_boe/txt.php?id=BOE-A-1985-12313. Also see Juan de Dios Crepo Perez, Employment Relationships at National Level: Spain, European Sports Law and Policy Bulletin, 2014 (1): 367 ff.

④ 参见《国际足联球员身份和转会规则》第 17 条的注解。

与《民法典》第562条第2款允许缔约方约定合同的解除条件不同，特别法另有规定的《劳动合同法》并未存在对应的规定；其次，区别于《民法典》第585条、《瑞士债法典》第163条没有限制违约金适用的合同类型，除接受专业技术培训的劳动者违反服务期约定[①]和为保护商业秘密时设置的竞业限制情形外，《劳动合同法》第25条强调用人单位不得与劳动者约定由劳动者承担违约金。既然买断条款对合同的约定解除是以球员给付为内容，此种通过支付对价方式获得的解约权能否被视作变相由劳动者承担违约金？这直接关系到承认买断条款的行业实践是否与中国劳动法相冲突。由于以金钱给付为代价的解约条款与违约金条款在事实上能够起到类似的效果，故除非买断条款最终为俱乐部之间达成的转会协议所肯定，从而使球员在该条款下的经济负担为新雇主承担，否则此类条款因违反偏重于保护劳动者的精神而存在被我国法院认定为无效的风险。

（二）因球队降级条款引发的法律适用冲突

出于赛事竞技性的需要，各国职业足球联赛一般拥有多个级别的竞赛体系，并实行升降级制度。当球队因战绩不佳、违规违纪等缘故惨遭降级，不仅因球市萎缩、商业冠名和广告赞助及赛事转播权出售减少造成俱乐部的财政收入锐减，同时也给有潜力的球员未来的职业前景蒙上阴影。故为了双方的共同利益，当事人可以就球队降级对职业足球劳动合同效力的影响提前作出适当的安排。

在2016/A/4549案[②]中，当事人在合同中约定如果球队降级则俱乐部有权解雇球员，而且不需要赔偿。仲裁庭认为降级条款的效力应当个别认定，根据具体的内容区分对待。如果降级条款规定在球队降级时合同关系自动解除或者给予双方以平等解除合同的选择权，则此种保护当事人共同利益的约定可以接受；反之，旨在使俱乐部在球队降级的情况下拥有是否解除劳动关系的自由裁量权的降级条款则不保护球员已获得的实质利益，而仅对俱乐部一方有利，其效力不应得到认可。

在2008/A/1447案[③]中，仲裁庭认为，考虑到球员职业生涯的短暂以及个人的就业机会和市场价值会因为球队降级受到影响，降级条款确有存在的必要。仲裁庭认同国际足联争端解决委员会对该问题的看法，即只要不属于

---

① 有学者将训练补偿作为此种专项技术培训的表现。参见李宗辉《职业运动员转会中的法律问题探析》，《天津体育学院学报》2015年第4期。然二者不仅在内容及支付主体上不一致，而且并非所有的职业球员都会发生训练补偿。

② CAS 2016/A/4549, Aris Limassol FC v. Carl Lombé, award of 4 November 2016.

③ CAS 2008/A/1447, E. v. Diyarbakirspor, award of 29 August 2008.

主观任意性的条件，当事人可以约定固定期合同在某些条件成熟时预先解除。无论球员还是俱乐部都会避免球队降级，降级仅仅因为偶然而意外发生，并不取决于当事人的意志。故如果此时表明只有俱乐部可以决定是否解除合同，则此类对球员明显不利的条款将会使得劳动合同关系失去平衡，无承认的必要。

涉及中国足球俱乐部的 2016/A/4875 案①虽然没有直接出现球队降级问题，但存在类似的争议。辽宁足球俱乐部和某外籍球员的合同包含如下解除条款。对俱乐部而言，如果俱乐部在 2016 赛季不希望增加投资、追求更好的联赛名次，则其可以于 2015 年 12 月 31 日之前书面通知球员不再履行合同。由此作为自由球员可以转会至其他俱乐部，合同自动无效。俱乐部不需要以任何名义支付补偿金，2016 赛季的合同条款不再有效。对球员而言，未经俱乐部允许，球员在合同期内无论以何种理由取消或解除合同，都应当支付 200 万美元作为罚金。仲裁庭认定俱乐部书面通知解除的行为构成违约。原因在于，不追求更好的名次的发生完全取决于俱乐部的主观意愿，且不需要向球员支付补偿；反之，球员在选择解除合同时则要付出高昂的代价。总之，俱乐部起草的合同条款使得其处于绝对有利的位置，这对球员而言显然不公。

我国法未具体考虑球队降级对足球劳动合同履行的影响。《劳动合同法》第 40 条第 3 项将合同订立时所依据的客观情况发生重大变化致使合同无法履行，作为用人单位在满足提前 30 日以书面形式通知劳动者或者额外支付劳动者一个月工资条件下解除合同的情形。根据该法第 41 条的解释，此种客观情况包括破产重组、生产经营发生严重困难、企业转产、重大技术革新或者经营方式调整等情形，与球队的降级不完全吻合。毕竟此时俱乐部的经营状况并非一定会出现困难，而且球员仍可以延续职业生涯，选择继续为该俱乐部效力。然而考虑到球队降级对球员和俱乐部双方都将产生不良的影响，特别是低级别的联赛会降低球员的竞技水准，影响俱乐部的财务收支平衡，降级条款存在解释适用的空间。

（三）因试用期和约定预告解除条款引发的法律适用冲突

合同试用期条款在竞技足球行业中难有生存的土壤。考虑到转会窗制度对球员自由流动的限制，如果在合同中约定试用期，则被解聘的球员可能面临无球可踢的困境。这不仅会波及球员的经济收入、导致竞技状态的下滑，甚至可能以此终结本就十分短暂的职业生涯。在实践中，尽管国际足联争端

---

① CAS 2016/A/4875, Liaoning Football Club v. Erik Cosmin Bicfalvi, award of 15 May 2017.

解决委员会曾于2005年3月11日的决定①中承认了试用期条款的效力,但此类条款在更多情况下被认定为无效,不应推崇。试用期条款往往有利于拥有强大谈判能力的俱乐部,而且与《国际足联球员身份和转会规则》维持合同稳定性的宗旨相违背。②即便球员和俱乐部在此期限内都有权解除合同也不能改变这一状况,毕竟球员寻找新的俱乐部会更为困难。当然,如果此类条款赋予球员在此期间内的单方解除权,则不妨碍做出对球员有利的解释。

与试用期条款类似的是约定预告解除条款,即当事人约定一方或双方在满足通知期要求的前提下可以解除合同。应该说预告解除主要针对无固定期劳动合同的解除而言③,在普遍采用固定期合同的竞技足球领域并不适宜。不过,国际足联2008年11月下发的《职业球员合同最低要求》认为,球员和俱乐部应享有提前解除合同的平等权利,此种条款的效力在国际体育仲裁实践中也有被承认的案例。在争端解决委员会2006年11月21日的决定④中,涉案的约定预告解除条款赋予双方当事人以提前30日通知的方式解除合同的权利。俱乐部解除合同并不妨碍球员保有已经获得的签字费和工资,而且其还能获得通知期内的额外一个月的工资。基于以上情况,争端解决委员会认可了该条款的效力。故在约定预告解除条款能够确保双方当事人有同等解除合同的机会,且行使权利的一方给予对方以补偿的前提下,此类条款的效力存在承认的空间。⑤

另外,如果预告解除仅为球员一方享有且此时伴随着俱乐部违约的情形,则其同样有机会得到认可。在2015/A/4083案⑥中,虽然俱乐部拖欠一个月工资并不构成《国际足联球员身份和转会规则》下的球员解除合同的正当理由,但当事人约定球员有权以提前一个月通知的方式解除合同。仲裁庭认为约定预告解除条款原则上与足球行业的实际不符,但其源于俱乐部所在地足协的标准合同范本,故对它的效力加以确认。

在中国法下,为劳动者确立试用期仅仅是当事人特别约定的结果,并非一项法定要求。为防止用人单位以此损害劳动者的基本权益,立法对此类条款的设置有着非常严格的约束性条件,这反映在试用期的长度、次数、适用

---

① DRC 11 March 2005, no. 35174.
② DRC 27 April 2006, no. 461021.
③ 参见第六章第三节关于瑞士法规定的内容。
④ DRC 21 November 2006, no. 116218.
⑤ Frans de Weger, *The Jurisprudence of the FIFA Dispute Resolution Chamber*, T. M. C. Asser Press, 2016, p. 208. 而那些规定劳动合同可以随时无正当理由任意解除的协议因缺乏客观的标准,根据瑞士法注定无效。CAS 2008/A/1517, Ionikos FC v. C., award of 23 February 2009.
⑥ CAS 2015/A/4083, Hønefoss Ballklubb v. Heiner Mora Mora & Belén FC, award of 6 April 2016.

的合同类型、工资标准等诸多方面。① 然而区别于国际体育仲裁实践,此种试用期条款在合同解除问题上仍更加有利于用人单位,如《劳动合同法》第39条第1项将劳动者在试用期间不符合录用条件作为用人单位解除合同的法定情形。② 而在竞技足球行业,为了平衡球员和俱乐部之间的关系,判断球员是否满足球队的需要应通过签约前的试训完成。

关于法定预告解除的情形,除多次提到的劳动者可以提前30日通知解除外,用人单位基于特定事由的发生也可以提前30日或于支付额外一个月工资的情况下解除合同。与国际体育仲裁实践不同,上述规定并不需要在当事人之间发生相互作用。总之,由于我国劳动法的刚性要求,一旦职业足球劳动合同包含与上述法定情形不同的约定预告解除条款,则体育的特殊性无法获得法院的认可。

## 第二节 职业足球劳动合同单方解除争议中的法律适用冲突

职业足球劳动合同的单方解除也存在大量的争议与法律适用冲突。要说明的是,能否单方解除的关键在于其是否具有正当理由。③ 有正当理由解除合同的,不构成违约,且往往是对方违约;无正当理由解除合同的,本身就是违约。当事人违约的后果不仅要承担损害赔偿责任,如发生在合同保护期之内,还要遭受体育制裁。考虑到前文已经对正当理由的基本概念作了介绍,以下将分别从球员和俱乐部有正当理由单方解除职业足球劳动合同两方面出发,分析该领域可能存在的法律适用冲突。

### 一 球员单方解除职业足球劳动合同争议中的法律适用冲突

除了俱乐部严重拖欠球员薪金④以及类似的欠缴保险费⑤之外,在国际

---

① 参见《劳动合同法》第19条至21条的规定。
② 对劳动者而言,有利的条件仅仅为在试用期内单方解除合同相较正式劳动合同中单方解除合同提前通知的期由由30日缩短为3日。
③ 虽然当事人可以就此问题在合同中加以明确,但由于正当理由在一方当事人根本违约的情况下出现,当然不包括前述共同约定的协议解除条件成就时所发生的解约情形。
④ 由于前文对因球员欠薪发生的单方解除作了充分的论述,本节不再赘述。
⑤ 此种欠缴无可争议地构成球员可以单方解除合同的情形。参见《劳动合同法》第38条第1款第3项、《俱乐部工作合同要求》第19条第4款第3项以及所附《俱乐部工作合同范本》第9条第4款第3项。

体育仲裁实践中发生的球员单方解除职业足球劳动合同争议还包括俱乐部的不予注册、工资的过度扣除、训练条件的不足等情形。

(一) 俱乐部的不予注册

尽管大多数劳动关系的雇主在满足支付约定报酬的前提下并无为员工提供具体工作的义务，然而如球员之类特殊行业的劳动者，则需要向公众展示其才华的舞台。[1] 故俱乐部为职业球员在所在足协注册并报名参加联赛对球员意义重大，事关其是否具有上场比赛的资格。[2] 如果因政策法规的变化等不可抗力因素造成球员无法注册或丧失报名机会，则职业足球劳动合同的效力将终止。反之，此种情况的发生若可以归咎于俱乐部，则球员存在解除合同的正当理由。

在 2015/A/4122 案[3]中，俱乐部单方将球员从国际足联转会匹配系统（Transfer Matching System, TMS）[4] 中注销，从而无法完成注册。仲裁庭认为，根据《国际足联球员身份和转会规则》第 5 条第 1 款，只有注册球员才可以为俱乐部效力，参加一国足协组织的赛事。而第 11 条进一步强调，如没有在足协注册的球员出现在俱乐部的正式比赛当中，则属于非法。俱乐部的此举将剥夺球员参加任何正式比赛的机会，以此损害职业球员参与高水平比赛的基本权利，其在事实上等同于无正当理由解除合同。相反，如果俱乐部仅仅在短暂的时间内禁止球员随队训练或者上场，则不会产生此种效果。在 2015/A/4083 案[5]中，仲裁庭认为，球队基于纪律处罚的目的禁止球员在两周内随队训练或比赛的做法不足以构成球员解除合同的正当理由，特别当球员未向俱乐部表示该行为构成违约或者其已经提交道歉信并随后恢复了训练。

此处的注册不仅是球员于所属足协的注册[6]，还包括参加联赛的报名，即便已完成注册而未进行赛季报名的球员可以参加一国联赛之外的正式比

---

[1] Hayden Opie & Graham F. Smith, "Professional Team Sports and Employment Law in Australia: From Individualism to Collective Labour Relations", *Marq. Sports LJ*, 1991 (2): 233.
[2] 除非能证明俱乐部恶意雪藏，以此构成逼迫球员转会或作其他让步的滥用行为，否则单纯不让球员上场参加正式比赛并非球员解除合同的正当理由。
[3] CAS 2015/A/4122, Al Shaab FC v. Aymard Guirie, award of 26 August 2016.
[4] 根据《国际足联球员身份和转会规则》附件三第 3 条第 1 款规定，转会匹配系统旨在确保足球管理部门对国际球员转会的细节拥有更多的了解。这将增加具体交易的透明度，从而改善整个转会体系的诚信性和持续性。
[5] CAS 2015/A/4083, Hønefoss Ballklubb v. Heiner Mora Mora & Belén FC, award of 6 April 2016.
[6] 《中国足协注册管理规定》第 25 条规定，球员参加中国足协组织的足球比赛，必须在中国足协注册或备案。

赛。在 2013/A/3091 等系列案①中，球员因俱乐部所在联赛对外援数量的限制而被取消报名。仲裁庭认为，球员在劳动合同下的基本权利不仅指及时地获取劳动报酬，还包括拥有在球队的正式比赛中与队友同场竞技的机会。当俱乐部在一段时间内取消球员的报名，其乃是以绝对的方式完全剥夺该球员参与竞赛的潜在可能，从而侵犯球员的基本权利。故该行为构成违约，这事实上妨碍了球员为俱乐部效力。剥夺上场资格的做法还被视为侵犯具有商业化利益的人格权在体育行业中的体现。仲裁庭在 2016/A/4560 案②中认为，根据普遍接受的法理，人格权适用于体育世界。对运动员而言，尤其应通过包括体育活动、职业自由以及经济自由的方式发展和实现人格权。毕竟不积极参与竞赛的运动员将在市场当中贬值而且减少未来的职业机会，可以说运动员拥有发展职业的权利。

在国际体育仲裁实践中，俱乐部取消注册能否构成球员解除合同的正当理由还受制于具体的案情。同样在 2013/A/3091 案，仲裁庭最终认定球员无权解除合同。原因在于，球员不仅在被取消注册后仍参加球队的比赛训练，即于相当长的一段时间选择履行合同，而且在此期间内还继续从俱乐部支取工资。不同于拖欠薪金，俱乐部取消注册的行为虽然对球员实现自身的体育价值影响重大，但毕竟没有直接威胁到其获得报酬的劳动权利。特别对那些未来前景不明朗或者处于职业生涯末期的球员而言，继续执行剩余期限的合同或许是更为明智的选择。故当球员通过事后的履行行为对俱乐部的违约做法表示接受时，其将丧失获得救济的权利。

在中国法下，《劳动合同法》第 38 条并未将俱乐部取消球员注册作为球员立即解除合同的法定情形。该条乃是封闭性列举的规定，不存在扩张解释的可能。此时除非伴随着拖欠工资、欠缴社保、违反约定的劳动保护或劳动条件等法定解除情形，否则球员不得单方解除合同，体现体育特殊性的球员职业发展权在我国法面前难以彰显。

（二）工资的过度扣除

球员有时会因为违纪行为给俱乐部造成损失。如果俱乐部希望继续履行

---

① CAS 2013/A/3091, FC Nantes v. FIFA & Al Nasr Sports Club; CAS 2013/A/3092, Ismaël Bangoura v. Al Nasr Sports Club & FIFA & CAS; 2013/A/3093, Al Nasr Sports Club v. Ismaël Bangoura, award of 2 July 2013.

② CAS 2016/A/4560, Al Arabi SC Kuwait v. Papa Khalifa Sankaré & Asteras Tripolis FC, award of 25 April 2017.

劳动合同，则会对之施加以罚款①或其他的处罚。此种处罚如与球员不当行为的严重程度成比例，则俱乐部的做法并无不妥之处。② 罚款往往从球员的薪金当中扣除，当扣除持续的时间较长、数额较大时，球员会以此为由主张解除合同。在 2010/O/2132 案③中，某球员和一家乌克兰足球俱乐部签署了为期 4 年的合同，其约定如果俱乐部在合同生效后的头两年内没有转让该球员，则当事人有权以相同的条件续签一份为期 3 年的合同。如球员此时拒绝续约，则应以约定的第 5 年的全部工资向俱乐部作出赔偿。由于球员拒绝俱乐部按照合同行使延期选择权，俱乐部将球员第 5 年的工资平摊到剩余的原合同期限内加以扣除。

球员拒绝延期的行为构成违约，从而需要对俱乐部进行赔偿④，然而就俱乐部扣除工资是否失范、能否构成球员解除合同的正当理由值得探讨。仲裁庭认为，俱乐部的做法满足《瑞士债法典》第 120 条第 1 款关于互负到期金钱债务抵消的规定，有权通过此种方式弥补因球员违约遭受的损失。更何况扣除的比例没有超过瑞士法的限制，根据《瑞士债法典》第 323b 条第 2 款的适当解释，除因故意造成的损害赔偿请求的抵消外，作为债权和到期工资抵消的扣除部分应当在维持劳动者最低生活的工资范围之上。⑤ 涉案球员没有主张剩余的工资不足以维持其基本生活，然进一步分析却耐人寻味。尽管扣除后的每月收入仍超过乌克兰当地居民的平均工资，但作为职业球员其无疑较当地的一般民众要支出更高的生活成本。有评论指出，如果球员指出因为工资扣除使得其由于债务或贷款的累积而发生经济困难，则仲裁庭有可能会认定俱乐部扣除工资的行为是不可接受的。⑥ 故考虑竞技足球的特殊性，比例原则仍有运用的空间。

---

① 根据《国际足联球员身份和转会规则》第 14 条的注解，当球员对俱乐部或队友表示不合作的态度，至少在开始阶段，可以根据俱乐部的内部规章对其进行批评教育或者罚款作为处罚。只有屡教不改时，才可以考虑解除合同。
② Janwillem Soek, "Termination of International Employment Agreements and the 'Just Cause' Concept in the Case Law of the FIFA Dispute Resolution Chamber", *The International Sports Law Journal*, Vol. (3-4), 2007: 37.
③ CAS 2010/O/2132, Shakhtar Donetsk v. Ilson Pereira Dias Junior, award of 28 September 2011.
④ 此种双方都有权行使的延期选择权不同于第九章中的单方延期选择权条款的情形。
⑤ 另外，根据《瑞士债法典》第 323a 条，雇主在双方有约定、依照习惯、标准劳动合同或集体合同有规定时，可以扣除工资。除了标准劳动合同或集体合同另有规定外，每次扣除的工资不得超过支付日应支付工资的十分之一或一个星期的工资，以此作为劳动关系期间所生债权的保全。
⑥ Adam Whyte Abogado, "Contract Termination under FIFA's Article 17: Ilsinho Case", *World Sports Law Report*, 2011 (11): 13.

根据《劳动法》第 50 条，用人单位不得克扣或无故拖欠劳动者的工资，但因劳动者的违约行为或者违反用人单位规章制度的原因造成损失的可以扣除工资的方式赔偿。① 此种做法有较为严格的限制，即每月扣除的部分不得超过劳动者当月工资的 20%。② 如果足球行业严格准用这一规范，则球员一般不会借此解除合同。又何况考虑到《劳动合同法》中劳动者预告解除权的存在，故尽管俱乐部对违纪球员施加以高额的罚金乃至停发工资往往会在中国足坛引起热议③，但此时过分的工资扣除能否导致球员单方解除合同在法律层面下并未产生太大的争议。然而在新冠疫情暴发的背景下，中国足协在 2020 年 5 月发布了《关于男足职业俱乐部与所属球员、教练员合理调整薪酬、共克时艰的倡议书》，其允许俱乐部在特定情况下单方作出调整。尽管国际足联对中国足协的抗疫工作与安排表示支持，但该倡议书本身不构成裁决相关争议时的依据。如果我国俱乐部存在对球员工资的扣除违反上述比例性原则的做法，则特别在涉及拥有向国际足联提起争端解决权利的外援时，存在球员以此为由单方解除合同的风险。

（三）训练条件的不足

为球员提供良好的训练条件不仅表现为当事人在合同中的特别约定④，也是维持和谐的职业足球劳动关系的应有之义。当训练条件不足时，由此造成的球员竞技状态下滑不仅会影响其在赛场上的发挥，而且对球员未来的发展产生负面作用，故构成球员解除合同正当理由的事由。⑤ 在 2014/A/3525 案⑥，就长春亚泰足球俱乐部无正当理由解除塞尔维亚籍外援马科尔·柳宾科维奇的工作合同争议，仲裁庭认为，作为足球劳动关系的实质内容，不仅球员需要保持良好健康的体能状态，而且俱乐部需要为之提供相应的训练条件和医疗保障。后者既有助于球员履行合同项下的义务，又为职业球员能在

---

① 此处还隐含了一个法律冲突，学理和实践倾向于认为用人单位规章制度或员工手册中规定的罚款并无法律依据。与解除劳动合同的违约金类似，此种因违反用人单位规章制度造成的损失只能事后计算。如果劳动者违反考勤制度，可通过减少发放全勤奖的变通方式完成。

② 《工资支付暂行规定》第 16 条规定，因劳动者本人原因给用人单位造成经济损失的，用人单位可按照劳动合同的约定要求其赔偿经济损失，并可从劳动者本人的工资中扣除。

③ 参见第十一章第一节的秦升案。

④ 《俱乐部工作合同要求》所附《俱乐部工作合同范本》第 6 条第 5、6 项规定，甲方为乙方提供符合中国足球协会规定标准的草坪训练场和其他训练设施以及训练、比赛的全部服装、器材、装备和用品。

⑤ Jean-Phillipe Dubey, "The Jurisprudence of the CAS in Football Matters (Except Art. 17 RSTP)", *CAS Bulletin*, 2011 (1): 11.

⑥ CAS 2014/A/3525, Changchun Yatai Football Club Co. Ltd. v. Marko Ljubinkovic, award of 17 February 2015.

激烈的竞赛中立足所必需，从而维持自身的市场价值。就此问题，《劳动合同法》第 38 条第 1 款第 1 项将用人单位未按照合同约定提供劳动保护或者劳动条件作为劳动者无须预告即可解除合同的情形。① 落实到竞技足球领域，自然包括俱乐部未依约提供训练比赛条件的情形。

训练条件的是否充分，不仅仅要从训练场和训练设施等硬件条件的配备上判断，教练员的态度对球员训练往往也会产生重要的影响。虽然根据《国际足联球员身份和转会规则》第 14 条的注解，球员违背教练员的指令构成俱乐部有权解除合同的正当理由，但球员的服从与忠诚建立在行业规则体系支配之下的商业伦理的基础上。如果教练员的训练指令过于苛刻，则由此导致的训练无法完成同样构成球员解除合同的正当理由。在 2011/A/2428 案②中，球员被命令冒着零下十五摄氏度的严寒在雪地中进行无球训练。该训练计划并非为达到任何的具体目标，既无教练员的指导，又无队友的陪伴。此种做法即使不构成明面上的体罚，也会给球员带来伤病的风险，故此时具有解除合同的正当理由。③ 另外，为了参加集体竞技运动，球员不仅需要速度、耐力、爆发力乃至细腻的脚法，更重要的是要有战术配合的意识，这必须在日常的团体对抗训练中实现。④ 除非球员的身体条件因体脂指数过高等缘故暂时不适宜高强度的对抗，或者处于伤病营中的球员如参加队内比赛不利于身体康复，否则长期无合理理由将球员排除于团队训练之外构成解除合同的正当理由。

《劳动合同法》第 38 条第 2 款背后的理念与之相似，即用人单位以暴力、威胁或者非法限制人身自由的手段强迫劳动者劳动的，或者用人单位违章指挥、强令冒险作业危及劳动者人身安全的，劳动者可以立即解除合同，且不需事先告知用人单位。不过对竞技足球而言，如果教练员存在强迫训练的行为，进而危及球员的身心健康，出于合同稳定性的考虑，球员不宜马上宣布解除合同，而应向俱乐部汇报。当俱乐部知道此种情况后选择纵容而不加以纠正时，则其后果仍可归于俱乐部承担。

---

① 同见《俱乐部工作合同要求》第 19 条第 4 款第 1 项。
② CAS 2011/A/2428, Strelkov v. FC Krylia Sovetov, award of 6 February 2012.
③ 针对实践中存在的当事人尤其是俱乐部为达到协议解除或变更合同条款的目的而对对方特别是球员施加以诸如体罚、强迫单独训练等滥用行为，2019 年版《国际足联球员身份和转会规则》第 14 条新设第 2 款规定此类行为构成受害方单方解除合同的正当理由。
④ 根据国际职业球员联合会 2016 年发布的《全球劳动报告：职业足球中的工作条件》，作为俱乐部施加压力的手段，有 22% 的球员曾被强迫单独训练。

## 二　俱乐部单方解除职业足球劳动合同争议中的法律适用冲突

除了球员在合同有效期内与其他俱乐部缔结劳动合同或者代表其他俱乐部参赛[①]无可争议地构成原俱乐部有正当理由解约的情形之外，在国际体育仲裁实践中发生的俱乐部单方解除职业足球劳动合同的争议还包括球员伤病、场上表现欠佳、擅自离队或拒绝归队、摄取禁用物质等违纪违法情形。

（一）球员伤病

作为极具风险性的竞技运动，高强度的身体对抗及意外的时有发生[②]会给球员带来半月板磨损、韧带撕裂、跟腱断裂等一系列的伤病，甚至出现瘫痪、休克、猝死的惨烈情形。[③] 除求助于运动医学与护理保健的进步，此类突发情况的应对还需要职业足球劳动合同对球员具有相当程度的经济保障。以缔约时劳动者隐瞒患有重大伤病为例，虽然此合同因欺诈而被撤销或者解除在一般法理层面尚可以证成，在足球行业却不宜未加区分的适用。无论《国际足联球员身份和转会规则》第18条第4款还是《中国足协球员身份与转会管理规定》第52条[④]，都要求职业足球劳动合同的有效性不受体检结果的影响。根据国际足联争端解决委员会的实践，为了避免合同履行中的不确定性，对于缔约时已经存在的伤病，即便球员有意隐瞒事实，也不构成俱乐部事后解除合同的正当理由。[⑤] 为预防此类风险的发生，俱乐部应当在合同签署前对球员进行体检。

缔约后出现的伤病对合同的影响在足球行业中不能一概而论。对于合同履行期间的疾病，如果与职业伤病相关，即使球员无法上场，俱乐部不得以

---

[①] 参见《国际足联球员身份和转会规则》第18条第5款、《俱乐部工作合同要求》第15条第13、14项。然《劳动合同法》第39条第4项以及《俱乐部工作合同要求》第19条第3款第5项都加以对完成本单位的工作任务造成严重影响或者经用人单位提出拒不改正的限制。在国际体育仲裁实践中，未经原俱乐部同意在合同期内与其他俱乐部签订劳动合同的行为本身构成毁约。不过，自由球员同时与两家俱乐部洽谈合同的做法，却并非构成与之缔约的俱乐部解约的正当理由。CAS 2014/A/3573, Damián Alejandro Manso v. Al Ittihad Club, award of 29 January 2015.

[②] 此种赛场内外的意外如球鞋质量不佳、医师和保健师的疏忽、球员球风的迥异、场地草坪的湿滑等。

[③] 搜狐体育：《球员休克脑部严重受损，家属讨说法，荷兰足总与阿贾克斯有麻烦了》，http://www.sohu.com/a/215132411_291951。

[④] 原《中国足协球员身份及转会暂行规定》第50条规定，劳动合同的有效性不受体检结果或是否获得参赛资格的影响。

[⑤] Janwillem Soek, "Termination of International Employment Agreements and the 'Just Cause' Concept in the Case Law of the FIFA Dispute Resolution Chamber", *The International Sports Law Journal*, Vol. (3–4), 2007: 38.

此为由解约，这与各国劳动法的规定是一致的。就球员因个人原因发生的疾病，如不幸身患绝症，国际足联争端解决委员会在 2005 年 7 月 28 日的决定①中认为，在球员因为突发严重疾病导致的无行为能力而无法向俱乐部履行合同义务的情况下，俱乐部可以摆脱合同关系的约束，但履行不能的后果仍会在当事人之间进行分摊。区别于违约责任，争端解决委员会在处理该案时采用了情势变更的法理，将合同未能履行的原因归结于非当事人主观状态所能作用的客观情况。而在 2013 年 6 月 28 日的决定②中，争端解决委员会进一步认为，球员伤病不构成俱乐部单方解除的正当理由，但考虑到劳动合同的双务性，在球员因伤病导致的无能力时不能期待俱乐部继续维持合同关系，可适当减轻俱乐部承担的损害赔偿责任。③

对于球员患有严重传染性疾病，在特定条件满足时可以构成俱乐部解除合同的正当理由。④ 虽然国际体育仲裁并未发生相关案例，但这在瑞士苏黎世州高等法院审理的一起足球劳动争议中得到检验。与国际体育仲裁院的看法一致，即球员在缔约时患病的事实并不影响合同的有效，该院将分析的重点放在俱乐部是否具有解除合同的正当理由。⑤ 对此俱乐部辩称，艾滋病在足球比赛当中具有很强的传染性，而球员却拒绝向队友或其他球员披露这一事实。法院认为，球员患有艾滋病本身乃至拒绝披露不会直接导致劳动合同关系的终止。为了维护合同的稳定性，只有当无法通过有效的措施控制感染的风险时，俱乐部才不能被期待继续履行劳动合同。故此，如果球员拒绝对外披露其感染了艾滋病，则俱乐部必须向球员告知披露的重要性以及如果其不改变态度将会导致劳动关系的终止，否则不具有解除合同的正当理由。

对于球员在运动场上的受伤，国际足联争端解决委员会的态度更为明确，即俱乐部不得单方解除合同。⑥ 这不仅指发生在正式比赛和训练期间的情形，还包含球员出席俱乐部其他官方活动以及在参加比赛、训练途中遭遇的伤害，从而契合一般的法理。对于球员在非工作时间遭受意外时俱乐部是否要继续维护合同关系尚且缺乏案件的支持。然考虑上述争端解决委员会对待球员患病的实践做法，除自残、自伤等极端情形，亦不免作出对球员更有

---

① DRC 28 July 2005, no. 75570.
② DRC 28 June 2013, no. 06131988.
③ 争端解决委员会多认为总赔偿数额的 70% 到 80% 属于此类违约案件的合理赔偿范围。
④ Michele Bernasconi & Jan Kleiner, "HIV Infection and Contracts with Football Player", *World Sports Law Report*, 2015 (5): 4 - 5.
⑤ High Court of the Canton of Zurich, decision dated 8 April 2013 - LA1100400/U.
⑥ Frans de Weger, *The Jurisprudence of the FIFA Dispute Resolution Chamber*, T. M. C. Asser Press, 2016, p. 208.

利的解释。为了分散风险，在依法缴纳工伤医疗保险之外，俱乐部有必要为球员另行购置商业性的伤残及健康险。

参照《劳动合同法》第39条第5项①、第40条第1项②，《俱乐部工作合同要求》第19条第3款第1、2项，涉及俱乐部以球员伤病为由单方解除合同，特别将球员隐瞒重大疾病不能参加或严重影响训练和比赛，以及非因工伤病医疗期满后不能再参加训练和比赛作为俱乐部解除合同的正当理由。同理，参照《劳动合同法》第42条第1至3项的内容，《俱乐部工作合同要求》第19条第5款将患有或疑似患有足球职业伤病，及在医疗期内的患病或负伤排除于俱乐部解除合同的范畴。

无论是将球员伤病作为俱乐部解除还是不得解除合同的理由，此种简单地照搬劳动法的规定都不能充分反映足球行业的需要。根据《俱乐部工作合同要求》所附《俱乐部工作合同范本》第6条第10项，除非因违法、违规、违纪、违背社会公德或其他过错行为致使伤病的发生，否则即使球员非因工伤病，俱乐部仍需要为之提供至合同期满为止的治疗安排及治疗费用。总之，竞技足球行业的正当理由与我国劳动法中的有权解除合同的情形不等同，基本上不存在区分患职业病或者因工负伤与非患职业病或者非因工负伤的处置情形的土壤。故就伤病能否作为俱乐部单方解除合同的正当理由，竞技足球行业的规则与实践与我国劳动法的态度不尽相同，其对球员权益的保障程度更高。

（二）场上表现欠佳

体能、技术、心态乃至团队意识、比赛阵容以及战术安排都会影响球员在场上的发挥，从而作用于球队的战绩。为了彰显合同关系的稳定性，即使球员缔约后的表现达不到预期，原则上也不构成俱乐部解除合同的正当理由。出于竞赛的目的，除当事人另有约定外③，俱乐部可以考虑暂时将球员放至替补席或下放预备队进行训练，但不影响其所能获得的奖金外的基本薪

---

① 因本法第26条第1款第1项的情形（以欺诈、胁迫的手段或者乘人之危，使对方在违背真实意思的情况下订立或者变更劳动合同的）致使劳动合同无效的，用人单位有权解除合同。该条的表述和逻辑存在问题。只有有效的合同才存在解除的可能，也即导致合同嗣后的效力终止，合同无效显然不能做到这一点。

② 劳动者患病或者非因工负伤，在规定的医疗期满后不能从事原工作，也不能从事由用人单位另行安排的工作的，用人单位提前30日以书面形式通知劳动者本人或者额外支付劳动者一个月工资后，可以解除劳动合同。

③ 如合同中存在无论球员表现如何都要随一队训练、比赛的约定，则下放预备队的行为一般构成球员解约的正当理由。DRC 17 August 2006, no. 86154.

## 第八章　职业足球劳动合同解除争议中的法律适用冲突问题

酬待遇的发放。① 这说明俱乐部在缔约前对球员试训的重要性，在签订合同之后同样要自担风险。

球员在赛场内外都应对俱乐部负有忠诚义务②，保持积极进取的风貌以及良好的身心条件，进而在比赛中全力争取胜利。然而区别于承揽关系，俱乐部不能对球员做取胜或进球的量化要求。③ 根据国际足联争端解决委员会构建的法理，即便当事人在合同中做相关约定，单纯球员表现欠佳或者没有实现特定的比赛结果也不构成俱乐部解约的正当理由。④ 球员状态的下滑受主客观多方面因素的影响，不能对其过于苛责。即使表现不佳是其未尽全力发生的结果，从而违反合同的义务，此时俱乐部也不宜以此解除合同。毕竟此种判断过于主观，而且难以通过有效的方式证明。但俱乐部若能够证实球员消极比赛的行为乃是出于赌球等操纵比赛的目的，则基于忠诚义务的严重违反而构成解除合同的正当理由。

《劳动合同法》第40条第2项规定，不能胜任工作的劳动者在经过培训或者调整工作岗位后仍不能胜任工作的，用人单位有权提前30日以书面形式通知劳动者本人或者额外支付劳动者一个月工资单方解除合同。该规定并不宜在竞技足球当中适用。由于行业特性与职业技能所限⑤，职业球员加盟特定球队的主要目的是参与体育竞赛活动，其在场上的位置或功能会随着球队战术体系的安排而发生变化，但除非选择退役，否则不存在调整工作岗位的可能。在马特拉奇诉天津泰达案⑥中，仲裁庭认为，作为《瑞士债法典》第328条的反映，雇主应当保护员工的私人权利，由此推导出的判例法要求就业不应损害员工未来的职业发展。故而雇主应当为员工提供其被聘用且可

---

① 在前面提到的长春亚泰案中，合同约定俱乐部随时可以将球员调整至预备队，而且球员在下放期间无权领取工资。仲裁庭认为该条款存在违反中国劳动法的危险，但并未深入探讨该问题。CAS 2014/A/3525, Changchun Yatai Football Club Co. Ltd. v. Marko Ljubinkovic, award of 17 February 2015.
② 韩勇：《职业球员劳动合同解除研究》，《河北师范大学学报》（哲学社会科学版）2013年第6期。
③ 在实践中，取胜或进球等表现要求仅仅与奖金挂钩，而不影响基本工资的发放。See Jan Sienicki, "Employment Relationships at National Level: Germany", *European Sports Law and Policy Bulletin*, 2014 (1): 179.
④ Lucien W. Valloni & Thilo Pachmann, *IEL Sports Law – Switzerland*, Hague: Kluwer Law International, 2014, pp. 72-73.
⑤ 王博：《论足球俱乐部退出后球员劳动权保护之完善——以"大连实德退出事件"为分析背景》，《吉林体育学院学报》2014年第5期。
⑥ CAS 2005/A/909, 910, 911 & 912, Giuseppe Materazzi & Giancarlo Oddi v. Tianjin Teda FC, award of 9 March 2006.

以胜任的工作，而不得将之安排在受雇岗位外的其他岗位。

不仅如此，如果在我国劳动法的框架下对球员进行调岗调薪，则对俱乐部也会造成不便利。球员虽然拥有较为高超的运动天赋，但多缺乏其他的专业技能，只有在退役后经过一段时间继续培训和学习方可另行择业。更何况作为一项团队运动，球员作用的发挥受到球队的整体风格以及主教练排兵布阵的影响。当球员因状态欠佳而从首发沦为替补甚至被下放预备队时，为了获得更多的出场机会，以此维持良好的竞技状态并保持行业乃至球迷粉丝的关注度，其通常愿意被原俱乐部租借、永久转会至新俱乐部。但如果他选择继续执行原合同，则俱乐部不得解约。

### （三）擅自离队或拒绝归队

作为劳动合同关系从属性的体现，员工必须在雇主的领导和指挥下进行劳动作业。如同雇主长期拖欠工资，员工其未经请假的旷工行为或拒绝提供劳动破坏了缔约的基础，竞技足球领域亦是如此。基于体育的特殊性，俱乐部为了备战的需要多设有训练营，这使得球员平时须随队训练。即使没有比赛任务，球员也不可以擅自离队。[①] 如果球员请假探亲或赴国外治疗后逾期滞留不归，除非存在不可抗力的因素或者其他合理的原因，否则构成违约。仲裁庭在2014/A/3707案[②]中认为，根据《瑞士债法典》第321a条第1款有关忠诚义务的规定，如果雇员决定停止履行工作职责，则出于维护雇主的合理利益，其应不加迟延地进行告知。故如果球员休假后不返回工作岗位，并且已数月没有任何消息，则俱乐部本着诚信原则可以认定与球员的劳动关系结束，而不需要解雇或球员的明确辞职。这特别发生在球员被要求复工或说明不出现的原因（如提供医学证明）而其拒绝遵守或未能提供正当理由的情况下。

不过，这一点也适用于国家队征召的情形。根据《国际足联球员身份和转会规则》第1条以及附件一第1条第9款，俱乐部在球员应本国国家队征召时必须放行，但球员应当在比赛结束后的24小时或特殊情况下的48小时之内向俱乐部恢复履行义务。此时球员无故长时间的迟延归队可以构成俱乐部解除合同的正当理由。

不过，并非球员所有的擅自离队或拒绝归队行为都会导致合同的解除，如要构成俱乐部解除合同的正当理由仍然需要满足特定的条件。首先，要考

---

[①] 另外，如球员虽然在球队当中，但无正当理由拒绝参加训练或上场比赛，以及未经允许夜不归宿，同样违反以俱乐部规章制度形式体现的纪律性要求。

[②] CAS 2014/A/3707, Emirates Football Club Company v. Hassan Tir, Raja Club and FIFA, award of 19 June 2015.

虑违约须达到的程度。基于瑞士法院的裁判原理，如果员工只是在较短的期间内没去上班，则雇主不得未予警告而将其解雇。[1] 根据《国际足联球员身份和转会规则》第14条的注解，只有当出现球员未经批准擅自离队或超过批准的时间没有归队，以及无正当理由缺席训练两周及以上的情况，俱乐部才拥有解除合同的正当理由；[2] 其次，俱乐部可否以此为由解约的另一大关键在于能否证明球员脱离了工作岗位。[3] 在2009/A/2008案[4]中，仲裁庭认为，由于俱乐部并未将考勤情况或证实球员离岗的证言记录在案，故无须讨论球员的行为是否构成解除合同的正当理由。

在我国劳动合同争议处理当中，劳动者存在严重缺勤的旷工行为构成用人单位解除合同的类型。除了已废止的规定外[5]，现行劳动立法中没有明确此种解除途径，但该事由往往演化为《劳动合同法》下的因严重违反用人单位规章制度[6]导致的合同解除情形。根据司法实践，只要企业在经过民主程序制定的规章制度中规定员工连续旷工可解雇的时间，即便只有短短的3日，也基本上会获得法院的支持。与适用《国际足联球员身份和转会规则》的国际体育仲裁实践相比，这对劳动者更为苛刻。

（四）摄取禁用物质等违纪违法情形

出于竞赛公平性的考虑，球员服用兴奋剂或者吸毒等摄取禁用物质或使用禁用方法的行为要受到禁赛的严厉处罚。这不仅会导致球员不能上场比赛而在事实上使得俱乐部订立劳动合同的目的落空，而且有损俱乐部的声誉，影响整个球队的竞技状态。在国际体育仲裁实践中，Mutu案[7]是其典型的代表。罗马尼亚籍著名球星阿德里安·穆图于2003年从意甲帕尔马足球俱乐部转会至英超切尔西足球俱乐部。在签订5年期合同后的不久，穆图在队内药检中被发现呈可卡因阳性，俱乐部对他予以罚款并警告。3个月后英格兰足总的药检结果证实穆图再次吸食可卡因，俱乐部随即解除合同。此后，不

---

[1] ATF 121 V 277.
[2] 在实践中，球员无故离队22天构成俱乐部解除合同的正当理由。CAS 2014/A/3642 Erik Salkic v. Football Union of Russia (FUR) & Professional Football Club Arsenal, award of 8 April 2015.
[3] Jean-Phillipe Dubey, "The Jurisprudence of the CAS in Football Matters (Except Art. 17 RSTP)", *CAS Bulletin*, 2011 (1): 11.
[4] TAS 2009/A/2008, sentence du 13 août 2010.
[5] 如《企业职工奖惩条例》第18条规定连续旷工时间超过15天，或者一年以内累计旷工时间超过30天的，企业有权予以除名。
[6] 《劳动合同法》第4条规定用人单位规章制度严格的制定程序。
[7] CAS 2006/A/1192, Chelsea Football Club Ltd. v. M., award of 21 May 2007; CAS 2008/A/1644, M. v. Chelsea Football Club Ltd., award of 31 July 2009.

仅英格兰足总纪律委员会确认了这一结果并给予其禁赛处罚,而且国际足联将禁赛决定的效力扩及到世界范围内的所有比赛。基于俱乐部的请求,国际足联争端解决委员会于 2008 年裁决其需要承担 1700 万欧元的巨额赔偿。当表示不服的穆图上诉至国际体育仲裁院时,仲裁庭认为,球员吸食可卡因的行为存在严重的不端,构成违约,此时俱乐部有权单方解除合同并主张损害赔偿,从而驳回这一请求。①

不难看出,当球员故意摄入禁用物质且俱乐部对球员的行为不知情时,有理由认为这构成俱乐部解除合同的正当理由。虽然该正当理由的发生并不需要考虑球员的主观状态,但无疑的是,当球员没有过错时通常不构成根本违反合同的情形。即使《世界反兴奋剂条例》规定球员应当对此负严格责任,也不能作为合同解除正当理由判断的理由。② 为了防止误判,当 A 瓶样本呈现阳性,对俱乐部而言比较稳妥的做法是等待 B 瓶的检验结果。③ 一旦经过验证,俱乐部应及时决定是否要解除合同,否则会被视为放弃行使此项权利。作为独立的法人,考虑到足协的处罚情形以及球员的认错态度和个人潜力,俱乐部在此类情况发生时可以选择继续维持合同关系。

除了服用禁药或使用禁用方法④,当球员出现其他严重违纪或违法的情况,同样可能会发生俱乐部解除职业足球劳动合同的情形。如球员在场内辱骂、侵犯甚至殴打裁判员、队友、对方球员或者球迷,在赛后发表不当言论、泄露比赛技术信息、实施违法犯罪或违反公序良俗。以上不理智、不道德的行为,无论是否达到国家刑法或者治安管理等行政处罚规制的程度,通常都会导致自身被处以禁赛、罚款,而且球队和俱乐部的形象势必受到波及。作为一项拥有大量球迷粉丝的娱乐产业,球队的声誉对俱乐部的运营至关重要。球员的丑闻不仅将降低自身形象权的经济开发价值,还会作用于俱乐部的形象。如果球员的不当行为造成的负面影响达到一定的程度,即使没有遭受公权力的制裁,也有可能会被俱乐部解聘。

---

① 此后,穆图相继向瑞士联邦最高法院以及欧洲人权法院提起诉讼,试图推翻国际体育仲裁裁决,但都未成功。在求偿未果的情况下,切尔西足球俱乐部依据《纽约公约》向美国佛罗里达南区联邦地区法院申请强制执行该仲裁裁决。参见肖江涛《国际体育纠纷解决机制的困境与出路:穆图系列案的法理分析》,《首都体育学院学报》2017 年第 5 期。
② Klaus Vieweg & Andreas Krause, et al., *IEL Sports Law – Germany*, Hague: Kluwer Law International, 2013, pp. 115 – 116.
③ Lucien W. Valloni & Thilo Pachmann, *IEL Sports Law – Switzerland*, Hague: Kluwer Law International, 2014, p. 74.
④ 关于兴奋剂违规情况,参见杨春然《最后手段原则规则化研究》,人民出版社 2020 年版,第 331 页。

毋庸讳言的是，在以往甚至当下的中国足坛，一些球员存在吸毒、嫖娼、酒驾、赌博、斗殴等不良的生活习惯与作风。即使尚且不构成犯罪甚至未受到治安管理等行政处罚，俱乐部也可以考虑基于球队形象和声誉的损害或者严重违反规章制度解除合同。根据《劳动合同法》第39条第6项，当劳动者被依法追究刑事责任，用人单位可以解除合同。基于文义解释，即使是不限制人身自由的缓刑、单纯的有罪宣告也不例外。① 然而，如果劳动者仅仅受到行政性质的处罚，则用人单位贸然解除合同将面临违约的风险。一般认为，此时应考虑劳动者是否同时严重违反用人单位的规章制度或给用人单位造成重大损害。此种严重违反或者重大损害应结合行业的具体特点以及劳动者的工作性质综合判断，避免用人单位借机动用合同解除权。

反映在竞技足球领域，为了体育诚信和公平竞赛的需要，如果球员利用职务之便参与赌球或操纵比赛②，则基于行为的严重性或对工作的危害性无可争议地构成《劳动合同法》第39条第2、3项下的劳动者严重违反用人单位规章制度或营私舞弊造成重大损害的情形。作为足球行业特殊性的体现，《俱乐部工作合同要求》第19条第3款第4项将之细化为严重违背职业道德或体育精神，从而对俱乐部利益或声誉造成重大损害。如球员在场上的恶意犯规违背了公平、友好的竞赛理念，引发恶劣的社会影响，可以视为对俱乐部利益或声誉造成重大损害的情形。

另外，球员的行为不端不仅仅为合同条款或俱乐部规章制度所禁止，还要受道德与纪律守则等足球行业规则③的规制。特别当球员因违纪而被一国足协或联赛委员会处以禁赛处罚，则其事实上在一段时间内无法为俱乐部效力。行业规则乃是一种半法定的要求，在中国法下不能作为解除劳动合同的直接依据，此类规范如要发挥效力，同样应通过转化为用人单位的规章制度来实现。为了防止俱乐部滥用权利进而实现球员和俱乐部利益的平衡，有必要将禁赛的长度和合同的期限进行比较，二者的比值越小则越不构成俱乐部

---

① 在《劳动法》出台后，《关于贯彻执行〈劳动法〉若干问题的意见》第29条将被依法追究刑事责任解释为：被人民检察院免为起诉的、被人民法院判处刑罚的、被人民法院依据《刑法》第32条免为刑事处分的。
② 《俱乐部工作合同要求》所附《俱乐部工作合同范本》第8条第2款第7项规定，球员不得参与假球、赌球、操控比赛、消极比赛或任何违背职业道德，有损俱乐部、职业联赛及足球运动声誉的活动。
③ 如《国际足联道德法典》《中国足协纪律准则》《中国足球协会道德与公平竞赛委员会工作规则（试行）》。

解除合同的正当理由。①《俱乐部工作合同要求》第 19 条第 3 款第 3 项直接将严重违反比赛纪律或球员义务作为俱乐部解除合同的特殊情形，以此拓宽在规章制度或足球劳动合同规定不足时俱乐部的解约权限。

## 第三节　职业足球劳动合同解除争议中的法律适用冲突的原因及启示

基于上文的分析，职业足球劳动合同解除争议中的法律适用冲突，不仅在于行业规则和国家法是否允许当事人在合同中预先约定解除的条件，还在于二者在单方解除事由认定问题上认识的不同。以下分析造成此种冲突的原因以及所能够得出的启示。

### 一　造成职业足球劳动合同解除争议中的法律适用冲突的原因

由于思维模式和方法论的差异，就国家法和行业规则在职业足球劳动合同解除中的法律适用冲突的发生，不仅表现为二者关于合同解除事由类型规定的不一致，而且即便在类型相同时也难免存在具体解释上的差别。首先，在约定解除问题上，如果说我国劳动法注重在立法层面矫正用人单位和劳动者之间的不平衡关系，竞技足球领域则试图主要通过司法层面加以应对，即使在 2019 年版《国际足联球员身份和转会规则》试图明确部分解除合同正当理由的背景下其仍未作实质性改变。此次修订虽然是国际足联与国际职业球员联合会等相关组织为足球劳资利益进行博弈的结果②，但内容大致立足于上述国际体育仲裁实践，对目前业已成熟的裁判原理予以接纳。故前者对劳动合同当事人的意思自治施加严格的法定限制，而后者则允许球员和俱乐部对包括合同解除条件在内的事宜作出预先安排③，只有争议发生时才考虑根据个案的情形加以干预。

其次，根据《国际足联球员身份和转会规则》第 1 条，各国足协应在规

---

① Klaus Vieweg & Andreas Krause, et al., *IEL Sports Law – Germany*, Hague: Kluwer Law International, 2013, p. 117.
② 为了换取国际职业球员联合会在欧盟委员会挑战国际足联转会体系的撤诉，国际足联在 2017 年 11 月 6 日与之签署了为期 6 年的合作协议，欧洲足球俱乐部协会、世界足球联盟论坛等利益相关者亦参与其中。
③ 即使新版规则规定拖欠工资达到两个月球员即可解除合同，也不妨碍当事人达成对球员更为有利的约定。毕竟基于目的性解释，这一规定的强制效力仅仅具有单向性。

则当中规定维护合同稳定性的适当方法特别包含存在正当理由的解约情形，故《中国足协球员身份与转会管理规定》第44条引入正当理由终止合同的规定无可厚非。然而在应对单方解除事项上的国际足联规则和我国劳动法规之间的法律适用冲突时，中国足协转化规定的适当性令人怀疑。如《俱乐部工作合同要求》第19条第3、4款参照《劳动合同法》将俱乐部单方解除合同的正当理由具体化，第5款则反向列举了俱乐部不得单方解除合同的情况。这看似最能调和我国劳动法和国际足联规则之间的冲突，实为画虎不成反类犬。更何况将国内法嫁接至行业规则之上的做法忽视了至关重要的前提，《国际足联球员身份和转会规则》的许多条文源自瑞士法的规定。

再者，足球行业中的合同解除正当理由的发生建立在对方违约的基础上，而在中国法下用人单位和劳动者有权解除劳动合同并不需要对方存在过错。除劳动者提前通知解除外，当出现某些劳动者无过错但由于主客观情况的变化而事实上无法履约的非过失性辞退情形，用人单位也可以解除合同。[①]《俱乐部工作合同要求》在条款设置上未加以区分，缺乏对国际体育仲裁法理实践的关注，依托瑞士法下的正当理由之名行《劳动合同法》中的法定解除条件之实，难免会出现水土不服的局面，进而加剧该领域本已复杂的法律适用冲突。

## 二 解决职业足球劳动合同解除争议中的法律适用冲突的启示

无论何种形态的劳动关系，劳动保护的缺失都会破坏劳动生产率和扭曲企业之间的竞争，从而影响雇主。[②] 又何况区别于普通的劳动者，为俱乐部效力参加联赛既是职业球员谋生的手段，又构成提升自身技能素质的途径。故获得劳动报酬并非球员踢球的唯一目的，其在个人职业发展当中拥有更多的利益需要，如获得联赛、杯赛等冠军头衔，以及更多的上场机会与充分的比赛时间往往更加重要。反映在足球劳动合同解除问题上，不仅国际足联对合同稳定性的特别关注没有以牺牲球员的基本权益为代价，而且主要运用《国际足联球员身份和转会规则》裁决的国际体育仲裁实践同样注重对球员的劳动者权益保护。这说明足球行业规则虽然在球员择业自由上加以限制，但在其他方面对球员的保障程度可能会更高。

反之，由于我国劳动法刚性规定的存在，即使当事人在职业足球劳动合同当中作出对球员有利的解除约定，最终却无法得到我国法院的认同。从这

---

[①] 只不过为了优抚劳动者，用人单位需要提前30日书面通知劳动者或者额外支付一个月工资。
[②] 范娇艳：《国际劳动合同的法律适用问题研究》，武汉大学出版社2008年版，第108页。

个角度看，我国劳动法对劳动者的偏重保护也有不足。包括国际足联争端解决委员会在内的国际体育仲裁实践虽然更加注重平等对待球员和俱乐部之间的合同地位，原则上只承认赋予当事人相同权限条款的效力，但是那些片面有利于球员的合同约定通常情况被认为是有效的。此种规则差异的背后隐含着理念上的冲突。中国的劳动立法对当事人和裁判者的不信任，使之既不相信当事人能作出有利于劳动者的解除约定，又不愿意如同瑞士法那样授予裁判者在该问题判断上的广泛的自由裁量权。

　　至少在职业足球劳动合同解除领域，相比我国劳动立法一刀切的做法，在遵守合同稳定性原则的基础上允许当事人另行约定，更有利于维护球员的利益。杰出球员有着非同寻常的议价能力，在经纪人①以及律师的帮助下能够拟定对自己最为有利的合同条款，不需要法律预先设定的强行规则为之代劳。即使对处于弱势地位的一般球员，通过充分发挥足球行业的内部争端解决机构乃至体育仲裁机构在实体法律适用层面的能动性，可实现维护其合法权益的目标。更何况为了足球行业的长远发展，国际体育仲裁实践并未一味地强调球员劳动权益的保护，而是注意当事人之间的利益平衡。

　　就对中国的启示而言，基于竞技的需要等体育特殊性以及国家法保护不足或难以产生预想效果的现状，劳动法的分层保护理论结合包括争端解决在内的体育自治的结果，使得职业足球劳动合同争议更宜由专业的体育仲裁机构解决，而非在劳动立法中作例外规定。具体到足球劳动合同解除情形的判断，应避免通过足球行业规则进行公式化的简单作答，而宜在借鉴国际体育仲裁的基础上，通过大量案件的审理不断地将之类型化。这一过程只能通过个案归纳的方式完成，并注意其中的特例情形。仲裁庭应注重运用比例原则判断当事人之间的缔约基础是否因违约行为而不复存在，即是否达到根本违约的程度，避免过罚不当、同案异罚现象的发生，以便所作出的裁决能够经受时间的检验。即使在未来的体育仲裁的反复实践中得出一些较为确定的情形，也宜作为之后同类案件审理的参考。只有极少数的可以纳入《中国足协球员身份与转会管理规定》的修订当中，而终究不可能一劳永逸地解决。

---

① 受益于职业体育经纪市场的开放，经纪人为球员提供强大的议价能力。参见欧阳勇强《马克思主义政治经济学视角下职业足球市场基本规律研究》，《体育学刊》2021 年第 1 期。

## 本章小结

在职业足球劳动合同解除过程中极易发生行业规则与国家法之间的积极法律适用冲突。对此,《劳动合同法》不仅禁止当事人提前约定合同解除的条件,而且将法定解除事由加以封闭性的列举,为所有的用人单位和劳动者设定相同的权利和义务。而在国际体育仲裁当中,基于竞技足球的现实需要,一方面,《国际足联球员身份和转会规则》允许当事人在合同中作出预先安排,只要约定解除的情形不会使得合同关系失衡即将得到认可;另一方面,就作为单方解除事由的正当理由的认定,则求助于对《瑞士债法典》中原则性规定的宽泛解释,从而赋予仲裁庭在个案处理上的自由裁量权。

此种规则层面的法律适用冲突暗藏着法理念冲突。通过强制性规范全面调整劳资关系的《劳动合同法》更适宜针对普通的劳动者,难以有效应对竞技体育中存在的特殊性。人力资源的高投入以及竞技运动的高风险使得作为劳动者的球员的基本权益更有必要得到保护。合同稳定性的要求对自由转会的限制导致球员的流动性较差,但也限制了俱乐部可以单方解除合同的情形。只要尚在合同履行期内,即使球员因非职业伤病的原因无法应对高强度的竞技运动,原则上不妨碍合同的继续生效。这说明职业足球劳动合同解除争议宜由专业的体育仲裁机构解决,即在借鉴国际体育仲裁实践的基础上,根据足球行业和球员工作性质的特点,通过个案归纳的方式将足球劳动合同的解除事由体系类型化,以妥善解决行业规则和国家法在该问题上的法律适用冲突。

# 第九章 职业足球单方延期选择权争议中的法律适用冲突问题

对于职业足球劳动关系法律体系的系统构建而言，合同效力问题同样不可小觑，毕竟其构成判断合同是否需要履行的前提。然而如前所述，《国际足联球员身份和转会规则》更关注有效成立的职业足球劳动合同的解除，对合同的效力规定甚少[①]，这增加了法律适用层面的困难。虽然该问题在理论上涉及合同的成立、可撤销、无效以及附生效条件等一系列的内容[②]，但在国际体育仲裁实践当中最为常见的是单方延期选择权条款的效力争议。本章从管辖权的确立、实体法律适用以及案件事实的认定等三方面探讨单方延期选择权条款效力争议解决的国际体育仲裁实践[③]，重点关注其中存在的消极性法律适用冲突，并为该国际性难题的解决提供思路。

## 第一节 职业足球单方延期选择权争议的由来

在具体探讨单方延期选择权条款的效力争议中存在的法律适用冲突之前，先有必要大致明确职业足球单方延期选择权条款在足球行业中所发挥的功能以及由此引发的效力分歧。

---

[①] 少数的如第18条第4款，合同的有效性不受体检结果或能否获得工作许可证的影响。关于在华就业的外国人工作许可证的强制规定，参见《关于审理劳动争议案件适用法律问题的解释（一）》第33条。

[②] 由于《国际足联球员身份和转会规则》大多没有规定，此类争议在国际体育仲裁实践中多借助瑞士法解决。CAS 2016/A/4843, Hamzeh Salameh & Nafit Mesan FC v. SAFA Sporting Club & FIFA, award of 24 November 2017（在该足球劳动争议中，上诉人以重大错误为由主张撤销劳动合同，仲裁庭援引《瑞士债法典》第23至25条予以否定）。

[③] 国内已有学者对国际足联争端解决委员会处理该类纠纷的实践进行分析，参见罗小霜《论国际足联对单边延期选择条款效力的认定》，《西安体育学院学报》2013年第3期。

## 一 职业足球单方延期选择权条款的功能

延期选择权条款旨在将球员和俱乐部之间已签订的职业足球劳动合同延长至特定的一段时间。这可以为当事人双方所享有[①]，即合同的任何一方都可以行使该权利；也可以是单方的，即仅仅为球员或俱乐部一方能够行使，其中争议最大的是由足球俱乐部单方行使延期选择权的合同条款。[②]

从俱乐部的角度，作为一项财政平衡与球员转会控制的机制[③]，在职业足球劳动合同当中加入单方行使延期选择权的主要目的在于，使其能在同一个联赛赛季以相对低的价格招募尽可能多的球员特别是年轻球员，而无须承担长期的经济负担。此类条款不仅能够降低俱乐部运营中的财政风险，同时亦有助于保持足球运动的竞争平衡，提高比赛的水平。毕竟此举便于俱乐部根据球队不断变化的实际状况更新球员，使其在排兵布阵方面拥有更多的选择。

## 二 职业足球单方延期选择权效力的分歧

此类条款虽然目前主要盛行于南美国家，但在世界职业足坛范围内亦十分常见。然而出于球员利益的考虑，单方延期选择权条款的法律效力却面临着严重的分歧。一方面，受 Bosman 案的影响，在现行国际足球转会制度体系之下，无论基于维护职业足球劳动合同的稳定性还是保障球员自由流动的足球行业需求，赋予俱乐部以单方延期选择权无疑不利于上述竞争目标的实现；另一方面，从维护缔约公平的私法理念出发，由俱乐部一方决定球员未来的去留很难说是双方当事人自由真实意愿的表达，不免有侵害弱势球员的劳动权利之嫌。因此，是否承认此类条款的效力在理论和实践中的争议极大。

从特定国家法的角度，职业足球单方选择权条款的法律效力已经获得南美等一些国家特别立法或业内规则的肯定。但就包括国际体育仲裁院所在地国的瑞士在内的多数国家而言，即使立法上并未对此加以明确的禁止，司法实践也多认为其因违反劳动法领域的基本政策而无效。目前随着国际体育仲裁在解决职业足球劳动合同争议作用地位的提高，职业足球单方选择权条款

---

[①] 俱乐部和球员都可以要求对方于一定情况下延长合同期限的条款原则上有效。CAS 2010/O/2132, Shakhtar Donetsk v. Ilson Pereira Dias Junior, award of 28 September 2011.

[②] Frans de Weger & Thijs Kroese, "The Unilateral Extension Option through the Eyes of FIFA DRC and CAS", *The International Sports Law Journal*, 2011 (1-2): 24.

[③] 席志文：《职业足球联赛中单边续约选择条款问题研究》，《中国体育科技》2016 年第 4 期。

的效力还需要经受国际层面的检验。

## 第二节 职业足球单方延期选择权
## 争议的管辖权确立问题

管辖权的确立是国际体育仲裁院在面对职业足球单方延期选择权条款效力争议时首要解决的问题。对此，不仅要关注《体育仲裁法典》管辖权确立的一般规定，还须满足国际足联规则的要求。毕竟国际体育仲裁院面临的是经过国际足联争端解决委员会处理的案件，此时所涉及的争议必然包含国际性因素。

### 一 管辖权确立的依据

关于单方延期选择权条款争议的处理，首先要明确国际体育仲裁院管辖权确立的依据。根据《体育仲裁法典》第 R27 条，国际体育仲裁的普通仲裁程序产生于合同或规章包含有仲裁条款或事后达成的仲裁协议；而上诉仲裁程序则针对联合会、协会或与体育有关的组织作出决定的上诉，只要组织的章程、规章或具体协议对此存在规定，并用尽组织内部的救济。普通程序涉及包括劳动合同纠纷在内的商业争议，但实际上球员和俱乐部很少达成直接提交国际体育仲裁的协议，故单方延期选择权条款效力争议主要通过上诉程序解决。

虽然 2003 年版《国际足联章程》同意国际体育仲裁院对国际足联争端解决委员会作出的决定享有上诉管辖权[1]，但在 2004 年《体育仲裁法典》修订之前，特别规定上诉程序的第 R47 条将可上诉的对象规定为由纪律法庭或类似的联合会、协会或体育组织作出的决定，从而引发可上诉决定是否限于纪律性质的争论。[2] 与纯粹的纪律性争议不同，国际体育仲裁院在处理单方延期选择权争议时实际扮演着上诉法院的角色。毕竟不同于一般意义上的纪律性案件，其中金钱性质的救济不直接针对国际足联，而是合同的另一方。[3]

---

[1] 黄世席：《国际足球争议仲裁的管辖权和法律适用问题》，《武汉大学学报》（哲学社会科学版）2008 年第 4 期。

[2] A. Manuel Arroyo, *Arbitration in Switzerland – The Practitioner's Guide*, Hague: Wolters Kluwer, 2013, p. 983.

[3] Andrea Marco Steingruber, "Sports Arbitration: Determination of the Applicable Regulations and Rules of Law and their Interpretation", *The International Sports Law Journal*, 2010 (3–4): 57.

此后,《体育仲裁法典》明确了联合会、协会或其他与体育有关的组织作出的决定都可以上诉,故因单方延期选择权条款的效力引起的纠纷理应适用上诉程序。

## 二 管辖权确立的限制

仅就上诉程序而言,国际体育仲裁院能否对所有的单方延期选择权条款效力争议具有管辖权,是否需要以案件有涉外因素为前提?根据《国际足联球员身份和转会规则》第22条第1、2项,国际足联有权处理在涉及国际转会证明申请情况下的俱乐部和球员之间维护合同稳定性的争议,以及国际层面的球员和俱乐部之间与劳动有关的争议,从而作为其上诉机构的国际体育仲裁院也仅能够对此类涉外性质的案件进行管辖。

由此国际足联极力扩大国际的解释范围以相应扩张自身的管辖权限,并不以争议的球员和俱乐部来自不同的国家为限。由于《国际足联球员身份和转会规则》着眼足球劳动合同争议对跨国转会带来的影响,故类似于各国反垄断法适用上的效果原则,国际足联争端解决委员会对案件管辖权的确立要考虑对球员国际流动所实际发生的结果。对当事人来自同一国的职业足球单方延期选择权条款争议,如果球员不同意延期而与另一国的足球俱乐部签约,或者在延期之前曾被俱乐部租借到另一国的俱乐部,都因涉及利益相关方对国际转会证明的请求而被认为包含在国际层面的范畴。故此,国际体育仲裁上诉程序对单方延期选择权条款效力争议的管辖权也相应地得以延伸。

## 第三节 职业足球单方延期选择权争议的实体法律适用问题

在管辖权确立之后,则需要考虑国际体育仲裁院适用何种法律规范以确定单方延期选择权条款的效力。这不仅要分析国际体育仲裁院对上诉程序实体法律适用的规定,以及国际足联规则对国际体育仲裁实体法律适用的要求,以此确定选法的过程,还要考虑运用公共秩序保留原则与直接适用的法制度对上述选法结果进行矫正。

### 一 选法过程的确定

由于国际足联的规则并无直接针对单方延期选择权条款效力规制的条文,这使得此类争议实体问题的选法过程较其他足球劳动合同争议更为特殊，即国家法更容易成为当事人主张和抗辩的依据。无论根据国际体育仲裁上诉程序实体法律适用规则，还是国际足联规则对国际体育仲裁实体法律适用的要求，都尤其表现为基于传统选法规则确定的当事人选择的法律，或有最密切联系的法律，以及作为国际足联规则补充的瑞士法。

（一）国际体育仲裁上诉程序实体法律适用的规定

1. 当事人选择法律的情形

就国际体育仲裁院通过上诉程序审理的单方延期选择权条款效力争议而言，结合前文多次提到的《体育仲裁法典》第 R58 条，在当事人约定适用特定国家法律的情况下，由于《国际足联球员身份和转会规则》没有就此类条款作出规定，此时应优先适用当事人选择的法律。按照传统国际私法原理，当合同约定某一认定该条款有效的国家的法律，除非援引公共秩序保留排除该法的适用，或者存在对此作特别安排的另一国的直接适用的法，否则应承认该条款的效力。然而如下文所言，出于对国家法价值理念的警惕，如果当事人选择法律难以满足竞技体育的特殊需要，则在处理单方延期选择权条款效力争议的实践中亦有被推翻的可能。

2. 当事人没有选择法律的情形

在当事人未选择准据法时，根据《体育仲裁法典》第 R58 条，应适用作出被上诉决定的体育组织住所地法，以及仲裁庭认为适合的法律规则。虽然出于职业足球劳动合同争议统一处理的需要，此时国际足联所在地国的瑞士的法律更有被借鉴的空间，从而在事实上赋予其以优先适用的地位。然而就单方延期选择权条款效力争议，仲裁庭有时认为不应适用与案件不存在实质联系的瑞士法，而选择更为适合的法律规范。对此，实践中会考虑准用最密切联系这一冲突法上的联结因素排除瑞士法。如在前文提到的 2005/A/973 案中，对同来自希腊的俱乐部和球员就合同中的单方延期选择权条款的效力发生的争议，仲裁庭认为案件涉及国籍皆为希腊的当事人，活动也发生在希腊，职业足球劳动合同与希腊存在密切的关联，故初步判定应适用允许采用此类条款的《希腊第 2725/99 号体育法》。

（二）国际足联规则对国际体育仲裁实体法律适用的要求

除《体育仲裁法典》第 R58 条之外，在审理经国际足联处理的单方延期选择权条款争议时，是否要考虑国际足联规则对实体法律适用的规定值得探讨。《国际足联章程》第 56 条第 2 款规定，国际体育仲裁院应主要适用国际足联的各项规章，不足的部分适用瑞士法。尽管二者都表现为《国际足联章程》的优先，但在处理单方延期选择权条款的效力时则有不同之处。根据

《国际足联章程》，此时应交由瑞士法；而《体育仲裁法典》仍优先考虑当事人选择的法律。即使在没有选择时，也可能出现仲裁庭运用其认为适合的法律规范取代瑞士法适用的情形。由于《国际足联章程》赋予了国际体育仲裁院对上诉案件的终局管辖权，可以得出仲裁庭必须遵守该章程对法律适用的特别规定，否则会破坏国际足联对国际体育仲裁院的信任。

然而为达到特定的审理结果，国际体育仲裁实践还会考虑《国际足联球员身份和转会规则》下的国家层面的法律。在2005/A/983&984案中，仲裁庭援引《国际足联章程》赋予了瑞士法以补充体育组织规章适用的地位。不过，仲裁庭同时认为，如果国际足联明确解决某个问题，则没有必要考虑瑞士法的规定，即使其对此存在强制规范。另外，仲裁庭援用《国际足联球员身份和转会规则》第25条第6款的国家层面的法律，认为国际足联的规章旨在为所有的国际球员转会确立统一的规则，故国内规范仅仅在补充或者与国际足联规章相一致时才能得以适用，从而能否适用与案件存在最密切联系且认定单方延期选择权条款有效的巴拉圭法[①]需要作进一步的验证。

## 二 选法结果的矫正

公共秩序保留原则与直接适用的法制度乃是对仲裁实体法律适用结果的矫正机制。理论上讲，无论根据《体育仲裁法典》第R58条还是《国际足联章程》第56条第2款以及《国际足联球员身份和转会规则》第25条第6款确立的应适用的法律，最终都要接受公共政策保留原则和直接适用的法制度的检验。虽然他们的援用存在严格的条件，但其在职业足球单方延期选择权争议审理当中的作用亦有特殊之处。

（一）公共秩序保留原则

作为国际私法中的基本原则，公共秩序保留是指一国法院依冲突规范应适用外国法时，或依法应承认与执行外国法院判决或仲裁裁决时，因此种适

---

[①] 此外，关于足球劳动合同的当事人约定适用的巴拉圭法和国际足联规则之间的法律适用冲突，在某乌拉圭球员与巴拉圭奥林匹亚足球俱乐部的合同解除争议案中得到集中展现。根据巴拉圭劳动法的强制性规定，雇主每年应支付十三个月的工资，被拖欠工资的球员在仲裁申请中提出此项主张。仲裁庭认为，球员基于当事人约定的巴拉圭法具有劳动者的身份，故其应当同其他劳动者一样享有此种权利，这与国际足联的规定并不冲突。而就俱乐部无正当理由解除合同的赔偿问题，仲裁庭却拒绝适用巴拉圭的法律。原因在于俱乐部据此只需要赔偿球员解约后的当年剩余时间的工资，与国际足联需要赔偿球员剩余合同期限内的全部薪金的做法存在明显不一致。故只有在国际足联规则没有规定的情况下，当事人选择的国内法才能发生效力，且不得违反国际足联规则的宗旨。TAS 2015/A/3871, Ariosa c. Club Olimpia/TAS 2015/A/3882, Club Olimpia c. Ariosa, 29 de julio de 2015.

用或承认与执行会与法院地的重大利益、基本政策、法律的基本原则和道德的基本观念相抵触而有权排除和拒绝的制度。① 对此,《瑞士国际私法》第17条规定,如果外国法的适用将导致同瑞士的公共秩序不相符的结果,则将排除其适用。就瑞士的国际仲裁实践而言,仲裁庭更多的是援引《瑞士国际私法》第190条仲裁裁决不得违反公共政策的规定。

就此,仲裁庭在2005/A/983&984案中认为,表面上国际足联的各项规章并不包含违反瑞士法律概念当中广为接受的实质性价值,然一旦《国际足联球员身份和转会规则》第25条第6款国家层面的法律违反公共政策,则不予以考虑。作为国际私法中最为有效的矫正选法结果的工具,通常认为公共秩序保留原则构成拒绝准据法适用的最后防线,不可以滥用,否则将破坏平等对待本国法和外国法的选法宗旨。② 然而如下文所言,公共政策在国际体育仲裁实践中更多服务的是行业的特殊需要,从而可发生排除一切国家法适用的结果。

(二) 直接适用的法制度

直接适用的法是指有些法律规则适用于国际性的案件,对制定该法律规则的国家来说具有十分重要的意义,以至于该国需要适用这种规则时,不管该国法根据一般冲突规范能否适用于这种案件。③ 不难看出,直接适用的法基于维护一国重大公益的需要而可以在准据法之外适用,构成相对独特的法律选择方法。《体育仲裁法典》第R58条没有规定直接适用的法制度,但不应排除此类规范在准据法之外的适用。国际体育仲裁实践多将《瑞士国际私法》第18、19条作为直接适用的法适用的依据。由此发生如下两个问题:其一,当单方延期选择权条款根据应适用的某一国家法律为有效时,作为仲裁地的瑞士是否存在否定该条款效力的直接适用的法?其二,当认定单方延期选择权条款有效的某一国家的法律不具有准据法资格时,该国法是否还有直接适用的可能?以下分别论述之。

1. 否定此类条款效力的瑞士法的直接适用

如前所述,《瑞士国际私法》第18条规定,本法不妨碍那些根据其自身的特殊性质而无须本法指引的瑞士强制规范的适用。就单方延期选择权条款引起的国际体育仲裁纠纷,作为仲裁地的瑞士法是否要求直接适用,从而排除认定此类条款有效的国家法的适用?此时一旦出现此类特别强制规范,则

---

① 参见肖永平《法理学视野下的冲突法》,高等教育出版社2008年版,第166页。
② 排除外国法适用的结果往往是转而适用法院地国法。
③ 韩德培:《国际私法的晚近发展趋势》,载中国国际法学会主编《中国国际法年刊》,法律出版社1989年版,第14—15页。

仲裁庭必须予以考虑，否则所作出的裁决可能会被仲裁地法院以违反公共政策为由予以撤销。

就相关的实体法，《瑞士债法典》第335a条认为雇主和员工所享有的解雇通知期限应当相同，这与职业足球单方延期选择权条款的做法存在冲突。虽然选择权主要关乎合同的续订，但也涉及合同的解除。赋予作为用人单位一方的足球俱乐部以此种权利会使得球员失去解约的自由，而此种解约权上的平等对意思自治的超越在劳动合同关系中需要得到体现。由此而言，单方延期选择权与单方解约权有类似之处。二者都属于民法上的形成权，即一方无须对方配合即可根据自己的意思产生、变更、消灭民事法律关系。如果俱乐部不按期行使权利，对单方延期选择权而言，合同到期终止；对单方解约权而言，合同继续履行。① 如将合同约定的工作时间看作一个整体，完全可以将针对后一段合同期限的单方延期选择权看作在前一段期限经过后为一方所独有的无条件解约权。

即使单方延期选择权条款与《瑞士债法典》规定的平等解约权不相容，但后者能否构成瑞士直接适用的法仍存在疑问。平等解约权看似旨在平衡劳资双方的利益，实则着重保护作为弱势群体的员工，宜归入保护性强制规范的范畴。区别于带有严重属地适用色彩的公法措施，各国保护理念和立法条文更为相似的保护性强制规范虽然带有一定程度的公益属性，但可以通过合适的分类以及恰当联结点的选用创设特别冲突规范②，以实现该领域法律规则的国际交换。毕竟冲突规范规定得越详细，则越无须援用作为法律适用一般原则的直接适用的法制度。

就涉外劳动合同的实体法律适用，《瑞士国际私法》第121条第3款已经为此专门设置了冲突规范，严格限定当事人选择法律的情形。③ 结合前面提到的《瑞士国际私法》第13条"指引范围"的规定，可以认为原则上应由合同准据法当中的强制规范支配员工的权利保护。即使在十分例外时，外国准据法对员工的保护水准达到为瑞士公共政策所不容的地步，也宜借助公共秩序保留原则加以排除，不必单独援用直接适用的法制度。

---

① 虽然二者在设计合同条款时存在密切关联，但从法理的角度，前者事关合同的效力，后者则影响合同的履行。
② Pierre Mayer, "Les lois de police étrangères", *Journal du Droit International*, 1981 (2), 295-296.
③ 当事人可以选择适用劳动者习惯居所地国家的法律，或雇主的营业机构所在地、住所地或习惯居所地国家的法律。

### 2. 承认此类条款效力的国家法律的直接适用

《瑞士国际私法》第19条赋予了外国直接适用的法以适用的可能。在前面提到的2005/A/983&984案中，上诉人认为，涉案合同由乌拉圭的当事人签订，乌拉圭法与案件有密切的联系。另外，承认此类条款效力的乌拉圭的集体谈判协议条款构成该国法下必须适用的强制规范。仲裁庭则认为不应考虑乌拉圭法的直接适用。即使其与案件存在密切联系，也不满足《瑞士国际私法》第19条第1款规定的其他条件，特别是上诉人没有证明根据瑞士法的概念有合理且明显重要的利益要求适用乌拉圭的强制规范。更何况仲裁庭处理的并非地区性的合同争议，而是涉及国际转会问题，由此有理由认为劳动合同争议应受制于全球统一的规则。总之，案件的国际性超出合同与当地联系的需要，故不存在利用《瑞士国际私法》第19条考虑乌拉圭法直接适用的空间。

不仅如此，如果乌拉圭强制规范的直接适用发生与瑞士法律概念不一致的结果，根据《瑞士国际私法》第19条第2款同样不予考虑。仲裁庭认为，涉诉的乌拉圭的法律，即那些允许俱乐部行使单方延期选择权以及对抗命球员施加制裁的强制性规定，与保护劳动者的最低标准不相容。可以说，即使乌拉圭法因满足《瑞士国际私法》第19条第1款对合理利益需要的规定而具有直接适用资格，仲裁庭仍会拒绝适用此类潜在违反公共政策的法律规范。总之，理论上有直接适用可能的国内法当中的强制规范最终需要通过公共政策的检验。

## 第四节 职业足球单方延期选择权争议的事实认定问题

由于实体法律适用规则以及国际私法的原则与制度在解决职业足球单方延期选择权条款效力争议上存在不足，就因《国际足联球员身份和转会规则》未有规定所带来的消极法律适用冲突，仲裁庭对此类案件的事实往往加以特别的关注。即根据个案的具体情形决定是否要承认此类条款的效力，以此构成自身的裁判原理，进而推动全球体育自治法的向前发展。

### 一 个案分析方法的采用

职业足球单方延期选择权条款的效力不仅是实体法律适用层面的法律选择问题，还与案件的实际情况密切相关。从上述国际体育仲裁实践不难看出，仲裁庭虽然在不同的案件中分别援用《体育仲裁法典》或国际足联规则中的选法条款，从而得出指向不同国家法的实体法律适用结论。但其既没有一概求助于瑞士法使单方延期选择权条款无效的规定，也没有根据南美国家的特殊立法认为其有效，而是在满足竞技体育领域实际需要的基础上采取个案分析的方式作效力认定。

此种个案分析乃是国际体育仲裁院合理行使实体法律适用上的自由裁量权，从而基于竞技体育行业秩序的需要创设争议解决的裁判规则。反映在单方延期选择权条款问题上，考虑到案件事实的不同，仲裁庭对其效力的认定存在差异性的解释。虽然在国际体育仲裁的规则层面并无遵循先例的法定要求[①]，而且目前对此类裁判原理尚且缺乏有效的编纂，但通过仲裁庭在随后同类型案件审理时的援用而具有重要的指导意义。就个案分析的方法而言，特别需要进行区分（distinguish），即从事实上加以区别，进而对得出不同结论的案件作类型化处理。

## 二 具体案件事实的影响

以 2005/A/973 案为例，结合《体育仲裁法典》对法律适用的例外规定，仲裁庭确认此类条款根据应适用的《希腊第 2725/99 号体育法》为有效的事实，但认为其能否执行将最终取决于个案的情形，即使既往的国际体育仲裁实践对此多抱有怀疑的态度。首先，该案合同延期后的整个期限[②]并未违反《国际足联球员身份和转会规则》第 18 条关于合同最长期限不超过 5 年的强制性规定；其次，着眼于合同的具体内容，俱乐部需要在延长期间内增加球员工资和奖金的无其他附加条件的约定构成一项实质性增长，特别在合同履行的最后一年球员的收入较之前翻一番。

所谓实质性增长不仅反映在金额上，还体现于缔约的情形。涉案球员在缔约前尚效力于一家希腊三级联赛的足球俱乐部，能获得这样一份工作合同极为难得。故可以认为俱乐部已经为获取单方延期选择权支付了合理的对价，并非不公平缔约权的行使。最后，仲裁庭发现球员在俱乐部行使第一次延期选择权时并未提出异议，而是顺利地履行了合同义务。甚至就第二次延期也曾表达过接受的意愿，直到其租借于一家苏格兰超级足球俱乐部后才改变主意。根据契约必须信守以及善意原则，球员为追求更高薪水的背信弃义

---

① 虽然有学者主张国际体育仲裁特别是上诉仲裁的等级性、国际体育仲裁裁决的公布制和权威性以及体育争议的重复性为先例的形成提供了可能。参见黄晖、张春良《国际体育仲裁专题研究》，中国社会科学出版社 2017 年版，第 221 页。

② 原合同期限为两年，首次延期为两年，第二次延期为一年。

行为构成恶意，应承担违约责任。

相反在 2004/A/678 案[1]中，根据《希腊第 2725/99 号体育法》为有效的单方延期选择权条款却未能得到仲裁庭的认可。该案的球员与俱乐部签订了为期 1 年的合同，并约定俱乐部有权在之后的 4 年里每年将合同延长一年。俱乐部在第一次延长合同期限时没有提高球员的工资，从而引发争议。基于劳动法的基本原则，国际足联争端解决委员会以该条款并未在当事人之间发挥相互作用为由作出有利于球员的决定。当案件上诉至国际体育仲裁院时，考虑到俱乐部和球员缔约能力的不平等、该单方延期选择权条款完全有利于俱乐部一方，且丝毫没有增加球员在合同期间的价值，以及 5 年时间对球员职业生涯的重要性，仲裁庭维持了争端解决委员会之前的决定。

在 2005/A/983&984 案中，根据当时有效的《国际足联章程》第 66 条，仲裁庭原则上排除了乌拉圭法的适用资格，但仍结合《国际足联球员身份和转会规则》第 25 条第 6 款分析乌拉圭法在具体案情下与公共政策的相容性。其认为，虽然国际足联的规章对此没有明确的规定，但乌拉圭法与国际足联规则的框架不一致。首先，球员的整个工作期限在延期后超过 5 年，这违背或曰规避了《国际足联球员身份和转会规则》关于合同最长期限的强制性规定；其次，它损害了国际足联新版规则的基本原则，即通过训练补偿和联合机制保护提供青训的俱乐部的利益，以及通过维护合同稳定性保护所有相关俱乐部的权益。另外，乌拉圭法的适用有违瑞士法律体系的基本价值。不同意延期的球员将被俱乐部列入叛乱（*rébellion*）名单，其不仅不能从该俱乐部取得任何收入，甚至无法继续个人的职业生涯，此种长达数年的处罚显然违反了法律的精神。故在不给予球员充分对价的情况下，赋予俱乐部单方延期选择权的合同条款无效。

为作出上述判断，仲裁庭尤其指出，体育运动本质上是一种跨国现象。在国际层面的体育规则具有统一和连贯性的特征不仅是可取的，而且是必不可少的。为了确保在世界范围内获得尊重，此种规则不应以差别的方式适用于各个国家。任何国际体育联合会规章适用的普遍原则都是出于法律的合理性、安全性和可预见性的需要。因此，足球大家庭的所有成员应遵守相同的规定。此种统一性源自确保所有规章的适用对象之间的平等对待，而与他们来自哪一国无关。总之，案涉的乌拉圭法既违反《国际足联章程》的宗旨，也与普遍接受的法律中的基本原则不符。

---

[1] CAS 2004/A/678, Apollon Kalamarias F. C. v. Oliveira Morais, award of 20 May 2005.

## 第五节　对职业足球单方延期选择权
## 争议中法律适用冲突的认识

基于以上分析，国际体育仲裁院在解决职业足球单方延期选择权条款效力争议时面临的法律适用冲突有三大特点，分别是将国内案件作国际处理、在实体法律适用上存在矛盾的心态，以及对案件事实予以特别的关注。本节逐一进行分析，并结合晚近的动向探究此类争议的处理前景。

### 一　国内案件的国际处理

从一般性质的涉外民商事关系的角度，法律适用冲突表现为国家法之间的冲突，进而需要决定哪一国家的法院具有管辖权并根据冲突规范从中作出选择。如涉外合同案件与一国发生主要的关联，则至少该国法中的强制规范[1]应由该国法律体系所支配；从竞技体育这一特殊领域出发，法律适用冲突则表现为体育行业规则和国家法之间的法律适用冲突。

为维护体育行业规则适用的统一性，进而实现体育竞赛的公平，即使对纯粹发生于一国境内的竞技体育纠纷，只要存在微小的国际因素[2]，仍宜由国际体育仲裁院主宰的全球体育自治法支配。就国际体育仲裁中的单方延期选择权条款的效力争议，构成在国际层面处理的国内案件，由此导致实体法律适用和事实认定层面上的特殊性。

### 二　法律适用的矛盾心态

当体育组织章程等规则缺乏明确规定，而瑞士或其他国家的国内法的适用又达不到公正的效果时，国际体育仲裁院在处理单方延期选择权条款效力争议上面临着明显的消极法律适用冲突。此时仲裁庭谨慎地应对单方延期选择权条款带来的实体法律适用问题，这反映了其在适用法层面的矛盾心态。为完成球员的自由流动与维护合同稳定性两大任务，一方面国际体育仲裁院需要维护竞技体育领域自治的权威，希望在《国际足联章程》不足时仍适用统一的规则，而不求助于任何的国内法律体系；另一方面则要维护司法的权

---

[1] 此种强制规范乃是所有不允许当事人约定排除的法律规范，并不限于直接适用的法，其在国际私法中的适用地位参见《罗马条例Ⅰ》第3条第3款。

[2] Alexander Wild, *CAS and Football: Landmark Cases*, Hague: T. M. C. Asser Press, 2012, p. 113.

威，实现个案公正审理的目标。就前者而言，仲裁庭需要在国际体育仲裁实践中创制全球体育自治法，以作为体育组织规则的有效补充；就后者而言，其更关注个案的具体情形，从而加以区分对待。

关于国内法体系的援用，瑞士的法律体系虽然较为完善，但在处理单方延期选择权条款效力时并不总能达到足球行业希望的效果。毕竟从实体法以及国际足坛实践的角度，瑞士的劳动政策所导致的单方延期选择权条款的一概无效，既无法应对此类条款在足球领域广泛运用的现状，也欠缺必要的适用依据。从冲突法的角度，所谓的补缺适用就该类争议的解决却成了优先适用的对象。由于瑞士法往往缺乏与案件的密切联系，此时它的适用实际上是将一国的劳动政策延伸至全世界的职业足球劳动合同领域。

而那些认定单方延期选择权条款有效的国家法，虽然基于当事人的选择或在地理上与案件存在的密切联系而符合传统国际私法指引合同准据法的要求，但会导致实体法律适用的结果呈现破碎化的局面，以至于繁荣的国际转会市场与足球全球化的进程被主权国家的壁垒所阻却。[①] 这不仅与体育行业自治的目标难以相容，也不利于球员的跨国有序流动。故如学者所言，上诉程序的实体法律适用机制对瑞士法之外的国家法的援用乃是"适而不用"。[②] 即使少数援引《希腊第 2725/99 号体育法》处理单方延期选择权条款效力争议的实践，仍最终取决于能否达到仲裁庭认为适当的结果。

### 三 案件事实的特别关注

由于国际体育仲裁院在处理单方延期选择权条款争议问题上处于矛盾之中，此类条款在个案中既非一概有效，亦非绝对无效，而须结合具体案情进行认定，从而构建行业内部的法理。如审理 2004/A/678 案的仲裁庭指出，作为全球体育自治法、体育裁判法勃兴的反映，球员的自由流动在全球体育领域得以强化，通过援用有更广泛价值的一般法律原则来确定特定国家的特别法的适用资格是合适的。此时，国际体育仲裁注重案件的审理结果与公共政策的相容性。该公共政策并非纯粹作为仲裁地法的瑞士公共政策，而是从竞技体育领域的特殊性所引申出来的足球这一竞技体育行业的国际公共政策。其更加关注的是职业足球竞技运动的长远发展，而区别于单纯地考虑员工的劳动权益保护问题。

---

[①] 席志文：《足球合同中单边续约选择条款的合法性问题——来自格雷米奥案的启示》，《天津体育学院学报》2015 年第 6 期。

[②] 杨磊：《论国际体育仲裁院实体法律适用机制的特殊性》，《天津体育学院学报》2014 年第 4 期。

## 第九章 职业足球单方延期选择权争议中的法律适用冲突问题 207

就此，学者沃夫冈·珀尔特曼（Wolfgang Portmann）提出的认定单方延期选择权条款效力的五点参考值得一提。一是延长的期限应当与原合同期限成比例；二是俱乐部必须在原合同到期前的一段合理时间行使延期选择权，以便于球员能不间断地工作；三是因延期而增加的工资应当在原合同当中加以规定；四是条款的内容不得将球员置于任由俱乐部摆布的境地；五是能清晰地证明球员在签订合同时可以意识到此类单方延期选择权条款的存在。[①] 虽然该标准旨在系统平衡球员和俱乐部之间的利益关系，但在国际体育仲裁实践中并未得到普遍一致的接受。在2005/A/983&984案中，仲裁庭曾将涉诉的乌拉圭法不满足上述任一标准作为公共政策违反的证明。[②] 审理2006/A/1157案[③]的仲裁庭却质疑此种判断标准的合理性。这表明单方延期选择权条款即使满足上述标准也可能被认定无效。

可以预见的是，作为体育特殊性的体现，国际体育仲裁仍将遵循个案的分析方法，根据不同的案情与体育领域的公共政策的相容性，综合决定单方延期选择权条款的效力。其一，应当考虑延长的期限是否与主合同的期限成比例。如一年的主合同加上四年的延期选择即便未超过五年的最长期限，也会被视为一项伪装的试用期条款而认定无效；[④] 其二，俱乐部行使单方延期选择权条款的方式应符合善意原则。如为了球员的职业规划，其不能在转会期即将到来时延长合同期限。[⑤] 在这一过程中还须特别关注延期后的工资是否较原合同期间有实质性的增长，以及球员在俱乐部宣布延期后是否采取过配合的态度。[⑥] 总之，珀尔特曼的提议至多在与仲裁庭所希望达到的公共秩序目标一致的情况下作为加强说理的依据，不构成解决此类纠纷的终极

---

[①] Wolfgang Portmann, "Unilateral Option Clauses in Footballers' Contracts of Employment: An Assessment from the Perspective of International Sports Arbitration", *Sweet & Maxwell International Sports Law Review*, 2007 (1): 12.

[②] 虽然涉案合同也规定了延期后的工资会随着国内消费价格指数的上涨而相应增长。

[③] CAS 2006/A/1157, Club Atlético Boca Juniors v. Genoa Cricket and Football Club S. p. A, award of 31 January 2007. 该案还伴随着特殊情形。球员此时仍未成年，如果合同延期的话，由于存在租借的要求，则必须出国踢球，从而背井离乡、远离亲人。此种有违劳动者意愿的做法为各国劳动法所不允。

[④] Frans de Weger, *The Jurisprudence of the FIFA Dispute Resolution Chamber*, Hague: T. M. C. Asser Press, 2016, p.189.

[⑤] CAS 2013/A/3260, Grêmio Foot-ball Porto Alegrense v. Maximiliano Gastón López, award of 4 March 2014.

[⑥] See Saverio Spera, Exploring the Validity of Unilateral Extension Options in Football – Part 2: The View of the DRC and the CAS, http://www.asser.nl/SportsLaw/Blog/post/exploring-the-validity-of-unilateral-extension-options-in-football-part-2-the-view-of-the-drc-and-the-cas-by-saverio-spera#_ftnref3.

标准。

## 四 此类争议的处理前景

受国际体育仲裁实践①的影响，即使在单方延期选择权条款盛行的南美国家，目前也逐渐转向采取限制的态度。在智利，单方延期选择权已经不被允许使用；在乌拉圭，仅因为球员联盟不同意绝对禁止而使之尚存一息；在阿根廷，此类条款只可以包含于不满 21 周岁的球员签订的劳动合同当中，而且期限不得超过 3 年。② 然而为了分散俱乐部的运营风险以及财务上的需要，单方延期选择权条款还会在足球行业长期存在，故不宜在足协规则或集体谈判协议当中一概加以否定。

我国尚无有关单方延期选择权条款效力争议的司法案例，但法院受理过类似的案件。在上诉人大连一方足球俱乐部与被上诉人球员艾迪·弗朗西斯劳动争议纠纷案③中，一审法院就合同中存在的期满后自动续签条款④的效力指出，虽然该约定不违反法律禁止性规定，还能够维系、保障劳动关系的稳定，但由于球员已经离开俱乐部不再接受其工作安排，此时继续限制劳动者终止劳动关系会违反法律赋予其的自主择业权。二审法院认为该条款虽然系双方自愿签订，且符合足球行业的特点，不违反法律禁止性条款，但没有遵守《俱乐部工作合同要求》中关于合同期限不得超过 5 年的行业协会规定。更何况即使当事人应按照约定续约，该合同也无继续履行的可能，故不予认可。

由此可见，我国法院虽然适度考虑了足球行业规则的限制性要求，但仍主要基于《劳动合同法》中的偏重保护劳动者的理念⑤来处理此类案件。可

---

① 2005/A/983&984 案甚至被视为南美版的 Bosman 案。See Alexander Wild, *CAS and Football: Landmark Cases*, Hague: T. M. C. Asser Press, 2012, p. 118.
② See Diego F. R. Compaire, Contractual Stability in Professional Football, http://www.lawinsport.com/pdf/ContStabinProfFoot.pdf.
③ （2018）辽02民终454号判决书。文书中并无当事人就法院管辖权确立事项上的争议，该问题将在第十二章进行阐述。而在之前涉及该俱乐部与某国内球员的同类案件中，法院认定双方工作合同中的续约条款合法有效，应当继续履行合同。该案只见报道，未找到判决书原文。网易体育：《一方球员合同纠纷被判败诉 为留洋西丙疑似造假》，http://sports.163.com/16/0810/21/BU4TGU6Q00051C8L.html#post_comment_area。
④ 合同有效期自 2013 年 1 月 1 日起至 2016 年 12 月 31 日止，如当事人在合同期满前的十个月未以书面形式通知对方不续约，则续约一年。
⑤ 有学者曾认为单方延期选择权条款如满足公平、平等自愿以及协商一致原则即符合我国劳动法的精神。参见罗小霜《论国际足联对单边延期选择条款效力的认定》，《西安体育学院学报》2013年第3期。

以推测，即使单方延期选择权条款对球员和俱乐部双方均产生约束力，我国法院也不会完全承认其效力，这与上述国际体育仲裁实践存在潜在的冲突。故对我国而言，单方延期选择权争议未来仍有必要交由体育仲裁机构审理。[①] 对此，仲裁庭不应采取绝对禁止或允许的态度，而应就具体案件事实作个案分析，在保护球员劳动权利与维护合同稳定性之间寻求平衡，以实现足球行业关系的健康发展。

## 本章小结

区别于已经有效成立合同的解除情形，单方延期选择权更多涉及合同条款的效力，但同样会影响球员的自由流动。与合同解除主要由国际足联行业规则支配从而与国家法发生对抗的情形不同，国际体育仲裁院在处理职业足球劳动合同中的单方延期选择权条款效力争议时面临着因行业规则不足、国家法不宜调整而出现的消极法律适用冲突，从而需要重点关注此类案件的管辖权确立、实体法律适用以及事实认定等一系列的问题。

首先，国际足联接受了国际体育仲裁上诉程序的管辖条款，使得国际体育仲裁院能够对经国际足联处理的单方延期选择权条款争议进行管辖。此种管辖的范围以国际层面为限，但常作扩大解释。除合同当事人来自不同国家从而导致其纠纷必然"跨国"外，还要考虑对球员的国际流动发生直接效果的情形；其次，无论基于《体育仲裁法典》还是国际足联规则对实体法律适用的规定，所达到的法律适用结果都应通过公共秩序保留原则和直接适用的法制度予以修正，然而国际体育仲裁实践并未如审理涉外案件的国内法院那样，借此以一国法替代另一国法；最后，作为体育特殊性的体现，具体案情与体育领域的公共政策的相容性构成选用何种法律适用条款以及最终判断单方延期选择权条款效力的关键。故此，以冲突规范为代表的传统国际私法发挥的作用极为有限，相应地需要通过国际体育仲裁实践构建足球行业内部的裁判原理。总之，此种独特的管辖模式、实体法律适用和案件事实的认定做法是由职业足球单方延期选择权纠纷的特别性质造成的，应引起必要的重视。

---

① 对于球员要求俱乐部及时为被告办理转会证明的主张，法院并未明确支持。

# 第十章 足球转会规则与竞争法之间的法律适用冲突问题

就竞争法与国际体育仲裁的关系，一方面由于单项体育联合会的章程对国际体育仲裁的实体法律适用存在明确的要求，各国竞争法在竞技体育争议解决当中并未占据十分显眼的地位。① 又何况这涉及公法层面的考量，容易为处理本质上属于私人争议的国际体育仲裁所忽视。虽然此种竞争法上的价值可以演化为直接适用的法产生效力，但解决职业足球劳动合同争议的国际体育仲裁实践往往选择回避；另一方面，针对足球转会规则的竞争法与职业足球劳动合同争议的处理也发生关联，足球行业的特殊规定会面临竞争法的检验。故尽管转会规则看似直接约束俱乐部外部的商业关系，而不是俱乐部和球员之间的劳动关系，但其显然会影响球员获得工作机会的权利以及俱乐部所能为之提供的条件。② 本章将结合国际体育仲裁院和相关国家的司法实践，集中探讨这一开放性的话题，明确国际足球转会规则之类的全球体育自治法与竞争法之间的法律适用冲突，以此展示公法对职业足球劳动合同争议发生的影响。

## 第一节 足球转会规则的竞争法介入

由于职业足球于最近数十载才完成商业化的转变，体育自治的传统观念加上纠纷解决的自执行机制，使得竞争法介入足球转会规则进而引发法律适用冲突的时间不长。确切地说，该问题直到欧盟法院审理 Bosman 案时才在欧盟层面为人所知，并产生强烈的国际反响。

---

① 少数适用的实践可参见第五章第二节的内容。
② 〔英〕米歇尔·贝洛夫等：《体育法》，郭树理译，武汉大学出版社2008年版，第72页。

## 一 问题的缘起——Bosman 案争议的始末

在 Bosman 案[①]发生时,国际足联允许各洲际足联创设自己的转会规则。[②] 其中欧足联规定,球员在合同到期后可以在支付转会费的前提下自由转会至其他国家的俱乐部,以此补偿原俱乐部在球员培训上的花费。[③] 转会费的数额在实践中多超过俱乐部训练球员的实际费用,使之成为俱乐部重要的收入来源。[④] 如果新旧俱乐部未能就此达成协议,则球员会面临无球可踢的困境。总之,此种转会制度将俱乐部的意志强加于球员之上,无疑限制了个人的择业自由。

比利时籍球员让·马克·博斯曼(Jean – Marc Bosman)在与比利时列日足球俱乐部签订的合同到期后[⑤]希望转会至法国敦刻尔克足球俱乐部,但由于两家俱乐部没有就转会费的支付问题达成共识而未能成行。因不满欧足联允许俱乐部对职业足球劳动合同到期后的球员转会仍收取转会费的做法,博斯曼诉至比利时法院,认为上述规定有违欧盟法下的人员自由流动以及反垄断的竞争法,比利时法院就此提请欧盟法院作出初步裁定(preliminary ruling)。1995 年 12 月 15 日,欧盟法院认定俱乐部在球员合同到期后索要转会费的行业做法违反了《欧共体条约》第 39 条"任何一个成员国的劳动者都有权为就业的目的在欧盟各成员国之间自由流动"的规定。

就该案,欧盟法院给出的意见确认了竞技体育属于欧盟法所调整的范围。由于欧盟的基本自由具有水平效力(horizontal effect)[⑥],可以直接适用于联盟内的私人性组织和个体之间发生的法律关系,而不仅仅约束各成员国的政府,故能够用以处理球员和体育组织之间的争议。具体到转会费问题,俱乐部对合同到期后的球员转会仍然收取转会费的实践对球员寻求新的就业

---

① ECJ Case C – 415/93, Union royale belge des sociétés de football association ASBL v. Jean – Marc Bosman, Royal club liégeois SA v. Jean – Marc Bosman and others and UEFA v. Jean – Marc Bosman, 15 December 1995.
② 国际足联在 1994 年首次颁布了《国际足联球员身份和转会规则》。
③ Antoine Duval & Ben Van Rompuy, eds., *The Legacy of Bosman: Revisiting the Relationship Between EU Law and Sport*, Hague: T. M. C. Asser Press, 2016, p. 85.
④ Christina Lembo, "FIFA Transfers Regulations and UEFA Player Eligibility Rules: Major Changes in European Football and the Negative Effect on Minors", *Emory International Law Review*, 2011 (1): 546.
⑤ 如果不转会,则只能选择与原俱乐部签订一份仅为原薪水 1/4 的合同。
⑥ 区别于能规范欧盟成员国机构与私人之间法律关系的欧盟法的垂直效力。

机会和条件产生不良的影响，此种基于国籍的歧视①构成对联盟内人员自由流动的不法限制。针对欧足联关于该举措旨在防止优秀青年球员流失的抗辩，欧盟法院认为，此种限制如基于竞赛的特殊性以及内容需要之类的非经济性理由可以采用，不过仍要追求合理的目标。允许对合同到期后的球员转会收取转会费的行业规则却难以满足这一条件，这不仅在于它不能借此充分实现俱乐部之间的金融和竞争实力的均衡，而且对挖掘和训练那些有潜力的青年球员也没有帮助。

虽然欧盟法院主要探讨在职业足球劳动合同到期后仍要支付转会费的规则与维护劳动者自由流动的欧盟竞争政策之间的相称性，对博斯曼提出的欧盟反垄断审查并未直接作答②，但这并不意味着现有转会规则完全符合反垄断法的要求。对足球行业的特定市场而言，球员是重要的资源禀赋要素。适度地维持足球劳动合同的稳定性有助于实现俱乐部之间的实力均衡，避免一家独大局面的出现，从而为建设高水准的职业足球联赛奠定制度基础，故需要在规范劳动合同关系时考虑此种行业秩序的要求。然由此采取的措施不应当过分地限制球员的流动。毕竟择业自由不仅构成劳动者的基本人权，也是各国反垄断法当中的重要议题。对此，应特别注意拟实施的手段与所追求的目标是否成比例这一反垄断法上的原则。

作为 Bosman 案的余波，欧足联废除了球员合同到期后仍要收取转会费的做法。然而，一方面广大中小俱乐部因此陷入财务上的困境，而大俱乐部则可以省下大笔的转会费用来吸引优秀的球员；③另一方面，通过与那些有潜力的球员订立长期的劳动合同、在到期前更新合同的方式，欧洲的俱乐部还试图达到与先前做法类似的效果。此种竞争失衡的局面引起了欧盟委员会的关注。为了换取欧盟委员会的谅解从而终止对足球转会规则合法性的调查④，国际足联、欧足联与欧盟委员会于 2001 年 3 月就球员的国际转会问题

---

① 周青山：《欧盟体育领域国籍歧视的法律规制——基于判例的考察》，《体育科学》2012 年第 3 期。

② 该案的总法务官伦茨（Lenz）对此亦提出宝贵的意见。See Mike Pullen, "Summary of the Advocate General's Opinion in the Bosman Case", *European Competition Law Review*, 1996（1）: 56–57.

③ 参见赵忠龙《比较法视野下的职业运动员法律性质研究——基于体育法、劳动法与反垄断法的协同调整》，《人大法律评论》2014 年第 1 期。

④ Commission Closes Investigations into FIFA Regulations on International Football Transfers, http://europa.eu/rapid/press-release_IP-02-824_en.htm.

达成了一项不具有法律约束力的君子协议（Gentlemen's Agreement）[1]。

该协议极力缓和足球转会规则与竞争法之间的法律适用冲突，以此确立了球员的自由流动、未成年球员的保护、训练补偿、联合机制、转会窗、保护期、体育制裁以及争议解决和仲裁等球员转会的主要原则[2]，并最终反映在 2001 年版《国际足联球员身份和转会规则》当中，从而在世界范围内发挥效力。此外，为了避免国家法对业内规则的审查，国际足联虽然明确职业足球劳动合同争议可以由各国法院管辖，但更加强化了行业内部解决机制的司法性。其不仅创设专门解决球员和俱乐部之间的职业足球劳动合同争议的争端解决委员会，还于 2002 年正式承认国际体育仲裁院对争端解决委员会等国际足联相关司法机构所作决定的上诉管辖权，使得足球劳动合同争议成为该院的第一大案源。[3] 可以说，欧盟竞争法的介入直接推动了此类争议通过国际体育仲裁的方式解决。

## 二 欧盟竞争法对足球转会规则的适用分析

体育赛事活动组织的特殊性使得竞技体育运动呈现垄断性质的金字塔结构。正如欧盟委员会 2007 年发布的《体育白皮书》指出的那样，体育结构的特殊性包括各大体育组织自治和多样性、从草根到精英层次的金字塔状的竞赛结构、以国家为基础的体育组织安排及同一体育领域原则上只设置单一的体育联合会。[4] 对足球这一特定的竞技运动而言，在国际足联的领导之下，各主权国家以及例外情况下的少数地区只能由唯一的足协作为其在国际上的代表。作为塔基，尤其当职业联赛得以展开时，则是以足球俱乐部为最基础的组成单位。维持竞争性平衡的举措都是以俱乐部为对象，以满足由俱乐部组成的联赛的长远利益。不过，这虽然符合俱乐部的共同利益，却容易忽视与其签订合同的球员，后者同样构成竞技足球行业的市场参与者。故而体育行业性垄断能够达到竞赛规则的一致，促进体育赛事的开展，但无法完全实

---

[1] Borja Garcia, "The 2001 Informal Agreement on the International Transfer System", *European Sports Law and Policy Bulletin*, 2011 (1): 17. Outcome of Discussions between the Commission and FIFA/UEFA on FIFA Regulations on International Football Transfers, https://ec.europa.eu/commission/presscorner/detail/en/IP_01_314.

[2] Antoine Duval & Ben Van Rompuy, eds., *The Legacy of Bosman: Revisiting the Relationship Between EU Law and Sport*, Hague: T. M. C. Asser Press, 2016, p. 95.

[3] Robert C. R. Siekmann, *Introduction to International and European Sports Law: Capita Selecta*, Hague: T. M. C. Asser Press, 2012, p. 272.

[4] 而体育活动和规则的特殊性则表现为男女竞赛的分开、限制参赛者的数量、确保比赛结果的不确定以及维持参加相同竞赛的俱乐部之间的竞争性平衡。

现反垄断豁免。这构成竞争法介入的直接动因，反垄断法对国际足联的转会规则仍有适用的空间。

一方面，早在1974年欧共体法院在审理 Walrave 案[1]时即认为，欧共体尊重体育行业的自我监管，只有在绝对必要时才可以采取适当的措施。这表现为当体育构成经济活动时，欧共体法特别是与竞争有关的法律可以适用。[2]而后，欧盟法院在审理前述 Meca - Medina 案[3]时强调竞争法和内部市场规则适用于体育行业，并不存在一项空白的体育例外。即使体育性质的规则看上去与经济活动无关，也不意味着此类规则下的活动或制定规则的组织可以享有竞争法上的豁免。

另一方面，受 Bosman 案的影响，竞技体育尤其是足球行业的特殊性得到充分的考虑。1997年由欧盟各国首脑以及政府作出的《阿姆斯特丹声明》[4]，认为应当对体育的特殊性给予特殊考虑，故欧盟机构在讨论涉及体育的重大问题时应听取体育协会的意见。而制定指导体育法律实践基本原则的欧盟体育大会在明确球员和俱乐部在欧盟境内自由流动与设业基本权利不应受到限制的同时，还特别强调，虽然欧盟竞争法适用于职业足球领域，但由于体育的特殊性，不能将其视为普通的商业活动。此种态度最终得到欧盟基础条约的认可。《欧洲联盟运行条约》第165条第1款第2项（即原《欧共体条约》第149条）规定，在考虑到体育的特殊性、以自愿参与为基础的体育结构及其社会与教育功能的情况下，联盟应致力于推动欧洲体育事业的发展。[5]

具体而言，《欧洲联盟运行条约》第101条（即原《欧共体条约》第81条）之类的欧盟反垄断法应如何适用于足球转会规则？首先，由于不存在经济活动就无法适用欧盟法中的反垄断规则，由此产生的疑问是，作为规则制定者的单项体育协会或联合会是否构成经营者（undertaking）或者经营者联合（association of undertakings）？对此，如果单项体育协会或联合会自身开展经济活动，则其构成经营者；如果其成员开展经济活动，则单项体育协会或

---

[1] Case 36/74, Walrave & Koch v. Association Union Cycliste Internationale, [1974] ECR 1405.
[2] 然而禁止以国籍为由的歧视并不影响国家队的选拔，毕竟这只关系纯粹的体育利益。
[3] Case C - 519/04 P, Meca - Medina & Majcen v. Commission, Judgment of 18 July 2006.
[4] Official Journal 1997, No. C 340.
[5] 《欧洲联盟运行条约》第165条第2款第7项指出，联盟应通过促进体育竞赛的公平公开、体育机构之间的合作以及保护运动员特别是青年运动员的身心健康，发展欧盟体育事业的维度。

联合会构成经营者联合。① 以俱乐部为代表的竞技足球活动普遍采取商业化的运作，如赛事转播权的出售、俱乐部的运营、球员形象权的开发等，这表明国际足联及其会员足协无疑属于欧盟反垄断法下的经营者或经营者联合。

其次，即使国际足联满足反垄断法的主体要件，由其制定的足球转会规则是否在《欧洲联盟运行条约》第101条第1款、102条的禁止之列仍要作进一步分析。足球转会规则与欧盟反垄断法的相称性不能一概而论、泛泛而谈，而应当注意所采取的措施是否为了达成特定的合理目标，而且与之成比例，特别要关注的是足球转会规则能否因为满足《欧洲联盟运行条约》第101条第3款②（即原《欧共体条约》第81条第3款）下的客观正当理由而被例外地认为与欧盟法中的反垄断规则一致。

对此应采取个案分析的做法，毕竟体育的特殊性不代表一般性体育反垄断例外的存在。那些禁止法院对国际足联、一国足协的决定或国际体育仲裁裁决作出司法审查、规定使用外国球员的数量限制、要求合同到期的球员支付转会费的规则都极有可能违反欧盟的竞争政策。总之，只有国际足联构成反垄断法下的经营者、拥有市场独占地位并滥用市场优势地位且不满足除外规定情形时，才会遭受欧盟反垄断法的制裁。

## 第二节　球员违约损害赔偿计算的竞争法考量问题

从上文看，欧盟竞争法对足球转会规则存在规制的空间，而 Bosman 案带来的影响虽然缓和了竞争法与足球行业规则的紧张关系，但目前的球员违约损害赔偿计算方式仍有遭遇竞争法质疑的可能。③

### 一　球员违约损害赔偿计算的规则缺陷与仲裁实践

在探讨竞争法介入球员违约损害赔偿之前，有必要明确该问题发生的原

---

① Opinion of Advocate General Lenz in ECJ Case C – 415/93, Union royale belge des sociétés de football association ASBL v. Jean – Marc Bosman, Royal club liégeois SA v. Jean – Marc Bosman and UEFA v. Jean – Marc Bosman, 20 September 1995.
② 如果经营者的协议、经营者联合组织的决定以及联合行动能够有助于改善商品的生产或销售或推动技术、经济进步，保证消费者公平分享由此带来的收益，并且不会对有关经营者施加并非为达到这些目标所必不可少的限制，以及发生提供在相关产品的实质部分消除竞争的可能性，则可以作为例外存在。
③ 国际职业球员联合会为此于2015年9月向欧盟委员会提出反垄断指控。

因。这不仅在于《国际足联球员身份和转会规则》关于球员违约损害赔偿的规则内容含糊,而且在国际体育仲裁实践中仲裁庭采用的计算标准带有极大的随意性,从而有违国际足联与欧盟委员会在2001年达成的君子协议。[1] 这加重了球员解除合同的负担,对球员自由流动产生阻却效果。

(一) 球员违约损害赔偿计算的规则缺陷

Bosman案远不像有些学者想象的那样可以实现球员自主地选择雇主[2],转会费的收取并未因该案的出现而完全终结。为了平衡合同的稳定性和球员自由流动之间的关系,无正当理由单方解除合同的损害赔偿规则应运而生。[3] 就此,《国际足联球员身份和转会规则》第17条第1款规定,只要存在无正当理由解除合同的情形,则违约的一方就必须予以赔偿。在不影响该规则第20条以及附件四有关训练补偿条款适用的情况下,除当事人另有约定外,违约损害赔偿的计算应充分考虑到有关国家的法律、体育的特殊性及任何其他的客观标准。此类标准应特别包括球员在现有合同和/或在新合同中的薪金及其他收益、最长不超过5年的合同剩余期限、分摊到合同期限内的原俱乐部支付的费用或发生的花费,以及违约是否在保护期之内。

上述规则看似面面俱到,实则存在极大的不确定性。标准能否适用取决于具体的案情以及当事人的主张。如果其不积极通过证据证实由此发生的指控或者抗辩,则仲裁庭并无义务分析以及赋予第17条第1款下的各要素以权重。故为了实现裁判结果的一致,有关国家的法律往往被束之高阁。[4] 同样根据国际体育仲裁形成的法理,体育的特殊性既非损害赔偿计算的额外方法,也不是授权仲裁庭根据公允原则进行裁决的标准,而只是允许其考虑没有反映在《国际足联球员身份和转会规则》第17条下的其他客观因素的矫正工具。[5]

---

[1] Geoff Pearson, "Sporting Justifications under EU Free Movement and Competition Law: The Case of the Football 'Transfer System'", *European Law Journal*, 2015 (2): 236.

[2] 唐绍均:《论"博斯曼法则"与我国运动员股权激励制度的建构》,《天津体育学院学报》2013年第4期。

[3] Suren Gomtsia, et al., Between the Green Pitch and the Red Tape: The Private Legal Order of FIFA, TILEC Discussion Paper No. 2017 – 003, https: //papers.ssrn.com/sol3/papers.cfm? abstract_id = 2903902.

[4] 根据实践中的法理,这通常是与球员发生争议的俱乐部所在地国法。然而其最终对赔偿数额发生作用取决于当事人提交相关证据予以证明,否则仲裁庭不予认可。CAS 2009/A/1880, FC Sion v. FIFA & Al – Ahly Sporting Club & CAS 2009/A/1881 E. v. FIFA & Al – Ahly Sporting Club, award of 1 June 2010.

[5] CAS 2010/A/2145, Sevilla FC SAD v. Udinese Calcio S. p. A.; CAS 2010/A/2146, Morgan De Sanctis v. Udinese Calcio S. p. A.; CAS 2010/A/2147, Udinese Calcio S. p. A. v. Morgan De Sanctis & Sevilla FC SAD., award of 28 February 2011.

在实践中，案件的特殊情形可能会导致仲裁庭增加赔偿的数额，即通过比照适用《瑞士债法典》中的公平和公正补偿概念而裁决，将球员在新俱乐部合同下的 6 个月工资作为额外补偿。①

故此，违约损害赔偿计算的一大关键在于明确其他客观标准的内涵。这些标准不仅未能作到全部列举②，而且内容上容易发生冲突，由此在国际体育仲裁中出现截然相反的解释。对此有学者为之辩护，认为国际体育仲裁院试图避免违约的一方能够预测损害赔偿数额情况的发生，从而防止对合同稳定性的侵害。③ 然而构建一致的裁判原理一直是国际体育仲裁的重要目标，目前源于个案差异及标准模糊的乱象有待未来加以完善。

（二）在国际体育仲裁实践中引发的争议

仲裁庭在 Webster 案④中将球员违约损害赔偿完全限于尚未履行的合同剩余期间的工资价值，而审理 Matuzalem 案⑤的仲裁庭一改国际体育仲裁之前的做法，原则上基于俱乐部的履行利益计算因球员违约造成的损失。后续 Sanctis 案⑥进一步认为，所谓履行利益是指基于恢复原状的原则，对违约的赔偿应使得受害的一方恢复到如同合同能够被履行完毕下的状态。甚至在个别案件中，仲裁庭还为此种解释方法寻找瑞士法上的依据。如在 2008/A/1447 案⑦中，根据《瑞士债法典》第 97 条确立的基本原则，仲裁庭认为应计算的损失不仅指因对方导致合同解除的作为或不作为所产生的损失，还包括履行利益。

履行利益的计算看似能最大限度地保护受损害一方的利益，然其更适合在一般领域特别是买卖类型的合同中施行，不宜直接运用到职业足球劳动关系当中。原因在于此种利益主要立足于俱乐部期待的转会利益的损失，不仅

---

① CAS 2008/A/1519 & 1520, FC Shakhtar Donetsk v. Matuzalem Francelino da Silva & Real Zaragoza SAD & FIFA, award of 19 May 2009.
② 如球员在重要杯赛的决赛开始前恶意解除合同也构成影响损害赔偿计算的情形。
③ David Mcardle, *Dispute Resolution in Sport: Athletes, Law and Arbitration*, London: Routledge, 2014, p. 3.
④ CAS 2007/A/1298, Wigan Athletic FC v. Heart of Midlothian & CAS; 2007/A/1299, Heart of Midlothian v. Webster & Wigan Athletic FC; CAS 2007/A/1300, Webster v. Heart of Midlothian, award of 30 January 2008.
⑤ CAS 2008/A/1519 & 1520, FC Shakhtar Donetsk v. Matuzalem Francelino da Silva & Real Zaragoza SAD & FIFA, award of 19 May 2009.
⑥ CAS 2010/A/2145, Sevilla FC SAD v. Udinese Calcio S. p. A.; CAS 2010/A/2146, Morgan De Sanctis v. Udinese Calcio S. p. A.; CAS 2010/A/2147, Udinese Calcio S. p. A. v. Morgan De Sanctis & Sevilla FC SAD., award of 28 February 2011.
⑦ CAS 2008/A/1447, E. v. Diyarbakirspor, award of 29 August 2008.

难以证明，而且不同人难有相同的认识。的确，损害赔偿数额的不确定在一定程度上有助于强化职业足球劳动合同的稳定性，但这不仅对国际体育仲裁院构建裁判法理尤为不利，还存在遭遇来自国家法干预的风险，此一点在Matuzalem案中表现得尤为突出。

巴西籍职业球员马图扎伦在2004年与乌克兰顿涅茨克矿工足球俱乐部签订了一份为期5年的合同，并于次年无正当理由单方解约。在与西班牙皇家萨拉戈萨足球俱乐部签订新合同后的不久，国际足联争端解决委员会判处该球员以及负连带责任的新俱乐部向原俱乐部赔偿680万欧元的损失。当案件上诉至国际体育仲裁院，仲裁庭最终裁决他们应支付超过1100万欧元的损害赔偿。然而该案引发的争议仍在继续。由于马图扎伦和西班牙俱乐部未能主动履行国际体育仲裁裁决，国际足联纪律委员会根据2009年版《国际足联纪律准则》第64条处以罚款，责令其必须在90日内履行。否则不仅西班牙俱乐部可能被扣除多达6分的联赛积分，而且球员也将禁止从事任何形式的足球活动，直至国际足联纪律委员会作出新的决定。马图扎伦和西班牙俱乐部将国际足联纪律委员会的处罚决定上诉至国际体育仲裁院，该院没有支持他们的请求。

马图扎伦诉至瑞士联邦最高法院，该院借助实体公共秩序撤销了国际体育仲裁院作出的维持国际足联纪律委员会处罚决定的裁决。① 具体而言，作为一项基本价值，人格尊严需要法律的保护。在瑞士，宪法理应维护个人的人身和经济自由权，特别是自由择业和从事职业活动的权利。此种人格性权利不仅不能受到来自国家的侵害，而且应免于私人的加害。《瑞士民法典》第27条第2款关于任何人不得放弃自由或者限制行使自由达到违反法律或公共道德程度的原则属于普遍承认的价值秩序，根据瑞士法的权威观点构成一切法律秩序的基础。

对此，如果义务人遭受他人的恣意行为、放弃个人的经济自由以及限制竞争自由达到他的经济基础受到侵害的程度，则基于合同对经济自由的过分限制构成该条规制的对象。这同样适用于总部位于瑞士从而由瑞士法管辖的社团，如监管国际足球运动的国际足联。只有当社团利益对私权的侵害具有正当性时，单项体育联合会采取的对职业运动员发展造成严重损害的措施才是合理的。在该案中，无限期的禁赛将剥夺球员通过习惯性的活动获得收入并偿债的能力。区别于那些有能力却故意不偿还债务的情形，此种做法明显超出比例原则的需要，从而构成对球员经济自由领域的

---

① FT, 4A_ 558/2010, Judgment of 27 March 2012.

基本权利的严重侵犯。

## 二 球员违约损害赔偿计算竞争法介入的可能性

虽然瑞士联邦最高法院主要从人权保障的角度评价 Matuzalem 案的裁决，没有直接否定目前球员违约损害赔偿的计算方式，但该领域的国际体育仲裁实践仍存在极大的争议。有学者认为，尽管《国际足联球员身份和转会规则》第 17 条本身并非与欧盟法的规定相冲突，但国际体育仲裁院对履行利益原则的青睐使得根据该条作出的仲裁裁决的执行会面临与欧盟公共政策不一致的质疑。[①]

为实现球队的竞争性平衡，应阻却那些财力雄厚的俱乐部购买最好的球员从而操纵比赛的做法。[②] 这一竞技体育的特性塑造了诸如在体育协会中限制参赛队伍、转会窗、阵容限制、集体谈判、收入分成、转播权集体销售与分配等方面的足球行业规则。[③] 以转会窗为例，其旨在防止球队力量在赛季当中发生实质性改变，以此服务于冠军联赛的良好运行。[④] 转会费同样出于维持作为竞争对手的俱乐部之间实力均衡的目的，但它对劳动合同的履行也将产生直接的影响，进而与偏重保护劳动者的法理发生冲突，而当下的球员违约损害赔偿实践仍大致反映了维护转会费制度的要求。虽然目前的观点大多从包括劳动合同法在内的私法角度看待该问题，但国际足联规则解释的差异化对球员自由流动的限制以及 Matuzalem 案的发生都说明竞争法特别是反垄断法存在介入的可能。

就此问题，一方面应看到无正当理由解除合同的球员应进行损害赔偿的必要性。正是球员对合同期间内的违约承担赔偿责任，才衍生出足球劳动合同中的买断条款以及转会协议下的转会费。与球员违约损害赔偿功能类似的买断条款和转会费不仅有助于实现俱乐部之间的竞争性均衡，而且对俱乐部培训有潜力的青年球员也是一种有效的激励。[⑤] 毕竟财务收支平衡乃至资金充盈既是俱乐部良好运行的前提，又符合竞技足球运动持续发展的需要，更

---

① Richard Parrish,"Article 17 of the FIFA Regulations on the Status and Transfer of Players: Compatibility with EU law", *Maastricht Journal of European & Comparative Law*, 2015（2）: 257.
② David Mcardle, *Dispute Resolution in Sport: Athletes, Law and Arbitration*, London: Routledge, 2014, p. 84.
③ 姜世波：《运动员操守条款的人权法审视》，《天津体育学院学报》2017 年第 5 期。
④ ECJ, Case C-176/96 Lehtonen（2000）.
⑤ Janwillem Soek, "Termination of International Employment Agreements and the 'Just Cause' Concept in the Case Law of the FIFA Dispute Resolution Chamber", *The International Sports Law Journal*, Vol.（3-4）, 2007: 28.

何况作为球员身价直接反映的转会费对球员的经济利益未必有损。

球员的天赋差异使得该领域的优质人力资源呈异常稀缺的状态。虽然劳动合同约定的薪金乃是特定期限内的劳动力价值而非球员个人的身价,后者作为预期潜在的价值主要体现为转会协议的价格,但合同的价值能为球员服务的价值所反映,从而使其身价与劳动收入发生关联。故此球员的身价和所能获得的工资看似此消彼长,但在实际中大多成正相关,发生联动效应。受到顶级球队青睐的、处在黄金年龄段的大牌球员在进行转会交易时,不仅原俱乐部会获得高额的转会费,而且为取得球员的转会同意,新俱乐部也为之提供薪金丰厚的合同,有的甚至需要根据转会协议向其支付一笔数额不菲的签字费。这无不说明高端人力资源的稀缺性以及人力资源投入的重要性。

另一方面,确定违约解除合同损害赔偿的剩余价值原则较履行利益原则不总是具有优势。其一,对球员而言,虽然其类似于国际贸易法当中的因买方违约时的货物转卖行为,但在俱乐部违约时仅仅准用瑞士法的规定,赔偿球员在剩余合同期间内减去另行工作获得收入后的薪金并不公平。[①] 转会只有在转会窗开启期间才能完成,因此职业足球领域不存在可自由进出的交易市场。球员被解雇不仅面临竞技状态下滑的风险,而且会造成身价的下跌,甚至影响整个运动生涯。反之,在计算球员违约时采取履行利益原则的做法对球员未必不利。在 2009/A/1856&1857 案[②]中,由于在伤病期间与俱乐部发生矛盾,球员选择解除合同。仲裁庭认为,考虑到体育在具体环境下的特殊性,如球员在合同剩余期间内身体状况恢复无望,根据履行利益原则,当俱乐部因球员的违约节省的工资及费用高于实际的损失,则其不会得到任何的经济赔偿,球员也无须遭受体育制裁。

其二,如果说遵循损害填补原则的合同剩余价值的计算对赔偿球员损失尚有可取之处,对提出主张的俱乐部则更难以适用。即使是普通的贸易合同,无论当事人是否约定违约金,对等原则并非违约损害赔偿计算的一般依

---

[①] 2019 年版《国际足联球员身份和转会规则》对此加以完善。其第 17 条在保留原有的计算违约损害赔偿的原则性标准的前提下,于第 1 款新增俱乐部无正当理由解除合同时的球员受偿的特别规定。首先,基于损害填补原则,如果在原合同解除后没有签订新合同,球员所获得的赔偿原则上应等于提前解除合同的剩余价值;其次,签订新合同的球员须承担减损的义务,即相当于提前解除合同剩余时间的新合同价值应当从剩余价值当中扣除。此时作为惩罚性赔偿的体现,如合同的提前解除是由于俱乐部逾期支付造成的,则只要总的赔偿数额不超过提前解除合同的剩余价值,球员还有权获得相当于原合同三至六个月工资的额外赔偿。上述损害赔偿的新规定整体上仍处于《瑞士债法典》的框架之下,既契合了目前较为成熟的国际体育仲裁实践,又能满足国际职业球员联合会等球员组织对该问题的关切。

[②] CAS 2009/A/1856, Club X. v. A.; CAS 2009/A/1857, A. v. Club X., award of 7 June 2010.

据。除了受可预见性原则的限制，买方因卖方不履行合同造成的损失完全可以多于卖方所交付货物的价值。就劳动合同而言，虽然同样遵循有偿原则而存在对价，但对于拥有缔约优势的用人单位而言，购买劳动力的目的在于劳动者能为其创造更大的价值，故不能简单地将劳动合同的价值或剩余价值等同于实际发生的损失。[①] 而出于竞赛开展的需要，竞技足球行业又存在不同于普通劳动市场的价值追求。且更为特殊的是，与一般的劳动领域不同，俱乐部在缔约时关注的不仅是球员所能创造的价值，还包括在合同期限内让渡劳动力的收益。

然俱乐部因球员单方解除合同遭受的实际损失并不易计算。举例示之，一名自由球员加盟某职业足球俱乐部，其在缔约的当日即无正当理由解除合同。此时仍处于转会窗开启期间，俱乐部在转会市场上找到与之情形相同的球员作为替代，并签订同等期限的合同。如不考虑缔约本身所产生的如中介费之类的额外费用，新合同价格高于前者的部分无疑构成俱乐部的全部损失。然这只能是一种假设，如俱乐部无须支付转会费、合同尚未履行、且能够找到与原球员完全一样且愿意签订相同合同期限的自由球员。毕竟在资源稀缺的非充分竞争市场当中，因转会的成本、配额的限制等因素导致替代球员不易寻求。这不仅在于要具有相等的职业生涯阶段、同样的阅历与竞技水准以及相同的赛场位置，还应考虑其在球迷中的人气等影响形象权估值的因素。更何况当俱乐部在转会窗口关闭前或重要赛事临近时急需补强阵容，则往往会抬高目标球员的身价。此种难以替代性进一步强化了劳动合同区别于一般合同的继续性及人身性的特质，故所谓替代费用的计算在国际体育仲裁实践中充满了争议。

### 三 减少与各国竞争法冲突的举措

为减少与各国竞争法冲突的可能，有必要重构球员违约损害赔偿的计算方式。未来就球员的违约损害赔偿不宜完全回归至剩余价值原则，也不应遵循现有的关于计算履行利益的国际体育仲裁实践，而应当区分球员的合同价值与转会费的情形，分别确定赔偿责任的主体。为了防止球员通过违约解除合同的方式获取不正当的利益，应比较其在原合同剩余期限内于新旧合同所取得的收益，原则上以新合同高出的部分向原俱乐部进行赔偿。至于违约是否发生在保护期之内以及球员违约时的主观状态，只宜作为赔偿适度增减的

---

① 只是出于保护普通劳动者的目的，实现劳动保护之社会公义，所赔偿的数额往往限于用人单位能够证明的那部分损失。

考虑因素，不构成单独的计算标准。

已支付的转会费在合同期限内的分摊其实是将球员的人格权益物化。虽然转会费构成维持俱乐部实力均衡的重要措施，但不应由球员来承担俱乐部此部分的损失。更有甚者，作为确定违约损害赔偿的任何其他客观标准的体现，俱乐部就期待获得的转会费向球员追偿。如在 2009/A/1880 案[①]中，仲裁庭认为，由于瑞士劳动法认可损失的利润（lucrum cessans）作为无正当理由解除合同引发的损失，于证明违约或无理解除合同与失去实现某种利益的机会存在合理逻辑关系的前提下，转会费的丧失可以构成能获补偿的一部分。然而此种做法有待商榷，毕竟在国家法眼中劳动关系中的权利和义务因具有人身隶属性而不得概括转让。除非球员同意，否则原俱乐部的转会收益无从谈起。

无论如何，由于转会协议由两家俱乐部缔结，球员无法从中直接受益，则在球员单方解除合同时针对其与转会费有关的赔偿部分应完全由新俱乐部承担，以达到使之变相支付转会费的目的。这既可能是能够分摊到合同剩余期限内的原俱乐部支付的转会费及其他相关费用，又可以表现为在原俱乐部能有效证明球员现实身价时可期待获得的转会费损失。总之，此种以受益为基础的有区分的损害赔偿责任认定，能有效地减少国际足联转会规则与各国竞争法的冲突。

## 第三节　训练补偿制度的竞争法考量问题

为了鼓励俱乐部对青少年球员培训进行投入，国际足联专门设置一项训练补偿制度。训练补偿同样为 Bosman 案的遗留问题，毕竟其可以出现在合同履行完毕的情形。具体而言，《国际足联球员身份和转会规则》第 20 条规定，在球员首次签订职业合同或者职业球员在 23 周岁赛季结束前的每次转会，应当给予曾训练过该球员的所有俱乐部以训练补偿。无论转会发生在合同履行期内还是到期后，皆产生新俱乐部支付训练补偿的义务。对于年轻球员合同履行期内的转会，训练补偿也将发挥作用。无论当事人约定还是基于客观标准计算的损害赔偿，都不影响《国际足联球员身份和转会规则》第

---

[①] CAS 2009/A/1880, FC Sion v. FIFA & Al-Ahly Sporting Club & CAS 2009/A/1881 E. v. FIFA & Al-Ahly Sporting Club, award of 1 June 2010.

20 条以及附件四中有关训练补偿条款的适用。国际足联关于训练补偿[①]的计算方式引起了欧盟竞争法的关注,从而在司法实践中出现争议。

## 一 国际体育仲裁院对训练补偿制度的态度

国际体育仲裁实践对国际足联训练补偿制度的态度较为友好,即使在当事人以欧盟竞争法为由提出质疑时,也往往基于规则背后的合理性予以维护。在 2009/A/1757 案[②]中,仲裁庭认为国际足联规章中确立的训练补偿制度绝不能被理解为球员在欧盟领域内的自由流动制造障碍。由于规则的设置立足于俱乐部真实发生的训练费用而且经过欧盟委员会的许可,故此仲裁庭完全认同该案涉及的裁决不仅符合国际足联转会规则的有关规定,还满足欧共体法中一切可适用的原则。不难看出,国际体育仲裁实践极不希望作出单项体育联合会的规则违反欧盟竞争法特别是人员自由流动的论断。[③]

在前述 2008/A/1705 案中,上诉人认为训练补偿并非出于激励俱乐部培训球员的目的,而只是为旧的转会体系打开方便之门,从而构成合同到期的年轻球员寻求新工作机会的贸易限制。对此,仲裁庭着重强调现行训练补偿制度存在的必要性,即旨在确保年轻球员的转会与向投资年轻球员的俱乐部分配资金密切相关。在设计该套体系时,国际足联已经考虑到平衡实际转会海外的球员与提供训练的俱乐部之间的利益,不构成球员去国外踢球的障碍,故此举并非对球员的非法歧视。

## 二 法院对训练补偿制度的质疑

与国际体育仲裁的认识不同,在面临国际足联训练补偿制度所引发的竞争法争议时,无论是欧盟法院还是成员国法院都对其合法性提出了质疑。

(一)欧盟法院对训练补偿的质疑

除了一方当事人原为非职业球员外,欧盟法院审理的 Bernard 案[④]与 Bosman 案存在诸多相似之处。球员奥利维尔·伯纳德(Olivier Bernard)于

---

① 与训练补偿相比,联合机制的争议较小。欧盟委员会曾在调查报告中认为,国际足联设置的联合机制补偿能够在包括业余俱乐部在内的训练和教育球员的俱乐部之间分配相当比例的收入。Case IV/36583 SETCA – FGTB/FIFA (2001).
② CAS 2009/A/1757, MTK Budapest v. FC Internazionale Milano S. p. A., award of 30 July 2009.
③ Antoine Duval, "The Court of Arbitration for Sport and EU Law Chronicle of an Encounter", *Maastricht Journal of European & Comparative Law*, 2015 (2): 241.
④ ECJ Case C – 325/08, Olympique Lyonnais SASP v. Olivier Bernard, Newcastle United FC, 16 March 2010.

1997 年与法国里昂足球俱乐部签订为期 3 年的合同。① 在即将到期时,虽然俱乐部提供一年期的职业合同,但该球员选择加盟英超纽卡斯尔联足球俱乐部。此种不与原训练俱乐部签约的做法违反了盛行于法国足坛的训练合同安排,于是里昂俱乐部向当地法院提起损害赔偿诉讼。由于涉及欧盟法的解释问题,即劳动者在成员国自由流动原则的范围以及国内措施对此可能带来的限制②,当案件上诉至法国最高法院(Cour de cassation)时,该院请求欧盟法院进行初步裁定。

在 2010 年 3 月 16 日作出的裁决中,欧盟法院认为,当青年球员在训练结束后与培训单位之外的俱乐部签署首份职业合同时,有必要对训练该球员的俱乐部作出补偿。欧盟法院强调,此类金额应根据原俱乐部实际训练费用计算,并考虑俱乐部在培训未来能够成为职业球员以及最终没有成为职业球员的人时所负担的花费。与 Bosman 案不同的是,鼓励招募和训练青年球员的目标原则上是正当的。然而根据《欧洲联盟运行条约》的要求,为此采取的措施必须能够达成此种目标,而且成比例。本案里昂俱乐部请求球员和纽卡斯尔联俱乐部赔偿球员如果在里昂俱乐部签约所能获得的收益(即实际利益)与上述训练费用毫不相干,故不予支持。

(二) 德国不莱梅法院对训练补偿的质疑

区别于 Bernard 案,Wilhelmshaven 案完全发生在《国际足联球员身份和转会规则》2001 年修订即训练补偿制度设置之后。曾参与德国地区联赛的威廉港足球俱乐部于 2007 年签下了一名拥有意大利和阿根廷双重国籍的 19 周岁的自由球员,该球员的原俱乐部——阿根廷河床队以及远足者队(atletico excursionistas)提出支付训练补偿的请求。在随后的争议解决过程中,威廉港俱乐部在国际足联争端解决委员会和国际体育仲裁院先后败诉。在 2009/A/1810&1811 案③中,作为上诉人的威廉港俱乐部曾提出争端解决委员会的决定违反欧盟法的规定,审理案件的独任仲裁员认为关于欧盟基本自由的抗辩只能由球员提出,进而作出维持联争端解决委员会决定的仲裁裁决。

由于威廉港俱乐部拒绝支付训练补偿的费用,国际足联于 2011 年要求

---

① 球员与原俱乐部签订了一份潜质球员(joueur espoir)合同。该合同在法国既区别于正式的职业合同,又不仅仅代表单纯的培训关系。一审法院曾认为他们之间的争议应适用《法国劳动法典》解决,但被上诉法院推翻。
② Ian S. Blackshaw, *International Sports Law: An Introductory Guide*, Hague: T. M. C. Asser Press, 2017, p. 82.
③ CAS 2009/A/1810 & 1811, SV Wilhelmshaven v. Club Atlético Excursionistas & Club Atlético River Plate, award of 5 October 2009.

隶属于德国足协的地区足协强制执行，后者扣除该俱乐部在接下来两个赛季的联赛成绩6个积分作为处罚。两年后，仍未履行国际体育仲裁裁决的威廉港俱乐部被所属足协降级，于是其以降级以及强迫支付为由向不莱梅地方法院提起诉讼。与 Pechstein 案的一审判决类似，该院以国际体育仲裁裁决发生既判力为由驳回了威廉港俱乐部的请求，而作为上诉法院的不莱梅高等法院在 2014 年却以侵犯德国的公共秩序为由拒绝承认和执行该国际体育仲裁裁决。[①]

就案件的程序问题，首先，不莱梅高等法院拥有受理案件的管辖权。德国足协内部的争端解决机构不满足《德国民事程序法典》第 1034 条第 2 款下的独立性和公正性要求，这有违德国的程序性公共秩序，从而导致当事人无须在起诉之前用尽该会的内部救济；其次，因不执行国际体育仲裁裁决而遭受足协处罚的做法被视为侵犯法院的司法审查权。就案件的实体问题，法院认为，德国地区足协本应当检验对威廉港俱乐部的处罚与法律中的强制规范是否相符。要求威廉港俱乐部支付训练补偿的做法违反了作为德国实体性公共秩序的《欧洲联盟运行条约》第 45 条下的联盟劳动者自由流动的规定，毕竟请求的补偿与实际发生的训练费用并无关系。在 2017 年初，德国联邦最高法院最终维持了不莱梅高等法院的判决。[②]

### 三　训练补偿制度的竞争法评价

从以上案例可以看出，训练补偿制度服务于足球运动开展的目标具有合理性，与竞争法的理念并无直接的冲突。然而训练补偿应基于原俱乐部在培训能成为职业球员以及未能成为职业球员所付出的花费，如果补偿确立的标准与实际的训练费用不相干，则会面临竞争法的质疑。对此，不仅在欧盟层面存在自由流动的要求，而且国际足联的上述举措对球员转会市场而言也有违反反垄断法中的比例原则的可能。

根据《国际足联球员身份和转会规则》附件四第 5 条的注解，为了实现足球世界的团结一致、鼓励俱乐部在青训上的投入，训练补偿以转入球员的俱乐部所在足协[③]的训练和教育费用为基准。这既是由于转入俱乐部的财务

---

[①] Oberlandesgericht Bremen, 2 U 67/14, SV Wilhelmshaven v. Norddeutscher Fußball - Verband e. V, 30 December 2014.

[②] Jan Axtmann & Remus Muresan, "Die FIFA - Regelung der Ausbildungsentschädigung im Lichte der EU - Freizügigkeit", *Causa Sport*, 2017 (1): 3.

[③] 对发生在欧盟和欧洲经济区领域内的跨国转会情形存在例外规定，参见附件四第 6 条第 3 款。

状况往往更加良好，又是对转出俱乐部培训效果的检验，还可以避免俱乐部基于其他国家训练补偿费用较低的考虑而专门从该国招聘青年球员现象的发生。具体而言，国际足联结合所属足协对俱乐部层次的划分①，一刀切地预先设定计算标准。如当欧盟外的球员要转会至欧足联下属各足协的俱乐部，此种补偿标准为一至四层次的新俱乐部相应地向原俱乐部支付每年九万、六万、三万及一万欧元不等的数额。② 举例示之，如果一位曾于15至18周岁在中乙足球俱乐部（第四层次）培训三整年的青年球员与一家英冠足球俱乐部（第二层次）签订首份职业合同，则英冠俱乐部应为此向中乙俱乐部支付十八万欧元的补偿。根据国际体育仲裁的裁判原理，为了体现激励作用，此种训练补偿旨在奖励俱乐部对训练青年球员的贡献，而不单为补偿俱乐部在培养球员问题上的实际支出。③

考虑到各国特别是洲际足球职业联赛发育程度的不平衡，训练补偿制度设置的目的在于通过经济手段促进落后区域足球事业的发展。这构成维持俱乐部之间的实力均衡进而提高足球竞赛水准的重要举措，本身具有正当性。更何况计算训练补偿的期限并不伴随球员的整个职业生涯，其起讫时间原则上自12周岁开始并以21周岁④生日的那个赛季结束为限。从竞技足球运动的规律看，21周岁球员的身体素质和技术风格就已经基本成形，以此作为时间节点并无明显不当。⑤ 况且该制度对球员的劳动权利影响更为间接，毕竟其不是这一费用的支付主体。最后，国际足联虽然提供了一套较为固定的数额计算标准，原则上不需要争端解决机构作个案的评判，但其允许审理因训

---

① 对于职业俱乐部，此种分类应当记录在国际足联转会匹配系统当中。要注意的是，以上层次是国际足联按照各国足球发展水平的划分，与一国足协的联赛等级不完全等同。
② 除了欧足联，只有竞技足球发达的南美足联才划分为四个层次，其他洲际足联则至多划分为三个层次。然而在洲际足联内部，各国足协对俱乐部所能划分的层次最终取决于该国足球的发育水平。如在亚足联，只有日本、韩国、伊朗以及澳大利亚拥有三个层次，中国目前为两个层次，即分为中超俱乐部以及包括业余俱乐部在内的其他俱乐部，标准分别为每年一万美元和两千美元。FIFA, Circular no. 1637, 28 May 2019.
③ CAS 2009/A/1810 & 1811, SV Wilhelmshaven v. Club Atlético Excursionistas & Club Atlético River Plate, award of 5 October 2009.
④ 就不满23周岁的球员发生在21周岁之前的训练应当支付训练补偿。23周岁为俱乐部可以提出训练补偿主张的时间下限，即球员超过23周岁后转会不再就21周岁之前的训练发生训练补偿。
⑤ 《国际足联球员身份和转会规则》附件四第1条规定，如有证据证明球员在21周岁之前即已经停止训练活动，则训练补偿金额的计算应从球员12周岁开始至其事实上完全训练活动时结束。此类裁判实践，see CAS 2004/A/594, Hapoel Beer–Sheva v. Real Racing Club de Santander S. A. D., award of 1 March 2005。

练补偿引起争议的国际足联争端解决委员会对明显不合理的金额加以调整。[1]不过，根据国际体育仲裁实践，除非能通过有效的证据证明基于此种标准所作的赔偿与实际发生的费用不成比例，否则仍应适用国际足联制定的标准。[2]

总之，尽管国际足联训练补偿制度引起了竞争法层面的关注，但整体上并无太大的问题。为实现国际转会的有序进行，隶属不同国家足协的俱乐部之间的训练补偿争议需要适用全球统一的标准。对此，基于《谢尔曼法》(Sherman Act)等反垄断要求，以往美国职业足球大联盟完全排斥国际足联关于合同到期后的球员转会仍应支付训练补偿的规定。在俱乐部的纷纷抗议以及学理上认为训练补偿和联合机制的实施不违反反垄断法的情况下，其晚近的态度亦有所松动。[3]

## 第四节 第三方所有权规制的竞争法考量问题

受 Bosman 案的影响，职业球员的工资收入得以快速增长，这对于广大中小足球俱乐部而言是极大的负担。随着职业足球运动的繁荣发展，转会市场的火爆、顶尖球员身价的攀升使得多数俱乐部都要在引援问题上付出高昂的经济代价。为应对日益突出的财务困难，实现《欧足联俱乐部注册和财政公平法案》(UEFA Club Licensing and Financial Fair Play Regulations)[4] 下的收支平衡要求，针对球员未来转会权益的第三方所有权交易在欧洲乃至世界范围逐渐开始流行。由于此种交易对体育公平赛、青训乃至整个足球行业的金字塔结构会产生不良的影响，故国际足联加以禁止。由此采取的规制措施不仅对足球劳动合同关系发生作用，而且在司法实践中也面临竞争法的干预。

### 一 国际足联规制第三方所有权的表现

第三方所有权是指球员转入与转出俱乐部之外的其他组织或个人，基于

---

[1] 参见《国际足联球员身份和转会规则》附件四第 5 条第 4 款。
[2] Frans de Weger, *The Jurisprudence of the FIFA Dispute Resolution Chamber*, Hague: T. M. C. Asser Press, 2016, p. 437.
[3] Terence D. Brennan, "Over Compensation: The Battle for Training Compensation and Solidarity in United States Soccer", *The International Sports Law Journal*, 2017 (3-4): 228.
[4] 关于该法案的竞争法分析，参见郝凤霞等《欧盟法视域下的法治与自治——对欧足联"财政公平竞争"原则的思考》，《西安体育学院学报》2017 年第 5 期。

之前的合同安排可以分得球员转会的经济利益。为满足俱乐部独立运营、公正比赛的需要，国际足联起初只关注到第三方对俱乐部不良影响带来的问题，从而在《国际足联球员身份和转会规则》专设第18bis条加以规范，即俱乐部不得签订能够使对立的俱乐部或任何的第三方获得影响劳动以及转会相关事宜的独立性、政策或球队表现的能力的合同。

出于融资上的便利，俱乐部与第三方就球员未来转会收益分配的交易日益增多。虽然第三方既不拥有也不谋取球员因在一国足协注册而发生的联盟权（Federative Rights），而只是希望参与未来经济权益的分配，但这增大了俱乐部被施加压力的可能，影响球员顺利转会的劳动权益。然而此类交易如适用抽象的第18bis条则较为牵强，亟须国际足联予以明确的禁止。在规则缺位的背景下，出于维护当事人意思自治的考虑，仲裁庭曾在2014/O/3781 & 3782案①中认定第三方所有权交易有效。毕竟无论根据瑞士的民法或者刑法，还是欧盟竞争法②及《欧洲人权公约》，此类权交易皆不足以构成《瑞士债法典》第19、20条下的合同因非法、不道德或违反公共秩序而无效的情形。

与此同时，英国等国的足协或联赛也纷纷出台明确禁止第三方所有权交易的规则。③ 由于适用标准的不一致将对国际转会造成障碍，这迫切需要国际足联对此进行统一安排。于是自2015年5月1日始④，《国际足联球员身份和转会规则》新增第18ter条，即俱乐部或球员都不得与第三方签订使得第三方有权全部或部分参与分配因未来球员在俱乐部间转会而支付的赔偿，或受让与未来转会及转会赔偿有关权利的协议，从而于足球世界范围内禁止一切第三方所有权的交易。

## 二 第三方所有权规制在实践中的争议

国际足联对第三方所有权规制的争议集中反映在其能否与欧盟竞争法的规定相容。在前文提到的RFC Seraing案⑤，一家比利时足球俱乐部在2015

---

① CAS 2014/O/3781 & 3782, Sporting Clube de Portugal Futebol SAD v. Doyen Sports, Award of 21 December 2015.
② 尽管仲裁庭关注到了欧足联和国际职业球员联合会就此向欧盟委员会提出竞争法异议。
③ 参见罗浏虎《职业足球运动员第三方所有权的法律规制》，《体育科学》2015年第4期。Daniel Geey, "Third Party Investment from a UK Perspective", International Sports Law Journal, 2016 (3-4): 245.
④ 过渡条款规定此前签订的协议可以在不延长的前提下于到期前继续有效，并记录于转会匹配系统。
⑤ TAS 2016/A/4490, RFC Seraing c. FIFA, sentence du 9 mars 2017.

年与马耳他某公司签订了球员经济权益转让协议，国际足联纪律委员会根据《国际足联球员身份和转会规则》第 18bis 条、18ter 条处以其禁止若干赛季的球员注册及罚款。由于国际足联上诉委员会维持了该处罚决定，俱乐部遂以违反欧盟竞争法为由向国际体育仲裁院提请仲裁。

仲裁庭认为，该案要解决的是欧盟竞争法在处理此类争议上的可适用问题。于满足《瑞士国际私法》第 19 条规定条件的基础上，在瑞士的仲裁庭根据《体育仲裁法典》的要求应当考虑强制性规范的适用。涉案之欧盟法无疑满足该条所指的强制性规范即直接适用的法的三大要件。其一，有关竞争法以及自由流动的条款根据欧盟法院以及理论的普遍观点乃是强行性规范；其二，欧盟法实施的领域与本案涉及的《国际足联球员身份和转会规则》的合法性争议这一事实存在明显密切的联系；其三，瑞士的法律体系与欧盟法中的竞争法以及自由流动的条款所保护的利益以及价值一致。

此外，上诉人认为，《国际足联球员身份和转会规则》第 18bis 条、18ter 条不仅违反《欧洲联盟运行条约》下的数项基本自由，而且为竞争设置了障碍，从而构成优势地位的滥用。对此，仲裁庭主要从欧盟自由流动和竞争法[①]两方面分析上述条款的合法性。上诉人主张上述国际足联规则违反《欧洲联盟运行条约》第 63 条资本的自由流动、第 45 条劳动者的自由流动以及第 56 条提供服务自由的规定，甚至还援引 Bosman 案作为欧盟法能够适用于体育联合会的依据。被上诉人国际足联则辩称，《国际足联球员身份和转会规则》第 18bis 条和 18ter 条不构成与《欧洲联盟运行条约》第 63 条、45 条及 56 条不一致的限制。原因在于其对劳动者的自由流动、自由提供服务的限制效果过于间接，且不禁止外国人对足球进行投资从而不影响资本的自由流动。更何况此类非歧视的措施具有正当性，即它们旨在维护球员工作合同的稳定性、确保俱乐部和球员在聘用和转会事项上的独立自主性、维护足球诚信及竞赛的公平公正、防止利益冲突以及维持与球员转会有关交易的透明度。

仲裁庭认为，如果通过公法性质之外的社团自治的行使将导致破除欧盟成员国之间障碍的措施的效果消弭，则关于人员和服务的自由流动、欧洲共同体的基本目标仍会受到影响。虽然其一如既往地未否认欧盟法对竞技体育的适用资格，但如果国际足联对第三方所有权的规制具有正当的目标，并且限制程度符合实现正当目标的需要，由此采取的措施将为《欧洲联盟运行条约》所容忍，则有必要适用国际足联的规则。《国际足联球员身份和转会规则》第 18bis

---

① 除此之外，俱乐部还主张国际足联的处罚决定违反了《欧洲人权公约》《欧盟基本权利宪章》、瑞士法以及国际体育仲裁的既往实践。

条、18ter 条虽然构成资本、人员以及服务在欧盟领域内自由流动的障碍，但其适用并非意图限制、阻止或扰乱竞争，而是为追求由国际足联所提倡的合理目标规制球员的转会市场。通过界定相关市场以及证实反竞争的条款对转会市场可能产生的效果，此种合理的目标能够为损害竞争提供正当依据。

同理，由于国际足联对第三方所有权规制的目的已经被认定具有正当性，该条款对竞争的合理限制不构成《欧洲联盟运行条约》第 101 条和 102 条的违反。应当说国际足联通过上述条款试图基于俱乐部和球员两个基本方面的关系维护足球的行业诚信。从球员的角度，侧重于劳动合同以及职业生涯成功的发展；从俱乐部的角度，则是为吸引并留住最为优秀的球员从而改善球队的表现以获得胜利。由此，俱乐部和球员缔结劳动合同的目的全然在于他们的经济利益及竞技利益的高度一致，而国际足联希望能确保转会的决定完全出于上述利益的考虑。① 为达成此种体育目标采取的措施只要以有限即成比例的方式限制自由流动，即能经受欧盟竞争法的考验。

## 第五节 足球转会规则与我国竞争法的法律适用冲突

由于我国不存在如欧盟那样建构统一的内部市场的需要，故足球转会规则与我国竞争法之间的法律适用冲突集中于反垄断法领域。该议题在《中华人民共和国反垄断法》（以下简称《反垄断法》）业已出台的背景下更有探讨的必要。

### 一 我国竞争法对足球转会规则的干预

在我国职业足球联赛开展后的相当长一段时间内，俱乐部对合同到期后的球员转会仍收取转会费。特别在 20 世纪 90 年代末我国足球职业联赛的快速发展阶段，俱乐部之间普遍实行的摘牌制度严重限制了球员的择业自由。②

---

① Pedro Henrique Rebello de Mendonça, "Third–party Ownership Prohibition in Football and European Union Fundamental Freedoms: CAS Decision on RFC Seraing Case", *International Sports Law Journal*, 2018（1–2）: 39.

② 参见杨献南、于振峰《我国职业足球转会制度变迁的自组织演化：诱因、动力及路径》，《体育科学》2018 年第 8 期；雷振《中国足球职业球员转会制度的变迁与法治化》，《河北师范大学学报》（哲学社会科学版）2013 年第 6 期；丛湖平、石武《论我国职业足球运动员转会制度研究》，《体育科学》2009 年第 5 期。

此种做法甚至在 2001 年版《国际足联球员身份和转会规则》出台之后仍未改变。2004 年版《中国足协运动员身份及转会规定》规定球员在与原俱乐部合同到期后依然隶属于该俱乐部，只有 30 个月内未参加俱乐部比赛才可以自由转会。如果在此期间俱乐部拒绝放人，则球员要么接受不利的合约，要么只能选择退役。

此种实践中的怪象影响到对转会协议性质的认识，如学理层面认为转会费是俱乐部优先缔约权转让的对价，[①] 而原《中国足协运动员身份及转会规定》第 30 条甚至认为永久转会即为转让运动员的所有权。由于中国足协与国际足联的规则存在冲突，有球员利用国际转会的方式实现合同到期后的自由转会，如 2009 年国脚周海滨在与山东鲁能足球俱乐部的合约刚到期而尚未来得及续约的情况下顺利地转会至荷甲埃因霍温足球俱乐部。[②] 有的甚至为实现在国内俱乐部之间自由转会的目的，先加盟一家作为"导管"的国外俱乐部，然后再回归国内，以有效规避中国足协的限制转会规定。[③] 为了与国际足联接轨[④]，《中国足协球员身份及转会暂行规定》于 2009 年出台，最终改变了"出口转内销"的乱象，允许合同期限届满的职业球员自由转会。[⑤]

即便如此，球员劳动权利的保护难以令人满意。在 2013 年大连实德足球俱乐部放弃参加中超联赛事件爆发之后，由于俱乐部的法人资格依然存在，中国足协要求工作合同尚未履行完毕的球员仍须正常地进入转会交易市场，以至于一些球员在新赛季处于无球可踢的困境。[⑥] 对此，基于体育自治的理念以及作为计划经济时代体育管理模式的遗留，我国竞争法对足球转会规则的干预似乎十分遥远。不仅理论层面认为长期形成的体育赛事管理金字

---

[①] 陈华荣：《中国足球运动员转会费的法律性质评析》，《体育学刊》2007 年第 1 期。
[②] 参见徐晖《我国足球运动员转会制度的不足与对策——以周海滨转会事件为例》，《成都体育学院学报》2009 年第 9 期。
[③] 中国新闻网：《足协转会将与国际接轨 中国球员想当自由人更易》，http://www.chinanews.com/ty/ty-gnzq/news/2009/11-17/1968864.shtml。
[④] 新浪体育：《国内自由人政策为何不符 FIFA 规定 冯潇霆留洋合法》，http://sports.sina.com.cn/g/2009-01-23/19134186535.shtml。
[⑤] 然而这其中的过程颇为艰难，最终文本之前的草案还试图保留合同到期后球员所属单位有权重新与所属球员签订不低于原合同待遇的新合同的条款。腾讯体育：《足协出转会暂行规定草案 球队可强制续约球员》，http://sports.qq.com/a/20091125/000188.htm。
[⑥] 王博：《论足球俱乐部退出后球员劳动权保护之完善——以"大连实德退出事件"为分析背景》，《吉林体育学院学报》2014 年第 5 期。

塔式的组织结构需要豁免适用反垄断法①,而且在处理因对中国足协决定不服发生的争议时,我国法院多会以不符合立案范围为由拒绝审理。然而《反垄断法》的出台以及包括中国足协在内的单项体育协会逐步的去行政化②改变了此前司法不主动干预的态势,而《最高人民法院关于审理因垄断行为引发的民事纠纷案件应用法律若干问题的规定》③的颁布更昭示了可以通过私人诉讼的方式执行《反垄断法》,这使得我国近期也出现了针对足协的反垄断诉讼。

在广东粤超体育发展股份有限公司与广东足协等垄断纠纷案④中,最高人民法院认为,关于广东足协批准珠超公司决定参赛球队的数量和加盟球队资格为限制商品数量的约定,但是确定参赛数量和资格乃举办相应足球联赛必须执行的规则要求,系比赛管理、运营的应有之义。为了竞争性平衡的需要,单项体育协会通过限制俱乐部数量、划分活动区域来避免俱乐部之间的过度竞争,以维护相互依存的整体生态环境。⑤此种做法一方面避免寡头或者独占垄断局面的出现,另一方面则通过行业准入门槛的设置限制了一般经营者的进入。就该案的情况,虽然《反垄断法》第13条对限制商品数量、分割市场等具有排除或限制竞争效果的横向垄断协议的规制无疑构成否定合同效力的强制性规定,但其在竞技体育领域中的运用却要考虑体育的特殊性。为了维护竞技体育的观赏性以及赛事的组织性,体育组织可以在一定程度上分割市场。

该判决虽然没有支持上诉人的反垄断诉讼请求,但从专业视角分析了我国足球管理体制的现状,明确认可单项体育协会的市场支配地位。⑥其作为非营利性社团法人可以从事经营性活动⑦,原则上构成反垄断审查的对象,

---

① 姜世波:《〈中华人民共和国体育法〉的司法适用探究》,《天津体育学院学报》2015年第3期。
② 中国足协虽然早已成立,但其在足球改革之前与国家体育总局足球运动管理中心管办不分,两块牌子、一套班子。根据国务院足球改革发展部际联席会议办公室制定的《中国足协调整改革方案》,随着后者的注销,中国足协成为独立的社团法人。
③ 其第15条规定,被诉合同内容、行业协会的章程等违反反垄断法或者其他法律、行政法规的强制性规定的,人民法院应当依法认定其无效。但是,该强制性规定不导致该民事法律行为无效的除外。该但书条款为2020年修订所新增。
④ (2015)民申字第2313号判决书。
⑤ 刘进:《反垄断法与中国体育行业协会》,《体育学刊》2009年第7期。
⑥ 刘贵祥:《滥用市场支配地位理论的司法考量》,《中国法学》2016年第5期。
⑦ 姜熙:《开启中国体育产业发展法治保障的破局之路——基于中国体育反垄断第一案的思考》,《上海体育学院学报》2017年第2期。

这具有里程碑意义。① 随着球员和俱乐部等竞技体育中的市场参与主体法治意识的提高以及反垄断法私人执行机制的兴起②，未来我国法院很有可能会受理对足球转会规则此种抽象性规定进行反垄断审查的案件，甚至出现中国版的 Bosman 案。

## 二 尚存的法律适用冲突问题与应对之道

就球员违约的损害赔偿而言，无论是原《中国足协球员身份及转会暂行规定》第 45 条还是《中国足协球员身份与转会管理规定》第 48 条，都将除非合同中另有约定作为违约方应当支付赔偿金的前提，这明显是对《国际足联球员身份和转会规则》第 17 条以及合同一般法理的误读。合同当事人根本不能概括排除违约损害赔偿责任的发生，至多可以明确某些单方解约不构成违约的情形，故当事人另有约定仅仅是不适用违约损害赔偿责任计算方法的前提。

关于赔偿计算的客观方法，原《中国足协球员身份及转会暂行规定》和《中国足协球员身份与转会管理规定》都大致照搬了《国际足联球员身份和转会规则》第 17 条，即赔偿金的数额应当在遵守国家法律、法规、规章的前提下，考虑足球项目的特点，结合下列因素确定：球员现有合同和/或在新合同中的薪金及其他福利、现有合同的剩余时间、由原俱乐部支付或承担的费用以及违约是否发生在保护期内。此种落实国际义务的做法反映了国际一致的要求，但同样因为标准的模糊面临包括竞争法在内的国家法干预的考验。

国际足联的训练补偿规定不属于必须由会员足协直接纳入的条款，国内足坛对其的认识还比较模糊，为此中国足协于 2017 年专门下发《关于足球运动员联合机制补偿与培训补偿相关情况的说明》。此外，《中国足协球员身份与转会管理规定》第 19 条明确设置了转会费的最低门槛，即由原俱乐部与新俱乐部协商确定的转会补偿不得低于训练补偿的标准，这增加了我国足球行业的训练补偿规定与反垄断法发生冲突的可能性。

为提升国家队的竞技水准、打进 2022 年卡塔尔世界杯进而实现足球改革的近期目标，2017 年中国足协在职业联赛当中不遗余力地推行 U23 新政，即每场联赛比赛出场的 23 周岁以下的球员要与上场的外援数量相同，且必

---

① 刘贵祥：《中国体育反垄断第一案》，《法制与经济》2016 年第 4 期。
② 参见吴长军《民主法治框架下反垄断法私人执行体制建构》，《法学杂志》2011 年第 5 期。

须有一名首发。① 这一度引发了职业俱乐部对该年龄段球员的青睐，进而使得青年球员的身价倍增。② 与此同时，在巨大的利益蛋糕面前，从事青训的俱乐部已经不满足单纯以训练补偿的方式分一杯羹，而希望获取有潜力球员首份职业合同的缔约权，由此在实践中产生了诸多争议。③ 在此背景下，2018年出台的《中国足协关于调整青少年球员转会与培训补偿标准管理制度的实施意见》使得法律适用冲突更加严重。出于保护培训单位的积极性，该意见不仅将计算训练补偿的起始年龄由国际通行的12周岁下调至8周岁，④ 还特别指出如果培训单位希望与球员签订职业合同，且为球员提供不低于该单位所属会员协会地区（城市）上一年度社会平均工资三倍的工资，则原则上有权选择与球员签订两年⑤以内的工作合同。类似于Bernard案的情形，此种俱乐部单方缔约权的引入，不仅涉嫌违反国际足联维护球员特别是未成年球员利益的精神，还会扰乱转会市场的已有竞争秩序，构成一项垄断措施。

另外，该意见还强调要严厉打击通过利用国际足联对业余球员国际转会条件的规定来逃避此种首次缔约权的实现。⑥ 为了达成球员跨国流动的目标，国际足联难以认同中国足协实现俱乐部单方缔约选择权的做法。虽然作为管理权能划分"双轨制"的重要表现，其一般不会直接加以干预，⑦ 但遵循国际统一的规则仍是足协在该问题上最为稳妥的做法。毕竟国际足联转会规则的制定已经考虑竞争法的要求，即使尚且存在不确定性的风险。随着目前各

---

① 参见刘万勇《足球行业法律关系概述》，中国政法大学出版社2018年版，第50页。
② 新浪体育：《德媒：中国足协新政策帮倒忙 本土球员转会费荒谬》，http://sports.sina.com.cn/china/j/2017-01-19/doc-ifxzuswr9568109.shtml。
③ 搜狐体育：《胡睿宝、南松转会事件：中超U23新政引起的转会争议开端》，http://www.sohu.com/a/126716810_456179；新浪体育：《"U23球员转会风波"调查 球员不满意亚泰霸王条款》，http://sports.sina.com.cn/china/j/2018-01-30/doc-ifyqzcxi2743381.shtml。
④ 为了契合所谓《中华人民共和国民法总则》对限制民事行为能力的未成年人的年龄要求，而接受训练并非法律行为，二者简直风马牛不相及。
⑤ 在2019年，足协将该合同最长期限改为三年。球员无正当理由拒签工作合同的，中国足协纪律委员会可处以其停赛二十四个月的处罚。
⑥ 对于业余球员符合已连续在同一培训单位注册四年以上，培训单位可提供签订首次工作合同的规定条件，且未放弃与该球员签订首次工作合同的权利的，则球员在其23周岁生日之前从其他国际足联会员协会转回国内的，将面临停赛二十四个月的处罚。2019年足协删除了上述23周岁生日之前的限制以及停赛处罚的规定，取而代之的是除原培训单位提供同意转会的书面函外，足协不予办理转会手续。
⑦ 不过，如果中国球员进行国际转会并由此引发训练补偿或劳动争议，则无论国际足联争端解决委员会还是国际体育仲裁院都不会将中国足协的上述规定作为裁判的依据。

国竞争法理念的趋同，中国足协的做法更容易触及反垄断法的底线。

虽然特殊的产业政策有时需要反垄断实施的豁免，但我国现行的反垄断法关于适用的法定豁免只存在知识产权行使以及农业经营活动的例外①，故该法能够全面适用于竞技体育领域。② 从经济学的视角，职业联赛的运行应当以利润最大化为驱动，即将能吸引观众的体育赛事为供给。③ 而竞技足球的观赏性在于比赛结果的不确定。这除了带有运气的成分之外，更需要制度层面的球队实力平衡来实现。体现在球员这一人力资源层面，运动技能是俱乐部最重要的生产要素，而拥有人力资本的职业球员在俱乐部中占据重要的地位。④

故在具体适用《反垄断法》的过程中，仍有必要充分考虑体育的特殊性。我国法院在权衡司法干预的必要性与适当性时，应慎用作为强行法的《反垄断法》，而主要依赖仲裁此种权利保障机制。⑤ 反之，即使是限制俱乐部工资总额的工资帽⑥或奢侈税之类的制度，如果追求竞争性平衡等合理的政策目标，从而有益于足球劳资关系的可持续发展，在不违反比例原则的前提下亦不妨引入我国职业足球劳动合同领域。总之，竞技足球所取得的反垄断适用的例外仅仅是有限的体育性质，并不包括那些在相关市场排除、限制竞争的行为。故除了要拥有维护竞技体育行业需求、遵循联赛长远发展规律等正当目的之外，中国足协所采取的措施应以对竞争限制最小的方式实施，从而在面临反垄断审查时能相应提出合理性抗辩。

---

① 参见《反垄断法》第55、56条。
② 应晨林、金学斌：《我国职业体育中的行政垄断及其规制研究》，《首都体育学院学报》2018年第2期。
③ David Mcardle, *Dispute Resolution in Sport: Athletes, Law and Arbitration*, London: Routledge, 2014, p. 87.
④ 闫成栋、周爱光：《职业体育俱乐部保障职业运动员劳动权利的法律义务》，《体育学刊》2013年第5期。
⑤ 高薇：《论司法对国际体育仲裁的干预》，《环球法律评论》2017年第6期。
⑥ 参见裴洋《反垄断法视角下的中国足球职业联赛》，《武汉体育学院学报》2009年第2期。在美国足坛，不仅存在针对特定球队的工资帽，而且对球员个人的薪酬也有限制。See Remo Decurtins, "Major League Soccer's Exceptionalism in FIFA's Transfer System: For How Much Longer", *Marq. Sports L. Rev*, 2017（2）: 345. 为了规范联赛的市场秩序，中国足协已经对超出标准的俱乐部征收引援调节费，用于足球的普及和推广活动。参见搜狐体育《足协公布夏季转会期引援调节费细则》，http://www.sohu.com/a/150759413_163477。而在2018年《关于转发并执行〈中超（中甲/中乙）俱乐部财务约定指标（2019—2021）〉的通知》中，中国足协正式确立了球员的"薪酬帽"与"奖金帽"。对此的评价，参见曹田夫等《中国足协"四帽"新政的法理分析》，《体育与科学》2019年第1期。

## 本章小结

在欧盟，目前关于足球转会规则与竞争法之间的法律适用冲突集中于联盟基本自由这一竞争政策议题以及反垄断层面。受 Bosman 案的影响，在职业足球劳动合同到期后收取转会费的做法为包括违约损害赔偿在内的维护合同稳定性条款和训练补偿制度取代，但仍存在公法规制的可能。虽然为维护球队实力均衡之类的行业竞技秩序，足球转会规则需要对球员择业自由在内的劳动权利加以适当地限制，但此种举措应当为达成特定合理目标所必需，而且满足比例性的要求，毕竟体育的特殊性不能一概将竞争法对市场的管控排除在外。

作为公法介入的体现，竞争法会进一步打破竞技体育行业自治的"金身"，使得职业足球劳动合同争议的解决更加复杂，加剧该领域的法律适用冲突。反映在实体法律适用层面，以直接适用的法形式出现的反垄断法将在国际体育仲裁实践中发挥越发重要的作用。在我国，中国足协的一系列举措虽然在双轨制的体系之下不会面临国际足联的直接干预，但存在遭遇我国竞争法审查的可能。中国足球转会规则与竞争法之间的法律适用冲突主要在反垄断领域。无论是中国足协仲裁委员会还是我国未来设立的体育仲裁机构，都应对作为潜在直接适用的法——《反垄断法》加以关注。另外，中国足协在自行制定行业规则及转化国际足联的转会规则时也应未雨绸缪，除非存在竞技体育的正当需求，尽量避免对球员转会市场产生排除、限制竞争的效果。

下 编

# 中国应对

# 第十一章 我国体育仲裁法制定时面临的法律冲突问题

中共中央全面深化改革领导小组于2015年2月27日审议通过的《中国足球改革发展总体方案》要求建立法制健全的体制机制，其中重要的环节是构建体育仲裁机制。国家体育总局《〈贯彻落实法治政府建设实施纲要（2015—2020年）〉实施方案》进一步明确了要成立独立的、公信力强的体育仲裁机构，建立中国特色的体育仲裁制度。关于该制度，虽然《体育法》第32条规定竞技体育纠纷由体育仲裁机构负责调解、仲裁，相应地排除法院的管辖，但由于待建机构和调整措施的不健全而付之阙如。[①] 实践中因当事人对单项体育协会的决定不服发生的纠纷多交由协会的内部机构解决，不利于维护当事人的合理诉权。

在此之前，2014年召开的党的十八届四中全会对社会主义法治建设特别是司法公正提出了新的要求。反映在体育行业纠纷解决当中，适时制定《体育仲裁法》是《全面推进依法治国若干重大问题的决定》的题中之义。这既要贯彻我国体育行业自治的理念，杜绝以往行政权的过度干预；又要做到与国际规则相接轨[②]，学习域外的先进经验。本章即从体育行业对体育仲裁法治的需求出发，分析现行仲裁法在体育领域适用的冲突与困境，进而结合国际体育仲裁中的已有实践，为解决我国体育仲裁法制定时的法律冲突提供建议。

## 第一节 当前体育行业对体育仲裁法治之需求

无论是我国体育领域的立法、单项体育协会的章程，还是目前我国实践

---

[①] 宋军生：《体育法的定位选择》，《北京体育大学学报》2015年第6期。
[②] 参见《中国足球中长期发展规划（2016—2050年）》第5条。

中发生的争议，都希望由专业的体育仲裁机构解决行业纠纷，这构成对我国体育仲裁法治的深切呼唤。

## 一　体育领域立法对体育仲裁法治之需求

目前我国体育领域的立法对体育仲裁法治的需要不仅体现在《体育法》关于体育仲裁的一般规定上，国务院《反兴奋剂条例》就运动员对因兴奋剂处罚不服引发的争议也同样规定应交由体育仲裁机构审理。

（一）《体育法》对体育仲裁法治之需求

《体育法》第 32 条第 2 款将体育仲裁机构的设立办法和仲裁范围交由国务院规定，从而使之处于法律之下的行政法规的位阶范畴。虽然国务院早在 1997 年即将体育仲裁条例纳入立法工作安排，并为此成立起草领导小组和工作小组，但其过程进展缓慢，最终搁浅。①

然 2000 年颁布、2015 年修订、作为基本法的《立法法》第 8 条第 10 项②要求仲裁制度只能通过法律的形式规范，作为特别仲裁的《中华人民共和国土地承包经营仲裁法》《中华人民共和国劳动争议调解仲裁法》（以下简称《劳动争议调解仲裁法》）莫不如此。这一做法在该法最近一次修订时仍未改变，故与《体育法》规定的法律位阶存在冲突。无论从新法优于旧法适用的原则还是处理基本法与其他法律的关系出发，都应当遵守《立法法》。③ 由于只能由全国人大及常委会制定法律，体育仲裁的立法前景一度并不乐观。然《中国足球改革发展总体方案》着重强调完善相关法律法规和行业规范规则，打牢足球治理的制度基础。因此，由全国人大常委会适时修订《体育法》④并相应制定《体育仲裁法》具有现实层面的必要性和可行性。

（二）反兴奋剂立法对体育仲裁法治之需求

根据国务院 2004 年公布、2018 年修订的《反兴奋剂条例》第 46 条，违

---

① 李亮、张奇：《破解竞技体育纠纷独立仲裁的法律困境及出路》，《武汉体育学院学报》2014 年第 9 期。
② 其第 10 条第 2 款（2015 年修订新增条款）还规定，除授权决定另有规定，授权立法的期限不得超过五年。因此，《体育法》对体育仲裁立法的授权被质疑已经失效。
③ 详细分析可参见郭树理《强制体育仲裁之合法性要素探讨——欧洲人权法院土耳其系列案件及其对中国的启示》，《天津体育学院学报》2022 年第 1 期。
④ 《体育法》全面修订的时机已经成熟。参见于善旭、李先燕《论修改〈体育法〉的现实紧迫性与可行性》，《武汉体育学院学报》2017 年第 9 期。也有学者认为目前应通过在中华全国体育总会下设仲裁机构的方式暂代体育仲裁机构的职能。参见谭小勇《中国"体育仲裁"制度建设之中间道路——以建立统一而相对独立的内部仲裁制度为视角》，《西安体育学院学报》2016 年第 6 期。

反该条例的运动员由有关体育社会团体、运动员管理单位、竞赛组织者作出取消参赛资格、取消比赛成绩或者禁赛的处理。运动员对此不服的，可以向体育仲裁机构申请仲裁。为了公平起见，此种体育仲裁机构并非各单项体育协会的内设部门，而应具有独立性、中立性的特征。2014年国家体育总局出台的《反兴奋剂管理办法》虽然进一步细化了处罚标准和例外情形，但由于争端解决条款的缺位①，仍未对体育仲裁机构的缺失做适当弥补。

就此，《世界反兴奋剂条例》第13条第2款第1、2项认为，世界反兴奋剂机构对涉及国际赛事或国际运动员的兴奋剂处罚决定的上诉由国际体育仲裁院排他性地行使管辖权②，而除此之外的处罚争议可以由满足国内反兴奋剂机构（NADO）相应规定的独立、公正的仲裁机构受理。此类规则须遵从如下要求：1. 及时的庭审；2. 公正独立的审理人员；3. 当事人自行选择辩护人的权利；4. 及时合理的书面裁决。虽然该条的评述认为国内反兴奋剂机构也可以选择允许国内运动员直接向国际体育仲裁院上诉，而且如《国际足联章程》将各国足协作出的终局性兴奋剂处罚决定上诉至国际体育仲裁院的权利赋予国际足联和世界反兴奋剂机构行使，但这都不能改变各国体育仲裁机构在解决国内兴奋剂处罚争议中的主导地位。

## 二 单项体育协会对体育仲裁法治之需求

当前竞技体育行业对体育仲裁法治的需求还体现在国际、国内等一系列单项体育协会的章程当中。首先，为了排除法院的管辖、实现争议统一公正的处理，国际单项体育联合会的章程就竞技体育纠纷的解决多规定特别的仲裁方法。以竞技足球领域为例，《国际足联章程》第58条第3款要求所属成员应当在章程或规章中设置如下条款：除国际足联的规章或有效力的法律条款另有规定外，不得将足协中的争议或影响联赛、联赛成员、俱乐部、俱乐部成员、球员、官员以及其他足协官员之间的争议交由普通法院管辖，而应交由为各国足协或洲际足联承认的独立且合理组成的仲裁庭或国际体育仲裁院审理。

不难发现此种独立的仲裁庭与国际体育仲裁院发生替代效应。《国际足联章程》第57条第3款将那些已经上诉至一国足协或洲际足联规则所承认的独立且良好组成仲裁庭的决定排除于国际体育仲裁院的审理范围，这实际

---

① 作为其配套的国家体育总局《体育运动中兴奋剂管制通则》第93条规定，不涉及国际赛事或国际级运动员的决定可以向国家兴奋剂争议解决机构申请裁决。但在该机构正式运作前，当事人只能选择向国际体育仲裁院申请裁决。

② 同见《国际足联反兴奋剂规则》第75条第1款。

上确立了各国体育仲裁机构对国内竞技足球纠纷的终审权。在2005/A/952案①中,仲裁庭认为《国际足联章程》不包含迫使国内足协允许就其作出的决定进行上诉的条款。国际足联的成员仍然构成拥有自身规则的法人实体,单纯国内足协对《国际足联章程》的概括接受不满足《体育仲裁法典》第R47条对上诉管辖的要求,即不会使之作出的决定受国际体育仲裁院的管辖。

另外,有时国际性的体育纠纷还可以由国内体育仲裁机构审理。对此,国际足联不仅无权处理纯粹国内的足球劳动合同争议,而且在不涉及国际转会证明请求的情况下②其还允许国际足球劳动合同争议在国内层面解决。结合《国际足联球员身份和转会规则》第22条第2项的意图,如果在国内层面于足协或集体谈判协议的框架之下,设置能够确保公正审理并尊重球员和俱乐部的平等代表原则的独立仲裁庭,则本应由国际足联解决的国际层面的俱乐部和球员之间与劳动有关的争议同样可以由国内仲裁庭处理。③ 要注意的是,区别于《国际足联章程》第58条第3款,此处的"独立仲裁庭"并非单指统一的体育仲裁机构,而且满足国际足联推荐各国足协采用的《国内争端解决委员会标准章程》④ 之设置标准的国内争端解决委员会（National Dispute Resolution Chamber,NDRC),但对该会审理涉外足球劳动合同纠纷的决定不服的上诉由本国的体育仲裁机构最终完成为宜。

其次,受制于国际单项体育联合会的行业要求,国内单项体育协会也有必要接受体育仲裁机制。以足球为例,目前具有中国特色的足球内部争端解决机制无法确保自身的独立性。综合《中国足协章程》第51、52条的规定,除国际争议由国际足联管辖外,属于中国足协管辖范围的国内争议由中国足协仲裁委员会处理。此种国际和国内的区分同样是属人法的范畴,具体可以借鉴《尼日利亚足协章程》第73条的解释,即争议双方都是该国足协会员的为国内足球争议,而那些当事人来自不同足协的争议构成由国际足联解决

---

① CAS 2005/A/952, Ashley Cole v. Football Association Premier League (FAPL), award of 24 January 2006.
② 如外援在一国足协下的俱乐部之间进行的转会。
③ 该项的内容在2016年版有所变化,其强调此种替代必须是当事人书面选择的结果,即应直接包含在当事人的合同或适用于双方的集体谈判协议当中。
④ 作为一项示范法,该章程第1条明确了国内争端解决委员会的管辖范围,即该会有权处理隶属于相同足协的俱乐部和球员之间的事关劳动合同稳定性以及俱乐部之间的训练补偿和联合机制的争议。

的国际争议。① 就此,《中国足协仲裁委员会工作规则》第 2 至第 4 条将仲裁委员会定义为该会处理行业内部纠纷的仲裁机构,能够实现纪律处罚决定的终局性,这改变了原《中国足协诉讼委员会工作条例》规定诉讼委员会的特定裁决还可继续向中国足协常务委员会申诉的做法。然而与行政复议措施类似,此种通过足协下属仲裁委员会的救济方法只是组织内部的纠错机制,以此排斥法院的管辖乃至司法审查,在法理层面难以证成。

## 三 实践中的争议对体育仲裁法治之需求

另外,在长期举国体制之下我国竞技体育崇尚高度行政化的管理,对其中发生的法律争议也主要依靠体育管理机构内部解决。同时,由于此种体育行业纠纷乃是兼具公法和私法关系的混合体②,即使当事人为了维护自身的权益求助于司法,法院往往无法找到合适的案由进行处理。故在实践中,对单项体育协会决定不服的当事人无论提起行政诉讼还是民事诉讼,我国法院都会以不符合立案范围为由拒绝受理,如 2001 年广州吉利案③与 2002 年吉林亚泰案④。

任何人不得做自己案件的法官,完全交由各单项体育协会自行解决纠纷在制度层面难以保障中立性和公正性。以一度在媒体上闹得沸沸扬扬的长跑运动员孙英杰案为例,在遭受中国田径协会的禁赛处罚之后,由于缺乏业内的救济途径,她试图通过向法院提起名誉侵权之诉证明自己不存在服用兴奋剂的恶意,从而免除处罚。然而民事诉讼的证明标准与判决效力不足以对抗中国田径协会的处罚决定,这样做只能是徒劳无功。⑤ 如果能以体育仲裁的方式适度地介入,无疑能令人获得更加心服的结果,还不会引起舆论的一片哗然。

在 2017 赛季上海申花队与天津权健队进行的中超联赛中,球员秦升故意踩踏外援维特塞尔,这在当时造成比较恶劣的影响。赛后,不仅申花俱乐

---

① Kelvin C. Omuojine, "Dispute Resolution in Nigerian Football: The Need for a National Dispute Resolution Chamber", *African Sports Law and Business Bulletin*, 2014 (2): 22.
② 袁杜娟:《我国内部体育纠纷的司法介入》,《体育学刊》2014 年第 1 期。
③ (2001) 天法民初字第 3830 号民事裁定书。法院并没有直接依据《中国足协章程》排除司法管辖,而是援用《最高人民法院关于审理名誉权案件若干问题的解释》第 4 条认为,社会团体对管理人员作出的处理决定不属于法院受理侵害名誉权的受案范围。
④ (2002) 二中行审字第 37 号行政裁定书,其案情可参见赵毅《自治的黄昏?——从我国法院裁判考察司法介入体育的边界》,《体育与科学》2015 年第 5 期。
⑤ 熊瑛子:《兴奋剂违禁处罚中"过罚相当"原则的适用——从接吻引发的兴奋剂违禁案件谈起》,《武汉体育学院学报》2013 年第 3 期。

部处以秦升 30 万元的罚款及下放至预备队并在此期间停发薪资,而且中国足协对其禁赛 6 个月并罚款 12 万元。秦升就足协的处罚向中国足协仲裁委员会提出申请,但最终选择于开庭的前日撤诉。评论认为即使该会受理申诉,迫于足协的压力也不会更改处罚结果。[①] 姑且不谈处罚的合法性和过罚适当的合理性,根据程序优于实体的法理,只有通过公正有效的争议解决机制才能处理上述问题。对此,虽然中国足协仲裁委员会的设置旨在妥善解决行业争议,但难免使人感觉其与负责处罚的纪律委员会看似是两个独立的法律机构,而实际上就是一回事。

## 第二节　现行仲裁立法适用于体育仲裁之不足

虽然我国已经颁布了《仲裁法》以及相关的司法解释,形成较为完善的商事仲裁法律体系,但由于体育纠纷的特殊性,现有立法不能满足体育仲裁机制设立的需要,甚至存在严重的法律冲突。

### 一　争议可仲裁性规定之不足

争议的可仲裁性事关仲裁机构的受案范围。如果违反这一要求,其作出的仲裁裁决会被法院撤销或不予执行。《仲裁法》对可仲裁性问题规定得较为保守,其第 2、3 条从原则和例外两方面界定仲裁的范围,即只有平等主体的公民、法人和其他组织之间的合同等财产权益纠纷才可以仲裁,将婚姻、收养、监护、继承等人身关系的纠纷以及应由行政机关处理的行政争议排除在外。

竞技体育纠纷不属于《仲裁法》的仲裁范围。从性质上看,对体育组织决定不服产生的纠纷多因行业纪律性处罚引起,很难归入《仲裁法》下的平等主体之间的财产纠纷,从而不满足主体的可仲裁性。首先,如《中国足球改革发展总体方案》虽然要求中国足协去行政化,真正实现管办分离[②],但与同处于行业内部参加联赛的足球俱乐部、球员、教练员乃至官员、裁判为管理、被管理的关系,绝非平等;其次,处罚决定虽然多伴随罚款、支付惩罚性补偿金等财产内容,但更涉及停赛、禁赛等参赛资格的停止或剥夺,与

---

① 腾讯体育:《揭秦升撤诉背后 注定打不赢的官司》,http://sports.qq.com/a/20170512/003768.htm。
② 另见 2015 年中共中央办公厅、国务院办公厅印发的《行业协会商会与行政机关脱钩总体方案》。

当事人的人身权益密切相关，从而不满足客体的可仲裁性。总之，争议双方的不平等与纠纷的人身属性使得竞技体育纠纷不具有《仲裁法》下的可仲裁性，这也是传统仲裁机构极少受理竞技体育纠纷的原因所在。

反映在职业足球等体育劳动合同争议问题上，《最高人民法院关于执行我国加入的〈承认及执行外国仲裁裁决公约〉的通知》将可以承认和执行外国仲裁裁决的情形仅限于商事法律关系。其包括劳务关系，但劳务关系能否等同于劳动关系令人生疑。[1] 劳务合同虽然并非《民法典》合同编下的有名合同类型，但仍属于平等主体之间达成的债权债务关系，自然区别于有人身隶属关系的劳动合同。[2] 另外，《仲裁法》第77条明确将劳动争议交由《劳动争议调解仲裁法》下的劳动仲裁解决。与商事仲裁不实行地域管辖而由当事人协议选择仲裁机构不同，此种带有强烈行政色彩的强制仲裁缺乏合意基础[3]，具有类似于诉讼的法定管辖依据。[4] 不仅所作出的仲裁裁决多数情形下不具有终局性[5]，而且其专业性不足以解决职业足球劳动合同争议。

## 二 管辖权的确立依据之不足

有效的仲裁协议是确立仲裁管辖并排除法院审理的依据，在仲裁机制中占据核心地位。根据《仲裁法》第4、5条的规定，仲裁机构受理案件的依据在于双方自愿达成有效的仲裁协议。在此基础上，一方申请仲裁，方能启动仲裁程序；此时除非仲裁协议无效，否则即便当事人起诉，法院也不会受理。就仲裁协议的类型，《仲裁法》第16条明确包括合同中的仲裁条款和以其他书面方式在纠纷发生前后达成的请求仲裁的协议。

然而竞技体育纠纷的当事人往往未专门达成书面仲裁协议，只是由于组

---

[1] 尽管有法院认为劳动关系满足《纽约公约》下的可仲裁性要求，但尚未得到最高院的认可。（2015）沈中民四特字第29号民事裁定书。
[2] 《仲裁法》中的平等主体间的合同争议明显契合原《合同法》第2条对合同的定义，从而表明由《劳动合同法》调整的具有人身从属性的劳动争议原则上不具有《仲裁法》下的可仲裁性。
[3] 参见沈建峰、姜颖《劳动争议仲裁的存在基础、定性与裁审关系》，《法学》2019年第4期。
[4] 《劳动争议调解仲裁法》第21条第2款规定，劳动争议由劳动合同履行地或者用人单位所在地的劳动争议仲裁委员会管辖。双方分别向上述地域的劳动争议仲裁委员会申请仲裁的，由合同履行地的劳动争议仲裁委员会管辖。
[5] 特别是劳动者一方对仲裁裁决不服时，都可以向劳动争议仲裁委员会所在地的法院起诉。即使少数针对用人单位一裁终决的裁决，用人单位可以基于适用法律、法规确有错误的理由申请撤销。

织章程预先设置了提交仲裁的条款发生拟制的仲裁合意。① 如当一国足协在章程中并入《国际足联章程》第58条第3款的排他性争端解决条款，则无论作为直接成员的地区、行业足球协会或其他组织，还是俱乐部、球员、官员等间接成员，都必须遵守。而对我国生效的《纽约公约》第2条第1款将仲裁所能解决的争议限于因特定法律关系引发的争议，概括性地将体育组织与相对人之间的行业争议交由体育仲裁能否满足这一要求存在疑问。

另外，即使赛事许可合同包括提交体育仲裁的条款，运动员也只是为了比赛而不得已地接受主办组织的要求。虽然《关于适用〈仲裁法〉若干问题的解释》第11条规定，合同约定解决争议适用其他合同、文件中的有效仲裁条款的，发生合同争议时，当事人应当按照该仲裁条款提请仲裁，也即当事人可以书面援引的方式订立有效的仲裁条款，但体育仲裁管辖确立中的总体援用仍难以通过《仲裁法》的考验，毕竟该法第17条将一方采取胁迫手段迫使对方订立仲裁协议列为仲裁约定无效的事由。

### 三 仲裁员的选任规定之不足

作为仲裁的公断人，仲裁员对于纠纷的公正处理发挥着决定性作用，故仲裁员的选任要求有丰富的法律知识以及相应的资质。《仲裁法》第13条规定，仲裁员必须公道正派，而且应满足下列条件之一：1. 从事仲裁工作、律师工作或曾任审判员满8年；2. 从事法律研究、教学工作并具有高级职称；3. 具有法律知识、从事经贸等专业工作并具有高级职称或具有同等专业水平。

与商事仲裁不同，体育仲裁更具有专业性，故那些从事一般仲裁活动的法律专家学者不能保证对竞技体育行业的组织、运行有着充分的了解；然而，如要求熟悉体育领域的专家具有上述法律职业年限或职称，则难免凤毛麟角，影响可供当事人选择的仲裁员名册的确定。更何况由于竞技体育纠纷的特殊性，从事体育仲裁的仲裁员往往与体育组织存在较大的关联，其资格多需要体育组织的专门推荐，进而在相当程度上排除了当事人自由确定仲裁员的商事仲裁做法。就此，行业规则同样有不足之处，如《中国足协仲裁委员会工作规则》第25条规定，仲裁委员会的组成人员由中国足协主席会议决定通过。除此之外并无任何的选拔标准和程序，此种做法深受诟病与质疑。

---

① A. Manuel Arroyo, *Arbitration in Switzerland – The Practitioner's Guide*, Hague：Wolters Kluwer, 2013, pp. 985-986.

## 四 实体法律适用规则之不足

从法理上讲,作为替代性的纠纷解决方式,仲裁在遵循程序公正特别是当事人授权的基础上,无须严格依照一国实体法的规定进行裁决。关于仲裁实体问题的法律适用,我国仲裁立法和仲裁规则鲜有关注。《法律适用法》亦未就此作出规定,而且该法仅仅规范涉外民事关系的法律适用,并不涉及一国之内的民商事争议的法律适用问题。

反映在体育行业领域,《中国足协仲裁委员会工作规则》第18条较为全面,即仲裁庭应根据事实,依照法律规定和行业规定,参照国际惯例,并遵循公平、公正原则作出裁决。然而该规则没有明确诸个裁判依据在适用层面的先后顺序,法律和行业规则、国际惯例乃至原则性的规定都具有平等的适用资格,一旦其内容发生冲突,会令裁判者无所适从。

就体育行业规则和国家法的位阶关系,虽然体育组织在规则制定时已经遵循法律的基本原则,如《中国足协章程》第2条明确将《宪法》《民法通则》《体育法》以及国务院颁布的《社会团体登记管理条例》作为制定的依据,且第3条强调足协这一非营利性的社团法人须遵守宪法、法律、法规和国家政策,但二者能否视为特别法与一般法的关系仍值得探究。

## 五 仲裁裁决司法审查之不足

体育仲裁裁决虽然主要依赖行业内部的机制承认与执行,但有时仍会面临司法审查。根据《仲裁法》和《民事诉讼法》的相关规定,法院在特定的情况下可以撤销或拒绝承认、执行仲裁裁决。就体育仲裁裁决的司法审查,上述立法的适用存在明显的不足。

具体而言,虽然2012年修订后《民事诉讼法》取消了将认定事实的主要证据不足以及适用法律确有错误等实体理由作为仲裁裁决拒绝承认和执行的依据,但现行法律对国内仲裁裁决的撤销仍进行部分的实质性审查。如《仲裁法》第58条将裁决所根据的证据是伪造的或对方当事人隐瞒足以影响公正裁决的证据作为应申请撤销仲裁裁决的理由,而《关于适用〈仲裁法〉若干问题的解释》第21条规定法院此时可以要求仲裁庭在特定期限内重新仲裁。这容易造成司法对体育自治的过多介入,不利于竞技赛事的顺利开展以及体育仲裁裁决终局性的实现。

## 第三节 未来我国体育仲裁法
## 制定之关键法律问题

由体育组织行使行业自治的特别权力已成为各国的通例,所以司法在介入体育行业内部纠纷时应格外谨慎。① 《仲裁法》乃是针对商事仲裁的产物,作为体育仲裁的依据存在先天不足,即使由中国国际经济贸易仲裁委员会制定处理体育争议的仲裁规则也不可取。② 尽管有学者认为应在《仲裁法》之下设置体育仲裁机构③,然而与瑞士联邦最高法院出于支持体育仲裁的目的而宽泛地解释《瑞士国际私法》的做法不同,我国的法律渊源主要是制定法,几乎不存在通过判例的方式来解释并完善《仲裁法》的可能,故有必要专门制定《体育仲裁法》。④ 为了防止法律冲突的发生,结合《瑞士国际私法》以及《体育仲裁法典》等先进的国际规则,未来应重点关注如下问题。

### 一 体育事项可仲裁性规定之完善

关于竞技体育争议事项的可仲裁性即仲裁范围,《体育仲裁法典》第 R27 条第 2 款规定,由国际体育仲裁院解决的争议涉及有关体育的原则、金钱或者体育实践或发展的其他利益问题,包括所有与体育有关的一般性活动或事项。此种宽泛的表述能将体育领域发生的管理处罚纠纷以及普通商业纠纷一并包含在内。如时任国际体育仲裁院秘书长的马修·雷布(Matthieu Reeb)所言,该院从来没有以案件与体育无关为由拒绝受理。⑤ 与之类似的是,瑞士联邦最高法院认为,只要不存在违反国际公共秩序的情形,瑞士法

---

① 谭小勇:《中国体育行会内部纠纷解决机制的重构——基于我国现实》,《南京体育学院学报》(社会科学版) 2009 年第 5 期。
② Shuli Guo, "China and CAS (Court of Arbitration for Sport)", *Marquette Sports Law Review*, 2014 (1): 310.
③ 孙丽岩:《仲裁法框架内体育仲裁模式的构建》,《北京体育大学学报》2011 年第 3 期。
④ 2021 年 10 月公布的《体育法》(修订草案) 征求意见稿虽然创造性地用 1 章 14 条的篇幅界定体育仲裁,但仍然存在诸多原则性的不足,对体育特殊性的认识不深,且遗漏一些该领域的重要问题。
⑤ Louise Reilly, "An Introduction to the Court of Arbitration for Sport (CAS) & the Role of National Courts in International Sports Disputes", *Journal of Dispute Resolution*, 2012 (1): 64 – 65.

旨在确立广泛寻求国际仲裁的机会。[1]

此种态度也得到我国法院的认可。在大连市中级人民法院审查申请承认和执行第 2014/O/3791 号国际体育仲裁裁决案[2]中，作为裁决申请人的某外籍律师通过国际体育仲裁主张其解决被申请人大连阿尔滨足球俱乐部同某阿根廷球员之间的劳动争议应获得的法律服务费。俱乐部则认为该裁决所处理的争议超出了国际体育仲裁院的管辖范围，从而构成《纽约公约》下不予承认和执行的情形。然基于《体育仲裁法典》第 R27 条，法院认定该案的委托合同纠纷仍然与体育相关。[3] 由于与体育相关的事项范围宽广，《体育仲裁法》宜对体育仲裁的可仲裁性作特别规定。除了可以受理包括劳动合同争议在内的竞技体育领域中的财产权益纠纷，还应明确将具有终局效力的纪律性或处罚性决定视为可仲裁的对象。

另外，体育仲裁机构应有权对案件事实的真相和裁判适用的法律作全面审查。之所以采用全面审查原则是因为有管辖权的单项体育协会作出的决定不构成真正的"仲裁裁决"，而仅仅是组织的内部决定。为了确保当事人能够得到公正的审理机会，有必要由独立的仲裁机构对案件作全面审查。[4] 故不同于面对行政行为的法院只进行最低限度的程序审查，国际体育仲裁院并不受制于之前程序或决定的判断。[5] 但为避免过分干涉体育活动的独立组织运行，除非属于恶意或者武断的情况[6]，不得干涉体育官员就比赛的判罚和结果所作的决定。遵循该理念的国际体育仲裁院在维护赛事裁判独立性和必要干预方面做到了充分的平衡，使之既不纠缠于理解运用竞技规则上的难题，又能从容评价裁判运用技术规则的方式是否背离正义的原则。[7] 故应遵

---

[1] Me William Sternheimer, "Arbitrages ordinaires pouvant être soumis au Tribunal Arbitral du Sport", *CAS Bulletin*, 2012（1）：51.

[2] 据笔者所知，这是我国首起涉及承认和执行国际体育仲裁裁决的案件。案件的评述，参见张春良《国际体育仲裁院仲裁裁决在中国的承认与执行——基于我国承认与执行 CAS 裁决第一案的实证考察》，《天津体育学院学报》2019 年第 2 期。

[3] "无论是双方的身份（体育法律师与足球俱乐部），还是所涉法律服务的内容，均与体育有关"，（2017）辽 02 民初 583 号判决书。

[4] Despina Mavromati, "The Panel's Right to Exclude Evidence Based on Article R57 para. 3 CAS Code：A Limit to CAS' Full Power of Review?", *CAS Bulletin*, 2014（1）：1040.

[5] CAS 2009/A/1880, FC Sion v. FIFA & Al – Ahly Sporting Club & CAS 2009/A/1881 E. v. FIFA & Al – Ahly Sporting Club, award of 1 June 2010.

[6] A. Manuel Arroyo, *Arbitration in Switzerland – The Practitioner's Guide*, Hague：Wolters Kluwer, 2013, p. 991.

[7] 张春良：《论竞技体育争议之可仲裁性》，《武汉体育学院学报》2011 年第 10 期。

循技术性事项不予审查优于全面审查原则①，对纯粹竞赛规则的内容或赛场裁决（field-of-play）结果②等技术性问题不得加以审查。③

## 二 体育仲裁的管辖权确立之完善

如前所述，《体育仲裁法典》第R47条除了承认传统仲裁中的当事人订立合同包含有仲裁条款或事后达成的仲裁协议之外，还通过援用的方式将体育组织章程、规章存在提交国际体育仲裁院审理的规定作为体育仲裁管辖确立的依据。这得到了《瑞士国际私法》的回应，其2020年新增的178条第4款承认了单方法律交易或章程中规定的仲裁条款资格。而在近邻日本，为实现案件在体育仲裁和国家法院之间的妥善分配，不仅日本体育仲裁机构（Japan Sports Arbitration Agency，JSAA）④ 在2003年专设上诉仲裁程序规则，而且各体育协会目前正大力推行自动仲裁接受条款，这在阻止运动员向法院提起诉讼方面起到了不错的效果。⑤

故在保留《仲裁法》第16条通过当事人协议确立仲裁管辖权的基础上，《体育仲裁法》应专门将体育组织章程规定由体育仲裁机构受理的争议情形明确纳入体育仲裁的管辖范畴。在此要特别注意通过仲裁条款的援用所能发生的法律效果，即通过协会章程、工作合同、参赛报名表等文件中包括此类仲裁条款的方式，使得地方体育协会、各级职业联赛、俱乐部乃至教练员、运动员在从事特定体育运动或参加某些赛事时接受体育仲裁机构的管辖，从而作为体育仲裁合意达成的依据。

## 三 体育仲裁员的选任规则之完善

与国际商事仲裁实践不同，国际体育仲裁不允许当事人自由选择仲裁员，而是提供一份较为完备的仲裁员名册供其采纳。就名册的形成，《体育仲裁法典》曾规定由国际奥委会、国际体育联合会以及国家奥委会提议的人员各占仲裁员人数的1/5，另外1/5由上述机构出于保护运动员利益的目的协商确定，以至于完全能够独立于体育组织选拔的仲裁员极为有限。这难免

---

① 熊瑛子：《国际体育仲裁院裁决结果类型化探讨》，《武汉体育学院学报》2014年第2期。
② 2019年版《国际足联纪律准则》第9条。
③ 如在雅典奥运会体操男子个人全能决赛中，裁判错误计算起评分使得韩国选手梁泰勇与金牌失之交臂。由于未能证明裁判存在恶意、腐败的例外情形，国际体育仲裁院以技术规则争议不予以审查为由最终驳回了韩国代表团的上诉。
④ 其网站将007之界定为由公益财团法人、法务大臣认证的纠纷解决机构。http://www.jsaa.jp.
⑤ Dai Tokomizo,"Sports Arbitration in Japan", *Contemporary Asia Arbitration Journal*, 2014 (2): 352.

使人怀疑仲裁员能否保持中立。在该法典 2012 年修订之后，国际体育仲裁委员会自行选拔仲裁员。虽然体育组织的推荐对名册的形成仍具有一定的参考价值，但不构成最终的决定。新修订的《体育仲裁法典》强调国际体育仲裁委员会可以认定仲裁员具有解决某类纠纷的特别专长，以适应体育仲裁案件类型化、专门化的需要。为此，国际体育仲裁院的网站已经对一般仲裁员和足球仲裁员作出了分类，未来可以进一步细化，如增加反兴奋剂领域的仲裁员名册。①

《体育仲裁法》对仲裁员的选拔应突破《仲裁法》的规定，在个人资质问题上更加注重仲裁员具有体育专业和体育法律知识，以体现体育纠纷解决的行业特征；在选拔的过程上，应适当发挥中国奥委会、中国反兴奋剂中心以及各单项体育协会在确立仲裁员名册的作用。通过他们的推荐，仲裁员的人数处于当事人拥有较多选择的规模，从而妥善解决此种封闭性的名册因与体育组织的关联而可能带来的仲裁员利益冲突。② 此外要注意为反兴奋剂、竞技足球等特定领域设置单独的仲裁员名册，以充分实现体育仲裁的专业性。

## 四　体育仲裁实体法律适用之完善

为了体现体育纠纷解决的特点，实现案件处理结果的一致，《体育仲裁法典》第 R58 条规定上诉案件的实体法律适用，即优先适用的体育组织规章，以及作为辅助的当事人选择的法律；在其没有选择时，不仅在事实上赋予瑞士法以补缺地位，而且与此同时顺应晚近国际仲裁的潮流，将选择法律的权限交由仲裁庭，使之无须利用冲突规范直接确立应适用的法律。

《体育仲裁法》中的实体法律适用条款的制定同样应考虑国家法与体育组织规章之间的冲突。除了那些反映我国基本公共政策的直接适用的法之外，宜优先适用体育组织的规章，并在规则适用不足的情况下适用包括公平公正原则在内的仲裁庭认为适合的法律规则，而不必局限于我国成文法的规定。当国内单项体育协会与国际单项体育联合会的规章发生冲突时，应赋予仲裁庭以一定的裁量权，在尊重该领域的国际规则的基础上尽可能实现解释

---

① Antonio Rigozzi, "Erika Hasler & Brianna Quinn, The 2011, 2012 and 2013 Revisions to the Code of Sports - Related Arbitration", *Jusletter*, 2013 (3): 4.
② Dirk Reiner Martens, "The Role of the Arbitrator in CAS Proceedings", *CAS Bulletin*, 2014 (2): 37. Joesph R. Brubaker & Michael W. Kulikowski, "A Sporting Chance? The Court of Arbitration for Sport Regulates Arbitrator - Counsel Role Switching", *Virginia Sports and Entertainment Law Journal*, 2010 (1): 7.

的一致,从而确保实体法律适用的确定性,满足竞技体育行业的普遍正义。

### 五 体育仲裁裁决司法审查之完善

就仲裁裁决司法审查的规定,《体育仲裁法》可以借鉴国际体育仲裁院所在地国瑞士的做法。瑞士法原则上不对国际体育仲裁裁决展开实质性审查,单纯实体结果的对错并非撤销裁决的理由。除了极其例外时可以基于新证据的发现或仲裁过程中存在犯罪行为从而申请裁决复审(revision)①之外,根据《瑞士国际私法》第190条,当事人只有在仲裁庭超裁、漏裁等严重程序违法以及裁决违反公共政策的情况下才可以对仲裁裁决提出司法审查的异议,一般性的法律适用错误、事实认定之不足皆不在此范围之列。

与《纽约公约》的态度一致,为了防止上述公共政策事由被当事人滥用,瑞士联邦最高法院加以严格解释,不仅要从普遍性、跨国性的角度理解,而且需要同时反映瑞士的基本价值。②就基于公共政策对外国仲裁裁决承认与执行的审查,我国法院持审慎的态度,甚至认为那些未适用我国直接适用的法的仲裁裁决也不等同于基本公共政策的违反。③我国体育仲裁机构虽然主要解决国内范围的体育纠纷,但由于体育的自治性和专业性,宜效仿上述严格解释公共政策的做法。

总之,出于支持体育仲裁的考虑,在具体设计《体育仲裁法》的条文时应从程序公正方面对体育仲裁裁决进行形式上的司法审查,严格规范并限制实体性公共秩序的范围,仅在裁决侵犯我国最基本的社会利益时才可以撤销④,以求更好地解决竞技体育领域的争议,实现行业自治和司法监督的有效平衡。

## 本章小结

虽然《体育法》早有规定,但体育仲裁立法的缺失使得专门审理竞技体

---

① 《瑞士民事诉讼法》第393条以及2020年修订新增的《瑞士国际私法》第190a条。具体运用, See Stephan Netzle, "Appeal against Arbitration Awards by the CAS", *CAS Bulletin*, 2011 (2): 25;熊瑛子:《瑞士法框架下体育仲裁"裁决修正"探讨》,《武汉体育学院学报》2020年第6期。
② Massimo Coccia, "The Jurisprudence of the Swiss Federal Tribunal on Challenges against CAS Awards", *CAS Bulletin*, 2013 (2): 15.
③ 何其生:《国际商事仲裁司法审查中的公共政策》,《中国社会科学》2014年第7期。
④ 熊瑛子:《论国际体育仲裁司法审查中的实体性公共秩序》,《体育科学》2014年第12期。

## 第十一章　我国体育仲裁法制定时面临的法律冲突问题

育纠纷的体育仲裁机构一直没有建立。无论在国内还是国际层面，由于竞技体育纠纷不同于合同等传统商事争议，其既不希望接受法院的管辖，也不宜由普通的仲裁机构受理，这使得体育仲裁法治有着现实的需要。然而《体育仲裁法》的制定面临着极大的困境。一方面，如中国足协所属的仲裁委员会虽有仲裁之名，却无仲裁之实；另一方面，《仲裁法》的基本原则与体育仲裁的理念不合，不能为我国体育仲裁制度提供充分的适用依据，体育仲裁机构的确立与我国现行法存在严重的法律冲突。未来在制定具有中国特色且与国际接轨的《体育仲裁法》时，应秉承支持体育仲裁的理念，借鉴《瑞士国际私法》和《体育仲裁法典》等国际上的先进经验，从争议事项的可仲裁性、管辖确立的依据、仲裁员的选任、实体法律适用以及裁决的司法审查等方面对现有仲裁法制加以补充完善，以解决《体育仲裁法》制定中的关键法律问题。

# 第十二章 我国职业足球劳动合同争议中的法律适用冲突问题

随着我国职业足球运动的蓬勃开展以及球员转会的日益频繁，根据国际足联《全球转会市场报告》(*Global Transfer Market Report*)[①]的最新统计，中超俱乐部[②]在引援上的手笔一度不亚于欧洲五大联赛[③]。与此同时，球员和俱乐部之间因劳动合同引起的争议呈现高发态势，进而影响到高水平足球联赛的构建。作为足球法制的纲领性文件，《中国足球改革发展总体方案》也强调加强对俱乐部劳动合同的管理，严厉查处"阴阳合同"等违法行为，及时纠正欠薪行为。然而在司法实践当中，一些地区的法院甚至于劳动合同争议的当事人在约定提交中国足协仲裁委员会的情况下依然行使管辖权。[④] 这对足球内部的争端解决机制造成了较为严重的冲击，其合理性及适当性宜作进一步分析。本章首先描述我国职业足球劳动合同争议解决的背景，其次探讨我国法院对此是否具有管辖权以及处理的效果，最后寻找未来我国职业足球劳动合同争议的解决之道。

---

[①] https://www.fifatms.com/wp-content/uploads/dlm_uploads/2018/01/GTM_2018.pdf.

[②] 中甲也不甘落后，参见凤凰网体育《中甲垫底队签下前皇马巨星 联赛最大牌外援正式诞生》，http://sports.ifeng.com/a/20180607/58606682_0.shtml。中乙虽同为职业联赛，但目前的政策不允许引进外援。

[③] 参见腾讯体育《外媒：中国吞下欧洲联赛 中超逐渐跻身世界前5》，http://sports.qq.com/a/20160131/021303.htm。

[④] 在前述孙吉与上海申花劳动合同纠纷案中，无论是一审上海市浦东新区人民法院，还是二审上海市第一中级人民法院，都肯定了球员和俱乐部因劳动报酬引发的争议可作为劳动争议案件受理，但该案的判决并未涉及足协的管辖权问题。(2012) 沪一中民三 (民) 终字第1759号判决书。

## 第一节　我国职业足球劳动合同
争议解决的背景

基于《体育法》以及《中国足协章程》等相关行业规则对我国竞技体育争议解决的规定，业内一直认为法院无权审理职业足球劳动合同争议。然而由于独立的体育仲裁机构的缺失，以沈阳市中级人民法院为代表的我国法院开始审理此类争议，继而直接引发了国家法和行业自治规范之间的法律适用冲突。

### 一　立法与行业规则的态度

人力资源和社会保障部、教育部、国家体育总局、中华全国总工会等四部委于2016年下发的《关于加强和改进职业足球俱乐部劳动保障管理的意见》指出，要强化足球劳动用工管理。然而该措施没有明确司法救济途径，劳动合同纠纷最终需要诉讼或仲裁的介入。对此，《体育法》希望行业内的争议通过体育仲裁的方式解决，其第32条旨在确立体育仲裁机构对竞技体育纠纷的管辖权。虽然我国专业的体育仲裁机构一直没有建立，而且该竞技体育纠纷的外延范围也十分模糊，但该法律条款在人民法院不愿意受理此类案件时事实上能够发挥排除司法管辖的作用。

同样，以往我国足球行业极力维护自治的状态，不欢迎司法的介入。2005年版《中国足协章程》第62条禁止在该会注册的俱乐部和球员将业内争议提交法院，而只能向其仲裁委员会提出申诉。[1] 如违反该款，将面临足协的处罚。与此同时，《中国足协仲裁委员会工作规则》第5条第2项将包括工作合同纠纷在内的球员和足球俱乐部之间的行业管理范畴的争议作为受理的对象，故多认为职业足球劳动合同争议不应由法院处理。

### 二　司法实践中存在的争议

在体育仲裁机构缺位的情况下，中国足协下属的仲裁委员会并非真正意义的仲裁机构，其不仅难以确保自身的中立和公正，而且所作出的"裁决"不满足仲裁裁决的终局性要求，作为司法机构的地位面临质疑。就上诉人李根与被上诉人沈阳东进足球俱乐部之间的劳动合同争议，在2015年5月21

---

[1] 同见《中国足协超级联赛规程》第55条。

日作出的民事裁定书①中，沈阳市中级人民法院根据《劳动合同法》第 2 条"中国境内的用人单位与劳动者建立劳动关系，订立、履行、变更、解除或者终止劳动合同适用本法"的规定，撤销了沈阳市铁西区人民法院以原《体育法》第 33 条以及《民事诉讼法》第 119 条为依据，认定该案不属于民事诉讼受案范围的驳回起诉裁定②，并指令铁西区人民法院进行审理。

铁西区人民法院审理时认为，劳动者的合法权益受法律保护。该案的被告系企业法人，具有与劳动者建立劳动关系的主体资格，从而满足《劳动合同法》第 2 条的适用范围，最终援引《劳动法》第 3 条"劳动者享有取得劳动报酬的权利"的规定支持了球员的诉讼请求。③ 此后，沈阳东进足球俱乐部上诉至沈阳市中级人民法院。二审法院重申现行法律法规并未排除职业运动员适用《劳动法》《劳动合同法》，驳回俱乐部的主张。④ 本来该案应当画上句号，但令人大跌眼镜的是，俱乐部向辽宁省高级人民法院提起再审程序，而后者于 2018 年 4 月 23 日通过发回重审的裁定推翻了已生效的判决。⑤ 即便如此，申请再审的理由无甚新意。基于高院压力的再审结果难以令人信服，而且造成司法资源的巨大浪费。⑥ 以下主要结合沈阳市中级人民法院作出受理该案的裁定书意见对职业足球劳动合同争议的司法管辖进行分析。

## 第二节  我国法院对职业足球劳动合同争议的管辖权

就职业足球劳动合同争议的管辖权，沈阳市中级人民法院重点分析了足球劳动合同纠纷的可诉性。该院认为，当事人在工作合同中的约定满足缔结劳动合同的基本条款，具有公司法人形态的足球俱乐部符合与劳动者建立劳动关系的主体资格，且《劳动法》《劳动合同法》等现行法并未将职业球员

---

① （2015）沈中民五终字第 1056 号裁定书。
② （2014）沈铁西民四初字第 1005 号裁定书。
③ （2015）沈铁西民四初字第 01195 号判决书。
④ （2015）辽 01 民终字第 1986 号判决书。
⑤ （2017）辽民申 1364 号裁定书、（2018）辽 01 民再 32 号裁定书。
⑥ 然问题在于《体育法》下的独立的体育仲裁机构显然不包括中国足协内设的仲裁委员会。况且沈阳东进俱乐部因为欠薪于 2018 年 7 月被足协取消了注册资格，根据《中国足协仲裁委员会工作规则》，此种行业秩序的脱离会导致该会不再审理与之有关的争议。一个劳动争议令球员告诉无门，不免荒唐。

排除于适用范围①,从而认定沈阳市铁西区人民法院裁定该案属于由体育仲裁机构负责调解、仲裁的竞技体育纠纷的做法系法律适用错误。然由于体育特殊性,我国法院对此类案件的管辖还须考虑如下问题。

## 一 现行立法对竞技体育争议解决的规定

首先,如何看待《体育法》的争端解决规定,即俱乐部拖欠球员报酬之类引发的劳动合同争议是否属于竞技体育活动中发生的纠纷。法院在以往的司法实践解释该条所针对的纠纷类型时,多通过区分竞技体育和社会体育、学校体育的方式限制该条的范围。② 这多出现在因信鸽比赛产生的纠纷中,有的法院基于中国信鸽协会制定的《信鸽活动管理办法实施细则》第3条③将之划归社会体育范畴,以排除原《体育法》第33条的适用;反之,则根据国家体育总局下发的《关于重新公布我国正式开展的体育运动项目的通知》认定赛鸽属于竞技体育活动,从而并非法院管辖的对象。④ 此种将案件的受理与否寄托于体育分类的做法未免过于机械,难道社会体育、学校体育中的竞赛问题就一概可以由法院管辖?故此需要界定竞技体育活动的内涵,即所涉法律纠纷的性质。

根据《体育法》的释义,竞技体育活动中的纠纷主要包括因禁用药物、运动员流动、参赛资格发生的体育纠纷,不包括赛场上的具体技术争议和其他一般性的纠纷。⑤ 职业足球劳动合同往往关系到参赛资格或人员流动,作为球员能否注册、转会的先决条件,从而具有行业性争议的一面,但其中主要涉及的金钱给付内容毕竟构成民事法律纠纷。从广义解释的角度,俱乐部和球员之间的劳动争议是因为竞技体育活动的开展而发生,但不同于那些直接以中国足协等单项体育协会为被告的管理性纠纷,法院将之排除于体育仲裁的对象无可非议。

更何况与再审改判的理由⑥不同,即便此类纠纷专属于《体育法》下的

---

① 同样,区别于家政服务、帮工和学徒等特殊的雇佣情形,《关于审理劳动争议案件适用法律问题的解释(一)》第2条并没有将职业球员与俱乐部之间的争议排除于劳动争议的范围。
② (2014)廊民一终字第756号判决书。
③ 信鸽运动是国家体育总局正式批准开展的体育项目,属社会体育范畴。
④ 赵毅:《自治的黄昏?——从我国法院裁判考察司法介入体育的边界》,《体育与科学》2015年第5期。
⑤ 王建中主编:《体育法学》,北京师范大学出版社2010年版,第89页。
⑥ 该协议符合《体育法》第33条竞技体育活动中发生纠纷,由体育仲裁机构负责调解、仲裁的规定。李根对工作合同中约定的争议解决条款明知且表示认可,并按该约定就双方争议向中国足球协会仲裁委员会申请了仲裁。

体育仲裁的范畴，但在我国体育仲裁机构尚未建立的情况下，也不能当然对抗法院的司法管辖权的行使。毋庸置疑的是，体育仲裁应当视为一种法定的仲裁类型，其生效裁决具有类似于法院判决的终局效力。然而当体育仲裁机构缺位时，不同于司法对单项体育协会的处罚决定不干预的态度，竞技体育活动中发生的技术性事项之外的民事法律争议仍有必要由法院审理，以此保障球员获得终局性救济的权利。

## 二 行业纠纷解决规则排除法院管辖的可能

其次，足球行业纠纷解决规则对该问题所持的态度也值得分析。虽然中国的职业足球俱乐部及为之效力的球员并非中国足协的直接会员，但其所属的地方、行业或系统足协具有中国足协的会员资格，从而理应受到包括争端解决条款在内的《中国足协章程》的约束。与之前的版本相比，2014年版《中国足协章程》第51条在强调中国足协管辖内的足球协会和从业人员只能向该会的仲裁委员会申诉而不得诉讼的同时，增加了国际足联另有规定的限制。其第11条第2款第1项虽然仍要求申请成为该会会员的应保证不得将在国际足联、亚足联以及该会章程规定范围内的争议诉至民事法庭[①]，但亦确立了国际足联、亚足联以及该会章程另有规定的例外。

如前所述，虽然《国际足联章程》第58条第3款原则上不允许足球行业的当事人将业内的争议交由普通法院管辖，但其认为国际足联的规章或有约束力的法律条款明确规定可以求助的除外。一方面，《国际足联球员身份和转会规则》第22条特别规定国际足联对足球劳动纠纷的管辖必须建立在不损害球员或俱乐部向民事法院[②]寻求赔偿的基础上。虽然此例外针对的是当事人来自不同足协的国际足球劳动纠纷，但对一国足协内部的职业足球劳动合同争议也宜作类似解释；另一方面，此处有约束力的法律条款是指那些劳动合同争议必须由一国法院审理的强制性规定。根据《劳动法》第79条，劳动争议发生后当事人应先向劳动争议仲裁委员会申请仲裁，对仲裁裁决不服的可以向法院起诉，这实际上确立了法院对劳动争议的专属管辖。

另外，为实现国内职业足球劳动合同争议的终局性解决，《国内争端解决委员会标准章程》第34条规定，作为最后的救济方式，国内争端解决委员会作出的决定可以上诉至为该国足协承认的国内仲裁机构。当不存在此类

---

[①] 2019年版《中国足协章程》将"民事法庭"的表述改为"法院"。
[②] 根据《国际足联球员身份和转会规则》第22条的注解，该民事法院即有权处理劳动争议的法院。

机构且于过渡期内，经国际职业球员联合会的同意，可以上诉至为国际足联承认的仲裁机构，即国际体育仲裁院。由于我国尚未设置独立的体育仲裁机构，而且《中国足协章程》没有确立国际体育仲裁院对国内竞技足球纠纷的上诉管辖权，故即便国内足球劳动争议已经由中国足协仲裁委员会处理且该会满足国内争端解决委员会的条件，以此限制当事人向法院寻求救济令人怀疑。更何况《中国足球协会纪律准则》第 85 条[①]承认国家法定有权机构具有对俱乐部拖欠球员、教练员工资与奖金的认定权，法院对此类争议的解决能够发挥作用。

即便《中国足协章程》完全禁止该会范围内的社团组织、法人和从业人员将业内争议诉诸法院，从而使得中国足协仲裁委员会自动获得强制管辖权，法院也不应认可。毕竟作为非正式法源[②]的足协规定只是行业领域的要求，而非现行法上的依据，至多构成《体育法》中的竞技体育纠纷范围的解释参考。又何况基于法律保留原则，行业协会不得限制只能法定的公民基本权利[③]，这其中无疑包含着诉讼权。

## 三　中国足协仲裁委员会裁决既判力的有无

最后，沈阳东进足球俱乐部辩称，由于中国足协仲裁委员会依法仲裁我国足球领域内的行业纠纷，作为在足协注册的职业球员，李根应选择在该会进行争议解决，而不得向法院寻求救济。由此，如果中国足协仲裁委员会构成适格的仲裁机构，则在当事人双方自愿提交该会仲裁的基础上，仍然可以对抗法院的管辖。就一国内部的仲裁和诉讼管辖权之间的关系，基于已决之诉原则，当仲裁机构行使案件管辖权并作出具有法定执行力的生效裁决时，则除了根据民事诉讼法或仲裁法提出有限的司法审查之外，法院不得重新审理案件的实体问题。

对此，《中国足协仲裁委员会工作规则》要求中国足协仲裁委员会独立审理案件，实行一裁终局。以往也有个别法院受理职业足球劳动合同争议，然多发生在合同中没有约定提交中国足协仲裁委员会仲裁的情况下，甚至有

---

[①] 凡经中国足球协会仲裁委员会、中国足球协会具有相应权限的机构或国家法定有权机构认定，俱乐部拖欠球员、教练员工资与奖金的，将根据情节严重程度，给予俱乐部警告、罚款、扣分、降级或取消注册资格的处罚。

[②] 此种非正式法源的地位既反映在法院审理案件时参照适用之而发生的说明力，又在于制定其的单项体育协会从《体育法》中获得的行业管理授权。参见韦志明：《论中国足协行业规范的法源地位》，《天津体育学院学报》2015 年第 3 期。

[③] 黎军：《基于法治的自治——行业自治规范的实证研究》，《法商研究》2006 年第 4 期。

判决倾向于认为当事人应向该会仲裁。① 就民事诉讼和足协仲裁之间的关系，或认为应遵循解决平行诉讼的先受理原则，即如足协仲裁委员会作出裁决，则法院不再处理；反之，一经法院受理，则不再提交足协仲裁委员会。

然而中国足协仲裁委员会既非《体育法》所指的体育仲裁机构，又未根据《仲裁法》在行政司法部门登记。② 就该案而言，当事人签订的工作合同明确只能向足协仲裁委员会申请仲裁，且该会作出的足仲字（2013）第2221号裁决解除了双方的合同。③ 然而球员基于同一被告、同一事项提起的民事诉讼为沈阳市中级人民法院所支持，这说明其无视中国足协仲裁委员会的裁决在仲裁法上的既判力。毕竟该裁决主要依靠行业内的机制执行，如出现足球俱乐部退出职业联赛且未缴纳充分保证金等自执行方式不起作用的情形④，其会因不构成《民事诉讼法》下由法院执行的仲裁裁决而无法维护当事人的合法权益。⑤ 故该案的再审裁定以《民事诉讼法》第124条第2项⑥存在仲裁协议为由，将球员的起诉排除于人民法院的受案范围有明显不妥。

从治理机制的角度看，《中国足协章程》将仲裁委员会置于作为行政机构的中国足协主席会议之下的做法未能将司法任务与行政职能进行区分，从而使其独立性和公正性大打折扣。⑦ 中国足协组织内部治理的不健全还会导致"循环式仲裁"情况的发生。⑧ 如在审理青岛中能足球俱乐部与球员刘健合同争议案，先是由中国足协仲裁委员会处理足球劳动合同有关的争议，所

---

① 上诉人大连阿尔滨足球俱乐部与被上诉人纪尧姆·瓦罗个人肖像权解除协议纠纷案对中国足协仲裁委员会的态度较为暧昧。涉案足球工作合同约定由足协仲裁委员会裁决，而球员肖像权合同则约定法院管辖。就当事人主张球员肖像权合同争议也应由足协仲裁委员会管辖，辽宁省高级人民法院认为上述合同的内容及主体不同，系各自独立，不存在补充关系，且对发生纠纷时的解决争议机构均有不同的约定。(2015) 辽民三终字第00252号判决书。
② 刘万勇：《足球行业法律关系概述》，中国政法大学出版社2018年版，第72页。北京市朝阳区人民法院于2020年5月向中国足协发送司法建议，希望删除《中国足协仲裁委员会工作规则》中一裁终局的规定。
③ 但未就拖欠工资、奖金以及经济补偿金问题作出裁决。
④ 腾讯体育：《沈阳东进已通知队员找下家50万保证金不够补工资》，http://sports.qq.com/a/20180711/032914.htm。
⑤ 华西都市报：《天诚不干了足协仲裁难约束》，http://wccdaily.scol.com.cn/shtml/hxdsb/20150106/266667.shtml。
⑥ 依照法律规定，双方当事人达成书面仲裁协议申请仲裁、不得向人民法院起诉的，告知原告向仲裁机构申请仲裁。
⑦ 张春良：《体育协会内部治理的法治度评估——以中国足协争端解决机制为样本的实证考察》，《体育科学》2015年第7期。
⑧ 人民网：《青岛中能法律顾问称足协"循环式仲裁"存制度瑕疵》，http://sports.people.com.cn/n/2014/1024/c22176-25904906.html。

## 第十二章 我国职业足球劳动合同争议中的法律适用冲突问题

作出的裁决当事人必须遵守，不得寻求进一步的救济。一方拒不履行的，对方可向中国足协纪律委员会提出给予其处罚的请求；然后基于仲裁委员会在争议解决中发现的合同未向中国足协备案的事实，中国足协纪律委员会未经过独立调查即以此作出处罚①，而当事人对该处罚不服的仍然要向足协仲裁委员会提出申请。②

与之不同的是，对国际足联争端解决委员会处理足球合同争议的结果有异议的，当事人可以上诉至国际体育仲裁院；而就国际足联纪律委员会的处罚决定，当事人可先向国际足联上诉委员会申诉，如果争议不属于《国际足联章程》第 57 条第 3 款的除外情形③，则同样能上诉至国际体育仲裁院。由于外部仲裁机构的存在，这两条路径相互独立，即使案件事实有密切的关联也不会产生不良的影响。此种差异产生的根源在于中国足协仲裁委员会身兼多职，既要发挥组织内部的争端解决机构的作用，又要扮演独立的体育仲裁机构的角色。在解决职业足球劳动合同争议时，其融争端解决委员会与国际体育仲裁院的作用于一体；在处理与上述劳动合同有关的纪律处罚争议时，其集作为复议机构的上诉委员会与国际体育仲裁院的功能于一身。

放眼世界，当足球协会内部的争端解决机构不具有仲裁机构的形式时，即使其行事公正无疑，也不会产生司法意义上的终局性。根据瑞士联邦最高法院的法理，真正的仲裁裁决应当发生与法院判决类似的效果，作出该裁决的仲裁庭应充分确保独立性和公正性。相反，作为社团组织内设机构的所谓仲裁庭不满足此种要求，毕竟其作出的决定仅仅反映所属社团的意志。④

在前述涉及球员兴奋剂处罚的 Dodô 案，巴西足协对未通过兴奋剂检测的本国球员予以禁赛，随后该处罚被巴西足球运动最高法庭推翻。国际足联和世界反兴奋剂机构就此向国际体育仲裁院提出申请。由于《国际足联章程》将上诉至为一国足协规则所承认的独立且组成良好的仲裁庭的决定排除于提交国际体育仲裁的范围，被上诉人辩称案件已交由巴西足球运动最高法庭审理，从而导致国际体育仲裁院不具有管辖权。仲裁庭认为，为遵循《巴西贝利法》的要求，《巴西足协章程》设立了巴西足球运动最高法庭，旨在成为独立的自治司法机构。然根据独立存在标准（stand-along test），如果

---

① 条文依据参见《中国足协球员身份与转会管理规定》第 82 条。
② 足协仲裁委员会如上两种受案情形详见《中国足协仲裁委员会工作规则》第 5 条。
③ 因违反《足球竞赛规则》而作出的决定、已经上诉至为足协或洲际足联规则所认可的独立且合理组成的仲裁庭的决定，及除涉及兴奋剂的四场或三个月以内的禁赛处罚的决定。
④ Alexandra Veuthey, "Re-questioning the Independence of the Court of Arbitration for Sport in Light of the Scope of its Review", *Sweet & Maxwell International Sports Law Review*, 2013 (4): 110.

巴西足协不复存在，巴西足球运动最高法庭也将消失，则该法庭的裁决仍属于巴西足协作出的决定，按照《巴西足协章程》对《国际足联章程》争端解决条款的概括援用可以被上诉至国际体育仲裁院。同理，交由中国足协仲裁委员会处理的约定乃是当事人自发寻求争议解决的先行途径，不能对抗法院或仲裁机构的司法管辖权。

## 第三节　我国法院解决职业足球劳动合同争议的不足

尽管根据现行法的规定，我国法院具有审理职业足球劳动合同争议的管辖权，但并不意味着这会取得良好的效果。[①] 考虑到足球行业与体育争端的特殊性，其对足球劳动争议的解决存在受案范围、实体法律适用等方面[②]的不足。

### 一　受案管辖范围之不足

关于受案的范围，我国法院对足球俱乐部和职业球员之间纯粹的劳动合同争议，即关于劳动报酬的给付、休息休假以及合同解除等事项行使管辖权无可厚非。然而当涉及由此发生的转会有效性、球员注册事宜，则不免要触及中国足协根据《体育法》第31条[③]获得的行业管理权限。对此，无论原《中国足球协会球员身份及转会暂行规定》第16条第3项还是《中国足协球员身份与转会管理规定》第18条第3款，都将球员同原俱乐部存在与转会相关的合同争议作为足协不予办理转会的事由。另外，上述规定要求球员转

---

[①] 就职业足球劳动合同争议的处理，还要解决与劳动争议仲裁委员会的管辖重叠问题。劳动争议仲裁构成起诉的前置程序。根据《劳动法》第79条以及《劳动争议调解仲裁法》第5条，劳动争议的当事人在向法院起诉前必须向劳动争议仲裁委员会申请仲裁。该会有时怠于行使管辖权，如球员李根虽然曾向沈阳市劳动人事争议仲裁委员会提出仲裁申请，但该会通过下达沈劳人仲字（2013）1079号仲裁决定书拒绝受理。沈阳市中级人民法院认为该决定书是对仲裁程序的决定，未对争议进行实体裁决，不影响上诉人提起诉讼。实践中也发生劳动人事争议仲裁委员会受理此类案件的先例，不过结局并不美妙。腾讯体育：《维权斗争超现实结尾 谢晖重庆力帆70万私了》，http://sports.qq.com/a/20040901/000125.htm。

[②] 除此之外，基于球员职业生涯较短和足球运动的特殊性考虑，亦有判决认为职业足球劳动合同纠纷如经过劳动仲裁、法院一审、二审程序的审理则会耗费过长的时间，不利于保护球员和俱乐部双方的权益。上诉人沈阳东进足球俱乐部与被上诉人陈禹杭劳动争议纠纷案，(2016) 辽01民终10773号判决书。

[③] 其第3款规定，全国单项体育竞赛由该项运动的全国性协会负责管理。

会后应向足协提交转会证明、转会协议以及工作合同方能办理注册手续，否则不能参加正式比赛。总之，除了合同期满、双方协议解除或一方有正当理由解除合同的情形外，中国足协不会承担球员行使《劳动合同法》中单方解除权的后果，进而使之无法顺利完成转会与注册。

中国足协本质上乃是《民法典》第87条下基于公益目的设立的非营利性法人，其与会员发生的纠纷可能面临司法的介入。然而与《瑞士民法典》第75条构成瑞士法院审查包括国际足联、国际奥委会等诸多位于瑞士的国际体育组织所在决定的依据①不同，我国不仅不存在类似的法律条文，而且《社会团体登记管理条例》第5条②常作为社团组织对抗司法管辖的抗辩依据。更何况受制于《体育法》第32条第1款，且囿于自身知识的局限而对竞赛领域的专业问题并不谙熟，我国法院对介入体育行业组织的管理权争议表现得更加审慎。因此，无论是中国足协作出的不予转会或注册的具体决定，还是足球行业内部的抽象规定，目前都不构成司法审理的对象。③ 故球员虽然可以根据《劳动合同法》向法院主张权利，但除非选择以退役的方式结束职业生涯，否则将面临无法在新俱乐部顺利注册的风险。由此，足球行业规则在多数情况下仍可以在事实层面发挥调整球员与俱乐部之间劳动合同关系的作用。④

## 二　实体法律适用之不足

具体到李根案当中，就球员主张给付劳动合同约定的工资、奖金的法律适用，法院一度没有考虑足球行业规则，而是完全求助于《劳动法》和《劳动合同法》。此类规范，如《劳动法》第3条第1款关于劳动者享有取得劳动报酬权的规定，与体育行业规则并无实质性的冲突。毕竟体育领域同样强调契约必须信守原则，而且解决球员工资拖欠问题也是中国足协当下大力整治足球环境的重头戏。⑤

然而一旦争议超出球员向俱乐部主张劳动报酬的范围，案件可能会因为

---

① 如在前面提到的Daniel案，在国际足联尚未接受国际体育仲裁的上诉管辖时，俱乐部即根据该条就国际足联作出的赔偿决定向国际足联所在地的苏黎世商事法院起诉。
② 国家保护社会团体依照法律、法规及其章程开展活动，任何组织和个人不得非法干涉。
③ 不仅未受理针对行使管理职能的中国足协的行政诉讼，也不会附带审查应属于足协管辖权范围内的事项，参见（2001）南市终经字第339号判决书。
④ 杨天红：《论职业运动员与俱乐部间法律关系的定位——与朱文英教授商榷》，《中国体育科技》2015年第3期。
⑤ 球员通过诉讼向俱乐部或其责任人讨薪的案件，可参见（2015）东民初字第03110号判决书。

国家强行法的介入产生难以为业内接受的后果。以劳动合同的解除为例,无论当事人是否约定了工作期限,作为弱者的劳动者都可以根据《劳动合同法》提前 30 日以书面形式向用人单位通知其单方解除合同。此规定的适用会严重扰乱职业运动体系的运作和比赛进程[1],影响球员和俱乐部之间订立劳动合同的稳定性,而该稳定性正是为实现球队竞争力的平衡所必要。[2] 虽然尚没有发现法院适用该条处理球员工作合同纠纷的案件,但沈阳市中级人民法院在审理一起涉及教练员和足球俱乐部之间的劳动合同争议时[3]丝毫没有考虑竞技体育的特殊性,在合同已经到期且俱乐部不存在违约的情况下[4]仍要求俱乐部按照《劳动合同法》的规定支付经济补偿金。

一方面,球员的频繁更替会影响竞技比赛的质量,甚至破坏球队乃至联盟的稳固;[5] 另一方面,虽然包括职业足球劳动合同在内的劳动合同都具有继续性的特征,从而需要在一段时间内维持其效力,但由于运动生涯的有限,球员无疑会在各国法定退休年龄到来前退役。故足球劳动合同应约定期限,几乎不存在签订无固定期限合同的情形。就合同的期限,《国际足联球员身份和转会规则》第 18 条第 2 款有明确的区间限制。作为承担国际义务的结果,原《中国足球协会球员身份及转会暂行规定》第 46 条和《中国足协球员身份与转会管理规定》第 49 条也予以纳入。合同期限的适度有助于一并实现合同关系的稳定性和球员的自由流动,此举乃是平衡俱乐部和球员利益的重要举措。目前许多足球俱乐部试图通过保留单方延期选择权的方式规避对合同期限的限制,其有效性在国际体育仲裁层面存在不确定性风险。

与其他固定期劳动合同一样,职业足球劳动合同可因时间的经过而履行完毕或以协议的方式提前解除。但球员单方解除合同则需要正当理由,如俱乐部拖欠工资或奖金,不存在像我国法下的普通劳动者那样于满足提前通知

---

[1] 朱文英:《劳动合同法视野下职业球员工作合同的解除》,《武汉体育学院学报》2009 年第 1 期。

[2] 向会英等:《我国国际职业足球运动员合同违约纠纷解决关涉的主要法律问题——以巴里奥斯案为例》,《天津体育学院学报》2014 年第 5 期。

[3] (2015)沈中民五终字第 1437 号判决书、(2014)沈中民五终字第 342 号判决书。

[4] 根据《劳动合同法》第 46 条第 5 项,即使劳动合同期满,如用人单位不同意续订合同,或虽同意续订但降低劳动合同约定条件而导致劳动者不同意续订时,仍需向劳动者支付经济补偿。

[5] 韩勇:《职业球员劳动合同解除研究》,《河北师范大学学报》(哲学社会科学版)2013 年第 6 期。

## 第十二章 我国职业足球劳动合同争议中的法律适用冲突问题 265

要求时单方解除合同的可能。① 否则,无论球员还是俱乐部都要承担违约责任,并面临禁赛处罚、取消注册新球员的资格等体育制裁。② 一方面,基于维护体育竞争秩序的目标,特别考虑到对球队造成不稳定的影响以及球员不易找到下家的情形,当事人不得在赛季中单方解除合同③;另一方面,作为利益平衡的需要,即使球员在合同履行期内遭遇伤病或表现欠佳,原则上也不妨碍其依约主张基本的劳动报酬。④

基于行业现实,有时国际足联等足球管理机构还会增加一般劳动合同所没有的特殊有权解除情形。如为了保持并发挥自身正常的竞技水准,当拥有较高足球技能的球员在原俱乐部没有得到充分的展示机会时,如场上的位置被技术风格类似的其他球员占据,其即可以基于体育正当理由解除合同进而加盟新俱乐部。对此,当主力球员(established player)⑤ 在单个赛季的上场率低于其所在俱乐部正式比赛的10%时,则他可以在该赛季最后一场正式比赛后的15日内于支付违约赔偿金的前提下解除未到期的合同,而无须遭受禁赛制裁。⑥ 上述体现竞技体育特殊性的足球行业要求为《国际足联球员身份和转会规则》《中国足协球员身份与转会管理规定》⑦ 所肯定,如与《劳动合同法》中的强制规范发生冲突,受案法院根本无法作出适用行业规则的抉择。

最后,《关于加强和改进职业足球俱乐部劳动保障管理的意见》虽然明确要求在劳动制度的建立、劳动合同条款的设置以及劳动合同范本的制定上应体现足球的特点,但其不仅位阶效力低,不得违反我国劳动法规之上位法,而且本身强调依照劳动合同法等法律法规进行。⑧ 故该意见的落实虽然

---

① Suren Gomtsia, et al., Between the Green Pitch and the Red Tape: The Private Legal Order of FIFA, TILEC Discussion Paper No. 2017 - 003, https://papers.ssrn.com/soL3/papers.cfm?abstract_id=2903902.
② 除此之外,意图与职业球员签订合同的俱乐部在展开磋商前,必须以书面的形式向球员所在的俱乐部告知这一事实。只有在合同到期或在六个月之内到期,职业球员才可以同另一家俱乐部缔结合同,否则同样面临相应的体育制裁。
③ 这显然不包括拥有正当理由解除合同的情形。
④ 陈春燕:《职业体育保障合同纠纷的相关问题探析》,《体育学刊》2015年第3期。
⑤ 根据《国际足联球员身份和转会规则》第15条的注解,主力球员是指球员必须已经终止或完成训练期,而且其足球技能不低于正常发挥的队友。
⑥ 此时球员原则上还需要作出经济赔偿。但如果能证明此种不上场是俱乐部故意冷落他的结果,则俱乐部将丧失主张损害赔偿的权利。
⑦ 《中国足协球员身份与转会管理规定》第46条遗漏"主力球员"的限制性要求,但将上场率低于其所在俱乐部正式比赛的10%进一步明确为正式比赛时间总和的10%。
⑧ 该意见曾被法院视为不予受理足球劳动合同争议的考量依据。上诉人沈阳东进足球俱乐部与被上诉人陈禹杭劳动争议纠纷案,(2016)辽01民终10773号判决书。

在一定程度上可以减少与国家法发生冲突的可能,但对于那些与足球行业规则不可调和的法律适用冲突并未提出有效的解决方案。

## 第四节 未来我国职业足球劳动合同争议的解决之道

由于普遍存在与国际足联规则脱轨以及缔约程序不规范的现象,我国足球在职业化的进程中产生了大量的劳动合同争议[1],该问题的解决面临两难的境地。一方面,足球行业内部的争端解决机制难以实现中立性和公正性,尚且不构成有效的司法途径;另一方面,我国法院在解决职业足球劳动合同争议时容易忽视体育的特殊性,不利于竞技足球运动的开展与推广。[2] 作为机构仲裁的体现,未来仍有必要将此类案件交由独立设置的体育仲裁机构审理,在实现司法终局的同时,避免对体育自治进行过分干预。在这一过程中,应当充分借鉴作为当今世界最重要的体育仲裁机构——国际体育仲裁院的先进经验,特别关注其受案范围的规定及实体法律适用规则。

### 一 专业性的我国体育仲裁机构之建立

体育仲裁具有行业自治和司法终局的复合功能,能够实现体育自治的法治化,从而有效避免中国足协等体育协会与法院在业内争议解决上发生直接的对抗。于司法之外创设体育争端解决秩序的模式,在土耳其并非通过单一的体育仲裁机构完成,而是对竞技足球争议和其他领域的体育争议进行区分;[3] 在南非则是在足球联赛内专门设置独立的争端解决机构,以妥善解决职业足球劳动合同争议。[4] 考虑到目前立法的现状以及争端一致解决的需要,我国应建立统一的体育仲裁机构,而不宜在中超联赛委员会之下设置足球仲

---

[1] 郑璐:《中国足球运动员职业合同规范化的思考与建议》,《西安体育学院学报》2013 年第 4 期。

[2] 当然也可以考虑从实体法层面解决这一问题。然而无论为职业足球合同制定单独的立法还是在修改《劳动合同法》时考虑设置专门的条款,在当前的立法阶段都只能是一种奢求。

[3] 在 2015 年,土耳其足协规定因足球引发的合同争议同样需要通过该强制性仲裁程序解决。Cem Kalelioğlu, "Domestic Sports Arbitration in Turkey: Creating a Sui Generis Sporting Jurisdictional Order Alla Turca", *The International Sports Law Journal*, 2017 (1-2): 34.

[4] Farai Razano, "Keeping Sport out of the Courts: The National Soccer League Dispute Resolution Chamber – A Model for Sports Dispute Resolution in South Africa and Africa", *African Sports Law and Business Bulletin*, 2014 (2): 2.

裁机构。故全国人大常委会应适时启动《体育仲裁法》的制定计划，作为体育仲裁机构设置和规范的依据。

按照国际上仲裁行业命名的习惯，我国的体育仲裁机构可称为中国体育仲裁院（Chinese Court of Arbitration for Sport，CCAS）[①]。为确保自身的独立性，该院的组织结构应借鉴国际体育仲裁院的发展历程。如前所述，最初由国际奥委会组建的国际体育仲裁院在财政和业务上受其控制。瑞士联邦最高法院认为该仲裁院原则上构成合法有效的仲裁机构，但也指出其在人员任命、经费预算、仲裁员选拔等方面受控于国际奥委会。这推动了国际体育仲裁院的组织形式改革，通过负责行政管理和财务的国际体育仲裁委员会的设置，隔离其与国际奥委会的联系。

体育仲裁应在独立的治理机制下运行，以确保既能满足竞技体育的需要，又不被利益集团所操控。[②] 作为实现自身合法性的双重基础，仲裁机构的内部治理应满足公正性的需要，实现自身组织结构和职能的良好治理；而外部治理则应满足终局性的需要，尤其需处理好与法院的关系。故此，中国体育仲裁院的仲裁机构地位如要获得我国法院的承认，从而使其裁决能够顺利地得到执行，除了要获得立法的肯定之外，还必须完善自身的组织结构。应特别设置类似于国际体育仲裁委员会的"防火墙"机构，以此降低中国奥委会、单项体育协会对中国体育仲裁院的影响，提升当事人乃至公众对于体育仲裁的中立性和公正性的信心。

## 二 受案管辖范围之确定

与纯粹体育纪律性争议相比，职业足球劳动争议具有私人合同的性质，是否属于体育仲裁的受案范围一度存在疑义。《体育仲裁法典》第 R47 条认为，上诉人可以针对联合会、协会或其他体育组织所作的决定向国际体育仲裁院提起上诉，只要其章程、规章如此规定，这可以涵盖经由国际足联争端解决委员会处理的职业足球劳动合同争议。由于足球俱乐部和球员就劳动合同拥有相反的利益，对此类纠纷的救济最终影响的是劳动合同关系的当事

---

[①] 另有主张采用行政色彩更为浓厚的中国体育仲裁委员会（Chinese Committee of Arbitration for Sport）作为名称，参见孙彩虹《中国足协纪律处罚现状、问题与立法完善》，《成都体育学院学报》2015 年第 3 期。

[②] Edward Procter, "Dispute Resolution in Sport: The Role of Sport Resolution (United Kingdom)", *Sweet & Maxwell International Sports Law Review*, 2010 (1): 1.

人，故争端解决委员会和国际体育仲裁院分别发挥一审和二审裁判机关的作用。① 不过，此类争议往往涉及国际足联是否要追加体育制裁，从而有时需将国际足联列为共同被上诉人，使之兼具合同性和纪律性的双重属性。

与国际体育仲裁院的受案偏好不同，中国体育仲裁院主要负责国内层面的体育仲裁，即将包括中国足协在内的我国单项体育协会作出的决定纳入受案范围当中。这不仅表现为体育组织和所属运动员之间纯粹的纪律处罚纠纷，也包括因对体育协会作出的解决下属俱乐部和运动员之间的劳动合同纠纷的裁决不服发生的争议。各单项体育协会应在章程中将那些用尽内部救济仍不能解决的纠纷交由中国体育仲裁院审理，从而明确体育仲裁排除法院管辖的受案依据。2021年10月公布的《体育法》（修订草案）征求意见稿明确将劳动争议排除于体育仲裁的范围。此种做法过于强调体育仲裁与现有仲裁法律制度的衔接，存在严重的不足。其不仅造成此类争议解决上的国际国内双重标准，即外籍运动员可以提起国际体育仲裁，而国内球员只能选择劳动仲裁或者法院诉讼，而且忽视了如上竞技体育中劳动争议解决存在的特殊性。

从竞技体育争端解决的角度，虽然中国足协下属的仲裁委员会只能视为内部的救济渠道，但为了维护行业关系的稳定，减少体育仲裁机构的受案负担，其仍有发挥行业解决机制功用的必要。由此，在落实国际足联《国内争端解决委员会标准章程》的基础上，中国足协仲裁委员会对我国职业足球劳动合同争议的处理应演化为启动中国体育仲裁院仲裁程序的前置程序②，以构建多元化的体育纠纷解决机制。

### 三 实体法律适用之顺序

一方面，《中国足协仲裁委员会工作规则》没有确定裁判依据的适用顺

---

① Andrea Marco Steingruber, "Sports Arbitration: Determination of the Applicable Regulations and Rules of Law and their Interpretation", *The International Sports Law Journal*, 2010 (3–4): 57. 甚至有仲裁庭认为，此类成员之间的合同争议并非《瑞士民法典》第75条的范畴。此时，国际足联可以申请作为第三人介入。CAS 2008/A/1517, Ionikos FC v. C., award of 23 February 2009.

② 该会的人员组成仍需改进，有必要借鉴国际足联争端解决委员会组成人员中的球员和俱乐部代表人数的对等（《球员身份委员会及争端解决委员会程序规定》第4条），从而符合《国内争端解决委员会标准章程》的要求。为实现球员的平等代表权，中国应及早建立全国性的球员协会，正式加入国际职业球员联合会。

序与关系,法律、行业规定、国际惯例和公平公正原则都处在相同的位阶。①虽然目前《中国足协球员身份与转会管理规定》第 20 条修改为应符合《俱乐部工作合同要求》②,但第 41 条仍然强调合同方应严格遵守法律法规、国际足联及中国足协的相关规定。上述裁判依据一旦出现法律适用冲突,当事人乃至裁判者都将面临两难的尴尬处境。

另一方面,与国际足联和国际体育仲裁院的做法不同,由于中国足协仲裁委员会的裁决很少公开③,以上规定的实际运用不甚清晰。足仲字(2014)第 017 号裁决书直接以《劳动合同法》第 44 条第 1 款的合同期满为裁判理由,终止了球员刘健和青岛中能足球俱乐部之间的劳动合同关系。此前,原《中国足球协会运动员身份及转会规定》第 85 条规定,运动员和其所在俱乐部因工作合同引发的争议将依照国家相关规定、《国际足联球员身份和转会规则》和中国足协的规定处理。在北京国安诉大连实德关于球员王涛转会案④中,原中国足协诉讼委员会笼统地依据该《中国足球协会运动员身份及转会规定》及相关法律原则裁定王涛和俱乐部的工作合同有效,未援用任何具体的条文。

为此,就中国体育仲裁院解决我国职业足球劳动合同争议时的实体法律适用的先后顺序,首先,应妥善处理国家法⑤和《国际足联球员身份和转会规则》及《中国足协球员身份与转会管理规定》的关系,尽量优先适用足球的行业规则。⑥ 在国际层面,根据《体育仲裁法典》第 R58 条,国际体育

---

① 原《中国足球球员身份及转会暂行规定》第 18 条认为,俱乐部与球员签订劳动合同的内容由双方约定,并应符合国家法律、法规、规章和国际足联、中国足协有关劳动合同的基本要求。
② 《俱乐部工作合同要求》所附的《俱乐部工作合同范本》第 13 条规定,本合同条款如与国际足联或中国足球协会规定相悖时,以国际足联或中国足球协会规定为准。本合同条款如与国家法律法规相悖时,以国家的法律法规为准。
③ 作为《中国足球改革发展总体方案》营造公正透明法治环境的结果,中国足协仲裁委员会于 2017 年运行网站,公开发布案件受理和开庭公告。除当事人的信息,连案件争议的事由都无从得知(允许申请的类型分为身份争议、欠薪、拖欠经纪费、联合补偿机制、申请撤销处罚、拖欠转会费及其他等七类)。结合公开的报道,可以发现球员和俱乐部之间的劳动争议占据重要部分。为建构清晰一致的裁判原理以及满足公众知情权的需要,应在当事人不反对的情况下考虑公开裁决的核心内容。
④ 新浪体育:《甲 A:中国足协关于王涛转会问题的裁决书全文》,http://sports.sina.com.cn/china/200002/2325564.shtml。
⑤ 由于纯粹国内职业足球劳动合同争议不存在适用外国法的问题,此处的国家法仅指中国法。
⑥ 罗小霜:《论职业球员合同解除的体育性正当理由》,《体育科研》2014 年第 6 期。

仲裁院主要适用体育组织制定的规则，毕竟其面临的正是成员不满体育组织依据章程等行业规则作出的决定，国家法只具有相对从属的地位。① 就我国而言，为了规范竞技足球的秩序，有关保护期等足球行业的特殊要求具有存在的价值。毕竟不同于一般赛场内的纪律处罚，体育制裁此种更为严厉的参赛资格方面的处罚②能够体现俱乐部之间的竞争性平衡的需要，从而有助于实现合同的稳定性。③

只有当涉及要求俱乐部缴纳社会保险、提供法定劳动安全卫生保护、设立工会之类反映我国重大社会公益的立法时，足球行业规则才必须让位于因维护国家基本法律秩序而不能被体育自治替代的直接适用的法。就此类具有至关重要公益性质的强制规范的判断，职业足球劳动合同领域应特别考虑《劳动合同法》第26条第1款第3项"违反法律、行政法规强制性规定的劳动合同无效或者部分无效"这一效力性强制性规定。区别于劳动合同无效的其他情形，此类无效乃是基于超越私人意志的公法上的要求，需要裁判者主动援用，即便双方当事人都表示出相反的意愿也不能改变案件审理的结果。

其次，应明确国际足联规则和中国足协规则的关系。对国内转会引发的劳动争议，除前面提到的合同期限须统一外，《国际足联球员身份和转会规则》第1条认为，在满足维护合同稳定性原则性规定的前提下，适用一国足协制定的具体规则，但必须得到国际足联的批准。如解除合同的正当理由涵盖何种情形，《国际足联球员身份和转会规则》总体上未予以明确，这在一定程度可以由各国足协自行决定。然而此种自主权的存在不意味着其可以肆意妄为，违背合同稳定性原则的意旨。故此，当国际足联和中国足协的规则发生适用冲突时，应尽量遵守国际规则及其在国内的转化规则。对此，可以仿效《国内争端解决委员会标准章程》第2条关于"适用法"的规定，即在国内争端解决委员会行使管辖权时，应当适用本国足协的章程和规则，特

---

① 根据《国际足联章程》第56条第2款，瑞士法只构成国际足联各规章适用的补充。
② 此处的体育制裁本质上是纪律性而非体育性。原因在于体育性处罚旨在确保竞赛者之间的公平，从而对试图获得不正当优势的运动员进行处罚。此种处罚自动实施，不管运动员是否有过错。不同的是，体育制裁单纯惩治当事人的违约行为，带有惩罚性的纪律因素。See Jean-Phillipe Dubey, "The Sanctions Imposed on the Player for Breach or Unilateral Termination of Contract", *CAS Bulletin*, 2010 (1): 34-35.
③ 根据《国际足联球员身份和转会规则》，保护期是指职业球员在28周岁之前签订的合同生效之日起连续三个赛季或三年，及28周岁之后签订的合同生效日起连续两个赛季或两年。其旨在进一步强化足球劳动合同的稳定性，即在此期间内违约的不仅要承担损害赔偿责任，还要遭受体育制裁。体育制裁针对的主体不同，则处罚方式不同。如果球员无正当理由解除合同，要处以四至六个月的禁赛期；如果是俱乐部在保护期内违约或引诱效力于另一家俱乐部的球员在保护期内违约，则要受到连续两次注册期内不得为任何新球员注册的处罚。

别那些为落实国际足联的章程和规则而制定的部分；如一国足协尚未完成该任务，则应比照适用国际足联的章程及其他规则。

在这一过程中，还要注意发挥集体谈判协议在业内争端解决中的作用。就作为球员解除合同正当理由的拖欠工资情形以及俱乐部无正当理由解除合同时球员受偿问题，2019年版《国际足联球员身份和转会规则》明确认可了俱乐部和球员双方的代表在国内层面根据国内法有效协商的集体谈判协议中的另行安排。此前，尽管《国际足联球员身份和转会规则》第1条第3款以及第25条第6款一再强调国内集体谈判协议在维护职业足球劳动合同稳定性，以及作为国际足联有关机构审理此类合同争议裁判依据方面的作用，但由于缺乏具体的细化条款，国际体育仲裁实践容易予以忽视。在欧盟层面，为了应对竞争法的挑战，由球员和俱乐部的代表开展社会对话的必要性于足球劳资关系领域达成共识，而且由此达成的协议在成员国得到落实。[1] 在我国，中华全国总工会也已经逐步推进工资集体协商制度。[2] 我国体育行业迄今却尚未建立集体协商制度，甚至缺乏球员工会这样的集体谈判主体。[3] 可以预见的是，未来能够反映我国足坛实际需要的行业性规则的制定将在中国足协或职业联赛理事会[4]的主导之下，由职业联盟和球员工会共同参与，最终实现国际规则同国内规则的良好互动。

最后，要积极发挥仲裁庭在实体法律适用问题上的主观能动性。《体育仲裁法典》在体育组织的规则没有规定或当事人没有选择的情况下，允许仲裁庭适用其认为适合的法律规则。在国际体育仲裁当中，仲裁庭往往摘选瑞士法的有效部分并加以融合，以创设符合国际体育仲裁行业需要的实体适用规则，进而推动全球体育自治法的完善发展。对我国而言，中国体育仲裁院在解决职业足球劳动合同争议过程中也须赋予仲裁庭以实体法律适用上的必要权限，在不违反我国法律的基本原则、直接适用的法以及社会公共道德的前提下，充分借鉴国际体育仲裁实践。

为建构一致的仲裁法理，应重点关注裁决的透明度。[5] 与法院遵循公开

---

[1] Vanja Smokvina, "New Issues in the Labour Relationships in Professional Football: Social Dialogue, Implementation of the First Autonomous Agreement in Croatia and Serbia and the New Sports Labour Law Cases", *The International Sports Law Journal*, 2015 (3-4): 159.

[2] 姜熙、谭小勇：《我国建立职业运动员工会的法律思考》，《天津体育学院学报》2011年第2期。

[3] 张恩利：《英国职业足球运动员自由流动权利保障制度的演变及启示》，《沈阳体育学院学报》2017年第2期。

[4] 建立具有独立社团法人资格的职业联赛理事会乃是《中国足球改革发展总体方案》的要求。

[5] 参见黄晖、张春良《国际体育仲裁专题研究》，中国社会科学出版社2017年版，第199页。

审理的原则不同，私人性的商事仲裁更具有私密性的特征，至少当事人对案件是否要公开审理、裁决是否公开拥有选择权。[1] 然而拟制的仲裁合意、行业的整体要求以及国家公共利益的关涉无不呼唤在体育仲裁中引入透明度原则，以避免仲裁庭作出不公正的裁决。除当事人反对外，那些通过上诉程序进行的体育仲裁裁决的依据应当公开。[2] 这不仅可以作为教育公众的手段，还有助于提高体育仲裁裁决结果的可预见性，为后续相同或类似争端的解决提供参考，亦能够实现体育仲裁的当事人在裁决信息获取上的平等，以此增强对体育仲裁的信心。

## 本章小结

在《中国足球改革发展总体方案》出台的背景下，探讨我国法院在应对球员和俱乐部之间的职业足球劳动合同争议中的法律适用冲突问题具有重要的现实意义。仔细分析我国的司法实践，不难发现无论是《体育法》的现行规定，还是《国际足联章程》《中国足协章程》等体育组织制定的规则，抑或当事人同意提交中国足协仲裁委员会仲裁的约定，都不得妨碍我国法院对此类合同纠纷行使管辖权。然考虑到竞技足球行业的需要以及体育争端解决的特殊性，法院在处理此类案件时存在受案范围及实体法律适用上的不足，最终影响审判的社会效果与足球领域和谐劳资关系的构建。为了妥善解决竞技足球领域的劳动合同争议，打牢足球治理的制度基础，基于国际体育仲裁的先进经验，应通过适时出台《体育仲裁法》的方式建立专门审理竞技体育纠纷的中国体育仲裁院，既实现司法在行业争议解决上的终局性职能，又要避免国家法和行业规则之间的法律适用冲突。

---

[1] Jack J. Coe, "Secrecy and Transparency in Dispute Resolution: Transparency in the Resolution of Investor - State Dispute - Adoption, Adaptation, and NAFTA Leadership", *Kansas Law Review*, Vol. 54, 2006: 1342.

[2] 《球员身份委员会及争端解决委员会程序规定》第 20 条规定，具有普遍利益的裁决可以公开。如果当事方（区别于英语文本中的"a party"，法语、西班牙语文本均明确采用复数形式）提交有充分理由的请求，则可以免于公布某些细节。另见《体育仲裁法典》第 R59 条第 7 款。

# 结束语

行文至此，作为本书的终止符，有必要进一步从理论层面对国际体育仲裁中的法律冲突出现的原因、存在的特殊性以及解决的方式加以总结和回应。以期对后续相关研究的开展有所帮助，也为职业足球劳动合同等竞技体育争议的系统解决提供参考。

## 一 国际体育仲裁中的法律冲突出现的原因

区别于国际商事仲裁，无论从发展的历程还是运行的现状看，国际体育仲裁在管辖权、实体法律适用以及裁决的承认和执行等问题上的特殊表现，更多地反映了基于结社自由形成的行业属人性的需求。毕竟与个体的意思自治相比，行业自治在竞技体育领域乃是更高层面的价值追求，具有维护并实现体育的专业性、效率性、民主性、独立性、责权分明和程序公正等一系列的功用[1]，以此避免政治公权力对竞技体育活动的干扰。具体就职业足球劳动合同争议解决的法律适用而言，不同于各国劳动法的普遍做法，在国际体育仲裁实践中亦体现出行业秩序的需求优于单纯偏向劳动者权益保护的理念。

然体育自治不应是行业内自发性的野蛮生长的状态，而应在全球治理体系变革的大背景下实现良法善治。故此，虽然引发国际体育仲裁中的法律冲突的原因是多元的，但本质上却是由竞技体育纠纷的特殊性与法律冲突现象的普遍性交织一体造成的。如果说单纯因竞技体育运动中的民商事争议包含国际或者说涉外的因素，则只需要选用传统国际私法的选法机制即可以实现此类地域法律冲突的解决；而出于对当事人意思自治的尊重，仲裁这一替代性的私人争端解决机制也为各国所认可，其与诉讼解决的方式相辅相成，并不存在严重的对立。故问题的关键是如何应对伴随着竞技体育行业自治而出现的特殊法律冲突。

---

[1] 康晓磊：《论国际体育自治的缘起、内涵及实效》，《体育文化导刊》2017年第12期。

目前，以国际足联为代表的单项体育联合会日益成为各专业领域的超国家组织。然与建立在成员国为深化合作而进行主权让渡基础上的欧盟等政府间国际组织不同，此种超国家性乃是行业自治的结果，其面临的主要困境仍在于组织、管理竞技体育活动的全球性与自身只具有国内法律人格身份之间的矛盾。为了减少国家法层面的干预，当与组织成员发生的行业争议不能通过内部渠道解决时，求助于在法律适用问题上能够发挥主观能动性的准司法性质的仲裁是最为恰当的争端解决方式，[1] 于是乎国际体育仲裁应运而生。

一方面，为实现全球竞技体育法律秩序的构建，以上诉管辖模式为主线的国际体育仲裁大致要维护竞技体育金字塔状的垄断性组织结构。[2] 单一的竞技体育法律秩序离不开统一的争端解决程序，以及包括事实上遵循先例[3]在内的实体法律适用规则[4]此种行业内在机制，加上瑞士联邦最高法院宽松的审查标准这一有利的外部环境，使之在相当程度上维护了竞技体育的自治性。另一方面，作为沟通桥梁作用的体现，无论《体育仲裁法典》还是国际体育仲裁实践，都尽力调和全球体育自治法与国家法的关系，这突出表现为对众多国际体育联合会和国际体育仲裁院所在地——瑞士法律的青睐[5]以及对直接适用的法的适当关注。[6] 然而以欧盟法院审理的 Bosman 案及慕尼黑高等法院审查的 Pechstein 案为代表的司法实践说明，竞技体育纠纷的解决仍不免出现公权干预的情形[7]，包括国际体育仲裁制度在内的行业安排存在与国家法特别是竞争法发生激烈冲突的可能。[8] 具体到职业足球劳动合同争议，特别当足球行业规则涉嫌球员基本权利的违反，应当在遵循比例原则的基础上就保护球员劳动自由与维护合同稳定性二者的平衡进行个案评判，从而满足足球世界的特殊需要。

---

[1] Charles Dudognon, "The Standard International Sport Federation an Association under Swiss Law, with its Headquarters in Lausanne", *Sweet & Maxwell International Sports Law Review*, 2014 (2): 53.
[2] 参见第一章的内容。
[3] Gregory Ioannidis, "The Influence of Common Law Traditions on the Practice and Procedure Before the Court of Arbitration for Sport (CAS)", *Yearbook of International Sports Arbitration*, 2015 (1): 29.
[4] 参见第二章的内容。
[5] 参见第四章的内容。
[6] 参见第五章的内容。
[7] 参见第三章的内容。
[8] 参见第十章的内容。

## 二 国际体育仲裁中的法律冲突存在的特殊性

为实现体育自治同国家管制的有机结合，当今国际体育仲裁的主要任务在于妥善解决全球体育自治法和国家法之间的冲突，以此促进全球体育法治的形成。更何况无论一项竞技体育争议是否涉外，都将面临着由单项体育联合会主导的统一行业规则的适用问题。由此引发的法律冲突超出了以应对国家间地域法律冲突为宗旨的传统国际私法的范畴，而须发挥跨国体育法在解决全球竞技体育纠纷从而构建竞技体育领域的人类命运共同体理念过程中的作用。[1]

故而国际体育仲裁中的法律冲突主要在于由体育治理组织以及国际体育仲裁院主宰的全球体育自治法[2]所具有的属人法特征。以金字塔状组织结构为表征的竞技体育特殊性很大程度上是指此种区别于属地法的规范的属人性。[3] 传统上基于自治的要求，属人法表现为宗教法、民族习惯法以及伴随着资本主义兴起出现的中世纪商人法。在近代民族国家建立以后，法律体系以政治意义上的国家为基本的组成单元，上述属人法与主要以地域支配效力方式表现的国家法存在尖锐的对立。通过西欧各国资产阶级民法典的编纂，其多数被后者所取代，从而走向没落甚至消亡。即使是英国著名的国际贸易法学者施米托夫提出的现代商人法复兴[4]也无法改变国家法在该领域的支配地位。

竞技体育行业却是为数不多地背离此种属地法优越性的例外情形。在当今全球化的背景下，不仅以职业足球为代表的竞技体育活动的跨国性日益彰显，而且竞技体育的专业技术性和严密组织性无人能及。这都使得体育行业规则存在优于国家法普遍适用的需要，称之为"体育人法"[5]亦不为过，由此也导致作为行业仲裁的国际体育仲裁不同于一般意义上的私人仲裁。的确，国际商事仲裁起源于商业行会内部的争端解决做法，然而现代商事仲裁

---

[1] 参见第七章的内容。
[2] Antoine Duval & Ben Van Rompuy, eds., *The Legacy of Bosman: Revisiting the Relationship Between EU Law and Sport*, Hague: T. M. C. Asser Press, 2016, p. 82.
[3] 即便如《法律适用法》第 14 条那样将涉外法人的能力问题主要交由登记地法决定，从而有助于公司社团章程在内部争议解决中发挥作用，也远不能达到竞技体育领域的程度，此乃行业高度自治性使然。
[4] 参见〔英〕施米托夫《国际贸易法文选》，赵秀文译，中国大百科全书出版社 1993 年版，第 12 页。
[5] 尽管"lex sportiva"的翻译五花八门，本书也采用全球体育自治法的表述，然事实上适用于体育人之间的法律或是更准确的译法，毕竟自治乃是人合的结果。

早已超越行业争议的范畴，成为与诉讼分庭抗礼的争端解决机制。在这一过程中，社团内部的自执行机制被司法上的强制执行所取代，从而造成属人性的淡化。那些著名的国际商事仲裁机构，如附属于国际商会的国际仲裁院，其管辖权的确立完全基于当事人的约定，并不需要仲裁的当事人构成该会的成员。不同的是，竞技体育仍是专业的行业范畴，其较为完善的自治规则结合国际体育仲裁的法理可谓真正意义上的"商人法复兴"。

国际体育仲裁中的法律冲突的特殊性还在于，国际单项体育联合会往往根据成员的人身隶属关系在行业争议处理上采用国际和国内二元并立的双轨制做法。[①] 这进一步加剧了该领域的法律冲突。一方面，通过适当的契约安排，单项体育联合会的章程不仅能约束加入该会的各国单项体育协会等直接成员，而且章程的援用对在其会员协会注册的下属运动员、俱乐部等间接成员也将发挥约束力。另一方面，出于职能划分的需要，各国单项体育协会仍拥有包括争端解决在内的一定程度的规则制定自主权。于是，区别于各国法院或普通的仲裁机构在案件管辖和承认与执行问题上主要发生的平面化的地域法律冲突，在竞技体育领域则表现为国际单项体育联合会与各国单项体育协会之间的垂直性的人际法律冲突。

以职业足球劳动合同争议的管辖为例，原则上只有国际层面的足球劳动合同争议才可以提交国际足联争端解决委员会解决，进而上诉至国际体育仲裁院，国内足球劳动合同争议则交由各国足协内设的争端解决机构以及该国的体育仲裁机构处理。看似良好的分工却使得该领域的法律冲突更为突出，毕竟职业足球劳动合同争议的国内和国际属性的区分存在模糊之处，上述解决方式会发生重叠。基于国际足联关于国内独立的仲裁庭替代争端解决委员会的例外规则、一国足协章程允许就其决定上诉至国际体育仲裁院的专门规定或当事人达成提交国际体育仲裁的特别约定，国际体育仲裁院并非只能审理跨国性的竞技体育争议，可进行国际性体育仲裁的也非单指国际体育仲裁院，各国独立的体育仲裁机构亦可承担此项功能。只是与针对国际足联所作决定的国际体育上诉仲裁程序相比，其作用有限，产生法律冲突的强度也较低。

### 三　国际体育仲裁中的法律冲突的解决方式

此种通过社团管理权实施的行业规则带有强烈的属人法特性。在程序法

---

[①] 目前作为成员的单项体育协会的结社与管辖范围大多以民族国家为限，这是属人法地域性的体现，从而增加了该领域冲突解决的国别特色。

律适用领域，为了减少法律冲突的发生，实现竞技体育争议的统一处理，仲裁成为体育行业的必然选择。区别于普通的商事仲裁，不仅国际体育仲裁管辖机制下的当事人的仲裁合意往往是理论上的拟制，表现出一定程度的强制管辖的特点，而且针对竞技体育争议作出的裁决或决定主要依靠社团处罚实施保障这一自执行的方式，原则上不需要国家的协助。体育仲裁机构的中立性和独立性如何能得到各国法院的充分认可，仍须作全面系统地权衡。[①]

在实体法律适用领域，一方面，国际体育仲裁中的法律适用冲突表现为国家法与行业规则之间的法律适用冲突、国际规则与国内规则之间的法律适用冲突，以及国家法之间的法律适用冲突等多领域、多层次的积极法律冲突。[②] 此种法律冲突的解决不能单纯借助国际私法的传统选法方法，也并非完全依靠跨国法带来的统一方法，而因法律冲突的复杂多样使得法律选择方法呈现多元化的状态；另一方面，对属于竞技体育内部的争议而在行业规则有所缺漏的情况下发生的消极法律冲突，是求助于特定国家的法律，还是完全交由仲裁庭基于个案的情况采取临时举措，又抑或根据当事人选法等传统冲突规范从中作出选择，也绝非一件容易解决的事情。[③]

国际体育仲裁院出现的时间不长，迄今只有三十多年的历史，而以上诉程序管辖机制确立为标志的系统作用发挥更是在 Gundel 案之后。专就职业足球劳动合同争议而言，国际足联直至 2002 年才承认国际体育仲裁院对其争端解决委员会等机构所作决定的上诉管辖权。[④] 故尽管关于全球体育自治法的研究成果近年来有所增加，但尚且没有根本扭转该新兴领域的理论供给不足的局面，这也是国际体育仲裁频频与国家法发生冲突的重要原因。参与仲裁的拟制合意、仲裁程序的快捷简便及免费性质、仲裁员名册的封闭性、法律适用的单一性以及裁决的自执行机制等一系列的行业做法服务于竞技体育争议处理的现实需要，但并不以牺牲仲裁机构的独立性或仲裁裁决的公正性为代价，故此类法律冲突的解决应在维护各国至关重要公益的前提下尽量尊重体育行业的特殊性。

对我国而言，无论是仲裁程序的设置还是行业规则的制定，体育自治都有必要迈向法治化的进程。为了预防、化解职业足球劳动合同争议中的法律

---

① 此种属人法的兴旺最终会与属地法发生碰撞，在公法领域突出反映在体育的特殊性不能免于竞争法的规制。
② 参见第六、八两章的内容。
③ 参见第九章有关裁判原理生成的内容。
④ FIFA, Circular No. 827, 10 December 2002. 还可参见黄世席《国际体育仲裁院之发展探析》，《中国体育科技》2005 年第 4 期。

适用冲突，在程序方面①，国际足联争端解决委员会、中国足协仲裁委员会等竞技足球内部救济机制仍有发挥作用的必要；如当事人对此类机构的决定不服时，应当认可拟制性的体育仲裁合意，允许其提交包括国际体育仲裁院在内的独立公正的体育仲裁机构解决，且有必要制定《体育仲裁法》并相应建立中国体育仲裁院；最后，除非违反基本的社会公共政策，我国法院应效仿瑞士联邦最高法院的做法，避免过多干预上述体育仲裁机构的裁决过程和结果，以实现体育仲裁的终局性。只有当出现俱乐部破产、退赛以及球员退役等脱离足球行业秩序约束的特定情形时②，法院才可以考虑作为最后的救济途径受理职业足球劳动合同争议。③

在实体方面④，出于维护足球职业联赛竞争性平衡的需要，应优先适用足球行业规则。只有当涉及反映我国重大社会公益的直接适用的法时，行业规则才须让位于因维护国家基本法律秩序而不能被体育自治规范替代的强制性规定；当中国足协规则与国际足联规则发生对立冲突时，为了实现竞技足球领域的普遍正义，应尽量遵循统一的国际规则，避免对正常的球员跨国转会活动产生干扰。仍要强调的是，即使在体育仲裁机制确立并运行的情况下，中国足协也应当通过职业联赛球员工作合同范本，理清各种类型争议所对应的争端解决路径，明确法律冲突发生的情形，避免当事人因遭遇不同的争端解决方式和法律适用条款而产生纠纷，以此从源头上减少冲突的可能。

## 四　国际体育仲裁中的法律冲突的学理启示

一方面，国际体育仲裁中的法律冲突问题涉及行业规则与国家法、公法与私法、实体与程序、国内与国际等多个部门领域，从而需要从更为广阔的法律冲突视角看待国际体育仲裁中出现的特殊问题；另一方面，尽管归属于国际民商事法律体系，但作为国际体育仲裁中的法律冲突出现主要原因的全球体育自治法超出了以解决各国地域法律冲突为任务的传统国际私法的范畴，这说明全球体育自治法有必要作为相对独立的法律部门而存在。

反映在学科门类层面，作为独立学科的跨国体育法学应以全球体育自治

---

① 参见第十一章的内容。
② 仲裁协议不会因上述情形的出现而无效，但作为前置程序的行业内争端解决机构此时往往选择拒绝受理案件。对体育仲裁的上诉管辖模式而言，会因缺乏一项可上诉的决定即不满足可受理性而无法进行。
③ 此时所引发的实体法律冲突有必要通过将职业足球劳动关系排除于《劳动法》《劳动合同法》的适用范围，并在司法实践中承认足球行业规则为正式法源的方式解决。
④ 参见第十二章的内容。

法为主要研究对象，归纳竞技体育争议解决中存在的特殊性，明确国家管制与体育自治之间的关系，从而进一步推动全球竞技体育行业的法治化进程。而以解决该领域法律冲突为目标的体育冲突法学亦是跨国体育法学不可或缺的重要分支，这在今后的学术研究中应当引起重视。为厘定体育自治的边界，体育冲突法学应摒弃国际私法学目前的公式化作答，更加注重个案中的利益权衡，从而彰显全球体育自治法的属人法特征，形成自身独特的法律冲突解决方法，以此完善现有的选法理论。

# 主要参考文献

## 一 中文文献

### （一）著作

董保华：《劳动合同制度中的管制与自治》，上海人民出版社2015年版。
郭树理：《国际体育仲裁的理论和实践》，武汉大学出版社2009年版。
郭树理：《外国体育法律制度专题研究》，武汉大学出版社2008年版。
郭树理、周青山：《什么是体育法》，湘潭大学出版社2015年版。
黄晖、张春良：《国际体育仲裁专题研究》，中国社会科学出版社2017年版。
黄世席：《国际体育争议解决机制研究》，武汉大学出版社2007年版。
黄世席：《欧洲体育法研究》，武汉大学出版社2010年版。
李智：《国际体育自治法治化路径研究》，高等教育出版社2019年版。
李智主编：《体育争端解决法律与仲裁实务》，对外经济贸易大学出版社2012年版。
刘想树主编：《国际体育仲裁研究》，法律出版社2010年版。
刘晓红主编：《国际商事仲裁专题研究》，法律出版社2009年版。
孙巍：《中国商事仲裁法律与实务》，法律出版社2020年版。
谭小勇等：《体育法学概论》，法律出版社2014年版。
王建中主编：《体育法学》，北京师范大学出版社2010年版。
肖永平：《法理学视野下的冲突法》，高等教育出版社2008年版。
肖永平主编：《体育争端解决模式研究》，高等教育出版社2015年版。
徐士韦：《体育纠纷及其法律解决机制建构》，法律出版社2019年版。
杨春然：《最后手段原则规则化研究》，人民出版社2020年版。

中国国际仲裁 30 人：《1958 年〈承认与执行外国仲裁裁决公约〉(〈纽约公约〉) 理论与适用》，法律出版社 2020 年版。

〔英〕J. H. C. 莫里斯：《戴西和莫里斯论冲突法》，李双元等译，中国大百科全书出版社 1998 年版。

〔英〕米歇尔·贝洛夫等：《体育法》，郭树理译，武汉大学出版社 2008 年版。

〔英〕施米托夫：《国际贸易法文选》，赵秀文译，中国大百科全书出版社 1993 年版。

### （二）论文

陈春燕：《职业体育保障合同纠纷的相关问题探析》，《体育学刊》2015 年第 3 期。

高薇：《论司法对国际体育仲裁的干预》，《环球法律评论》2017 年第 6 期。

巩庆波：《我国体育仲裁制度建设研究》，《西安体育学院学报》2014 年第 6 期。

郭树理：《论司法对体育行会内部纠纷的干预》，《北京市政法管理干部学院学报》2003 年第 3 期。

郭树理：《体育组织章程或规则中强制仲裁条款的法律效力辨析》，《武汉体育学院学报》2018 年第 2 期。

韩勇：《职业球员劳动合同解除研究》，《河北师范大学学报》(哲学社会科学版) 2013 年第 6 期。

何其生：《国际商事仲裁司法审查中的公共政策》，《中国社会科学》2014 年第 7 期。

黄晖：《体育仲裁先例论——CAS 仲裁经验的中国化》，《武汉体育学院学报》2014 年第 2 期。

黄世席：《国际体育仲裁裁决的撤销与公共政策抗辩》，《法学评论》2013 年第 1 期。

黄世席：《国际体育仲裁裁决的承认与执行》，《当代法学》2012 年第 6 期。

黄世席：《国际足球争议仲裁的管辖权和法律适用问题》，《武汉大学学报》(哲学社会科学版) 2008 年第 4 期。

姜世波等：《国际体育组织自治的困境与出路——国际足联腐败丑闻的深层思考》，《体育与科学》2015 年第 4 期。

姜世波：《运动员操守条款的人权法审视》，《西安体育学院学报》2017 年第 5 期。

李亮、张奇：《破解竞技体育纠纷独立仲裁的法律困境及出路》，《武汉体育学院学报》2014年第9期。

李智：《从德国佩希施泰因案看国际体育仲裁院管辖权》，《武大国际法评论》2017年第1期。

李宗辉：《职业运动员转会中的法律问题探析》，《天津体育学院学报》2015年第4期。

罗小霜：《论国际足联对单边延期选择条款效力的认定》，《西安体育学院学报》2013年第3期。

罗小霜：《论职业球员合同解除的体育性正当理由》，《体育科研》2014年第6期。

裴洋：《国际体育组织规章的法律性质及其在中国的适用问题》，《体育学刊》2010年第11期。

裴洋：《欧足联财政公平政策的合法性问题研究——兼评中国足协"引援调节费"制度》，《法学评论》2018年第5期。

钱静：《中国足球协会内部纠纷解决机制的完善——以体育自治为基础的考量》，《体育与科学》2014年第3期。

桑远棵：《国际商事仲裁中强制性规范的适用研究》，《国际法研究》2020年第4期。

沈建峰：《劳动法作为特别私法——〈民法典〉制定背景下的劳动法定位》，《中外法学》2017年第6期。

石俭平：《国际体育仲裁与国际商事仲裁之界分——以CAS体育仲裁为中心》，《体育科研》2012年第5期。

宋军生：《体育法的定位选择》，《北京体育大学学报》2015年第6期。

孙彩虹：《中国足协纪律处罚现状、问题与立法完善》，《成都体育学院学报》2015年第3期。

孙国平：《论劳动法上的强制性规范》，《法学》2015年第9期。

孙丽岩：《仲裁法框架内体育仲裁模式的构建》，《北京体育大学学报》2011年第3期。

谭小勇：《中国体育行会内部纠纷解决机制的重构——基于我国现实》，《南京体育学院学报》（社会科学版）2009年第5期。

吴炜：《FIFA及CAS规则在中国足球职业联赛球员合同纠纷中的实务应用——以球员合同争议管辖为视角》，《体育科研》2012年第6期。

席志文：《职业足球联赛中单边续约选择条款问题研究》，《中国体育科技》2016年第4期。

席志文：《足球合同中单边续约选择条款的合法性问题——来自格雷米奥案的启示》，《天津体育学院学报》2015年第6期。

向会英等：《我国国际职业足球运动员合同违约纠纷解决关涉的主要法律问题——以巴里奥斯案为例》，《天津体育学院学报》2014年第5期。

向会英：《国际体育仲裁院与"Lex Sportiva"的发展研究》，《体育与科学》2012年第6期。

向会英：《体育自治与国家法治的互动——兼评Pechstein案和FIFA受贿案对体育自治的影响》，《上海体育学院学报》2016年第4期。

肖江涛：《国际体育纠纷解决机制的困境与出路：穆图系列案的法理分析》，《首都体育学院学报》2017年第5期。

肖永平、龙威狄：《论中国国际私法中的强制性规范》，《中国社会科学》2012年第10期。

熊瑛子：《国际体育仲裁院仲裁员中立性探讨》，《体育科学》2014年第12期。

熊瑛子：《论国际体育仲裁司法审查中的实体性公共秩序》，《体育科学》2014年第12期。

熊瑛子：《兴奋剂违禁处罚中"过罚相当"原则的适用——从接吻引发的兴奋剂违禁案件谈起》，《武汉体育学院学报》2013年第3期。

杨磊：《论国际体育仲裁院实体法律适用机制的特殊性》，《天津体育学院学报》2014年第4期。

杨磊：《体育仲裁中强制性仲裁条款效力认定的法律冲突——兼谈对我国体育仲裁立法的启示》，《上海体育学院学报》2019年第3期。

杨天红：《论职业运动员与俱乐部间法律关系的定位——与朱文英教授商榷》，《中国体育科技》2015年第3期。

于善旭、李先燕：《论修改〈体育法〉的现实紧迫性与可行性》，《武汉体育学院学报》2017年第9期。

袁杜娟：《我国内部体育纠纷的司法介入》，《体育学刊》2014年第1期。

袁中华：《劳动法上请求权体系之建构》，《环球法律评论》2020年第6期。

张春良：《体育协会内部治理的法治度评估——以中国足协争端解决机制为样本的实证考察》，《体育科学》2015年第7期。

张晓东、董金鑫：《现代商人法的性质和归属新论》，《江西社会科学》2010年第8期。

掌玉宏：《职业足球劳动关系解除之法律思考——从"本泽马案"剖析中国足球法律规制》，《广州体育学院学报》2016年第6期。

赵毅:《自治的黄昏?——从我国法院裁判考察司法介入体育的边界》,《体育与科学》2015 年第 5 期。

赵毅:《足球法:一个新兴的领域法学》,《体育成人教育学刊》2018 年第 1 期。

郑璐:《中国足球运动员职业合同规范化的思考与建议》,《西安体育学院学报》2013 年第 4 期。

郑尚元:《民法典制定中民事雇佣合同与劳动合同之功能与定位》,《法学家》2016 年第 6 期。

周青山:《法治视野下全球体育自治规则的合理性建构》,《天津体育学院学报》2019 年第 1 期。

朱文英:《职业足球运动员转会的法律适用》,《体育科学》2014 年第 1 期。

## 二 外文文献

### (一) 著作

Alexander Wild, *CAS and Football: Landmark Cases*, Hague: T. M. C. Asser Press, 2012.

Alex Mills, *Party Autonomy in Private International Law*, Cambridge: Cambridge University Press, 2018.

A. Manuel Arroyo, *Arbitration in Switzerland – The Practitioner's Guide*, Hague: Wolters Kluwer, 2013.

Antoine Duval & Ben Van Rompuy, eds., *The Legacy of Bosman: Revisiting the Relationship Between EU Law and Sport*, Hague: T. M. C. Asser Press, 2016.

Christophe Paulussen, et al., eds., *Fundamental Rights in International and European Law*, Hague: T. M. C. Asser Press, 2016.

Christoph Müller, *Swiss Case Law in International Arbitration*, Hague: Schulthess, 2010.

Despina Mavromati & Matthieu Reeb, *The Code of the Court of Arbitration for Sport: Commentary, Cases and Materials*, Hague: Kluwer Law International, 2015.

Elliott Geisinger & Elenal Trabaldo – de Mestral, *Sports Arbitration: A Coach for other Players*, New York: Juris Publishing, Inc., 2015.

Frans de Weger, *The Jurisprudence of the FIFA Dispute Resolution Chamber*, Hague: T. M. C. Asser Press, 2016.

Ian S. Blackshaw, *International Sports Law: An Introductory Guide*, Hague: T. M. C. Asser Press, 2017.

Johan Lindholm, *The Court of Arbitration for Sport and Its Jurisprudence: An Empirical Inquiry into Lex Sportiva*, Hague: T. M. C. Asser Press, 2019.

Lawrence Collins, et al., eds., *Dicey, Morris & Collins on the Conflict of Laws*, 15th ed., London: Sweet & Maxwell, 2012.

Louise Merrett, *Employment Contracts in Private International Law*, Oxford: Oxford University Press, 2011.

Lucien W. Valloni & Thilo Pachmann, et al., *IEL Sports Law – Switzerland*, Hague: Kluwer Law International, 2014.

Peter E. Nygh, *Autonomy in International Contracts*, Oxford: Oxford University Press, 1999.

Robert C. R. Siekmann, *Introduction to International and European Sports Law: Capita Selecta*, Hague: T. M. C. Asser Press, 2012.

Tony Cole & Pietro Ortolani, *Understanding International Arbitration*, London: Routledge, 2020.

Uglješa Grušći, *The European Private International Law of Employment*, Hague: Cambridge University Press, 2015.

Uglješa Grusic, et al., *Cheshire, North and Fawcett: Private International Law*, 15th ed., Oxford: Oxford University Press, 2017.

## （二）论文

Adam Whyte Abogado, "Contract Termination under FIFA's Article 17: Ilsinho Case", *World Sports Law Report*, 2011 (11).

Andrea Marco Steingruber, "Sports Arbitration: Determination of the Applicable Regulations and Rules of Law and their Interpretation", *The International Sports Law Journal*, 2010 (3-4).

Antoine Duval, "Questioning the (In) dependence of the Court of Arbitration for Sport", *The International Sports Law Journal*, 2015 (3-4).

Antonio Rigozzi, "Erika Hasler & Brianna Quinn, The 2011, 2012 and 2013 Revisions to the Code of Sports-Related Arbitration", *Jusletter*, 2013 (3).

Antonio Rigozzi, "L'importance du droit suisse de l'arbitrage dans la résolution des litiges sportifs internationaux", *Revue de Droit Suisse*, 2013 (1).

Béligh Elbalti, "Reciprocity and the Recognition and Enforcement of Foreign Judgments: A Lot of Bark but Not Much Bite", *Journal of Private International Law*, 2017 (1).

Boris Kolev, "Lex Sportivaand Lex Mercatoria", *The International Sports Law Journal*, 2008 (1 - 2).

Burger C. J., "Taking Sports out of the Courts: Alternative Dispute Resolution and the International Court of Arbitration for Sport", *Journal of Legal Aspects of Sport*, 2000 (2).

Christian Frodl, "Neuer, Hummels, Müller, Götze & Co: The Legal Framework Governing Industrial Relations in German Professional Football", *The International Sports Law Journal*, 2016 (1 - 2).

Christina Lembo, "FIFA Transfers Regulations and UEFA Player Eligibility Rules: Major Changes in European Football and the Negative Effect on Minors", *Emory International Law Review*, 2011 (1).

Corina Louise Haemmerle, "Choice of Law in the Court of Arbitration for Sport: Overview, Critical Analysis and Potential Improvements", *The International Sports Law Journal*, 2013 (3 - 4).

Dai Tokomizo, "Sports Arbitration in Japan", *Contemporary Asia Arbitration Journal*, 2014 (2).

Despina Mavromati, "Selected Issues Related to CAS Jurisdiction in the Light of the Jurisprudence of the Swiss Supreme Court", *CAS Bulletin*, 2011 (1).

Dirk Reiner Martens, "The Role of the Arbitrator in CAS Proceedings", *CAS Bulletin*, 2014 (2).

E De la Rochefoucauld, "Minors in Sport", *CAS Bulletin*, 2014 (2).

Frans de Weger & Thijs Kroese, "The Unilateral Extension Option through the Eyes of FIFA DRC and CAS", *The International Sports Law Journal*, 2011 (1 - 2).

Geoff Pearson, "Sporting Justifications under EU Free Movement and Competition Law: The Case of the Football 'Transfer System'", *European Law Journal*, 2015 (2).

Ivan Cherpillod, "Comment on CAS 98/200 AEK Athens and Slavia Prague v. UEFA", *International Sports Law Journal*, 2010 (1 - 2).

Jan Łukomski, "On the Finalisation of International Football Transfers and Professional Football Players' Contracts", *The International Sports Law Journal*, 2020 (3 - 4).

Jean - Christian Drolet, "Extra Time: Are the New FIFA Transfer Rules Doomed?", *The International Sports Law Journal*, 2006 (1 - 2).

Jennifer R. Bondulich, "Rescuing the Supreme Court of Sports: Reforming the Court of Arbitration for Sport Arbitration Member Selection Procedures", *Brooklyn Journal of International Law*, 2016 (1).

Jens Adolphsen, "Challenges for CAS Decisions Following the Adoption of the New WADA Code 2009", *CAS Bulletin*, 2010 (1).

Joesph R. Brubaker & Michael W. Kulikowski, "A Sporting Chance? The Court of Arbitration for Sport Regulates Arbitrator - Counsel Role Switching", *Virginia Sports and Entertainment Law Journal*, 2010 (1).

Ken Foster, "Global Sports Law Revisited", *Entertainment and Sports Law Journal*, 2019 (1).

Louise Reilly, "An Introduction to the Court of Arbitration for Sport (CAS) & the Role of National Courts in International Sports Disputes", *Journal of Dispute Resolution*, 2012 (1).

Luca Beffa & Olivier Ducrey, "Review of the 2013 Case Law of the Swiss Federal Tribunal concerning Sports Arbitration", *Causa Sport*, 2014 (3).

Lucien W. Valloni & Beat Wicki, "Compensation in Case of Breach of Contract According to Swiss Law", *European Sports Law and Policy Bulletin*, 2011 (1).

Marco Del Fabro, "Sag' mir, welches Recht, und ich sage Dir, was Sache ist, Überlegungen zu Art. R58 CAS Code", *Causa Sport*, 2016 (3).

Margareta Baddeley, "The Extraordinary Autonomy of Sports Bodies under Swiss Law: Lessons to be Drawn", *The International Sports Law Journal*, 2020 (1 - 2).

Mark Giancaspro, "Buy - out Clauses in Professional Football Player Contracts: Questions of Legality and Integrity", *The International Sports Law Journal*, 2016 (1 - 2).

Massimo Coccia, "International Sports Justice: The Court of Arbitration for Sport", *European Sports Law and Policy Bulletin*, 2013 (1).

Massimo Coccia, "The Jurisprudence of the Swiss Federal Tribunal on Challenges against CAS Awards", *CAS Bulletin*, 2013 (2).

Me William Sternheimer, "Arbitrages ordinaires pouvant être soumis au Tribunal Arbitral du Sport", *CAS Bulletin*, 2012 (1).

Michele Colucci & Frank Hendrickx, "Employment Relationships in Football: A Comparative Analysis", *European Sports Law and Policy Bulletin*, 2014 (1).

Ongaro Omar, "Maintenance of Contractual Stability between Professional Football Players and Clubs", *European Sports Law and Policy Bulletin*, 2011(1).

Paul Czarnota, "FIFA Transfer Rules and Unilateral Termination without Just Cause", *Berkeley Journal of Entertainment and Sports Law*, 2013 (2).

Pedro Henrique Rebello de Mendonça, "Third-party Ownership Prohibition in Football and European Union Fundamental Freedoms: CAS Decision on RFC Seraing Case", *Internatinal Sports Law Journal*, 2018 (1-2).

Piotr Drabik, "Compatibility of Fixed-term Contracts in Football with Directive 1999/70/EC on Fixed-term Work", *International Sports Law Journal*, 2016 (3).

Rachelle Downie, "Improving the Performance of Sport's Ultimate Umpre: Reforming the Governance of the Court of Arbitration for Sport", *Melbourne Journal of International Law*, 2011 (2).

Richard Parrish, "Article 17 of the FIFA Regulations on the Status and Transfer of Players: Compatibility with EU law", *Maastricht Journal of European & Comparative Law*, 2015 (2).

Rosmarijn van Kleef, "The Legal Status of Disciplinary Regulation in Sport", *International Sports Law Journal*, 2014 (1).

Shuli Guo, "China and CAS (Court of Arbitration for Sport)", *Marquette Sports Law Review*, 2014 (1).

Stéphanie De Dycker, "The FIFA Arbitration Clauses under Scrutiny of the Belgian Judge: The Seraing Case", *CAS Bulletin*, 2019 (1).

Tim Hülskötter, "Sports Arbitration Agreements under Review: Should They be Considered Invalid under English National Law?", *The International Sports Law Journal*, 2017 (1-2).

Tzvetelin Simov & Boris Kolev, "Player's Contracts in Bulgarian Football", *The International Sports Law Journal*, 2006 (1-2).

Ulrich Haas, "Applicable Law in Football-related Disputes-The Relationship between the CAS Code, the FIFA Statutes and the Agreement of the Parties on the Application of National Law", *CAS Bulletin*, 2015 (2).

Ulrich Haas, "The Court of Arbitration for Sport in the Case Law of the German Courts", *Sweet & Maxwell International Sports Law Review*, 2015 (4).

Ulrich Haas, "The Enforcement of Football – related Arbitral Awards by the Court of Arbitration for Sport (CAS)", *Sweet & Maxwell International Sports Law Review*, 2014 (1).

Vanja Smokvina, "New Issues in the Labour Relationships in Professional Football", *The International Sports Law Journal*, 2015 (3 – 4).

Wolfgang Portmann, "Unilateral Option Clauses in Footballers' Contracts of Employment: An Assessment from the Perspective of International Sports Arbitration", *Sweet & Maxwell International Sports Law Review*, 2007 (1).

# 后　　记

　　这是本人第一次以主持人的身份完成国家社科基金项目，不免在最后还有几句话要说。从法律冲突的角度观察国际体育仲裁的特殊性，既要有包括争端解决在内的竞技体育特别是足球行业的专业素养，又要求具备较充分的劳动法、竞争法等国内法以及欧盟法、瑞士法等域外法知识，当然还离不开较为扎实的法律选择与适用功底。作为一名国际法专任教师，这是一次不小的挑战。

　　与本选题结缘，首先要感谢肖永平教授。作为国内少有的国际私法学与体育法学的双料博导，承蒙恩师不弃收入门下，使得我不仅能够继续从事冲突法基本理论的研究，还能够在与同门好友的交流互动中学习体育法的前沿知识。特别对国际体育仲裁部分产生较为浓厚的兴趣，于是在博士阶段的后半程尝试分析国际体育仲裁中的实体法律适用规则，继而对其管辖权和承认与执行中的特殊性加以探讨。

　　毕业工作以后，基于为法律硕士生开设体育法专题课程的需要，又进一步选取职业足球劳动合同争议中的法律适用冲突为对象进行研究，以期解决行业现实中的具体法律问题，使得该研究逐步向微观层面扩展。本书的内容曾十余次发表在CSSCI来源期刊，其中两篇被人大复印资料全文转载，取得了一定的学术影响，在此基础上申报获批2018年度国家社科基金后期资助项目。从首篇论文的发表到最终成果的付梓，历时七载。虽未能尽善尽美，也算有始有终。

　　关于国际体育仲裁中的法律冲突与国际私法解决的法律冲突二者的关系，一方面，如项目申请书所言，课题负责人已承担的科研项目以及完成的博士学位论文与本课题都属于跨国法律冲突富集的领域，故在研究方法和解决争议的方式上存在相通之处；另一方面，虽然国际性的竞技体育法律争议属于国际民商事纠纷，而且我一度试图以国际私法在竞技体育领域存在特殊性看待该问题，但由此进行的国际体育仲裁绝非传统国际私法的分支，其代表另一种跨国法范式。以上认识的形成既是受近年来全球体育自治法成果的启迪，也得益于在中南大本科和研究生学习阶段与张晓东教授共同进行现代商人法研究、撰写国际经济法教材以及翻译欧盟基础条约。能够学有所用，必是冥冥中注定的一种缘分。

由于前期成果造成的先入为主，作为最终结项成果的本书还存在不少的缺陷，特别是叙述的方式。我在项目申请书当中直言不讳地写到，目前存在的主要问题是由于项目成果的章节较多，使得内容叙述上略显繁复，项目评审专家对此也提出了十分中肯的修改意见。在立项后竭尽全力明确各部分之间的关系，强化内在的逻辑联系，却由于个人能力与精力的不足而未竟全功。另外，作为本人的第三本学术专著，新书的篇幅创下了历史新高。特别是大量的案例，虽然能对叙述部分进行支持与填充，但此种"滚雪球"式的写作模式也增加了读者的负担。为此，作者曾专门拿出几个月的时间进行修改、删繁就简。而如何熟练地驾驭选题、坚持论题的主线将在今后的写作当中进行进一步的思考。

最后，感谢师长、家人、同事、朋友多年来一如既往的关怀与支持，感谢许琳编辑为本书的出版付出的辛勤劳动。而立有余，一直以未能拿出满意的作品而感到愧疚，却不曾回避大家期许的目光，故每每坚定着个人小小的决心。未来不必言他，唯有努力向前！